ディストピア・フィクション論

悪夢の現実と対峙する想像力

ディストピア・フィクション論

IS THIS THE LIFE WE REALLY WANT?

円堂都司昭

作品社

ディストピア・フィクション論　目次

序章　みなさまご存じのディストピア　009

赤川次郎のディストピア小説　「ぬり絵」としての『東京零年』

第一章　監視と管理　015

一　悪しき統治を想像する　015

『「統治《ガバナンス》」を創造する』の理想像　『われら』『一九八四年』『すばらしい新世界』の硬い公共

身体、言葉、人間関係の支配　科学的管理の洗練　ディズニー的な『プリズナーNo．6』

『一九八四年』と一九八四年の落差　『ドーン』の分人主義　アメリカという名の一人の友人

高度化するセキュリティと対抗手段　『虐殺器官』の管理のフィルター

健康が強要される『ハーモニー』　壁からフィルターへ

二　監視社会の寓話　046

ディストピア小説フェアの伊坂幸太郎　情報のつなぎあわせ　機械化されたシステム

国という記号を使ったエンタメ小説　見通せない個人に訪れる理不尽な運命

第二章　権力の戯画と理想　063

一　権力の戯画　063

保守からみたディストピア『カエルの楽園』　『動物農場』との共通項
プロパガンダか寓話か　サヨクによる政治風刺『虚人の星』
自分の思う現実を置き換えたパズル　安倍でありアドルフである『宰相A』
日本風刺小説のなかの天皇　肥大したマッチョの不能　国民感情の戯画

二　権力の理想　092

角栄を美化した石原慎太郎　『シン・ゴジラ』の音楽
巨大不明生物出現のシミュレーション　理想の組織的総合力
「Who will know」の美しさ　日本が超自我であるカヨコ　ゴジラの異物感

第三章　同調と世代を超えること　115

一　記憶と絆　115

『シン・ゴジラ』『あまちゃん』への批判　時間の早送りと巻き戻し
世代を超越するなにか　忘却の罪悪感とらえた『君の名は。』　組紐と「ムスビ」

二　壁による隔離と合唱の連帯感　131

怒りとともにふり返ってはいけない　レディオヘッドとクイーン　一体感自体がメッセージ

三　同調の光と影　138
3・11後の音楽　ヒロシマからフクシマへ　「上を向いて歩こう」の回帰
強い「絆」からゆるいつながりへ　『想像ラジオ』の静かな同調　木と声
ヒューマニズムの忌避　『ボラード病』の同調圧力
水俣病患者の「君が代」　RADWIMPS「HINOMARU」への批判

第四章　分断の寓話、都市の統合　167

一　時間の遡行、精神の退行　167
『猿の惑星』の国旗　『キングコング』と9・11　過去の隠蔽、未来の変更
『闇の奥』へ遡る　猿と人のキス　戦場のディストピア　『蝿の王』の少年たちと猿
種族の歴史と個人の記憶　科学的ディストピアと神秘主義

二　都市の見えない部分　196
『ズートピア』の社会構造　群集の人、見えない人
『都市と都市』の見えない壁　分断国家のアレゴリー
『あらしのよるに』における異種族間の友情　ライシテが空無化する『服従』
『呪文』における食　私たちの肖像画としての『東京自叙伝』
『俺俺』の食いあうものたち　無数の私の無責任

第五章　身体とジェンダー　229

一　身体の支配と逸脱　229

『百年法』の独裁　昭和と平成、天皇二代に象徴された高齢化
『七十歳死亡法案、可決』の家族事情　『九十八歳になった私』がぼやく
ゾンビの多義性　魂なき体と労働
ロボットとフランケンシュタインの原則　『屍者の帝国』のカラマーゾフ
『ブレードランナー』の模造記憶　幸福の基盤

二　生殖と性差　261

ロボット／レプリカントの性　『鉄腕アトム』のロボット法
恋愛が無意味な『わたしを離さないで』　逃亡も抵抗もしないクローン
『侍女の物語』における生殖　無自覚、陳腐な悪
『アカガミ』と『徴産制』の出産推進政策　ジェンダーをめぐるバックラッシュ
『リリース』のリベラルな悪夢　性、家族が解体される『消滅世界』

第六章　環境と戦争　295

一　環境への適応と俯瞰、サバイバル　295

世界に復讐する『キャリー』　『地球星人』と科学的管理法・優生学

映画『美しい星』の気象予報士　『不都合な真実』が語る大問題と承認欲求
『サバイバルファミリー』と「見えない都市」　「見えない世界」からむき出しの欲望へ
『東京島』と団地　『バラカ』の棄民
東京を問題圏に引きずりこむ　「献灯使」の鎖国と『地球にちりばめられて』

二　戦争と共生　326

地球市民と『美しい国へ』　『大きな鳥にさらわれないよう』の戦争不在
『この世界の片隅に』の空　歴史の再現と『ディレイ・エフェクト』
『高い城の男』の歴史改変　日本合衆国の狂信
『ミライミライ』における世界地図の変容　ニップノップの多様性

終章　ポスト真実のなかの言葉　353

一　データと象徴　353

左派マンガとしての『R帝国』　『銃』とAI
『平成くん、さようなら』と『ニムロッド』の差　象徴であり「空」である「箱の中の天皇」

二　子どもの無垢と子どもじみた無軌道　367

「アメリカの壁」と『アンダー・ザ・ドーム』
日常の不安と非日常の恐怖の共振　子どもの悪戯

三　一貫性のある過去　374
『帰ってきたヒトラー』を笑う／と笑う　バベルの塔からポスト真実へ
『華氏451度』とポピュリズム　歴史が『愉しみながら死んでいく』
『図書館戦争』と図書館の現実　『小説禁止令に賛同する』の読者
『地下室の手記』の水晶宮　『君たちはどう生きるか』の過去と未来　人類の経験

あとがき　405
参考文献　409
索引　i

ディストピア・フィクション論

悪夢の現実と対峙する想像力

Is This The Life We Really Want?

序章　みなさまご存じのディストピア

赤川次郎のディストピア小説

反権力の姿勢をとるジャーナリストだった永沢浩介は、脳出血で倒れてから介護施設で暮らしてきた。彼は、テレビ番組にある男が一瞬だけ映るのを見て発作を起こす。浩介が「ゆあさ」と口にするのを聞いた娘の亜紀は、テレビに映った男が、殺されたはずの湯浅道男だったと知る。浩介は、以前は検察官として権力を振るっていた生田目《なまため》重治に陥れられて立場を失ったのであり、そのことと湯浅の「死」は関係していた。反権力側だった永沢浩介の娘・亜紀と、元検察官で権力をふるってきた生田目重治の息子・健司はたまたま出会ってしまい、二人で昔の出来事の真相を探ることになる。

二〇一五年に赤川次郎が刊行した長編小説『東京零年』のあらすじである。警察国家への道を邁進し、同盟国からも警戒される近未来日本が舞台だ。そこは、国民の監視と管理が徹底されたディストピア。同作で敵役となる生田目重治は、「「社会の秩序」を守るためなら、多少の犠牲は仕方ない」という信念を抱き、統制を強めた功労者だった。デモ隊と機動隊が衝突すれば、デモ隊側から先に手を出したと報道される。ツイッターは制限しきれないものの、マスコミは警察や検察の発表のまま伝え、反抗するものはない。

「権力にとって都合のいい正義」がまかり通る社会だ。

反戦集会の許可は下りず、それを企画したメンバーは予防拘束で身柄を押さえられてしまう。現実の日本で「共謀罪」法（「テロ等準備罪」を新設した改正組織犯罪処罰法）が国会で成立したのは二〇一七年六月（同年七月十一日施行）のことだが、それ以前に執筆された『東京零年』の世界では、すでに悪用されていたわけだ。また、作中の権力側は海外の目を意識し、民主的な面をアピールする目的で国に批判的な人々を政府の一機関にして囲い込み、飼い慣らす狡猾さも持っている。

国家権力の暴走に警鐘を鳴らした『東京零年』は、第五十回吉川英治文学賞を受賞した。「恐るべき統制社会の姿を描いた」（浅田次郎）、「警察国家の、怖さと滑稽さも充分に表現されている」（北方謙三）、「これは、厳然たる警鐘の書として読むのが正しいのかもしれない」（宮城谷昌光）などとコメントされた通り、選考委員のほとんどは、赤川がこのようなテーマを設定したことを評価した（選評は「小説現代」二〇一六年五月号掲載）。『東京零年』の舞台は、要注意人物の顔が登録され、国中にいきわたった監視カメラで自動的にチェックされる管理社会である。「しかし、この時代、ただの一市民であることも容易ではありません」、「日本を支えているのは、ああいう人たちなんだ。首相でも大臣でも検察官でもない。自分の仕事に誇りを持って、汗水たらして働いている人々なのだ」といった発言が出てくる同作は、生真面目に書かれている。

ただ、ハードカヴァーで五百ページの厚みと重みがあり、いかにも力作、大作風の造本で出版されたこの小説は、開いてみれば会話の割合が多く、改行も多い。三毛猫ホームズシリーズなどのユーモア・ミステリで人気作家になった赤川次郎の、いつもの文体なのである。吉川英治文学賞の選評では、赤川がいつもの文体のまま、このテーマを扱った点も評価されていた。「持ち前の軽妙な進行とはなやかなストーリー構成を少しも損なわず」（浅田次郎）、「暗く深刻な小説になるところであるが、赤川氏独特のタッチで」（林真理子）、「テンポのよい会話とリズミカルな文体」（平岩弓枝）など、いずれも文体の軽さをプラスととらえている。

ただ、軽妙に書かれた『東京零年』は隙間の多い小説であり、作中の社会で監視がどのようになされているのか、警察や権力者が具体的にどう動いているのか、組織やシステムのディテールまでは語られない。赤川はもともと情景や心理を細密に描写する作家ではない。選考委員のなかでこの点に着目したのは「ぬり絵のフォークロア」と題した選評を寄せた五木寛之である。彼は、読者が想像力で描写の空白を埋めることになる赤川作品を、線だけがそこにあって着色はそれぞれの仕事になる「ぬり絵」に喩えた。重いテーマを掲げた『東京零年』にしても小説の形としては、五木の指摘通り「ぬり絵」のごとき線書きで作られている。そして、読者が想像力によって隙間だらけの『東京零年』を着色するのは、さほど難しいことではない。

「ぬり絵」としての『東京零年』

林真理子は選評で「最近赤川さんは政治的な発言が多い」とも書いていた。『東京零年』は、赤川次郎が「小説すばる」のようなエンタテインメント小説誌ではなく、純文学雑誌である「すばる」の二〇一二年四月号から二〇一四年九月号まで連載した作品の単行本化だった。この時期に赤川は、有名作家でありながら一市民として「朝日新聞」の読者投稿欄「声」に意見を投じて掲載され、一部で話題になった。

「橋下氏、価値観押しつけるな」の見出しを付けられた二〇一二年四月十二日付（東京本社版）の投書では、橋下徹・大阪市長（当時）による君が代起立斉唱条例（大阪府の施設における国旗の掲揚及び教職員による国歌の斉唱に関する条例。橋下が代表を務めた大阪維新の会が主導して前年六月成立）の導入や文楽への補助金削減を批判。同年十二月十六日には衆議院議員選挙で安倍晋三率いる自民党が勝利し、民主党（当時）から政権を奪還したが、その直前の十二月十四日にも赤川の投書（「三つの光景が安全を選ぶ原点」）が掲載されていた。そこでは、「有力な政党のスローガンは「日本を、取り戻す」だそうだが、ならば福島の人々に元通りの故郷を取り戻させるのが先決だろう」と、原子力発電所建設を推進してきた自民党を暗に批判した。

大阪市の君が代起立斉唱条例をめぐっては、教師がきちんと国歌を歌っているか、管理職が監視していたことが議論になった。条例の推進者であり、自分の政策を通そうとたびたび強引な姿勢をとった橋下は、二〇一一年六月に「今の日本の政治に一番必要なものは独裁」と発言し批判を浴びた。これらの件をふまえ、赤川は先の投書で述べていた。

橋下氏は独裁も必要と言っているそうだが、なるほど「密告の奨励」は独裁政治につきものである。

これに対し、橋下はツイッター上で、教員の不起立行為も子どもたちや保護者に対する価値観の押し付けであると赤川に反論した。現場を知らずに批判ばかりする自称インテリやジャーナリストよりも、政治家として現場を知る自分のほうが正しい。ツイッターを活用し、そのような図式を作って語るのが橋下の戦術だったし、同様の姿勢は原発政策に関して赤川が批判した自民党総裁の安倍晋三にもみられた。

二〇一二年に民主党から政権を奪還し、二〇〇六年に続き総理大臣の座に再び就いた安倍の率いる自民党は、「公平公正な報道」を求める態度を強めた。その結果、政権や与党に対するマスコミ報道が委縮したとよくいわれる。政策を進めるうえでの強引さ、知識人やジャーナリストに対する冷笑的態度などで安倍は、橋下と通じるところがあった。批判される際に「独裁」という言葉が持ち出されがちな点も、安倍と橋下で共通する。橋下は二〇一五年末に政界から身を引いたが、一時期の彼の人気ぶりは政治家の一つのロール・モデルとしてなお影響を残している。

こうした政治状況に関しては、新聞に投稿した一市民としての赤川と同じく、一市民である読者一人一人が体感している。したがって『東京零年』で権力側が報道統制していることが線書きされているのを読み、各人の想像力によって「ぬり絵」のように着色することは容易なのだ。赤川は二〇一六年五月十六日付の「日刊ゲンダイDIGITAL」のインタヴューで『東京零年』に関し、「近未来小説として書き始めたはずだったのに、いつの間にか、現実が小説の世界に追いつき、「今の日本」を描いているようになってしまった」と話した。

さらに、現実に「共謀罪」が成立した二〇一七年六月十五日にはまたもや「朝日新聞」に「「共謀罪」再び日本孤立の道か」と題して投稿し、「目先の目的のため憲法を投げ捨てて恥じない安倍政治は、日本を再び世界から孤立させるだろう。／安倍さん、あなたが「改憲」を口にするのは１００年早い」と痛烈に批判している。

独裁というもののイメージが報道で流通しているだけでなく、『東京零年』のような、監視と管理が徹底されたディストピアという題材は、小説、映画、マンガ、アニメなど様々なジャンルで多くとりあげられてきた。多くの人が、強権、支配、監視、管理に関するなにがしかのイメージを抱いている。このため、『東京零年』のように大まかな設定が示されるだけで細密な描写がなくても、各人が連想するまま、ディテールを「ぬり絵」することが可能になる。みなさまご存じのディストピアというわけだ。

それでは、輪郭線だけが引かれた「ぬり絵」にとどまらず、人間がなにに苦しみ、なにを求めるのか、ディストピアの設定で語ろうとした場合、社会のシステム、人々の生活や行動はどのように描かれてきたのか。悪夢のような現実と対峙した表現者が、現実の似姿として、未来の現実としてディストピアをどのように構築してきたか。本書では、監視、管理、権力、同調、伝承、分断、身体、ジェンダー、戦争、言葉といったテーマに沿って、ディストピアを扱ったフィクション個々の具体的な手触りを確かめていこうと思う。その過程では、たとえディストピアの設定を使っていなくとも、関連したモチーフを含んだ作品であれば適宜触れる。

まずは、ディストピアのイメージの核とは、どんなものなのか。監視や管理を大きなテーマとした小説の古典を再読することから考え始めたい。次章でとりあげる古典のイメージが、後の小説や映像作品に影響を与え、今も少なからず受け継がれているからだ。その後に私たちが今、前提としている世界のなかで想像されたといえる、二十一世紀以降の作品群を論じていく。

第一章　監視と管理

一　悪しき統治を想像する

『「統治《ガバナンス》」を創造する』の理想像

二〇一一年十二月に『「統治《ガバナンス》」を創造する　新しい公共／オープンガバメント／リーク社会』と題された本が刊行され、私は「悪しき統治を想像する」と題したディストピア小説論を寄稿した。情報社会論と公共政策を専門とする西田亮介と社会哲学・政治社会学を専攻する塚越健司が編者となった同書は、自民党から民主党に政権が交代していた時期に企画・執筆されたものだ。

公職選挙法が改正されインターネットでの選挙運動が正式に可能になったのは、二〇一三年四月のことだが、『「統治」を創造する』はその二年前に、政治とネットの関係が深まることを見こんで企画された。それは、組織内部の人間や一般人が権力側を監視し、ネットを使って情報開示するウィキリークスのような動きが注目された時期でもあった。

また、二〇〇九年に自民党から民主党への政権交代が果たされてからしばらくの間、日本でも「新しい公共」ということが話題になった。それは、「公共（のサービス）＝官」としてきた従来の意識をあらため、NPOや企業などの事業体や国民一人ひとり、そして政府も協働して公共を担おうという考えだった。新しい公共の事業活動に関し、社会的リターン、経済的リターンが得られる状況を整備し、協働への参加を促そうとする方向で議論されていたし、今ふり返れば、それは当時のユートピア的イメージだったのである。

同書では、これからの統治の創造にあたっては、新しい公共、オープンガバメント、リーク社会という三つの概念がキーになると想定したうえで論考（編者二人に加え谷本晴樹、淵田仁、吉野裕介、藤沢烈、生貝直人、イケダハヤトが執筆）を集めた。そこで私が、いささか場違いな文芸評論を寄せたのは、二十世紀ディストピア小説の一連の古典を読み返した時、作中に描かれた管理社会の骨格に『「統治」を創造する』の三概念をそれぞれ裏返したような要素を見出せたからだ。

しかし、二〇一一年三月十一日に発生した東日本大震災と福島第一原発の事故への対応、内政、外交をめぐり国民の支持を失った当時の与党、民主党は、『「統治」を創造する』の刊行の一年後に実施された総選挙を経て、自民党に政権を返上することになった。それに伴い、新しい公共をめぐる議論も下火になった。加えて、序章で触れたように橋下徹、安倍晋三の政治家としてのありかたを批判する際に「独裁」の言葉が持ち出される状況があったわけだ。その後には、ツイッターの活用、知識人やジャーナリストへの攻撃、愛国と保守を掲げつつ物事を単純化して有権者に訴える弁論術、政策の強引な進めかたなどの点で橋下や安倍と通じるところのある「暴言王」ドナルド・トランプが、二〇一六年十二月にアメリカ大統領に選ばれている。トランプの就任をきっかけに独裁社会を扱ったジョージ・オーウェルの小説『一九八四年』が再注目され、ベストセラーになる現象も起きた。『「統治」を創造する』刊行の頃よりも以後のほうが、人々にとってディストピアが身近に感じられる環境になったのだ。悪しき統治を想像することの意義は増している。

そうした推移を踏まえ、第一章では、国内の政治状況が変化する時期に発表した「悪しき統治を創造する」をリライトし、ディストピア・イメージの広がりを論じる本書への導入とする。

『われら』『一九八四年』『すばらしい新世界』の硬い公共

人々は昔から、現実には存在しない理想的な世界を空想してきた。十六世紀の思想家、トマス・モアはそれを「ユートピア」と呼んだ。だが、理想として争いのない調和のとれた環境を構想することは、管理のいきすぎた非人間的な社会の建設に反転する危うさを持つ。ユートピアとアンチユートピア＝ディストピアは常に背中あわせだ。そして、二十世紀にはナチス・ドイツのようなファシズム国家、ソビエト連邦型の社会主義国家が、ユートピア＝ディストピア小説の発想の源泉となった。また、ナチスやソ連と並んで、ＣＩＡや軍部の情報収集能力の高さ、大統領選に象徴される大量の政治宣伝といった資本主義世界の大国アメリカの姿も、ディストピアへの想像を喚起するものだった。

ここでは、エヴゲーニイ・ザミャーチン『われら』（一九二一年）、オルダス・ハクスリー『すばらしい新世界』（一九三二年）、ジョージ・オーウェル『一九八四年』（一九四九年）という二十世紀のディストピア小説の古典と、現代史の大きな節目となった二〇〇一年九月十一日のアメリカ同時多発テロ事件、いわゆる９・11後の世界情勢を踏まえて書かれた平野啓一郎『ドーン』（二〇〇九年）、伊藤計劃『虐殺器官』（二〇〇七年)、『ハーモニー』(二〇〇八年)という二〇〇〇年代以降の日本の未来小説を対比することで統治をめぐるイメージの変化を考察する。二〇一〇年代前半にはインターネットの発達などを背景に、政府が行政に関するデータを民間が利用できるように公開し、住民も行政に参加する「ガバメント2・0」の概念が注目された。それは、送り手と受け手の関係が一方向ではなく双方向になるウェブ2・0を提唱したことで知られるティム・オライリーが、二〇〇九年に提唱した概念だ。そして、ここで語るのは、「ガバメント2・0」の裏側に貼りついた「ディストピア2・0」とでもいえる不安である。

日本で民主党が政権を担っていた頃に議論された新しい公共に関しては、協働への参加の自発性が期待されていた。政府とNPO、企業、国民が弾力的な層となって公共を形作る、いわば柔らかい公共が構想されたのであり、「ガバメント2・0」も同様の方向で考えられていたのである。それとは反対に、ディストピア小説の古典に描かれていたのは、強権的な全体主義国家の意志が国民一人ひとりに浸透するように徹底的に管理し、硬い一枚岩にされた公共だった。

一九二一年に書きあげられたものの本国ソ連では共産主義批判の書だとされて発表できず、ペレストロイカ後の一九八八年にようやく出版されたザミャーチンの『われら』。人工孵化によって人間が生まれる発達した機械文明を一九三二年時点で夢想したハクスリーの『すばらしい新世界』。刊行前年の一九四八年に執筆され「四八」をひっくり返した未来の年の独裁国家を描いたオーウェルの『一九八四年』。『われら』には「恩人」、『すばらしい新世界』にはムスタファ・モンド、『一九八四年』にはビッグ・ブラザーという圧倒的な指導者がそれぞれ存在し、国家がプロパガンダと監視によって国民を管理する設定で三作は共通していた。

これらの古典には、硬い公共がどのように表現されていたか。最も早く書かれた『われら』の内容が象徴的だ。同作の「単一国」の国民は「員数成員《ナンバー》」（川端香男里訳。以下同）と呼ばれ固有の名前を持たないかわりに、Ｄ―五〇三号、Ｏ―九〇号などと番号がふられている。つまり、一人ひとりは単一の国を構成する部分でしかない。また、「単一国」では「われら」は神に、「われ」は悪魔に由来するとされ、国家・国民の全体性が尊ばれる反面、個人性・私性は抑圧される。このように国家の意志と一人ひとりの意識を統一しようと、社会のシステムやプログラムが全面展開される悪夢が、『われら』だけでなく『すばらしい新世界』、『一九八四年』でも語られている。例えば、『すばらしい新世界』では「無我に乾杯」（大森望訳。以下同）が宴での決まり文句になっていた。

一方、行政の情報を公開して透明性を高め、その情報をもとに国民が自発的に意見を寄せられるというのが、オープンガバメントである。だが、そうした双方向性がまったく排除され、国民に対し一方的な統治を行うクローズドなガバメントの姿が、二十世紀のディストピア小説では繰り返し記述されてきた。『われら』では国策新聞が「単一国」の偉大さを何度も讃え、音楽工場の音管は「単一国マーチ」を轟かせ、国立詩人散文家研究所が国家に奉仕する有用物としての詩を統制する。『一九八四年』の舞台となる架空国家オセアニアでは「ビッグ・ブラザーがあなたを見ている」（高橋和久訳。以下同）とキャプションのついた指導者のポスターがあちこちに貼られ、やはり何カ所にも設置されたテレスクリーンが、国の計画と輝かしい達成を映しだす。国家の方針や戦争相手の国が変わっても、オセアニアの真理省記録局は過去に遡って情報を書き換えるため、無謬の歴史しか残らない。また、人工孵化で誕生する段階から人が選別される『すばらしい新世界』では、睡眠学習で幼児期から階級意識が刷り込まれる。

いずれのディストピアでも、国家は情報の取り扱いを独占しており、既存の政治体制を維持するための宣伝、教育を大量に国民に浴びせかける。情報にアクセスできる度合いが国家と国民でとてつもなく非対称なのだから、リーク社会にもなりえない。二十一世紀にはウィキリークスに先鋭的な形がみられた通り、リーク（＝「漏れた」「漏らした」）情報をインターネットなどの拡散手段に乗せ、情報を管理する側と一般市民を対峙させようとする潮流がある。統治される側からの国家の逆監視だ。しかし、個々人がインターネットのような情報にアクセスしやすい手段を持っていなかった二十世紀前半のディストピア小説において監視するのは、統治する側でしかありえなかった。『われら』では「単一国」の守護局のために「街頭振動膜」が人々の会話を録音する。『一九八四年』のテレスクリーンはビッグ・ブラザーのプロパガンダに使われるだけでなく、周囲を監視する装置でもある。

『われら』、『すばらしい新世界』、『一九八四年』には共通して、それぞれの管理体制から逸脱しようとする人物が登場するが、統治する側の力はあまりにも強すぎた。

身体、言葉、人間関係の支配

『われら』、『すばらしい新世界』、『一九八四年』のいずれのディストピアでも、身体と言葉は極端な管理の下におかれている。

三作品とも、身体の管理で大きなポイントとなるのはセックスだ。『われら』では性規制法《レクス・セクスアリス》に基づき、性規制局が算定した性ホルモン含有量に応じて員数成員のセックス・デー予定表が作成され、受理したクーポンにより性行為に及ぶ。「単一国」はそのように愛を抑圧する。また、『すばらしい新世界』では出産や家族が否定され、人工授精による瓶からの誕生やフリーセックスが当然になった文明が描かれる。そこで暮らす者たちは、「親」、「父」、「母」、「生まれる」といった概念は不愉快で淫らなことだと心に刷りこまれていた。「反セックス青年同盟」なる組織が登場する『一九八四年』でも、次の引用文のように、オセアニアを支配する党にとって性の本能は危険であり抹殺しなければならないものとされる。

党の狙いは、単に男女間にコントロールのきかない忠誠心が成立するのを阻止することだけではない。公言されてはいないが、真の目的は性行為からすべての快楽を除去することなのだ。

このため、当事者の男女が肉体的にひかれあっている印象を与えると、党は二人の結婚を認めないのだった。

三作の古典にみられるセックスについての禁忌は、統治側が国民の身体を管理下におくことだけを意味するのではない。忠誠心や愛は国家にだけ捧げられるべきであり、恋愛の対象者に注がれるべきでないとする姿勢も同時に示している。悪しき統治は、身体だけでなく心の関係も極端な管理下におこうとすると、作家たちは想像したのだ。その考えにもとづき、管理社会からの逸脱者を描くにあたって『われら』と『一九八四年』では秘かな恋愛が、『すばらしい新世界』ではその地では忌まわしいものとされる親子関係が、重要なモチーフとしてとりあげられた。

ただ、『われら』と『一九八四年』は国家からの抑圧に焦点をあてた暗いトーンの内容であるのに対し、『すばらしい新世界』では胎児の頃からの階級選別と洗脳、気鬱を改善する薬物ソーマの日常的使用などの効果で、ほとんどの人々は国家体制に疑問を持たない。このため、乱交の奨励される社会でみんな楽しく生きているが、社会自体は反抗の芽が育たないように硬くシステム化されている。

ディストピア小説の古典にもうひとつ共通するのは、国家が言葉を厳しく支配していることだ。すでに触れた通り、『われら』では「われら」は神に、「われ」は悪魔に由来するとされ、『すばらしい新世界』では、「母」、「父」は淫らな概念である。人々はその常識を前提に思考するしかない。『われら』では国家にとって良き言葉を選別する国立詩人散文家研究所があり、『すばらしい新世界』では睡眠学習によって無意識レベルで言葉の正しい使いかたが刷りこまれる。人々は言葉を支配されることで想像力も制限される。『すばらしい新世界』には医学レベルで人間の思考や想像力を縛るという世界観があったが、『われら』にも想像力病を治癒する大手術が登場する。言葉の支配と身体の支配は密接に結びついており、セックスの管理がそうであったように言葉の管理もまた人間関係の管理につながっている（「われら」、「母」など関係性をめぐる言葉の扱いに注目せよ）。そこでは、連帯して反抗するための言葉が奪われている。

ディストピア小説の古典のなかで、言葉の支配を最も詳細に構想したのは『一九八四年』だろう。オセアニアでは、英語を簡素化し使用できる語彙を大幅に制限することで、言葉が広い意味を持てず政治的表現もできなくなるようにした。そのために開発されたのが「ニュースピーク」である。「ニュースピーク」において「free」は社会的な「自由」を表現できず、「この犬はシラミから自由」という程度の意味しか持てない。また、オセアニアでは「二重思考」が強要される。作中ではエマニュエル・ゴールドスタインなる人物の著書『寡頭制集産主義の理論と実践』からの引用としてこう書かれている。

二重思考とは、ふたつの相矛盾する信念を心に同時に抱き、その両方を受け入れる能力をいう。党の知識人メンバーは、自分の記憶をどちらの方向に改変しなければならないかを知っている。従って、自分が現実を誤魔化していることもわかっている。しかし**二重思考**の行使によって、彼はまた、現実は侵されていないと自らを納得させるのである。

真理省記録局によってつい最近の出来事まで国の歴史が常時改竄され続けるオセアニアでは、矛盾を受け入れる二重思考の能力が必須になる。それができなければ、無慈悲な拷問による意識の作り直しが待っている。『一九八四年』が二十世紀ディストピア小説のひとつの完成形と思えるのは、ビッグ・ブラザーやテレスクリーンなど社会システムの設定の洗練だけでなく、「ニュースピーク」、「二重思考」などの設定により、統治にとっての核といえる言葉や思考の支配について深い洞察を示したからだ。

二十世紀ディストピア小説にみられた悪しき統治のイメージを一語で象徴させるなら、壁だろう。『われら』の「単一国」は「緑の壁」に囲われており、結末では街中に高圧電流の壁が建設されていた。『すばらしい新世界』では、社会の外部である野人保護区との境にやはり高圧電線の柵が設けられていた。また、『一九八四年』はいつでも監視の眼を意識しなければならないが、視線を遮ってくれるはずの壁にはたいていテレスクリーンがあり、「ビッグ・ブラザーがあなたを見ている」のだった。その点は、強制労働収容所の窓のない壁でも変わらない。

ソ連側社会主義圏とアメリカ側自由主義圏が東西冷戦の状態にあった時期に国家というものの強権性、閉鎖性を示したベルリンの壁と、二十世紀ディストピア小説の壁（や柵）のイメージは呼応するものだった。

父権的な独裁者が、クローズドなガバメントの情報を漏らす(リーク)ことなく管理し、硬い公共を形作る。その象徴が壁だったのである。

科学的管理の洗練

二十世紀のディストピアのイメージに、新しい公共、オープンガバメント、リーク社会という三概念の裏返しを読みとれるのは当然のことだ。そのイメージの大きな源泉だったソ連型の強権的な社会主義国家を反面教師として、政府の透明性、情報の双方向性、国民による政府の監視が目指されてきた民主主義を、民主主義2・0へとヴァージョン・アップしようとした時に付随すると考えられた概念がそれら三つだったのだから。だが、ディストピアの本質はイデオロギーの区別にではなく、むしろ科学的管理という発想、手法にある。

ソ連で書かれた『われら』は当然として、『一九八四年』もソ連型の独裁的で全体主義的な社会主義国家を批判した小説として読まれることが多かった。これに対し、『すばらしい新世界』では、アメリカの自動車王フォードが偉人として崇められ、「フォード紀元」が用いられている設定だ。フォードといえば自動車産業のパイオニアというだけでなく、工業製品の大量生産方式を広めたことでも知られる。『すばらしい新世界』は、資本主義のもとで発達した大量生産方式を人間の誕生、育成に応用した世界が語られる。同作では、科学に基づく効率主義が暴走した際の悪夢が、資本主義の戯画として滑稽さを含みつつ描かれているのだ。

科学に基づく効率主義は資本主義だけではなく、社会主義国家でも重視されたものだった。『われら』

岩波文庫版のあとがきで訳者の川端香男里は、レーニンの『ソビエト権力の当面の任務』（一九一八年）からテイラー・システムに言及した部分を引用している。テイラー・システムとは、仕事のノルマや報酬などの課業管理、作業の標準化、組織形態の最適化を柱とする労働者の科学的管理法であり、製品の標準化と組立てラインを中心とする大量生産のフォード・システムとともに、資本主義国家での産業の発展をうながしたと評価されている。

この点における資本主義の最新の成果であるテイラー・システムは……ブルジョア的な搾取の洗練された残忍さとともにまた、労働の際の機械的な動きを分析し、無駄な不器用な動きを追放し、きわめて正確な仕事のやり方を作り上げ、もっとも優れた算定と管理の制度を導入する（中略）……社会主義が実現できるかどうかは、われわれがソビエト権力およびソビエト的管理組織を資本主義の最新の進歩と結びつけることができるかどうかということによってこそ決定されるのである。

科学的管理の肥大した『われら』の「単一国」では、人々が員数成員《ナンバー》として文字通り「数」扱いされ、テイラー・システムへの言及もみられた。『一九八四年』でも「ニュースピーク」の効率的な言葉の使用法など、やはり科学的管理の発想の延長線上で世界観が構築されている。いうまでもなく、経済的な管理手法と政治的な管理手法は呼応しており、地続きなのだ。

一方、資本主義の重点が製造業からサービス業へ移ったことにより、経済的な管理を代表する手法にも変遷がみられた。それは、フォード・システム、テイラー・システムからマクドナルド化、ディズニー化への重点移動といえるだろう。ジョージ・リッツァは『マクドナルド化する社会』(一九九三年)でマクドナルド化の要点は、効率性、計算可能性、予測可能性だと指摘した。商品や客を数として把握することでサービスを合理化し、同時に来店客のストレスを低減する。この種の手法の広まりは、POSシステムのような周辺機器の発達と並行している。

ディズニー的な『プリズナーNo．6』

また、アラン・ブライマンは『ディズニー化する社会』(二〇〇四年)においてディズニー化のポイントを、テーマ化(物語《ナラティブ》によって施設や物体を表現すること)、ハイブリッド消費(分野の異なる消費の重なりあい)、マーチャンダイジング(イメージ、ロゴを用いた商品販売)、パフォーマティヴ労働だと論じた。ディズニーのテーマパークでは、客はゲスト、従業員はキャストと呼ばれる。ショーの出演者だけでなく清掃員であってもキャストはディズニーというテーマに沿った心からの演技をしなければならない。笑顔など、感情レベルからの労働が要求されるのだ。

二〇〇〇年代以降の日本では、自分探し、自己承認欲求の意識から、低賃金、あるいは危険な労働環境に自らのめりこむ図式、いわゆる「やりがい搾取」(本田由紀)の問題が指摘されたが、キャストのやる気を引き出すディズニーのパフォーマティヴ労働はその洗練された形といえる。

アメリカを軸とする資本主義のグローバリゼーションに伴って経済的な管理手法としてのマクドナルド化、ディズニー化は各国に飛び火し、応用されていった。これらの手法により、いわば規格化された「快適」空間が広まったのだ。そうした変化を反映した作品の一つに『プリズナーNo．6』があげられる。

一九六七年にイギリスで製作され、カルト的な人気を持ち続けているシュールなドラマだ。

　情報機関を辞したらしい主人公は、「村」に連れていかれる。住民に場所の名を問うても「村」としか答えない。誰もが数字で呼ばれ、主人公もNo．6とされる。『われら』を継承したようなその場所では監視が行き届き、逃亡しようとしても大きな謎の球体が現れて阻止される。「村」を支配するのはNo．2だが、同じ番号で人が入れ替わるし、主人公そっくりな人間も現れる。洗脳、夢のモチーフが扱われるこの物語では、名称、個性が意味を失い、なにが現実か揺らぐ。主人公はNo．2から情報を求められるが、「村」がどんな目的で存在するのか、わからない。書割を実体化したテーマパークの街並みのごとく、そこにただあるだけなのだ。スパイものの要素を取りこみつつ、不条理なメタフィクションになっている。

　米ソ冷戦時代の作品だから、「村」には社会主義国家的な管理・支配のイメージもあった。ドラマでは「私を番号で呼ぶな」と反発する主人公が自由を求め、脱出を目指すが失敗するという展開を基本型として各回のヴァリエーションがつけられていた。それに対し、SF作家トーマス・M・ディッシュが書いた小説版『プリズナー』（一九六九年）は、全体を一つの物語に再構成し、テレビ版との違いも多かった。小説版は終盤に一応の解決を用意した点に賛否があるが、テレビ版も小説版も迷宮を連れ回される酩酊感に妙味があることとは変わらない。章ごとのエピグラフにカフカ、ボルヘスを選んだあたり、ディッシュの世界観がうかがえる。

　ドラマ版は最終回でビートルズ「愛こそはすべて」が流れるなど、当時のポップ・カルチャーをとりこんだ部分があり、それがカルト人気の一因になっていた。一方、ディッシュ版『プリズナー』では、ミューザックが繰り返し登場する。音楽を流したほうが人は心地よく感じ、作業効率も上がるという理屈で工場やデパート向けのBGMを商業化したのが、アメリカのミューザック社だった。以来、社名が街なかのBGM一般の通称ともなった。『プリズナー』では「村」のあちこちでミューザックが「ユーモレスク」などを流し、レストランでも老楽師がBGMを演奏している。

小説中では「村」について「不吉なディズニーのような人物の頭で考えられたもの」と表現するほか、No．2が「村」にすばらしい娯楽施設があることを誇る場面もある。ミューザック的、ディズニー的な快適さは考慮されており、外部に出る自由や個性さえ望まなければ平穏に暮らせる。そんな「村」は、快を求める人々の現状とも通じる。角ばっているのでも尖っているのでもない、まんまるで弾力性のある球体が、外部への脱出を阻む。シュールかつ滑稽でもある同作の光景は、心地よさと不自由さの入り混じった文明、社会の感触を、今なお、よく象徴している。

『一九八四年』と一九八四年の落差

日本の場合、マクドナルドの初出店は一九七一年、ディズニーの米国以外でのテーマパーク第一号だった東京ディズニーランド開業は一九八三年だった。本当の一九八四年が到来した時、管理をめぐるイメージは、一九四八年に想像された『一九八四年』とはかなり違うものになっていた。

本書で後にその作品について触れる、早逝したSF作家、伊藤計劃は、二〇〇〇年代前半に次のような考えを自分のホームページに書いていた。

管理社会、って今のぼくらにとっても切実な問題じゃん？　とか言っているあなた、管理社会、っていやなんでもヴィヴィッドなテーマになると思ってませんか。（中略）あのね、今、ぼくらのこの世界の管理社会を描く戦いってのは、「マイノリティ・リポート」とか「トゥルーマン・ショー」みたいに脱中心的で、ぐっとソフトで、ぼくらの消費と結びついたやりくちで、さりげなく内側から管理する方法みたいな、複雑で見えにくいステージへとっくのむかしに移ってるんだよ。

（『伊藤計劃記録』二〇一〇年）

『マイノリティ・リポート』（二〇〇二年）は殺人予知システムによって未来の犯罪が事前に取り締まられる世界を描いた映画であり、『トゥルーマン・ショー』（一九九八年）はディズニーシーのようなセットを普通の街と思いこまされ育った男が主人公だった。二作の映画をめぐる伊藤の発言は、フォード・システム、テイラー・システム的な管理からマクドナルド化、ディズニー化の管理への変化をとらえたものといってよい。

また、一九八四年のパラレル・ワールドを舞台にした村上春樹のベストセラー『1Q84』（二〇〇九年－二〇一〇年）には「もうビッグ・ブラザーの出てくる幕はない」なる章があり、その対義語で命名されたと思われるリトル・ピープルという悪の象徴が登場した。それは、ファンタジー的な物語を持つ同作のなかで、正体のわからない謎の存在である。宇野常寛はこの小説を論じた『リトル・ピープルの時代』（二〇一一年）において、ビッグ・ブラザーは「歴史」、「国家」といった「大きな物語」、大きなシステムを背景にしていたのに対し、貨幣と情報のグローバル化したネットワークに遍在する現在のシステムから無数に生じたのがリトル・ピープルだと解釈していた。

二十一世紀になって伊藤や宇野が指摘した変化は、マクドナルドとディズニーランドが日本上陸を果たしていた現実の一九八四年の頃、べつの角度からすでに感じとられていた。当時、ニューアカデミズムのスターとなったばかりの浅田彰は、自分が責任編集の一人となり刊行した思想雑誌「GS　たのしい知識」の一九八四年の創刊号で「反ユートピア」を特集し、座談会で次のように発言していた。

『一九八四年』の場合、中心にいるのはビッグ・ブラザーなんだけれども、それは、ファーザーだと言ってもいいわけで、父権的な形象として屹立している。しかし、現代においては、散在するメディア・ネットワークが総体として、一種のマザーになっている。マザーとして個々人を包摂することにより、いわば管理されているという意識を与えないで管理する。

浅田はこのように述べ、オーウェルの『一九八四年』が「現代」となっては単純すぎる過去の認識になったと指摘した。彼の発言には、環境管理型《アーキテクチャ》権力をめぐる二〇〇〇年代の批評につながる要素もあった。旧くから「マザーコンピュータ」などという表現がある通り、情報技術やメディアの発達を母性的なものとする見方は珍しくない。

一方、一九八〇年代には家庭用ヴィデオデッキや衛星放送の普及、テレビゲームのマーケット確立など、画像メディアの発達が顕著だった。ヴィデオアートの開拓者だったナム・ジュン・パイクは、一九八四年一月一日に「グッド・モーニング、ミスター・オーウェル」と題し、ニューヨークとパリを結んだ衛星中継番組を企画した。『一九八四年』では強権的な全体主義国家がプロパガンダと監視のためテレスクリーンという画像メディアを管理していたのに対し、パイクは遠い地域がつながりあえるものとして画像メディアをポジティヴにとらえ、オーウェルへの返答としたのだ。

しかし、画像メディアに関する一九八〇年代のオプティミズムの代表例としては、「グッド・モーニング、ミスター・オーウェル」以上にライヴ・エイドのほうがふさわしいだろう。ボブ・ゲルドフがアフリカの飢餓救済を掲げてイギリスの人気ミュージシャンを集め、一九八四年にバンド・エイド名義でチャリティ・シングルが作られた。アメリカでも呼応して「ウィ・アー・ザ・ワールド」が発売され、大ヒットした。その延長線上で一九八五年にライヴ・エイドというチャリティ・コンサートが企画されたのである。イギリスとアメリカを主要会場にして同日開催されたその模様は、八十四カ国に衛星生中継され世界的に話題となった。

一連のイヴェントに関しては、集まった寄付金がどこまで有効に使われたかなど批判も多い。だが、ライヴ・エイドに触発されて音楽チャリティがブームになり、農家支援を目的としたファーム・エイド、南アフリカの人種隔離《アパルトヘイト》政策反対運動を支援するアーティスツ・ユナイテッド・アゲインスト・アパルトヘイトなど、様々なイシューを掲げた企画が立ちあげられた。

ライヴ・エイドから二十周年にあたる二〇〇五年には、やはりボブ・ゲルドフが中心になりライヴ8《エイト》が開催された。世界八都市で行われたコンサートはまた世界で放送されたが、特徴的だったのはこのイベントが政治的交渉を目指したこと。ライヴ8はスコットランドで開かれた主要八カ国首脳会議（G8）を念頭に催されたのであり、ボブ・ゲルドフとU2のボノは会議前の首脳たちと面会した。その後、会議がアフリカへの援助増額を表明したことをゲルドフは成果だと強調していた。

G8との交渉という意識は、ライヴ8のDVD版にも反映されている。そのジャケットにはアメリカのブッシュ（子）、イギリスのブレア、日本の小泉、ロシアのプーチンなど各国首脳の写真が使われた。メディアやイベントで大衆の声をかき集め、権力と交渉して世界を変えるのだという意識が感じられる。だが、ライヴ8にライヴ・エイドほどのインパクトがあったとは思えない。企画が過去の反復にみられたこと、出演陣が時代を十分反映していなかったことなど様々な理由はあるが、インターネットの発達によって一般の人々が情報や意見を受発信する手段を得たことも大きいだろう。メディアのグローバルな利用が、ポップ・スターなど一部の特権ではなくなった。「メディアの可能性」のなかで世界への中継という手法の地位が相対的に低下したのだ。

『ドーン』の分人主義

舞台は二〇三三年。人類初の有人火星飛行を行った宇宙船「ドーン」をめぐるスキャンダルと、その女性クルーの父が副大統領候補になったアメリカ大統領選の様子を描いたのが、平野啓一郎『ドーン』（二〇〇九年）である。同作には、「ウィ・アー・ザ・ワールド」の五十周年記念コンサートが催され、かつてのチャリティ・シングルで熱唱したブルース・スプリングスティーンが、八十七歳で闘病中ながら車椅子で登場する場面がある。平野は、インターネット、セキュリティなど情報の流通や管理、監視が高度に発達しながらも、一九八〇年代的な発想、感性も残存するまだらな社会を物語にしている。

同作の未来では、分人主義（dividualism）の考えかたが広まっている。個人（individual）が対人関係ごとに異なる人格＝分人（dividual）になる複数性、多様性を承認しようという考えかただ。『ドーン』の大統領選では、分人を使い分け過去を一つではなくすることで救われる人がいるならばそれを認めてよいとする民主党候補と、両親の目のとどかないところで子どもが別の顔をみせて社会の連帯を失わせる分人主義は間違っているとする共和党候補の意見が対立する。また、分人は対人関係ごとに発生するわけだから、限られた人間関係で長期間過ごさねばならない宇宙旅行ではその発生が抑制される。このため、宇宙船「ドーン」のトラブルもそれが原因ではないかとされる。

『一九八四年』では一人の人間が相矛盾する考えを同時に抱え込む二重思考が強要されたが、『ドーン』では一人の人間が対人関係ごとに違う人格に変わる分人主義が普通になっている。それは、場面ごとのキャラの使い分け、仕事での実名使用とネット書き込み時のハンドルネーム使用など、現在のふるまいかたを未来に投影したものだ（キャラは自ら設定できるのに対し、分人は対人関係によって生まれる点が異なるが）。人格の統一感を前提とした『一九八四年』と、人格の分散的状況が進む二十一世紀の差が『ドーン』には反映されている。

　平野が考えた分人主義は、鈴木健の唱えた個人民主主義から分人民主主義へという主張とも響きあう部分がある。鈴木は、有権者がネットのシステムを利用し一人の一票を支持政党ごと、政策ごとに〇・七票、〇・三票といったぐあいに分割して投票することも認めれば、民意の実態が政治に伝わりやすくなると考えた。たとえ内容が矛盾する分割投票であっても認めるのだ。これが、分人民主主義である。

　一方、『ドーン』は拡張現実（作中でＡＲ＝Augumented Realityは「添加現実」と呼ばれる）が発達した未来と設定されており、主人公の宇宙飛行士、佐野明日人《あすと》の妻は、東京大震災で亡くした一人息子のＡＲ人間を溺愛している。ＡＲ人間とはＤＮＡ情報と解剖学的データから設計された三次元映像であり、その人らしく会話し、まるで加齢するように経年変化する。また、同作には、大統領候補のホログラムが明日人の前に現われ、政治的な説得をする場面がある。だが、明日人には、別の場所に実態が存在するホログラムに対しても、実在を欠いたAR人間をみているように感じられ、電話と同じく生きている人物が話しているのだという状態がうまく呑み込めない。対人場面ごとに分人がいるだけでなく、技術的な分身が、生前にも死後にも出現しうる社会なのである。

大統領候補のホログラムの場面から連想されるのは、ヴァーチャル歌姫（ボーカロイド＝少女イラスト像＋合成音声ソフト）の初音ミクを立候補させようと唱えた濱野智史の「キャラクシー」（キャラクター民主主義）と呼ばれる思考実験だ（同人誌「新文学」二〇〇八年所収の「初音ミクに出馬させてみた「共有党宣言」のための覚え書き」など）。架空のキャラクターである初音ミクを当選させ、匿名の支持者たちの政策を代行させようというのである。この発想は、ライヴ8に賛同した大衆の声を背負い、ポップ・スターであるボブ・ゲルドフがG8首脳と対峙した図式のヴァーチャル版といえる。濱野の「キャラクシー」論には、ヴァーチャル・キャラクターの遍在性を活かし複数の仕事を同時並行で進めさせようというアイデアもあった。

しかし、今の現実からするとそれはかなり実現困難と思われる。最もポピュラーなキャラクターであるミッキーマウスの着ぐるみは、ディズニーの同一テーマパーク内では同時に複数の場所に現われないのが原則といわれる。ミッキーは「実在しパークに住んでいる」ことになっているからだ。ミッキーのリアリティのためには人格の統一性、固有性が要求され、安易に遍在するわけにいかない。これを政治に置き換えると、一国の代表者に複数の分身がいて同時並行で多国の代表者たちと交渉しようとした場合、相手国首脳の信頼を得られるのかという話になる。

アメリカという名の一人の友人

『ドーン』における未来のアメリカでは、国民が分人という複数の顔を持つことが広まる一方、大統領に関しては共和党、民主党それぞれで候補者を絞り込み、最後は二大政党が対決し国家代表を一人だけ選ぶ伝統のシステムが継続されている。政治に関しては、分割ではなく一つの顔の下での統合がなお求められているのだ。作中の民主党選対本部では、自党の大統領候補者についてこう語られる。

> この国の有権者たち全体を、バラバラの人間の集まりとして考えるのではなくて、たった一人の生身の人間——我々の大切な友人の一人と考える。（中略）
> ネイラーは、そういう一人の人間——アメリカという名の一人の友人に対して、親身に、誠実に語りかけることの出来る男だ。カメラの向こうにいるのは、分割不能 individual《インディヴィジュアル》な一人の有権者だ。

分割不能な有権者と向き合うのは、分割不能なリーダーである。脱中心的で情報が散在する母性的なネットワークを背景に国民は分人を指向するが、政治においては中心となる父権的な一つの人格が求められ、セキュリティを目的に国家が監視して情報を集約することが目指される。

同作での大統領選は、三期前に成立したネット投票法の施行後、「従来のマスコミ基準の〝大きな〟PRとは違う」選挙対策が求められる過渡期のイベントと設定されている。一方、『ドーン』は、現実のアメリカでバラク・オバマが初の黒人大統領になったのと同じ二〇〇九年に刊行されたが、オバマの次の大統領として二〇一六年にドナルド・トランプが選出された。オバマもトランプもインターネットを使って支持を広げた候補だったが、二人の立ち位置には大きな違いがある。様々な人種、民族、宗教の坩堝であるこの大国において、黒人であるオバマの選出は、誰にでもチャンスがあるというアメリカン・ドリームの象徴でもあった。これに対し、国内の雇用を奪い麻薬や強姦をもたらすメキシコからの移民流入を止めるため国境に壁を築くと公約し、テロ防止を掲げイスラム圏からの入国制限を主張したのが、トランプである。彼は、排外主義に傾いた裕福ではない白人労働者階級を中心に支持を集めたという。

先に触れた通り、『ドーン』では大統領候補が、有権者全体を分割不能な「アメリカという名の一人の友人」ととらえて向きあう図式が語られていた。それに対し、国内の分断を煽ることで支持を獲得したトランプは、就任演説で「アメリカを再び偉大にする」のキャッチフレーズを繰り返し、団結を呼びかけた。この大統領は国民を分断しながら団結を求める自己矛盾から出発しており、アメリカを「一人の友人」とみなしているとはいいがたい。場面ごとに発言の内容が変わるトランプが、的確に分人を使い分けているとも思えない。現在のアメリカを見たうえで『ドーン』の大統領選をめぐる記述を読み返すと、複雑な気分になる。

高度化するセキュリティと対抗手段

『ドーン』は9・11後を強く意識した世界観で執筆され、テロ対策として監視社会化が浸透している模様が描写されていた。だが、同書の未来でもテロや地域紛争は発生しており、アメリカは第二のベトナム、第二のイラクといわれる東アフリカ戦争の泥沼化に苦悩する。その意味でも、『ドーン』は極端なユートピア、ディストピアを扱った内容ではなく、今の現実と地続きの物語になっている。

アメリカでは多数の死者を出した9・11の同時多発テロ事件の経験が、セキュリティの高度化をうながした。日本にも9・11の影響はあったが、それ以前からこの国では少年犯罪の凶悪化、外国人犯罪の増加といった統計上の実態には即さない体感治安の悪化が後押しする形で、街頭の防犯カメラが増加する流れがあった。そうした監視は、行政の押しつけというより、不安を膨らませた市民の求めに応じ拡大した面が大きい。平野は『ドーン』発表以前に監視社会化の進んだ現代社会をとらえた『決壊』（二〇〇八年）という犯罪小説の長編を書いていた。『ドーン』でのセキュリティに関する小説的考察は、『決壊』にあった要素の発展といえる。

『われら』、『すばらしい新世界』、『一九八四年』など二十世紀ディストピア小説の管理社会が、身体と言葉を支配し人間関係も制限しようとしたのと同じく、『ドーン』の国家も身体、情報を管理しようとする。だが、同作では、脱中心化したネットワークの力を使える人々が身体、情報を可変的に扱い、国家の監視から逃れる術も知っている。そのいたちごっこもリーク社会と化した同時代を誇張したものになっていた。

『ドーン』では分人主義が広まる一方、顔認証検索で同一人物を認識し、行動履歴をチェックする「散影 divisuals」なるシステムが発達している。一人が分人に分割されても「散影」が統合してみせるわけだ。だが、それに対し可塑整形も発達している。従来は顔を一度手術したらさらには変えにくい不可塑整形だったが、可塑整形は簡単に変更できる「動く顔」が作れて「散影」でも同一人物と認識できない。ある登場人物は、「人間はついに、生まれながらのたった一つの顔に拘束される時代に別れを告げたんです」と豪語する。

また、『ドーン』には、ウィキノベルという小説共作サイトが登場する。これは、ウィキペディアが大勢の集合知によって事典を作るものであるのに対し、複数の人々で小説を創作するもの。宇宙船「ドーン」ではクルーの一人である共和党の副大統領候補の娘が妊娠するが、そのスキャンダル情報が漏れる。リークに伴い「ドーン」のクルーたちをモデルにしたウィキノベルの小説が話題となり、どんどん書き換えられて大統領選に影響を及ぼしそうになる。それはコミックマーケットで販売される同人誌のパロディ小説が政治に影響するようなものであり、『一九八四年』では真理省記録局が改竄していた歴史を一般の人々が捏造するかのごとき状況だ。

ウィキノベルはまだ遊び、冗談の領域だが、『ドーン』には無領土国家プラネット plan-net なるものも登場する。これは信販会社が母体となった企業国家で、世界中の多領域のＮＰＯなどをネットワーク化して分人をベースとした国籍を発行し、国連との協議資格やヨーロッパ評議会のオブザーバー資格まで持つ。だが、アメリカはプラネットを国家とは正式に認めていない設定である。プラネットは東アフリカ戦争関連の未公開資料を公開し、アメリカに影響を行使しようとする。このように『ドーン』では、身体だけでなく言葉も大国の管理から逃れる手段が存在する。

未公開資料を暴露する手法からは、平野がウィキリークス的な組織の発展としてプラネットを想像したことがうかがえる。一九八〇年代に大規模チャリティ・コンサートの衛星中継というメディア・イヴェントによって政治的ポップ・スターになったのがボブ・ゲルドフであったのに対し、二〇〇〇年代に政治的な未公開情報をネットで晒し、各国を揺るがすウィキリークスの顔としてポップ・スター的存在になったのが、ジュリアン・アサンジだった。『ドーン』のプラネットにアサンジ的なカリスマは不在だが、政治とメディアの関係の複雑化は書きこまれている。

また、プラネットから閉め出された過激派が世界中にリンクを張りめぐらしたテロのネットワークであるケチャップは、9・11テロを起こしたアルカイダに似た組織形態として創作されたと思える。『ドーン』に書かれたプラネットとケチャップは、国家の統治に対抗するグローバルなネットワークのプラス面とマイナス面をそれぞれ象徴している。

『虐殺器官』の管理のフィルター

監視社会化とテロのネットワークが向きあう9・11後の未来を『ドーン』よりも極端な形で書いたのが、伊藤計劃の『虐殺器官』だった。先に引用した通り、伊藤はディストピアに関して「トップダウンな抑圧的管理社会の恐怖」から「ぼくらの消費と結びついたやりくちで、さりげなく内側から管理する方法」への移行を指摘していた。『虐殺器官』にもそうした認識が背景にある。

同作の先進諸国では個人認証セキュリティ、追跡可能性《トレーサビリティ》が発達している。このため、主人公の米軍大尉クラヴィス・シェパードは、敵兵の体に埋めこまれたIDタグを肉のなかからえぐりとり、「アスピリンのように飲み下す」ことで敵地の個人認証システムをくぐり抜ける。そのような過酷な戦いを生きるシェパードは、ドミノ・ピザを愛している。

> ぼくはCNNでしか世界を知らないアメリカ人《ヤンキー》だ。家でデリバリー・ピザを食べながら、モニタで世界情勢を見る。この二十年にいろいろな戦争があり、テロ事件があり、そのイデオロギーも目的も様々だった。（中略）

しかし、デリバリー・ピザは不変だった。

シェパードは、戦争やテロとピザを対照的なもののように語る。だが、実態がそうでないことを物語自体が表現している。バーコードのシールを貼りかえ食品を偽装した事件があったが、兵士は敵兵のIDタグを呑みこんで身分を偽装するのだ。また、食材の生産地の表示と個人認証システムは追跡可能性の点で同じ論理に基づいており、戦争の一部が国家からアウトソーシングされる状況は戦争もマクドナルド化とそれほど違わない産業、消費の一種になっていることを示す。

しかし、『虐殺器官』は、そのような科学的管理法が極端に肥大しても、なおそこから逸脱する力はなくならないと想像する。作中でテロリスト側は、IDを詐称して「情報管理社会に生きる名なしの群れ」である「計数されざる者たち」について語る。ザミャーチンの『われら』では国民が員数《ナンバー》成員として数扱いされていたが、伊藤の未来世界では数えられない群れがかなりの割合で存在する。また、『虐殺器官』では次のような身も蓋もない現実が語られる。

人々は個人認証セキュリティに血道をあげているが、あれは実はテロ対策にはほとんど効果がない。というのも、ほんとうの絶望から発したテロというのは、自爆なり、特攻なりの、追跡可能性のリスクを度外視した自殺的行為だからだ。

一方、同作では消費–管理社会的な合理性からはみ出す感情に対しても、コントロールの方法が考えられている。

作中の特殊部隊には、戦闘の障害になる「痛み」を直接「感じる」ことを抑制しながら、「痛み」があることの知覚という自分の身体の把握は妨害しない「痛覚マスキング」が施されている。同様に兵士が残虐なことはしたくないなどの倫理感によって戦闘の反応が遅れないように、感情にもマスキングがかけられる。二十世紀ディストピア小説は硬い壁で人々を囲いこむ強権的な管理の恐怖を語ったが、『虐殺器官』における管理のイメージは壁ではなくフィルターだ。そこでは流れ全体が止められるわけではないが、濾過することで特定の要素は排除される。フィルタリングが、管理の基本になっているのだ。

『虐殺器官』では、テロに至る絶望や憎しみに関しても感情自体を根絶しようとするのではなく、向かう先を変えさせる方法が登場する。特定の要素を特定の方向に流すフィルターが考えられているわけだが、同作でその機能を果たすのは言葉だ。国際的なテロリストでありアメリカ政府の一番の敵となっているアメリカ人のジョン・ポールは、「どの国の、どんな政治状況の、どんな構造の言語であれ、虐殺には共通する深層文法があるということが、そのデータから浮かび上がってきたんだよ」と語る。「虐殺の文法」という、集団の感情に対するある種のフィルターを操ることで死の連鎖を引き起こす彼は、テロリスト2・0的なキャラクターである。

二十世紀ディストピア小説にもみられた身体と言葉の管理、操作が、『虐殺器官』ではフィルタリング的な手法によって複雑化している。伊藤計劃は人の身体、感情の双方に関して分割できるモジュール的な状態を想定しており、平野の『ドーン』の分人主義にもあった個人の分割という概念を、SF的な思考実験としてより詳細に追究していた。

健康が強要される『ハーモニー』

伊藤計劃は、『虐殺器官』の物語の後の、核兵器の使用と世界的な混乱「大災禍《ザ・メイルストロム》」を通り抜けた時代を舞台にした『ハーモニー』を生前最後の完成した長編として遺した。二〇〇九年に三十四歳で亡くなった伊藤が癌の闘病中に書いた同作は、「構成員の健康の保全を統治機構にとって最大の責務と見なす」生命主義のもと、政府ならぬ「生府《ヴァイガメント》」を基本単位とする医療福祉社会に移行した未来を描いていた。

「権力が掌握しているのは、いまや生きることそのもの。そして生きることが引き起こすその展開全部。死っていうのはその権力の限界で、そんな権力から逃れることができる瞬間。死は存在のもっとも秘密の点。もっともプライベートな点」
「誰かの言葉、それ」
「ミシェル・フーコー」

登場人物がそのようにフーコーの「生権力」論に言及する場面のある『ハーモニー』は、少子化人口減で「社会的に稀少なリソース」となった「公共的身体」を徹底的に管理して保護する生命主義の公共的正しさ《パブリック・コレクトネス》に満ちた世界に、権力の限界である死を大量に発生させようとする、死んだはずの少女の行動をめぐる物語だ。

グーグルは、異なる病院の記録も集約して健康に関する個人の情報を一元化するサービス、グーグル・

ヘルスを二〇〇八年からスタートしたが、期待したほど一般の関心を集められず、二〇一二年一月一日に閉鎖した。これに対し、『ハーモニー』はもしもグーグル・ヘルスのごときシステムが、監視社会化の方向で徹底強化されたらどのようなユートピア＝ディストピアになるかを書いた小説と読める。人々の全身はWatchMeなるシステムで監視され、情報に基づき家庭にある個人用医療薬精製《メディケア》システムが医療分子《メディモル》を作り、病気を征圧する。もちろん、情報は「生府」によって管理される。

健康を強要されるこの世界では、喫煙、飲酒は公共に反する行為であり、監視の眼が行き届かない紛争地域にでも行かなければニコチンやアルコールを楽しめない。『ハーモニー』の先進諸国では、個人情報を開示するのが当然になっている。古典の『すばらしい新世界』では、「父」、「母」が淫らな言葉とされていたが、『ハーモニー』では「プライバシー」が「やらしー」言葉だと笑われてしまう。また、『ドーン』に「散影」があったように、『ハーモニー』ではSearchYouという検索システムと「拡現《オーグ》」というARが連動しており諸情報を入手できる。『虐殺器官』にみられた人や世界のモジュール的な管理という発想が、『ハーモニー』ではさらに広範囲に及んでいるのだ。

> 社会と自己の対立みたいなのは昔からあるテーマではあるんですけど、最近ゼロ年代の話とかでよく出てくる「小さい共同体」とか、そういう話がありますけど、共同体を論じる以前に、動物としての人間っていう部分が議論からすっぽり抜けているような気がするっていうか。

『伊藤計劃記録』所収のこのインタヴューにおいて伊藤は、個人情報をデータベース化し管理する社会に触れたジル・ドゥルーズの『記号と事件』にも言及しつつ「人間が動物である部分と社会的な存在である部分の折り合い」が『ハーモニー』のテーマでもあることを語っていた。

同作では、動物である人間の体の徹底管理が描かれる。一方、作中には「人間の『意志』とは脳内にある複数の欲求エージェントのバトルロイヤル状態」という表現があり、個人の意識内部でも常に統治が行われていることが語られていた。この小説では、世界の完全な調和＝ハーモニーが目指される過程で「わたし」の消滅というテーマが現われる。それはザミャーチンの古典が、「われら」のために「われ」を大手術して「想像力病」を退治したことの反復にもみえる。しかし、『ハーモニー』における「わたし」殺しは、『われら』のそのままの反復ではない。一人をまとまった個人ととらえるのではなく、モジュール化してとらえる洗練された科学的管理のもとでは、人がまるごと抑圧されるのではなく、部分だけがそれと意識されないように抑制されるのだ。「わたし」の脳内にいる欲求エージェントの一部が選択的に殺される、といった形で。『われら』と『ハーモニー』の管理、統治は、近くて遠い。

壁からフィルターへ

以上、フォード・システムやテイラー・システムの科学的管理を背景にした『われら』、『すばらしい新世界』、『一九八四年』という二十世紀の古典から、マクドナルド化、ディズニー化を経た現実の一九八四年を通り、『ドーン』、『虐殺器官』、『ハーモニー』という二〇〇〇年代以降のＳＦ的思考実験まで、統治をめぐる悪夢的イメージがどのように変遷してきたかをたどり直した。変遷を短く要約すれば、壁からフィルターへ、となる。

村上春樹は二〇〇九年のエルサレム賞受賞時にイスラエルで行ったスピーチで、システムを壁、人間を卵に喩え、自分は卵の側に立つと述べた。これはもちろん、イスラエルとパレスチナが対立する現地の情勢を意識したうえでのスピーチである。村上の発言に関しては、壁と卵の喩えを持ち出した場合に壁の側に立つという人はいないとする批判もあった。だが、アメリカとメキシコの国境に壁をと主張したトランプは、予想外に多数の支持を集め、大統領になったのだ。そして、トランプは親イスラエルの立場をとり、和平に悪影響があるとして多くの国が反対したにもかかわらず、エルサレムを同国の首都と公式に認定した。

一方、前述のように科学的管理が洗練された後の現在のシステムは、壁よりもフィルターに喩えられるべきであり、村上の喩えでいえば卵を黄身と白身に分けて管理する、あるいは成分ごとにモジュール的に管理する方向に進んでいる。だが、フィルターの細かな運用のされかたを検証するよりも、村上やトランプのように壁という物理的でわかりやすいイメージで語るほうが、言葉として人に伝わりやすい。そのわかりやすい言葉からは、多くの要素がこぼれ落ちてしまう。

例えば、プログレッシヴ・ロックの代表的なバンド、ピンク・フロイドは、一九七九年に『ザ・ウォール』と題した壁をテーマとするアルバムを発表していた。まだ自由主義圏と社会主義圏が対立した米ソ冷戦のなかで、ドイツのベルリンに東西を分断する壁があった時代である。同作の壁は、社会や個人心理の暗喩だった。戦争に行ったまま帰らなかった父は壁のレンガの一つでしかなかったと歌われ、学校で型にはめる教育を受ける子どもも壁の一つでしかないと歌われる。

ストーリーを持った二枚組のこのコンセプト・アルバムは、一九八二年に『ピンク・フロイド　ザ・ウォール』として映画化された。劇中では、飛行する多数の軍用機がアニメーションで描かれ、それらの十字の形がみな墓に変わる場面があった。軍用機や墓は、社会＝壁を構成する個人＝レンガという喩えのパラフレーズだろう。村上春樹はシステムである壁と個人である卵を単純に対立させたが、フロイドは、卵である誰もがレンガに焼成され、壁を構成する一個となりうることをとらえていたといえよう。また、『ザ・ウォール』の最後には主人公が裁かれ、自意識を守っていた殻＝壁が壊され、彼の本当の姿がむき出しにされる罰が待っていた。彼は、壁に組みこまれると同時に壁を内面化していたわけだ。村上の壁と卵の話では語られなかったことがらが、ここでは歌われていた。

本書が行おうとするのは、そのようにこぼれ落ちそうな要素を拾い集めることなのである。

二　監視社会の寓話

ディストピア小説フェアの伊坂幸太郎

二〇一七年一月にドナルド・トランプが第四十五代アメリカ大統領に就任して以降、ジョージ・オーウェル『一九八四年』が再注目されるようになった。トランプの強権的な言動が独裁者「ビッグ・ブラザー」を連想させただけではない。彼の就任式に集まった観客の人数に関して、空いたスペースが目立ったとする報道側と過去最大だったとするトランプ側で見解が食い違った際、ケリーアン・コンウェイ大統領顧問が「もう一つの事実《オルタナ・ファクト》だ」といういい回しで反論した。それは、嘘・捏造の情報がポピュラリティを獲得して真実の情報を上書きしてしまう「ポスト真実《トゥルース》」の現在を象徴する発言であった。政治をめぐる言葉が軽くなり、意味がねじ曲げられる様子は、『一九八四年』で描かれた「ニュースピーク」、「二重思考」を思い出させた。

イギリスが国民投票でＥＵ（欧州連合）からの離脱を決定し、アメリカがメキシコとの国境に壁を築くと主張したトランプを大統領に当選させた二〇一六年は、自国、自民族を第一とする排外主義の思想が、多くの国で勢力を拡大していることを印象づける年となった。それに伴う内外での政治不信の高まりや先行きへの不安感が、『一九八四年』に代表されるディストピア小説への注目につながったといえる。

日本でも『一九八四年』は売上げを伸ばし、翻訳書を出版する早川書房は、伊藤計劃『虐殺器官』のアニメ映画版公開にあわせ、二〇一七年一月よりディストピア小説フェアを催した。ハヤカワ文庫収録の『一九八四年』、『虐殺器官』、『ハーモニー』が対象となったほか、オーウェル『動物農場』とともに新訳が刊行されたのが、オルダス・ハクスリー『すばらしい新世界』（大森望訳）である。同書の帯の裏面には伊坂幸太郎が、次のコメントを寄せていた。

恐ろしい悪夢が、あまりに軽妙に描かれているものだから、心地よい浮遊感があって、うっかり楽しい気持ちになりそうでした。人や社会の重要な問題の核を突きながらも、ユーモアは忘れない。これこそがフィクションの役割なのだ、と思わずにいられません。非常に僕好みで、どうして今までこの本のことを誰も教えてくれなかったのかな……。

伊坂が『すばらしい新世界』を未読だったとは意外であったが、ディストピア小説フェアでなぜ彼がコメントを求められたかはよくわかる。伊坂は複数のディストピア小説を発表しており、彼本人が社会の重要な問題を扱いながら、軽妙さやユーモアを忘れないエンタテインメントとしてのフィクションの役割を示してきたからだ。例えば、作中に『一九八四年』、「ビッグ・ブラザー」への言及もみられる『ゴールデンスランバー』(二〇〇七年)は、監視社会化が進んだもう一つの日本を舞台にしていた。

金田貞義首相が仙台でオープンカーに乗ってパレードしている最中、爆弾を積んだラジコンのヘリコプターによって殺害された(『ゴールデンスランバー』は、ドローンが商品として一般化する以前に執筆された)。ちょうど同じ頃、青柳雅春は学生時代の友人・森田森吾《しんご》に呼び出され、「おまえは、陥れられている」と告げられていた。その言葉は間違いではなかった。青柳は首相暗殺犯に仕立て上げられ、警察から追い回されるはめになる。一九六三年のアメリカのケネディ大統領暗殺に関しては、逮捕されたオズワルドは仕立てられた犯人だったとする説が根強い。伊坂の小説は、その陰謀論を下敷きにして発想されている。

作中に描かれるもう一つの日本では、仙台が監視社会化を極端に推進したある種のモデル地域になっている。仙台ではキルオと呼ばれる犯人が、刃物を使った無差別殺人を続けていたが、いつまでも捕まらないため、セキュリティポッドと呼ばれる情報収集用端末が各所に配置された。形状は、映画『スター・ウォーズ』のR2-D2に似ているという。同ロボットはネットワークに接続して情報を送受信し、解析する能力を持っていたのだから、セキュリティポッドは、機能や性格の面でもR2-D2に似ていることになる。

この端末については、キルオの事件を口実にして利権のために導入されたとみる人もいる。小説のなかでは、自爆テロの被害を経験したアメリカが愛国者法を定め、国民の通話記録やEメール送受信を収集できるようになったことにも触れられており、現実世界における9・11後の監視社会化の進行を意識して創作されたことがうかがえる。

作中における権力側は、市街地の通行人の映像を把握し、携帯電話の情報を記録するだけでなく、証拠や証人を捏造してマスコミを操作する。また、当然のように警察は、法を度外視した捜査をしかけてくる。興味深いのは、無実の罪を着せられ逃亡せざるをえなくなった青柳が、宅配ドライバーと設定されていることだ。会社はドライバー管理をシステム化しており、検索すれば各人の配達担当エリアや出勤予定、携帯電話の番号が閲覧可能になっている。その情報がどこかから漏れ、以前から青柳には不審な電話がかかっていた。個人に関する情報把握のシステムは、日頃の経済活動で普通に使われるようになっている。そんな日常化したシステムが権力側の思惑に組みこまれた状況で、青柳が無実の罪から免れようと必死に逃げても、すぐに追いつかれそうになる。

情報のつなぎあわせ

『ゴールデンスランバー』では、近くの出来事を見物しようとマンションのベランダに出てデジタルカメラをかまえる人々、これからなにかが起きるはずの現場に向けられたテレビカメラといったものが、権力側の暴走を抑制する力として働く。青柳はＧＰＳによる追跡から逃れるため携帯電話をあきらめるが、手に入れた携帯ゲーム機でテレビ放送を視聴して警察の動向を知ろうとする。様々なレベルで情報が飛び交っており、権力側がすべてを掌握できるわけでもない。青柳は、その状況を利用して事態を好転させようとする。

作中では「白ヤギさんからお手紙着いた。黒ヤギさんたら読まずに食べた」と童謡が歌われる場面があり、「青柳さんからメールがついた、黒ヤギさんたら読まずに食べた」という替え歌も出てくる。この歌は、無実だと主張しても聞いてもらえず、自分にまつわる情報が捏造されているなかではメッセージが素直に届くわけがない青柳の苦境を象徴するものとなっている。

また、孤独な立場に追いこまれた青柳は、学生時代に友だちとビートルズ『アビイ・ロード』について話したことを思い出す。この時期のバンドは解散目前で、四人組の心はバラバラだった。作曲に関しても、完成品はなかなかできあがらない。そんな状況でポール・マッカートニーは曲の断片を集め、伊坂が小説の書名に選んだ「ゴールデン・スランバー」を中心とするアナログB面の伝説的なメドレーを作ったのだった。

仲間がいなくなり、たった一人で必死にメドレーを作るポール・マッカートニーの寂しさが、自分の背中に被さってくるようだった。

青柳はそう思う。逃走する過程で力を与えてくれたのは、やはり過去の交友関係だった。彼は、バラバラになった思い出をつなぎあわせるように過去の関係から助力を得て、必死に生き延びようとする。

一方、『ゴールデンスランバー』には、ポール・マッカートニーに顔が似ていると形容される人物が登場する。その佐々木一太郎の肩書きは、警察庁の警備局総合情報課課長補佐であり、会見でテレビに映るのも彼だ。所属部署のネーミングに関しては、テレビを見たある入院患者が次のように述べる。

「だからさ、そういう時は抽象的で、何てことない名前をつけるに限るんだ。たとえば、総合情報課。何やってる課なのか分かんないけど、情報は大事だな、って一般の人は感じるじゃない。何か、悪くない部署だろうな、っていうイメージができるでしょ。公安課よりもずっといい」

このように読者の前にうさんくさい存在として現れる佐々木は、青柳を追う側の中心であり、監視社会化を象徴する人物でもある。そんな彼の顔がポールに似ているとされるのは、興味深い。氏名が佐々木一太郎であるため、「ワープロソフトみてえな名前だなあ」と反応する人もいる。紙に手書きするのとは異なり、ワープロソフトは文章を書き替え、挿入、削除することが容易だ。そして、ポール・マッカートニーが曲の断片をつなぎあわせてメドレーを編集したのに対し、佐々木一太郎は青柳雅春にまつわる虚実入り混じった断片的情報をつなぎあわせ、彼を犯人に仕立てあげるために組織で采配を振るう。つなぎあわせることにおいて、青柳と佐々木は、対照的な位置にいる。

また、ふり返れば『アビイ・ロード』発表時には、マッカートニーの死亡説が流れていた。同作のジャケットに写されたメンバーのうち彼だけが裸足で歩いているのは死人だからだとか、同時期のシングル曲「ストロベリー・フィールズ・フォーエヴァー」でジョン・レノンが「彼を埋めた」という声が聞こえるとか、様々なこじつけが行われた。メディアを通して形成されたそのような死亡の都市伝説で弄ばれたマッカートニーに似た警察責任者が、メディアを利用して無実の青柳を首相暗殺犯に仕立てようとする。著者がどこまで意識してポール・マッカートニーを作中に導入したかわからないが、ここには皮肉な図式がある。

青柳にとって、自分をどこまでも追いかけてくる権力はとてつもなく巨大なものだ。しかし、読者は、その権力は統合された意思を持っていないのではないかと疑うだろう。暗殺された金田首相は、周囲からさほど同情されているようにはみえないし、死んだ彼も一つの駒にすぎなかったと感じられる。何重にも陰謀が張りめぐらされ、どう転んでもいいようになっているのは、関係者の誰を切ってもいい体制になっているということでもある。誰もが捨て駒になりうる状況で全体を動かす特権的な立場の者がいるのか、判然としない。ゆえに、青柳を追う側の佐々木一太郎も、今にもバラバラになりそうななにかを、どうにかつなぎあわせたがっているのではないかと思えてくる。彼も、青柳とは別の意味で孤独なのだと想像される。

機械化されたシステム

伊坂幸太郎は『ゴールデンスランバー』発表の翌年である二〇〇八年に『モダンタイムス』を刊行している。伊坂は、大衆を扇動するカリスマ的政治家が登場し、ファシズムの到来を予感させる時代を舞台にした『魔王』(二〇〇五年)を書いていたが、『モダンタイムス』は同作の後の徴兵制が導入された未来と設定されている。また、政府による国民監視、情報操作が徹底したディストピアを扱った点で『ゴールデンスランバー』と対になった作品といえる。

システムエンジニアの渡辺拓海は、出会い系サイトの仕様変更を担当させられる。プログラムには不明な部分が多く、問いあわせたいのだが、発注元の会社ゴッシュ(社名は「ゴッド=神」を指すスラング)は非協力的でほとんど連絡がとれない。手探りで仕事を進めるしかない状況だ。そして、本の帯に「検索から、監視が始まる。」とある通り、インターネットで特定のキーワードを並べて検索すると、その人間に災厄がふりかかるらしいことがわかる。やがて、検索ワードは生徒多数が殺害された中学校の事件に関係していると探りあてた渡辺の周辺にも危険が迫ってくる。

携帯電話の着メロを変更したほうがいいと占いメールに書かれていたため、アメリカ国歌から「君が代」に替えたばかりの渡辺を、国家権力が迫害し始める。また、渡辺の行動をおおむね把握している妻の佳代子は、浮気を疑うと人を雇って夫を拷問させ、自白を強要するとんでもない女だ。渡辺は社会システムと妻、二つの手のひらの上で転がされる。そんな小説のなかで「勇気はあるか」がある種のキーワードとして繰り返される。「人や社会の重要な問題の核を突きながらも、ユーモアは忘れない」作風になっているわけだ。

『ゴールデンスランバー』でポール・マッカートニーが話題にされたのに対し、『モダンタイムス』では、国や宗教や殺人のない平和なユートピア状態を歌ったジョン・レノンのソロ曲「イマジン」への言及がある。彼のビートルズ時代の曲「アイム・オンリー・スリーピング」も登場するのは、眠りをモチーフにした詞という点で「ゴールデン・スランバー」と共通する。

また、『モダンタイムス』という書名は、チャールズ・チャップリンの同名映画に由来する。一九二三年にフォード・モーターの創業者ヘンリー・フォードと対面し、フォード式の大量生産を見学したチャップリンは、一九三六年に『モダン・タイムス』を製作する。ハクスリー『すばらしい新世界』の発想の源となったフォードが、あの喜劇王にも刺激を与えていたのだ。同映画は、ベルトコンベア式の自動化された工場でチャップリン扮する工員が機械的な動作をし、巨大な歯車の間を流されていく風刺的なシーンで知られる。

伊坂は、ユートピア、ディストピアをめぐる過去のイメージを踏まえたうえで執筆している。渡辺の会社の同僚・五反田正臣は、「昔は良かった、とか言うけど、昔も良くはねえんだよ」といいつつ次のように話す。

音楽も映画も、その時の自分たちの時代と立ち向かうために作られたものなんだよ。チャップリンの、『独裁者』にしたって、今見たら、ただの説教臭いコントだけどな。当時は命がけだ。ジョン・レノンの『イマジン』だって、当時の社会に向かって投げられただけだ。

（引用は文庫版から）

この小説は二〇一一年に文庫化された際、後半の展開を中心に書き換えられたが、物語の大枠は変わっていない。謎はすべて解かれるわけではないし、黒幕と呼べる特定の人物（いわゆる「ラスボス」）が判明するわけでもないのは、『ゴールデンスランバー』と同様だ。

『モダンタイムス』では、ナチス・ドイツによるユダヤ人虐殺の責任者として絞首刑になったアイヒマンは、「機械化」された「怪物的なもの」だったのであり、工場で商品を作るごとく殺害したのだという見方が示される。その人が消滅したら物事が解決するような独裁者なんていないという議論も出てくる。かつて首相が「自分はシステムの一部にすぎない」とこぼしたエピソードが語られ、「世の中を覆うシステムには、システムエンジニアが存在しない」というセリフもあった。アリは賢くないがアリのコロニーは賢いという喩えを用いつつ、国家というシステムが時に暴力的に自らの存在を示すことを説く場面もある。

システムは定期的に、人間の個人的な営みを、国家のために捧げるように、調整を行うんだ。

一人ひとりの思惑を超えてかかわるものを圧倒的な力の自動運動に巻きこんでいく国家システムの理不尽さ。それが、『モダンタイムス』と『ゴールデンスランバー』に共通した世界観だ。『モダンタイムス』にはカフカ『変身』のストーリーに触れた部分があるが、カフカとの関連性で作品をあげるならば、むしろ『審判』（一九一四－一九一五年執筆）のほうがふさわしい。理由がわからぬまま逮捕され、訴えられた主人公は法廷に出向くもののまともな審理は行われず、どうすれば苦境から脱することができるのかわからない。作者存命中に未発表だった同作は未完だったが、唐突な処刑場面が書き残されてもいる。『Der Process』の原題を持つこの長編小説は『審判』よりも『訴訟』と訳すほうが正しいともいわれる。自動化された官僚システムの意味不明な過程《プロセス》に囚われ身動きがとれなくなる同作の不条理さは、伊坂幸太郎的ディストピアの一つのルーツとみなせる。

国という記号を使ったエンタメ小説

伊坂はその後、二〇一二年に、壁に囲まれた町が敵国である鉄国にいかに対峙したかを扱った『夜の国のクーパー』を発表している。動く樹の怪物クーパーが物語のポイントとなるほか、猫や鼠が喋るなどファンタジー的で寓話的な内容だ。戦争をめぐって人間たちが様々な動きをみせる一方、鼠たちが猫に自分たちを狩らないように要望し、交渉する様子も綴られる。鼠という種族にとり、それが命のかかった大問題なのは確かだけれど、彼らの提案する休戦協定はピントがずれている。猫は、鼠にべつに敵意を抱いているわけではない。昔からの自分たちの習性や圧倒的な力の差を背景に、特に考えもなく鼠を狩るものとして生まれついたにすぎないのだから。懸命に取引条件を考えて交渉しようとする鼠と、そのことについて考えるという発想すらなかった猫では、認識にギャップがありすぎる。猫と鼠のそんな交渉に対比して描かれる人間たちの戦争にも、滑稽なほどの認識のギャップが潜んでいる。

また、非現実的な色あいの強い同作のなかへ著者は、妻の浮気に悩み仙台の港から小舟で出てきた男を放りこむ。彼は、役所勤めのかたわら株取引を趣味にしていた資本主義社会の現実を体現したような人物だ。鉄国と敗戦した町の関係を企業買収に喩える彼の言葉を読むと、ファンタジー的な作品世界と資本主義的な現実の両方がおかしく思え、笑えてくる。このへんのユーモアは、伊坂流だ。

さらに伊坂は、二〇一五年に『ゴールデンスランバー』、『モダンタイムス』のモチーフを受け継いだと思えるディストピア小説『火星に住むつもりかい?』を刊行した。同作は、国民が監視しあって悪を密告することが奨励されているもう一つの日本が舞台。嫌いな相手について危険人物だと嘘の告げ口をしたり、無実の人が罪を自白させられるといった魔女狩りが蔓延し、いったん危険人物とされたら公開処刑に追いこまれるのだ。そうであっても、火星に行くことなどできないから、ここに住むしかない。そんなディストピアに抗うヒーローが登場するストーリーだ。同作の書名はデヴィッド・ボウイの曲の邦題「火星の生活」を誤訳と承知したうえで借用したもの（原題「Life On Mars?」は「火星に生物が?」という意味）。ちなみにボウイは、オーウェル『一九八四年』から着想を得たコンセプト・アルバム『ダイアモンドの犬』（一九七四年）を制作し、「1984年」、「ビッグ・ブラザー」という曲を収録したアーティストでもある。

オーウェルの『一九八四年』は、独裁国家が宣伝と監視で国民を統制するだけでなく、国民が互いの私的感情を監視する状態を緻密に追っていた。同作の独裁下では「戦争は平和」、「自由は屈従」といった矛盾した思考を国民が受け入れざるをえなかった。国家が国民をだますだけでなく、国民が二重思考で自分自身をだまさなければ生き残れないのだ。魔女狩りにさらされた人を拷問する警察が「平和警察」と名乗る伊坂の『火星に住むつもりかい？』も、オーウェル的な二重思考の要素を継承していた。同作が刊行された二〇一五年は、第二次安倍晋三政権が打ち出した平和安全法制法案（翌年施行）に対し、野党が戦争法案と呼んで対立していた。同じ法案をめぐって平和、戦争という正反対の呼称が飛び交う日本の政治状況は二重思考的であり、『火星に住むつもりかい？』は絶妙なタイミングで刊行されたともいえる。

とはいえ、このようにポリティカルな題材をたびたび書いてきた伊坂だが、赤川次郎のように現実の政治に対する異議申し立てを積極的に発言するタイプではない。例えば、彼はカリスマ的な政治家の台頭を恐れる男を主人公にした中編「魔王」を、小泉純一郎政権時代に雑誌「エソラ」（「小説現代　特別編集」二〇〇四年十二月）第一号で発表している。

同作では、イタリアにいた独裁者・ムッソリーニに似た政治家・犬養の人気の高まりを、主人公の安藤が不安に思う。国内でアメリカや中国への反感が強まり、排外主義的な空気が広まる。安藤が自分でも陳腐だと思いながら「民主主義は多数決だから」というと、口を尖らせた女から「もう、いっそのこと多数決じゃなくてもいいんじゃないの？（略）誰か、びしっと決めてくれたら、ついてくからさ」と返される。そういう気分をすくいあげる存在の犬養をこのままにしておいていいのか。念じれば自分の思うことを相手に喋らせることのできる超能力を持つ安藤は、その腹話術を犬養に使ってファシズム到来に抗おうとする。

伊坂は執筆時に未読だったというが、同作発表時にはアメリカのホラー小説の巨匠、スティーヴン・キング『デッド・ゾーン』（一九七九年）との相似がいわれた。キング作品では、触った相手の未来がみえる超能力を持つ男が、いずれ核戦争を起こすはずの大統領候補を暗殺しようとする。キングは二〇〇九年には、メイン州の街が周囲から遮断され地元のボスが独裁者化する『アンダー・ザ・ドーム』を発表した。9・11テロを経験したジョージ・W・ブッシュ政権の無能を意識したというこの物語を今読み返すと、差別的で身勝手で嘘をためらわないボスの造形が、後のトランプを思わせる。

トランプが大統領選に出馬した翌年の二〇一七年には、キングはこの候補者を『デッド・ゾーン』の敵役だった大統領候補スティルソンと比較した文章を「ガーディアン」に寄稿した。キングは、政治的意図を持って小説を書いているわけではないという。だが、ツイッターなどで、しばしば政治家批判をしており、作品に政治的意図を読みこまれるのは自然なことだろう。

これに対し伊坂は、「魔王」と続編「呼吸」を収めた単行本『魔王』を刊行した際、エッセイ「魔王が呼吸するまで」（二〇〇五年）で次のように述べていた。

社会や政治に関心を持たず、距離を置き、自分の周辺だけが愉快であればそれでいい、という人々や、そういった感覚の小説に違和感を覚える僕としては（僕自身の作風が、そうだと認識されているのは覚悟した上で）、政治に接続したお話を書いたことは納得できる作業でした。

ただ、エッセイ集『３６５２』が二〇一〇年に刊行され、この文章が収録された時に付した注釈の談話では次のようにも語っていた。

僕としては、どうせ「何かと戦う主人公」を描くのなら、「大きい敵」のほうがいいな、という単純な発想で、「国」とか「社会」とかを書きたくなるだけなんですよね。だいたい、「アメリカ」とか「中国」というのは、僕の中では、「外にある大国」の記号みたいなもので、そこにはまったく意味がないですし。

自分の小説は現実社会を直接的に批判するものではなく、あくまでもエンタテインメントだという。「魔王」で倒すべき未来の独裁者としてクローズアップされた犬養は、「呼吸」では「私を信用するな、よく考えろ。そして選択しろ」、「おまえ達のやっていることは検索で、思索ではない」などと真っ当なことを語る。題材として身近にある政治を排除することはしないが、作中で善悪を決めつけることはしない。伊坂はそのような姿勢をとる作家であり、彼の作品における「日本」もエンタテインメントのなかで一種の記号として機能している。

見通せない個人に訪れる理不尽な運命

伊坂幸太郎は、二〇〇〇年に新潮ミステリー倶楽部賞を受賞した『オーデュボンの祈り』でデビューしている。同作は、江戸時代から外界との交流を絶った不思議な島が舞台だ。小さな独立国家といえる閉域を形成した島は、一種のユートピアと化している。嘘しか喋らない画家、肥りすぎて地面から動けなくなった女など、奇妙な人々が暮らしている。きわめつけは、人語を喋り未来が見えるカカシ、優午の存在だ。

だが、未来が見えるはずのカカシが殺され、バラバラにされてしまう。殺人事件ならぬ殺〝カカシ〟事件の謎が物語の焦点となる。

ファンタジーと呼べる内容のデビュー作ではあるが、すでにここには権力や監視といった政治性を帯びたテーマが含まれていた。島には唯一、殺人を許された桜なる人物がいて、彼が罰を下す「掟」となっている。だが、桜が殺す殺さないをどんな理由で決定しているのか、他人には理解できない。つまり、島の「掟」である桜は、他人の生死を握る不透明で絶対的な権力になっているのだ。一方、優午の予知能力を監視する能力ととらえることもできる。そうみれば、人知を超えた神のごとき存在である優午と桜が登場する『オーデュボンの祈り』は、民を監視し罰を下す国家権力をめぐる寓話とも解釈できる。伊坂はデビュー時から政治的要素を記号的に描いていたわけだ。

予知能力のある優午は、世界を見渡し俯瞰することができた。この小説から出発した伊坂は、全体を俯瞰できる視点と、その位置に立てない人々の目線との落差を語ることを、作家的体質にしてきたようなところがある。第二作『ラッシュライフ』(二〇〇二年)では独特の美学で動く泥棒、リストラされ野良犬を拾った男、父に自殺された青年、不倫相手の妻を殺そうと企む女の物語が並行して進み、意外な結びつきをみせた。

個々の登場人物は出来事の全体像を把握できないが、読者は無関係にみえた複数のストーリーが一つの絵を作りあげる過程を楽しむのだ。ここでは、神のごとく俯瞰できる特権的な視座が読者に与えられていた。ただ、読者は全体を見渡せてもストーリーに介入はできない。デビュー作との比較でいえば、予知能力はあっても一歩も動けないカカシに読者の立場は似ているということだ。伊坂は『ラッシュライフ』の構成を新宿駅の路線図を見て思いついたという。『アヒルと鴨のコインロッカー』（二〇〇三年）、『グラスホッパー』（二〇〇四年）など、複数の要素からなる一種のだまし絵が浮かび上がる作風を初期の彼は得意にしていた。

また、伊坂はカカシの優午のように人間にはわからないものがわかる超常的な存在を小説にしばしば登場させる。人間の姿をした死神がこの社会にまぎれこみ、調査対象者が予定通りに死ぬべきか、見送るべきかを判断する設定の『死神の精度』（二〇〇五年）と『死神の浮力』（二〇一三年）などは、その代表例だ。そのように見通す力を持ったなにかと、広く見渡すことのできない個々人の立場の落差が、切なさや滑稽さを生むのが伊坂作品の特質だ。彼が監視をモチーフにしたディストピア小説をしばしば書いてきたのも、見通す力への興味、畏怖から始まっているように思われる。

また、デビュー作において根拠不明な罰を下していた桜の圧倒的な実行力と理不尽さも、後の作品に受け継がれ、一連のディストピア小説へと流れこんでいる。伊坂は『グラスホッパー』から始まる殺し屋が多数登場するシリーズを発表している。『グラスホッパー』では「鯨」、『マリアビートル』（二〇一〇年）では「蜜柑」と呼ばれる殺し屋がドストエフスキーの愛読者と設定されている。この文豪は殺人に関する罪の問題を扱った『罪と罰』を書いたが、彼を愛読する殺し屋たちは躊躇なく自分の役目として殺すのである。『死神』シリーズの死神・千葉も、死の決定を下された対象者を調査し「可」とすべきか「見送り」とすべきか判断するが、見送ることは滅多にない。伊坂作品において死を司る側のキャラクターが泣き落としに応じるようなことは、まずない。正しいものが必ず勝利する勧善懲悪の物語ではなく、不幸が起きる時にはどうしても起きるという世界観なのだ。伊坂のディストピア小説において無実の人物がいきなり理不尽な攻撃を受け始めるのも、そうした世界観をベースにしている。

サスペンスを基調としたエンタテインメント小説を書くうえで伊坂は、見通す力と見通せない個人の非対称性、善悪を超えた理不尽な運命を発想の始点としてきた。それらの要素は、ディストピアの形を想像した時にも核になるものであり、人間が社会のなかで生きるうえで必ずどこかに抱えている原初的な不安、恐怖なのだ。

第二章　権力の戯画と理想

一　権力の戯画

保守からみたディストピア『カエルの楽園』

近年の日本国内に漠然と漂っているディストピアのイメージを象徴する作品の一つが、百田尚樹『カエルの楽園』（二〇一六年）だ。百田は「探偵！ナイトスクープ」などを手がけた放送作家であり、ゼロ戦をテーマにした小説デビュー作『永遠の0』（二〇〇六年）がベストセラーとなった有名作家である。安倍晋三との対談本『日本よ、世界の真ん中で咲き誇れ』（二〇一三年）の刊行など安倍シンパとしても知られ、保守派文化人のなかでも目立つ存在だ。二〇一五年に自民党若手議員の勉強会「文化芸術懇話会」で「沖縄の二つの新聞は潰さないといけない」といい放つなど、たびたび暴言が批判されてもいる。そんな百田による『カエルの楽園』は、動物を擬人化した寓話の形式で日本の現状を風刺していた。

アマガエルのソクラテスとロベルトは、ダルマガエルに攻めこまれ地獄と化した祖国から逃げ出す。彼らは長旅の途中で何度も危険に遭遇しながら、ツチガエルたちが暮らす平和な国ナパージュにたどり着く。

その国民は、「カエルを信じろ」、「カエルと争うな」、「争うための力を持つな」という三戒のおかげで平和が守られていると信じているようだった。

『カエルの楽園』は、いわば難民であるソクラテスの視点から語られる。三戒を信奉し、謝りソングを唱和するナパージュ（「JAPAN」の逆読み）の姿は、日本国憲法第九条を護持し、アジア諸国への謝罪を繰り返してきた戦後日本の戯画であるし、この国の現状をあからさまに動物世界へと転写した内容だ。それらの置き換えを拾いあげてみると、まず凶暴なウシガエルがナパージュへと段階的に侵入し領土を奪っていく展開が、尖閣諸島に食指を伸ばす中国をあらわすのは間違いない。国全体が崖の上にあるナパージュのツチガエルは、海に囲まれた島国の日本人と同じく防衛意識が薄い。だが、ナパージュはずっと平和だったわけではなく、昔、祖先が過ちを犯し原罪を背負ったのだという。

この国では、毒など持っているから争いが起こると考え、子どもの頃にみな毒腺をつぶす（武力放棄）。かつてツチガエルが何百匹も殺されたナポレオン岩場には「ごめんなさい」と書かれた石がある（「過ちは繰返しませぬから」と刻まれた広島の原爆死没者慰霊碑）。

国を治めるのは元老会議だが、それ以上の権力を有するのが、デイブレイク（朝日新聞）だ。祖先が周辺国（中韓などアジア）で大勢のカエルを虐殺した過去を持つのだから、ナパージュは謝りの心を持たねばならないと彼は説く。近頃では若いカエルがもう謝る必要はないといい始め、周辺国から怒りを買うなど平和が危うくなっているが、謝って仲良くすべきなのだと主張する。語り部のプランタン（村上春樹）、若いフラワーズ（SEALDs）といった「進歩的カエル」は、デイブレイクの意見に賛同している。

この国にはツチガエルに似たヌマガエル（在日朝鮮・韓国人）も住んでいる。かつてナパージュは、ヌマガエルの国エンエン（朝鮮半島）のメスを大量に奴隷にしたともいわれる（従軍慰安婦問題）。しかし、嫌われ者のハンドレッド（百田尚樹）は、デイブレイクの話す歴史は嘘ばかりで、外の世界へ自分の国の悪口をいいふらしていると吐き捨てる。

侵入の度合いを深めるウシガエルに対し、力の強いハンニバル三兄弟（陸海空自衛隊）は、自分たちでナパージュを守ろうと決意する。だが、彼らの存在こそ争いの引き金になりかねないとするデイブレイクの主張によって兄弟は無力化されてしまう。元老会議ではプロメテウス（安倍晋三。自民党）が、ワシのスチームボート（アメリカ）にウシガエルを追い払ってもらい、ツチガエルもそれに協力すべきだと訴える（平和安全法制、集団的自衛権行使）。それは三戒違反（憲法九条違反）の「戦いをするための協定」だと反発を招くが（「戦争法案」と断じた野党の批判）、プロメテウスによる三戒破棄（憲法改正）の提案は、ツチガエル全員に賛否を問うことになる（国民投票）。紆余曲折の末、三戒を維持したナパージュはウシガエルとの対話による解決を考えるが、結局、彼らに占領支配される。

百田は、「波」二〇一六年三月号の『カエルの楽園』刊行記念インタヴューで述べていた。

現代を大きく俯瞰して眺めるには、象徴と寓意を用いるのが小説家としての一つのやり方ではないかと思いました。

寓話とはいえ、ただの置き換えや象徴を散りばめた物語にならないようにということは意識しました。それは単なるパズルであって、物語とはいえない。教訓や決めつけ、押し付けがましさも必要ない。

しかし、実際には著者自身の説明とは反対に、ここまで紹介した通り『カエルの楽園』は置き換えだらけのパズル的な内容だ。朝日新聞に代表されるいわゆるリベラルの姿勢に関する決めつけや、保守派らしい愛国心の押し付けに満ちた教訓的な話なのである。二〇一六年二月の『カエルの楽園』刊行後には、六月九日未明に中国のフリゲート艦が尖閣諸島沖の接続水域に侵入するなど、日中の軍事的緊張が一段と高まりをみせた。そうした状況を背景に百田は同年十一月、中国出身で日本国籍を取得した評論家・石平と『「カエルの楽園」が地獄と化す日』と題した対談本を発表する。「軍艦、戦闘機の次はどんな手を打ってくるか、最悪の日本侵略シナリオをシミュレーション。／中国は本気だ！」と帯にある通り、中国の脅威と、日本の安全保障強化の必要を訴えた内容である。

百田は『カエルの楽園』発表後、これを予言の書にしてはいけないとたびたび発言していたが、現実には予言がいかに当たっていたかを強調する形で作品の意義を自己主張している。かつて、核戦争や公害による破滅を指すという「一九九九年七の月　空から恐怖の大王が降ってくる」の予言詩でベストセラーになった『ノストラダムスの大予言』（一九七三年）の著者・五島勉は、同書の翌年、食生態学の西丸震哉と環境汚染や食料危機による世界の破局を語った対談本『実説　大予言』を刊行した。予見的イメージのヒット作に続いて、専門家とともに現実的可能性を語った（煽った）本へという展開は、百田と五島で共通する。危機の予言を受け入れる空気が世間に存在するからそうした展開になるのだし、『カエルの楽園』は現在の日本の保守派が考えるディストピアの代表例となっている。

『動物農場』との共通項

『カエルの楽園』を寓話仕立てにした点について、百田は『ラ・フォンテーヌ寓話』からの影響を語っている。池に住むカエルが自分たちの王様が欲しいと神様にねだって与えられるが、その王にひどい目にあわされ、別の王に代えてくれと泣きつく。ラ・フォンテーヌが書いたその寓話「王様を求めるカエル」のギュスターヴ・ドレによる装画が、『カエルの楽園』のカバーに使われていた。百田はほかにも芥川龍之介『河童』、魯迅『阿Q正伝』などお気に入りの寓話をあげていたが、『カエルの楽園』はジョージ・オーウェル『動物農場』（一九四五年）からの影響が大きいように思われる。オーウェルが『一九八四年』以前に発表した作品だ。

『動物農場』ではロシア革命以後のソ連をモデルにしたストーリーが展開される。農場の動物（労働者）は、生き物のなかで唯一、生産せず消費するだけの人間（資本家）に支配され搾取されていたが、ブタの先導によって状況は変わる。あらゆる動物は平等だと、後に「動物主義」（マルクス主義）と呼ばれる考えを唱えたメイジャー爺さん（モデルはレーニンだが立場はマルクス、エンゲルスに近い）の死後、ナポレオン（スターリン）とスノーボール（トロツキー）という二頭のブタを中心に革命が成功するのだ。人間を追い払った動物たちは、自ら農場を運営する。彼らは「動物主義」にもとづき「二本足で立つ者はすべて敵」、「すべての動物は他のどんな動物も殺してはいけない」、「すべての動物は平等である」などの決まりからなる七戒を定める。

しかし、スノーボールを追い出したナポレオンは、独裁体制を敷く。支配階級となったブタは、革命時の取り決めを変えて自分たちの欲を満たし始める。とにかく労働に精を出すウマ、付和雷同のヒツジなど盲目的にナポレオンを信奉する動物は多く、過ちは正されない。彼は忠実なイヌ（警察）の暴力を使って恐怖政治を行い、初期の理想とはかけ離れた状態になっていく。

『動物農場』から『カエルの楽園』が引き継いだ要素は多い。権力者（前者ではナポレオン。後者ではデイブレイク）がウソつきであること。ウソを広める追従者（ブタのスクウィーラー。「進歩的カエル」）。その社会を象徴する歌（「イギリスの獣たち」。謝りソング）の合唱。事態を見通している皮肉屋（ロバのベンジャミン。ハンドレッド）はいるが、全体に影響を与えないこと。革命、戦争といった状況を理解せず、消費主義的な愉しみにふけるメスの存在（ウマのモリー。ローラ）。『動物農場』では革命後、人の悪徳を採用してはならないとしたはずなのに、ブタが人の生活を真似てやがて二足歩行まではじめ、禁じられていた外部の人との取引も行う。一方、『カエルの楽園』ではナパージュを占領したウシガエルにデイブレイクが取り入り、彼らに反抗的なツチガエルを密告するようになる。どちらも権力者が仲間を裏切る結末なのだ。

二作の共通点で特に重要なのは、社会のルールの変質である。『動物農場』では七戒のなかでも動物主義の根幹をなす「すべての動物は平等である」が、いつの間にか「すべての動物は平等である。だが、一部の動物は他よりもっと平等である」とブタの優位を容認する内容へと書き加えられてしまう。また、「四本足はよい、二本足は悪い」という格言だったはずなのに、気づけばヒツジたちは「四本足はよい、二本足はもっとよい」と叫び、ブタの二足歩行を称えるようになる。

これに対し、『カエルの楽園』の「カエルを信じろ」、「カエルと争うな」、「争うための力を持つな」という三戒は、かつては「スチームボート様を信じろ」、「スチームボート様と争うな」、「争うための力を持つな」であったと物語の途中で明かされる。三戒はスチームボートの命令で作られたものだったという、その設定が、日本国憲法はアメリカから押し付けられたものだとする保守派の見解をなぞっているのはいうまでもない。『動物農場』でも『カエルの楽園』でも大衆の多くは、かつて定められた社会のルールを権力者が変質させてしまうことに無頓着であり、忘れっぽいことを皮肉る。忘却こそが、自分たちの首を絞めるのだと。そのうえで『カエルの楽園』のほうは、占領されたナパージュの三戒が「ウシガエル様を信じろ」、「ウシガエル様と争うな」、「争うための力を持つな」へとさらに書き変えられるさまを描く。

イギリス人のオーウェルが『動物農場』を執筆したのは、知識人層でまだ社会主義が理想視されていた時代であり、ソ連の体制を動物寓話仕立てで批判した内容を忌避する出版社が英米で相次ぎ、すんなりとは刊行されなかった。彼が当時書いたものの使われなかった序文案が死後に発見され、一九七二年に雑誌掲載された。そこではマスコミの自主検閲が批判されていた。

出版社や編集者たちが自らある種の話題を出版されないようにするのは、刑事処罰が怖いからではなく、世論が怖いからだ。この国では、物書きやジャーナリストが直面する最悪の敵は、知的な臆病さであり、私に言わせればこの事実は正当な議論を受けていないように思う。（山形浩生訳。以下同）

興味深いのは、百田尚樹が『カエルの楽園』刊行後にツイッターなどで同作の書評が出ないこと、書店での扱いの悪さなどを盛んに訴え、オーウェルと同様に業界の自主検閲を批判したことだ。保守系雑誌「Ｈａｎａｄａ」二〇一六年六月号が同作の特集を組んだ際、百田は「『カエルの楽園』は「悪魔の書」ではない」と題された一文を寄せ、不満を吐露した。そこでは、一九九七年に作家の柳美里のサイン会が爆破予告で中止に追い込まれた時には各紙が大々的に報じたが、二〇一六年三月に兵庫で予定されていた百田のサイン会が同様の脅迫電話を受けた件は小さい記事にしかならず、朝日、読売、日経の各新聞は一切報道しなかったと指摘した。

また、オーウェルの先の序文案には、次の一節があった。

現代の奇妙な現象の一つは、リベラルの変節だ。「ブルジョワの自由」など幻想だというおなじみのマルクス主義的主張をはるかに超えて、いまや民主主義を守るには全体主義的な手法しかないという主張が大きく広まっている。

これと同様の論法も、現代の保守派がよく使うものだ。朝日新聞などリベラル・左翼系のマスコミが保守派の言論を封殺しようとしてきたという主張は珍しくない。

プロパガンダか寓話か

先述の通り、『カエルの楽園』は、保守派の観点から現実の内外情勢をこまめにカエルの世界へと転写したパズル的な作りになっている。百田は書評がなかなか出ないと嘆いたが、なかには豊﨑由美のようにはっきり酷評した書き手もいた。

げんなりするほど一方的な寓意しかないこんな低レベルな読み物は、とても寓話とは呼べず、たんなるプロパガンダ。百田先生におかれましては、ジョージ・オーウェルの『動物農場』を読んで恥じ入っていただきたいものです。

（「TV Bros」二〇一六年八月十三日号）

『動物農場』にしても、ナポレオンがスターリン、スノーボールがトロツキーといったぐあいにどの動物がなにの喩えであるかが透けてみえる部分は多く、ロシア革命後のスターリニズムに覆われたソ連を露骨に批判した物語になっている。だから、親ソ連、親社会主義の風潮がまだ強かった当時の出版界から忌避されたのだ。また、『動物農場』は、同じくオーウェルの『一九八四年』ともども、ソ連と対立する欧米諸国の反共プロパガンダにとって都合のいいアイテムとなった。アメリカは、『動物農場』の三十カ国以上にわたる翻訳出版に資金援助した。そのスタートは朝鮮半島を分断する南北二国が成立した一九四八年に翻訳された朝鮮語訳であり、敗戦後のアメリカ占領下だった一九四九年に刊行された日本語訳は、GHQによる外国文献翻訳禁止の解禁第一号だった。

しかし、『動物農場』はただのプロパガンダには終らず、古典として評価されるようになった。オーウェル自身も、ロシア革命を風刺するだけでなく、より広い視野で考えていたことを示す発言を残している。無自覚に権力欲に憑かれた人々による暴力革命は、支配者のすげ替えにしかならない。大衆が指導者を見守り、彼らが仕事を終えたらすぐに退場させる方法を知っている時だけ、革命が改善となる。それが教訓だと語っていた。

この作品にソ連だけでなく中国や北朝鮮など他の社会主義国や独裁国家を、さらには権力の腐敗と横暴、個人崇拝、大衆の忘れやすさと流されやすさなど、どの国にも起こりうることを見出す解釈は珍しくない。また、同作では、農場の自治を始めた動物たちが風車建設の大事業に乗り出して挫折する一方、支配層のブタたちは禁じていたはずの外部の人との取引に手を出すようになる。外の人々は動物農場では共喰いしていると噂したりもするが、そういう話は広まらない。むしろ、すばらしい農場だと実態とは異なるイメージが流布されていく。国内の産業振興や他国との貿易、外交、報道など、国家というものがいかにして動いているか、作中で全体像と要所がしっかり把握されているのだ。このため、共産党支配を維持しながら資本主義化した今の中国の姿を同作に読むといったことも可能になる。

『動物農場』は、特定の体制への批判を超えて、国家というシステム、人民支配のありかた全般に関する寓話たりえている。七戒の書き換えのようなルールの変質は、日本国憲法第九条に対する解釈改憲の積み重ねにつながる問題だし、『カエルの楽園』が三戒の形で揶揄したところでもある。

また、オーウェルは、イデオロギーや国家体制に対する大衆の間の温度差も描いていた。雄馬のボクサーが指導者を信頼し体を酷使して勤勉に働くのとは対照的に、雌馬のモリーはいつも寝坊して仕事に遅刻する。彼女は、リボンや角砂糖など反動物主義的で人間的なものを好むことを周囲から注意されており、やがて農場から逃げ出す。このことは、日本の新左翼運動が過激化した果てに起きた一九七二年の連合赤軍事件を思い出させる。そこでは、革命思想を共有するはずの仲間内でリンチ殺人が起きた。命を奪われた女性メンバーが責められた理由には、髪型、化粧、装飾品への嗜好があったのだった。

『カエルの楽園』でも、三戒を無邪気に信じているがナパージュの歴史をあまり知らず関心もなさそうな、ローラというメスが登場する。産んでもいいことはないから卵は産まないと話す彼女は、あくびの出る元老会議をみるよりもお祭り広場で楽しい歌を聴くほうが好きだ。そのように享楽的なローラは、敗戦後の占領下で悲惨な目にあう。彼女は、『動物農場』のモリーの要素をいくぶん受け継いだキャラクターである。ただし、ここで触れた消費に享楽する一連の無知な女性像は、フェミニズムの観点からすれば、ミソジニーのあらわれということになるのだろうが。

以上の通り、『カエルの楽園』は、『動物農場』にあった適用範囲の広い寓意を受け継いだ部分はある。自分の国の評判が他国へどのように伝わっているかという報道、宣伝への関心も共有している。だが、オーウェルが示していた経済や外交への関心は、百田作品にみられない。『動物農場』の場合、国内の産業振興策である風車建設がうまく進まない半面、当初は禁じていた外部の人間と取り引きすることで、大衆は苦しんでいるものの指導層・富裕層は潤う展開となる。国家の統治における現実が、描かれているわけだ。それに対し、『カエルの楽園』は、ナパージュのツチガエルと侵攻してくるウシガエルの間では、言葉による交渉が一切成立しない設定である。

百田の作品には、多くの国が存在する世界のなかで自国が成り立つための外交、貿易といったファクターが欠落しており、軍事的緊張や種族と種族の対立ばかりをクローズアップしている。日本と中韓の対立の構図をカエルの世界へ引き写すばかりで、国家とはどういうものかといったレベルにまでテーマが昇華されていない。この政治的戯画は、『動物農場』のような普遍的な寓話にはほど遠い。

中国による侵攻と占領に北朝鮮・韓国が随伴し、日本が破滅する未来を『カエルの楽園』で展開した作者が主張するのは、排外主義と武装化といっていい。だが、『カエルの楽園』は、移民となったアマガエルのソクラテスの視点から書かれている。彼はたどり着いたナパージュのありかたに疑問を覚えるが、同じく移民のアマガエルであるロベルトはあっさり三戒に感心してしまう。彼らを迎えた側のツチガエルたちは、一種の異物である二人を排除することもなく、会話の相手をしてくれる。だから、スムースにストーリーが進んでいく。もしも、ナパージュが外敵にもっと用心深く、移民の流入を拒否する政策をとっていたら、移民の視点を用いた本作の語りのスタイル自体が成り立たない。よかれ悪しかれ生じるであろう外部との関係を認めるところから始めるしかない。作者がこの点に自覚的であるようには読めない。

サヨクによる政治風刺『虚人の星』

『カエルの楽園』は二〇一七年に文庫化され、その帯では「累計50万部突破!! 緊急文庫化!!」の文字が踊っていた。ただ、商業的には成功といえるだろうが、書評されないと著者が不平をもらしたように文学的な評価は得られていない。同作も含め、東日本大震災と原発事故があった二〇一一年以降、政治的な風刺を含んだ小説が以前より多く発表されるようになっている。それでは〝文学〟のほうでは、百田尚樹が寓話にした安全保障問題についてどのような作品が書かれてきたのか。

純文学雑誌「群像」の二〇一四年七月号から翌年八月号まで連載され、二〇一五年九月に刊行された島田雅彦『虚人の星』は、二〇一六年二月刊の『カエルの楽園』の裏返しのごとき方向性を持った小説だった。尖閣諸島へ食指を伸ばす中国の脅威。アメリカへの従属。平和憲法とどう向きあうか。それらへの問題意識を執筆動機とし、日本がどのような選択をすべきか追求した点は、『カエルの楽園』と『虚人の星』で共通している。そして、『カエルの楽園』が保守の視点からリベラルな立場を批判したのに対し、『虚人の星』はリベラルの視点から保守の立場を批判している。

島田の小説は、世襲政治家の松平定男と父に続いて中国の「組織」配下のスパイになった星新一、それぞれの一人称（「オレ」、「私」）が交互に登場する形で語られていく。

まだ戦争の記憶が残っていた高度成長期に、世界各国からの尊敬を集めたいと外交に取り組んだ祖父。中国やロシアとの関係改善を目指した独自外交の結果、アメリカから圧力をかけられた父。そんな政治家の系譜に育った三代目の松平定男が、首相になった。自由国民党、略して自国党の党内力学と血筋のよさによる結果である。まだ四十四歳の若さだし、見栄えはよいものの経験は浅いから、党内実力者が影で操るお飾り首相になるはずだった。ところが、アメリカ大統領との会談など重要な場面になると、強気なナショナリストである別人格が現れ、日本の立場をきっぱり述べるようになる。「困った時に助けてくれる真の友」である別人格を「ドラえもん」と呼ぶ首相は、「真の友」に頼りがちで優柔不断な「のび太」と化す。

一方、星新一は、失踪した父の友人である精神科医・宗猛の指導によって野人、賢人、外人、凡人、善人、愛人という別人格を育て、病人にすぎなかった主人格も小説家のような観察者になる。七つの人格を使いこなす彼は、一九七〇年代のヒーローにちなみ「レインボーマン」と呼ばれる。後に星新一は、若かった頃の父は政治意識が高く、集会やシンポジウムなど様々な活動をしていたが、公安警察からテロ組織との関与を追及された過去があったと知る。現行の議会制民主主義では政治の本質を変えられないと悟った父は、スパイになれば国家に影響を及ぼせると考え、中国の「組織」に加わったのだった。

『カエルの楽園』の場合、実在の人物や組織を動物になぞらえ、寓話のスタイルで茶化していた。一方、『虚人の星』では二人の主人公に関して、ドラえもん、レインボーマンという既存のキャラクターを引きあいに出しつつ、国家に対する屈折した意識を多重人格の設定で誇張し、揶揄している。それが、同作の文学としての仕掛けというわけだ。平野啓一郎が『ドーン』で社会適応の方法として「分人」を描いたのと同様に、『虚人の星』でも統一的な人格では状況への対処が難しいという認識が、諧謔的に書かれている。

松平定男のなかに現れた「ドラえもん」は、アメリカ大統領との会談で「私たちは戦後、ずっと反省を続けてきました」と中国や韓国への不満を露わにする。賠償金の代わりに行った援助で経済成長を達成した二国は、恩を忘れて戦争責任を持ちだし、日本をバッシングする。従軍慰安婦や南京大虐殺についても被害を過大申告する。そう主張して、大統領を不快にさせる。また、政権を実質的に操るつもりだった上杉官房長官が松平首相などとともに中国大使から同国に関するレクチャーを受け、「経済援助の恩は忘れても、侵略の恨みは忘れずか」と呟く場面もある。島田雅彦は、右翼的な考えかたを露悪的になぞる形で、自国党や政府の関係者の言動を描いている。

松平定男が世襲政治家である点は、祖父・岸信介が首相、父・晋太郎が外相（次期首相候補の一人だったが病死）だった安倍晋三首相を連想させる。また、自分の信条のままに行動する松平の妻・玲子が「家庭内野党」と呼ばれることも、夫・晋三は原発推進派であるのに自分が脱原発志向であることを隠さず「家庭内野党」を自称した安倍昭恵と重なる。

島田雅彦は「本」二〇一五年十月号に寄せたエッセイ「総理もネトウヨもみな虚人である」でこう書いていた。

『虚人の星』を『群像』に連載していた時期は安倍極右政権と重なる。作中の総理のモデルは安倍晋三ではないが、安保法制を巡る国会答弁にしても、折々の総理の発言にしても、虚言やすり替えや誤魔化しのオンパレードで、このような支離滅裂な人物に国政を委ねること自体が国家存立の危機だと思った。

また、島田は、この小説を単行本化した翌月の二〇一五年十月にリベラル寄りの政治信条を綴った新書『優しいサヨクの復活』を刊行した。同書では『虚人の星』について次のように語っている。

作中の総理は三代目の世襲議員で、安倍晋三に似ていなくもないが、安倍自身がコントの類型化された人物のようで、風刺の対象にすらならなかった。むしろ、もう少しましな総理像を小説のキャラクターに反映させてみようと思った。

例えば、独自外交に取り組んだことでアメリカの不興を買った松平定男の父が、愛人に子どもを産ませていたという設定は、独自の資源外交でアメリカを怒らせたとされる田中角栄が、自分の子どもを生んだ愛人について報道されたことを気に病んだという話を思い出させる。松平定男は、自民党の歴代首相や有力政治家の複数をモデルに作ったキャラクターではあるのだろう。

自分の思う現実を置き換えたパズル

民放局の元アナウンサーで見かけや語り口はソフトなものの、中身はタカ派で右翼オヤジそのものの女性を、松平は外務大臣に起用する。二〇〇〇年代の第一次安倍内閣で、かつてテレビ東京でキャスターをしていた小池百合子が防衛大臣に起用され訪米したことを連想させる挿話だ。そもそも、松平定男がトップになった自国党のスローガンが「よみがえれ、日いずる国」であるのが、二〇一二年の総選挙で掲げられた自民党のキャッチコピー「日本を、取り戻す。」のパラフレーズにみえる。民主党から自民党が政権を奪回し、安倍晋三が再び首相の座についた時の選挙だ。

百田尚樹は『カエルの楽園』に関しインタヴューで、現代を大きく俯瞰して象徴と寓意を用いた作品だと述べたが、実態は彼が思うところの日本の現実を動物の世界に置き換えたパズルめいた内容だった。同様に『虚人の星』は、安倍晋三がモデルではないとしつつも、島田が抱く安倍政権への危惧を多重人格の設定へと移し替えたパズルになっている。

『虚人の星』の松平政権は、歴代政権が踏み切れなかった集団的自衛権の行使を認めようとし、中国との戦争へ進もうとする。同作執筆中に、安倍政権が従来は違憲とされた集団的自衛権を認める平和安全法制(野党は「戦争法案」と呼んだが)の成立に動いたことへの異議を、島田は小説で表現したのだ。

憲法をなし崩し的に有名無実化するのが自国党の政治目標である。

それは民社党党首の口癖だが、今さらそんな自明のことを鼻息荒くいわれても、それが同盟国の要請なんだから、仕方ないじゃないかとしか答えようがない。

「民社党」とは『虚人の星』中での野党であり、松平定男はそのようにぼやく。同作では「極右」と「売国奴」という正反対の立場にありながら嘘つきという共通点を持つ首相とスパイが、戦争を是とするか非とするかで対峙する。スパイの星新一は、松平について「彼は憲法を遵守すると施政方針演説で誓っておきながら、確信犯として違憲行為を繰り返している。平和主義を唱えながら、戦争準備に余念がない」ととらえている。

メキシコを訪問した松平は、同国がアメリカへの恨み憎しみを持ちつつアメリカなしで生きられず右往左往するしかないアルマジロだと公使から聞き、日本にもあてはまることだと思う。本当は優柔不断な松平を強い愛国者にする「ドラえもん」は、アメリカの影響が人格化した超自我であり、それが首相の自我を抑圧し左右する。アメリカに対する屈折が、松平に虚勢を張らせる。作中ではそのように精神分析される。一方、自身の精神もスパイとして日本と中国の間で引き裂かれた「レインボーマン」の星新一は、こう思う。

私のように自我が曖昧で、おのが行動に確固たる自信を持てずにいる男であっても、首相になることができるこの国は、本当に独立国家なのか？

この疑問は、『ドーン』のアメリカ大統領選で分人の是非が争点の一つになったことを連想させる。星新一は自我の曖昧さを否定的にとらえているが、日米関係の現状が必然的に日本の首相をオーウェル的な「二重思考」や分人の状態へ導くのであり、松平はそれを引き受けざるをえない。

戦争を回避させようとするスパイの働きかけにより、超自我ではない首相の自我本体は、戦争の火種となる尖閣諸島の領土問題の再度棚上げを提案し、「私は今一度、憲法に忠実に、不戦の誓いを立てることにしたのです」とする演説を行う。『虚人の星』が刊行された二〇一五年は、安倍首相が「あの戦争には何ら関わりのない、私たちの子や孫、そしてその先の世代の子どもたちに、謝罪を続ける宿命を背負わせてはなりません」と謝罪の歴史に区切りをつけようとした戦後七十年談話を発表した年だった。

島田は安倍政権へのアンチテーゼとして、松平首相の演説という形でもう一つの戦後七十年談話を『虚人の星』終盤に盛りこんだのだ。松平の談話は、ノンフィクションである『優しいサヨクの復活』最終節にそのまま流用されている。したがって、小説の登場人物にいわせた架空の意見ではなく、作者自身の意見ととらえていい。

日本では一時的な交代はあったものの、自民党政権が長期に続いてきた。ただ、政治は保守が多数を占めても、一九八〇年代までのジャーナリズムや論壇では、革新・左翼といった今日ではリベラルと称されるような体制批判勢力が優勢にみえた。だが、東西冷戦が継続しつつも、社会主義国の理想の挫折が自由主義経済圏にも伝わった一九七〇年代以降は、日本の左翼は教条的で硬直化したものととらえられるようになった。そういう時代だった一九八三年の大学在学中、島田雅彦は「優しいサヨクのための嬉遊曲」でデビューした。

同作には、ソ連の反体制運動を支援する学生たちが登場したが、主人公が「変化屋」を自称して小市民的な恋に邁進し、「社会主義道化団」を名のるトリオがふざけたり、メンバーの一人がゲイとしてホストクラブで資金稼ぎするなど、社会運動・学生運動というよりサークル活動と呼ぶほうがふさわしい軽やかなノリだった。そんなポップなカタカナ「サヨク」は、当時の堅苦しい漢字「左翼」への批評になっていた。

翌一九八四年発表の『亡命旅行者は叫び呟く』でも「亡命」と「旅行」という似て非なる観念を合体し

て弄び、自身の意志で反日本人になろうとする「ヒコクミン」を登場させるなど、初期の島田は政治意識を戯画化し、諧謔的に描くのが特徴だった。『虚人の星』の首相とスパイをそれぞれ既存キャラクターになぞらえつつ多重人格に設定したことにも、初期に通じる諧謔趣味が感じられる。だが、もう一つの戦後七十年談話のように作者自身の見解がストレートに出すぎた部分が多い。若い頃はアイロニーの申し子のようだった島田が、今ではかなりベタな振る舞いをみせている。

自民党が再び大勝した二〇一七年の衆議院議員選挙期間中には、「自民、公明に投票しようとしている皆様はどうぞ御棄権ください」とツイッターに投稿し、民主主義選挙の否定だと批判されるなど、島田のツイートはしばしば炎上している。販売部数では大きな開きがあるが、本音と冗談の入り混じった放言が物議をかもしがちな点も、保守とリベラルで百田尚樹と島田雅彦は背中あわせの存在にみえる。

安倍でありアドルフである『宰相A』

純文学の分野で島田雅彦以上に日米関係や安倍首相をえげつなく戯画化したのは、『共喰い』（二〇一二年）で第百四十六回芥川賞を受賞した田中慎弥だ。彼が二〇一五年二月（『カエルの楽園』発売の一年前、『虚人の星』発売の七カ月前）に刊行した『宰相A』には、書名から察せられる通り、安倍晋三をモデルとする首相が登場した。その人物に関し、作者自身が複数のインタヴューでAは安倍でありアドルフ・ヒトラーのことだと明言していた。

母の墓参りに行こうとした作家Tは、なぜかパラレル・ワールドの日本に来てしまう。その国では太平洋戦争でアメリカが勝利した後、アングロサクソンが日本に入植し、日本人になっていた。従来の日本人は旧日本人とされて居住区に追いやられ、アングロサクソンの日本人に支配されていた。日本国民は出生時に国からN・N（ナショナル・ナンバー）を記載したN・P（ナショナル・パス）を発行され、所持を義務づけられる。日本で制度導入時に監視社会化だと批判も多かったマイナンバーカード、アメリカでの外国人永住権を証明するグリーンカードのパロディだろう。また、日本国民は戦闘服を模した深緑色の制服を着用しており、着ないのは民主主義の否定者、旧日本人だけだと考えられている。

このディストピア小説の帯にはホラン千秋の推薦文が記載されたほか、ハクスリー『すばらしい新世界』の帯と同様に伊坂幸太郎がコメントを寄せていた。

私小説作家と「ゴッドファーザー」とカフカと、届かない鉛筆！　現実的な恐怖と無力感に満ちた不思議な世界は、悔しさを感じるほど、僕好みのものでした。

田中慎弥自身がモデルであろう作中の作家Tは、登場人物が第二次世界大戦の英雄として帰ってくる映画『ゴッドファーザー』や、どうしても目的地にたどり着けないフランツ・カフカの不条理な小説『城』を思い浮かべる。前者はパラレル・ワールドの日本にみられるマッチョイズム、後者は異邦人であるTがこの国に感じる迷宮感を比喩的に表現するものとなっている。

アングロサクソンが実質的に支配するこの国では、政治体制の工夫として、民主国日本に忠誠を誓った旧日本人のなかから首相を選んでいる。選挙権が与えられず主権を奪われた旧日本人の反乱を抑えるための措置だ。日本はアメリカの主導で平和的民主主義的戦争を世界中で展開しており、Tは昔の街頭テレビのようなモニターで首相Aの戦争に関する演説を聞く。

　戦争は平和の偉大なる母であります。両者は切っても切れない血のつながりで結ばれています。健全な国家には健全な戦争が必要であり、戦争が健全に行われてこそ平和も健全に保たれるのです……。

　この言葉使いが、野党が戦争法案と呼んだ平和安全法制を推進し、積極的平和主義を主張した安倍首相への揶揄であるのは明らかだ。

『虚人の星』では、アメリカの内面化である超自我「ドラえもん」が「のび太」である首相を突き動かすという形で、対米従属の日本を戯画化した。それに対し、『宰相A』では、本来の日本人の位置をアメリカが奪ってしまい、旧日本人は居住区に追いやられ、アメリカに服従と忠誠を誓った少数だけが地位を与えられる状態である。日米関係の風刺が、『虚人の星』以上に辛辣なのだ。

日本風刺小説のなかの天皇

『宰相A』に対し「A」という悪役の記号化は問題を単純にみせるが、経済、外交など現実はもっと複雑で厄介だとしたうえで次のように批判したのが、矢野利裕である。

　とりわけ、戦後日本の相対化が試みられる物語において、天皇について触れられていないことは気になった。というのも、国民感情を抑えるために「旧日本人」の首相を採用する、という設定には、戦後の象徴天皇制をめぐる議論が密輸入されていると思うからだ。意識的なのか無自覚なのか、天皇と首相の役割がなんとなく重ねられた物語に、正直、致命的な単純化を感じてしまった。

（「群像」二〇一五年六月号掲載「天皇不在の小説として」）

『カエルの楽園』では、「この国の王は何も命令をくだしません。賢明で静かなる王です。だから王であって王ではない」と、戦後の象徴天皇制をなぞった言及があるだけで、王は物語展開にからんでこない。一方、『虚人の星』の松平首相の祖父は次のように語っていたという。「新たな神とは実質的にはアメリカのことである。日本人はそれまでの現人神信仰をあっさりと捨て、軍服姿の新たな神こそが希望をもたらしてくれると無邪気に信じた」。また、松平首相と妻の玲子の会話に次のやりとりが出てくる。

――もちろん、政治には直接関与できないお立場上、明言は避けていらっしゃるけれど、陛下は憲法を守るのがご自身の使命とお考えよ。政府が憲法の解釈をねじ曲げてまで戦争に加担しても、憲法自体が変わらない限り、陛下は「戦争放棄」の原則に従うということよ。

――自国党の方針とは正反対じゃないか。陛下は護憲派のサヨクか？

――別に驚くことではないわ。天皇陛下は立憲君主なんだから、護憲派に決まっているじゃない。むしろ、自国党の方が陛下の意に背く逆賊ということになるんじゃないの？

同作でも天皇は作中の出来事に直接介入しないが、このように位置づけられてはいる。平和の祈念や近隣諸国との友好などを談話に盛りこむことの多い平成の天皇を護憲派ととらえたむきは多く、改憲派の安倍官邸との摩擦もしばしば噂された。

二〇一三年秋の園遊会では、参議院議員で反原発派の山本太郎が天皇に直接手紙を渡そうとして問題になった。この珍事にもあらわれているが、近年のリベラルの間には、天皇が護憲派として安倍政権のカウンターになることを期待する空気すらあった。戦争中から在位していた昭和天皇に対し、かつての左翼が天皇制反対、皇室の政治利用反対だったのとは異なり、今流のリベラルには、戦後の民主主義教育のなかで育った平成の天皇への共感がみられた。山本のように政治利用したがる雰囲気もあったのである。その反動で「反日」、「非国民」、「在日」と、いわゆるネトウヨが彼ら流の罵言を浴びせる場面もあった。かつての右翼ならば、天皇に対して選ばない言葉である。『虚人の星』の先の部分は、そうした天皇を取り巻く現状をすくいあげていた。

一方、『宰相A』には、天皇に関する言及がない。ただ、矢野の批判的な書評が発表される以前に、中村文則との対談で作者の田中慎弥は、この点に関するエクスキューズを述べていた。

中村　『宰相A』にも天皇が登場するかなと思って読んでましたが、最後まで出てきませんでした。でも、よく考えてみると、あの世界ではそれが必然ですよね。

田中　親米保守を徹底すれば、天皇は出てこないですから。

（「新潮」二〇一五年五月号掲載「AとXの対話」）

対談で中村文則は『宰相A』に関し、興味深い指摘をしている。同作ではアメリカ人が「日本人」になり、「旧日本人」が彼らへの反抗を目指す図式になっている。

このなかにあるのは親米保守の思想です。ふつうに考えればまずは「親米保守 対 左派」の構図が浮かぶんですが、ここでは「親米保守 対 保守」なんです。つまり、左派が消えてしまった。

作中では、「日本人」＝アメリカの傀儡である首相Aは親米保守の象徴であり、矢野が指摘する通り、彼は象徴天皇制を模したような役割を担っている。同時に中村が保守とみなした「旧日本人」が肖像画を掲げ、歴史上の英雄とあがめるJも、象徴天皇に近い存在だといえる。

戦地から父が帰らず、病気の母を抱え生活が苦しかったJは、政府への忠誠の証である制服を手に入れるため悪戦苦闘する。だが、母の自殺に直面した彼は、勤務先の工場で同僚を殺傷したあげく射殺される。この一件が、政府への反乱であり抵抗運動だと解釈された。しかもJは、自分に似た誰かがいつかこの地を訪れ、本物の日本に戻してくれるリーダーになると書き残していた。「旧日本人」にとって殉教者であり救世主とも思えるこの人物を作者がJと名づけたのは、JesusとJapanの両方を含意してのことだろう。

こちらの日本から「日本人」の支配するパラレル・ワールドの日本にまぎれこんだ作家Tは、Jに似ていた。このため、母の墓参りと小説を書くことしか望んでいないTは、「旧日本人」から反乱のリーダー・Jの再来であることを認めるようにしつこく求められる。Jというあがめられるべき地位があるのに今は不在であり、そこに当てはまる適当な人がいれば立場を引き受けさせ、政治利用したい。「日本人」への抵抗の旗頭としたい。「旧日本人」のこのような目論見は、今上天皇という地位にある人に、政権へのカウンター的役割を期待する人々の態度と同型ではないか。その意味では『宰相A』に天皇制への直接的言及はないものの、支配側のA、抵抗側のJという形で双方に象徴天皇的なポジションは書きこまれている。

肥大したマッチョの不能

かねてより指摘されてきたことだが、天皇は、力によって国を支配する父権的な存在ではなく、むしろ親が子を気づかうように国民を精神的に包みこむ母性的な存在である。地震、台風、噴火など大きな災害が発生するたびに避難所を訪れ、床に膝をついて同じ頭の高さで被災者に寄り添う平成の天皇夫妻の姿は、特に象徴天皇の母性的な側面を強調するものになっていた。

先に触れた通り、島田雅彦は『虚人の星』で平和安全法制＝戦争法案を押し進めた安倍自民党に対し、護憲派であるだろう天皇を対置して語ってみせた。弱いものに寄り添おうとする天皇の母性的ふるまいに対し、アメリカに寄り添おうとし、憲法の拡大解釈で自衛隊のできることを増やした安倍首相は、武力に憧れるマッチョイズムの人にみえる。親安倍の百田尚樹が書いた『カエルの楽園』は、外敵を退けるための武力保持を肯定し称揚するための教訓寓話だった。これに対し、アンチ安倍の島田雅彦『虚人の星』、田中慎弥『宰相A』は、武力に執着するマッチョイズムを揶揄、批判する内容である。『虚人の星』では、松平首相の強気な発言は、「のび太」の人格を「ドラえもん」（心のなかのアメリカ）が乗っとっただけと嗤う。これに対し、『宰相A』での首相の戯画化はさらに辛辣なうえかなり下品である。Aの局部は「臨月の妊婦くらい」肥大しているのだ。

「あれが首相の病気です。一度は辞任して治療を続けていたのですが、いっそこのままやってみてはどうかとの軍部からの要請で復帰したんです。」

首相は局部に体力を奪われているため表情が乏しく、それが大きくなりすぎてセックスができなくなっているという。

百田尚樹は、安全保障関連法案をめぐって民主党、共産党、社民党が様々な可決妨害を行い、国会の外でデモ隊が声を上げるのをみて「なんやこの群れは、まるでカエルの群れやないか。こいつらカエルや!」(『Ｈａｎａｄａ』二〇一六年六月号、前掲記事)と思い、『カエルの楽園』の寓話仕立てが閃いたと書いていた。また、多くの人は朝日新聞のいうことは大新聞だから間違いないと思いこんでいるが、「しかし、まったく同じセリフをカエルに言わせると、多くの人が、その滑稽さと馬鹿さに気が付きます」(『歴史通』二〇一七年四月号「ゆでガエル楽園国家」日本が植民地にされる日」井沢元彦との対談)とも語っている。創作の出発点から、嘲弄してやるという悪意があったのだ。

『宰相Ａ』にもそれと同等以上の嘲弄、悪意がある。安倍晋三は、第一次政権の際、腸の病気が原因で所信表明演説のあとに辞任する失態をみせ、五年後に首相の座に返り咲いた。彼をモデルにした首相Ａは、局部肥大というやはり下半身の病気で辞任し、復帰した設定である。

それぞれ日本の首相を風刺した小説を発表した島田雅彦と田中慎弥は、後にいずれも破局後の世界を描いた作品を発表している。島田の『カタストロフ・マニア』（二〇一七年）は、「太陽のしゃっくり」（コロナ質量放出）のため大停電が発生し、ライフライン停止、感染症蔓延という壊滅的な状態に陥る。首相はじめこの国の政府要人が冬眠する一方、人工知能の聖母が生み出した「チルドレン」が、人類の意識にアクセスし教育しようとしているらしい。同作の世界では『虚人の星』以上に父権的思考が力を失い、母性的なものが全体を覆う。

一方、田中の『美しい国への旅』（二〇一七年）は、何度も戦争が行われたあげく「あの兵器」も廃れ、灰色の「濁り」が世界を覆う荒廃した時代が舞台である。男たちに犯され殺された母から仇討ちを命じられた少年は女兵士と出会い、基地へと旅する。『宰相A』の作家Tが小説を書くこととともに母の墓参りにこだわっていたのと似て、『美しい国への旅』の少年も遺言を残した母に心を縛られている。「すばる」二〇一六年七月号にこの小説が掲載された時には「司令官の最期」と題されていたが、単行本化にあたって安倍晋三が掲げた国家像「美しい国」を踏まえ『美しい国への旅』と改題された。「濁り」に汚染された場所を「美しい」と呼ぶアイロニー。少年が基地で目撃する司令官は、首相Aをさらにグロテスクにしたような存在であり、やはり安倍がモデルだ。基地の上方に彼は異常な形状で吊るされている。

目は暗い。全身を覆う鉄の服、その両脚のつけ根の間、僕がうまく使えなかったあの真ん中の部分から斜め上へ向って、関節に張られているのと同じ黒い革で覆われたよく光るものが伸びている。根本のところは木の枝くらいしかなく折れそうだが、上へゆくに連れて太くなり、大きさは司令官本人の三倍はたっぷりありそうだ。

本作にも肥大した股間が登場し、その表面には世界地図が描かれている。基地にいた女は、男っていうのは世界を自分のものにしないと気がすまないから、司令官は自分の大事なところを世界で覆ったのだと話す。『美しい国への旅』発表後に行った柴崎友香との対談（「すばる」二〇一七年三月号掲載「「時代」を引きずり込んで書くということ」）で田中は語っていた。

この作品に結びつけて言うと、明確なイメージとしてあったのが現在の総理大臣です。あの人の顔が、私には勃起しないペニスにしか見えないというのが、取っかかりのイメージです。

また、続けて田中は、日米関係についてアメリカがマッチョな男、日本がそれにくっついている娼婦だといわれるが、逆にアメリカが高級娼婦で日本は刺激されても勃たないいちゃちな男だという。高級娼婦にもともと力を抜かれているからだと。田中は、力を求める男権主義を不能の男根へとずらして茶化している。白色の人間と彼らに隷属する黒奴、黄色の畜人のいる未来世界を舞台にした沼正三『家畜人ヤプー』（一九七〇年）に代表されるように、民族や国家の関係を性的に喩えた物語は昔からあった。田中慎弥は、それをえげつない形でやっている。ツイッターで意図的に下ネタを投じたり、日頃から放言が多い百田尚樹に比べ、芥川賞に代表される純文学は世間的には高尚なイメージがあるかもしれない。だが、芥川賞作家の田中は、百田以上の嘲弄と悪意を小説に塗りこめていた。

国民感情の戯画

田中慎弥は『宰相A』というディストピア小説の執筆にあたって、スウィフト『ガリヴァー旅行記』、オーウェル『一九八四年』、アンソニー・バージェス『時計じかけのオレンジ』を意識したという。『ガリヴァー旅行記』の異世界に入りこんだ主人公という基本設定を踏襲する一方、『時計じかけのオレンジ』にみられた体に覚えさせる洗脳が『宰相A』でも行われる。

そして、「戦争は平和である」のスローガンが登場した『一九八四年』からは権力側による言葉の操作を継承している。『カエルの楽園』や『虚人の星』にも含まれていた要素だ。さらに『宰相A』では、「旧日本人」だが国家へ忠誠を誓い「日本人」側にいる女と、作家Tがセックスしたために拷問を受け、彼は個人として書く意識を奪われ、「日本人」の作家として表現活動を始めることになる。これらの展開も、私的な情交と私的なノート記録を暴かれ、ビッグ・ブラザーを愛する人間へと主人公の精神が改造される『一九八四年』の枠組みを借りている。

『カエルの楽園』は保守の視点から語られ、『虚人の星』はリベラルの立場から書かれた。百田尚樹、島田雅彦の小説以外での発言からわかる通り、目指す方向は逆だがいずれもプロパガンダ、啓蒙の意図を持った作品だ。一方、田中慎弥は安倍晋三と同じく下関が地元であり、その意味での身近さはあったというが、「私には政治的なイデオロギーとかメッセージとかってないんです」（「新潮」二〇一五年五月号、前掲記事）、「当然問題意識はあるのですが、それは社会に何かを問うということではなくて、「私には今の日本、あるいは戦後の日本全体がこう見える」というものを極端な形で提示したものです」（新刊ＪＰ https://www.sinkan.jp/special/interview/bestsellers67.html）などと述べている。

『カエルの楽園』、『虚人の星』、『宰相A』は、保守、リベラル、無党派、それぞれの立場から日本の政治の現状に対する嫌悪感を戯画的に描いたものだった。三作ともディストピア小説の古典にあった要素を受け継いでいるが、どれも卑近であてこすり的な表現が多く、射程範囲が広い内容とはいいがたい。政治的な主張を特に打ち出していない伊坂幸太郎の作品のほうが、むしろ普遍的な寓話になっている。しかし、SNSなどにあふれる日本の政治をめぐる言葉の乱暴さをみれば、百田尚樹、島田雅彦、田中慎弥の三作とも、各層における今の国民感情を反映しているといえるのだ。

二　権力の理想

角栄を美化した石原慎太郎

『宰相A』で安倍晋三を下品なまでに戯画化した田中慎弥は、以前に政治家への反発を口にしたことがあった。二〇一二年に『共喰い』で第百四十六回芥川賞を受賞した田中だが、過去に四度、同賞の候補になり落選していた。彼はようやく五度目に受賞した直後の記者会見で「断って気の弱い委員が倒れたりしたら都政が混乱するので、知事閣下と東京都民各位のためにもらっといてやる」と言い放ち話題になった。当時は、東京都知事だった石原慎太郎が、芥川賞の選考委員の一人だったのである。過去に差別的な暴言をたびたび批判されてきた石原が、逆に毒舌の対象にされたことが世間を面白がらせた。

その石原慎太郎が、実在した政治家を主人公にして書いた小説が『天才』（二〇一六年）である。ベストセラーになった同書の帯には「衝撃の霊言！」の文字があった。新興宗教団体・幸福の科学の総裁である大川隆法は、故人の霊や存命者の守護霊と通信できるとして、歴史上の人物や有名人の「霊言」を数多く書籍化している。『天才』の帯の宣伝文句はそれを意識したものであり、同作は石原が、一九七〇年代前半に日本の首相だった田中角栄の一人称「俺」で書いた疑似自伝だった（以下では、田中慎弥とまぎらわしいので、田中角栄については角栄と略す）。

角福戦争と呼ばれた福田赳夫との自民党内の権力闘争を勝ち抜き、国政の頂点に立った角栄は、大正生まれでは初の、しかも大学を出ていない高等小学校卒の総理大臣として人気を得た。だが、金脈問題でその要職を辞任した後、ロッキード事件で受託収賄罪を問われ、実刑判決を受けた。日中国交正常化の功績があった一方、日本の金権政治の象徴とみられてきた政治家である。彼が『日本列島改造論』（一九七二年）で掲げた地方への工場再配置、全国的な交通網、エネルギーの整備は、関越自動車道、上越新幹線の実現につながったものの、地価上昇や乱開発、地元への利益誘導に結びついたことが批判された。

地方を落着きとうるおいのある〝郷里〟のままに工業化して都市化すると主張した『日本列島改造論』自体が、無理のあるユートピア＝ディストピアの構想だったのだ。また、角栄は電源三法を作り、日本の原子力発電推進に大きな役割を果たしたが、その延長線上で福島の原発事故が起きることになる。

田中角栄の首相在任時、同じ自民党に所属する衆議院議員だった石原は、角栄批判派の一人だった。深刻化する公害が議題になっていた当時の国会の様子を、石原は小説に書いていた。「文學界」一九七四年一月号に掲載された中編「院内」である。語り手は、作者本人と重なる議員。透明な雪のような金属の切片が外界に降り、「一瞬一瞬超微量にしかし確かな堆積で、ささくれ爛れ変質していく数億枚の粘膜、数兆億の細胞、ひずみ押しやられ変質していく人間たちの行為と思考。世界はその正常さそのものを変貌させようとしている」と、院内で終末的な光景を夢想する異様な雰囲気の作品である。同作には、角栄をモデルにしたとみられる人物が登場していた。

この建物のみが許すその異常な存在の意味、投機という天才に包まれた下品さ。下品という徳への自負が創り上げる独善。その嗜好と錯覚が、ある仕組みにおいては、この男を核に持ったこの社会のすべてを神経症的に染め上げてしまった。彼の、天才的な下品な諧謔に笑った世間も、今では鳥肌を立てているのに、彼は彼なりの理念という玩具のレールを依然としてこの国中に敷きつめようとしている。

田中慎弥『宰相A』における首相Aの描写がそうだったように、相手への嫌悪や侮蔑を露わにした文章だ。しかし、石原が「院内」の四十二年後に書いた『天才』では、過去とは反対に田中角栄を美化している。同作では頭の回転の早さ、人づきあいのうまさ、人情家であることなどが強調される。また、自分の子どもを生ませた愛人について雑誌で記事にされ、心を痛める様子を同情的に扱ってもいた（首相の愛人の子というモチーフは、島田雅彦『虚人の星』にも出てきた）。「院内」で「天才的な下品な諧謔」と揶揄したのと反対に、『天才』のあとがきでは「田中角栄という天才の人生は、この国にとって実は掛け替えのないものだった」とほめている。

ロッキード事件については、独自の資源外交を展開した角栄に対し、世界のエネルギー市場を支配するアメリカが快く思わず、同国の陰謀で失脚させられたとする説がささやかれ続けている。『天才』もその陰謀論に同調して書かれている。

石油危機は俺に政治家としての新しい命題を与えてくれたと思う。エネルギーに関する問題でも日本は自立しなくてはならぬと確信したのだ。だから電力の燃料源の油にせよ、これから必要大となるだろう原発のためのウランにせよ、アメリカやメジャーに頼らぬ日本独自の導入ルートを開拓すべきなのだ。

（略）

しかしまあ。アメリカが俺のやり口を快く思わぬのは想像の域だったが、後にニクソンの片腕となり国務長官となったキッシンジャーが俺のやり方に強く反発していたことは後になって知らされたのだった。

石原慎太郎は一九八九年にソニー会長だった盛田昭夫との共著で『「NO」と言える日本』を刊行し、話題を呼んだ。それはアメリカに対しても主張すべき時には「NO」をいい、同国への依存心を捨て、日本は国家として真に自立せよと説く内容だった。石原が角栄の一人称で小説を書いたのは、もともとは『石原慎太郎の社会現象学』（二〇一五年）の著書がある社会学者・森元孝の勧めによるという。「院内」から四十年余りの年月を経た後、『「NO」と言える日本』に顕著だった対米自立の持論と重なる部分を石原はかつての田中角栄に見出し、共感して『天才』を執筆したというわけだ。

二〇一五年に単行本が刊行された『宰相A』と『虚人の星』が、日本の首相の対米従属ぶりを批判的に戯画化したのに対し、翌年出版の『天才』は故・田中角栄に対米自立の精神を見出し、過去を美化した。語りの方向性は逆だが、現状の日米関係への不満が執筆動機だった点は共通する。『宰相A』及び『虚人の星』と『天才』は、裏表の位置にあるのだ。

『シン・ゴジラ』の音楽

それでは、日本の権力を過去において美化するのではなく、未来に向けて理想化したらどうなるのか。それをやってみせたのが、『天才』刊行と同じく二〇一六年に公開された映画『シン・ゴジラ』だった。同作は、ゴジラ・シリーズの日本版としては十二年ぶりの新作だった。アニメ『新世紀エヴァンゲリオン』（一九九五年）で知られる庵野秀明が総監督、リメイク版の『日本沈没』（二〇〇六年）や実写版『進撃の巨人 ATTACK ON TITAN』（二〇一五年）などでメガホンをとった樋口真嗣が監督となり作られた『シン・ゴジラ』が、二〇一一年の東日本大震災および東京電力福島第一原子力発電所の事故を意識して作られたことは明らかだ。一九五四年十一月公開の初代『ゴジラ』（本多猪四郎監督）が、同年三月にアメリカのビキニ環礁における水爆実験で第五福竜丸が被曝した事件から着想を得て、怪獣の上陸を広島・長崎の原爆や東京大空襲の記憶と重ねるようにして描いた社会的なテーマ性を『シン・ゴジラ』は受け継いでいた。

継承したのは、放射能を帯びた怪獣だけではない。映画は、オープニングタイトルのバックで初代『ゴジラ』の足音と咆哮が轟くところから始まる。音楽は『エヴァンゲリオン』と同じく鷺巣詩郎が担当したが、彼の曲だけでなく、初代以来、ゴジラ・シリーズでたびたび登板した伊福部昭の音楽が要所で挿入されたのだ。

不協和な響きを混ぜながら、ドシラドシラと繰り返す伊福部の印象的なテーマ曲が、ゴジラの存在と強く結びついているのは間違いない。日本人の多くは、あの旋律を聴けばすぐにゴジラの姿を思い浮かべる。そのせいもあって、過去にもゴジラ新作に伊福部の旧曲が再使用された例はあった。キーボード・ロック・トリオのエマーソン、レイク&パーマーで有名なキース・エマーソンが森野宣彦、矢野大介とともに担当した『ゴジラ FINAL WARS』(二〇〇四年)でも伊福部のテーマ曲が使用された。これは題名通り、当時はシリーズ最終作とされたため、歴史をふり返る意味で挿入したのだろう。さらに遡れば、『地球攻撃命令ゴジラ対ガイガン』(一九七二年)で費用や時間の制約から伊福部の既成曲が流用され、すぎやまこういちが音楽を担当した『ゴジラVSビオランテ』(一九八九年)でも往年のファンのとりこみを意識してか伊福部の曲がおりこまれた。ゴジラを存在させるためには、様々な意味で伊福部の音楽が有効であり、つまり手っ取り早かったわけだ。

ギャレス・エドワーズ監督による二〇一四年のハリウッド版『GODZILLA ゴジラ』の音楽を書いたアレクサンドル・デスプラも、伊福部作品を学んだと述べており、オーケストラによる荘重な曲調にその意識がうかがえた。

また、トカゲのようにちょこまか動いてゴジラらしくないと不評だったそれ以前のハリウッド版『GODZILLA』(一九九八年。ローランド・エメリッヒ監督)は、エンディング・テーマにパフ・ダディがラップする「カム・ウィズ・ミー」を使った。重々しくあるべきゴジラとフットワークの軽そうなラップ。とりあわせにミスマッチ感もあったが、同曲はジミー・ペイジとのコラボであり、彼が在籍したハード・ロック・バンド、レッド・ツェッペリンの「カシミール」のリフが再利用されていた。ギターとストリングスによるそのリフは、エキゾチックかつヘヴィなフレーズと力強いリズムの組みあわせという点で、伊福部のテーマ曲と類縁性があった。

しかし、『シン・ゴジラ』の場合は、リスペクト、オマージュ、往年のファンを再動員するための商業的計算、経済効率といった過去の再使用例にとどまらない意図が感じられた。

この映画は、現代の立体感で音響が構築された鷺巣詩郎の曲が並ぶなかに、伊福部の曲を新たに録音し直すことなく、モノラル音源でも演奏ミスが残っていてもオリジナルのまま流した。映画館の大音量で二人の作曲家によるサウンドトラックを聴くと、ステレオ感や録音の肌理の違いは瞭然である。鷺巣詩郎が設計した現代の音響空間のなかに、伊福部昭による過去の異物がタイムスリップしてきたかのようなのだ。この違和感に批判もあったが、モノラル音源の使用は総監督だけでなく脚本も担当した庵野秀明の判断であり、音楽の使いかたにも作品としての主張があらわれていたと推察する。以下では、旧音源の異物感に積極的な意味を読みとりつつ、『シン・ゴジラ』が日本の権力をいかに理想化して描いたかを考察するが、その前段階としておさえておきたいことがある。

巨大不明生物出現のシミュレーション

『エヴァンゲリオン』などで庵野秀明と長く組んできた鷺巣詩郎が、『シン・ゴジラ』の音楽に起用されたのは自然な流れだった。『シン・ゴジラ』の監督・特技監督となった樋口真嗣の監督としての前作である実写版『進撃の巨人 ATTACK ON TITAN』も、鷺巣が担当していた。『エヴァンゲリオン』も『進撃の巨人』も『シン・ゴジラ』と同じく、攻めてくる巨大な敵に人々がどう立ち向かうかというＳＦ活劇だ。

大枠の設定が共通なだけに音楽面でも、アクション・シーンにふさわしくリズムを強調した力強いアレンジ、世界の危機や人類の運命を象徴的にあらわした荘厳な合唱といった、傾向の近い曲想がみられた。

しかし、『シン・ゴジラ』での音楽の使われかたには、『エヴァンゲリオン』や『進撃の巨人』と違いがあった。『シン・ゴジラ』は、東日本大震災とそれによって発生した原発事故をゴジラに置き換え、主要な被災地を首都圏に移し変えたかのごとき設定だ。そのうえで今、ゴジラが出現したら、日本政府はどう対応するかをシミュレートした内容になっている。このため特に前半は、音楽の使用を抑制し、怪事に驚く人々の反応、テレビ放送、煩雑な会議のやりとりの音声など、現実音を重視して演出された。壁に囲まれた中世風の架空世界にリアリティを与えるため、厚みのあるアレンジで風景描写を支えた『進撃の巨人』とは、映像と音楽の関係性が違っていたのだ。

また、『シン・ゴジラ』は、伊福部の音源を使って観客に過去のゴジラを思い出させる一方、『エヴァンゲリオン』の曲を再利用し、同アニメも想起させた。都心で猛威を振るうゴジラへの対処として、政府は巨大不明生物特設災害対策本部を設置する。そのリーダーとなる矢口蘭堂《らんどう》（内閣官房副長官、後に内閣府特命担当大臣）が主人公なので、映画では略称・巨災対のテーマ曲が、変奏されつつ何度も登場する。耳に残るティンパニのイントロから始まるこの曲は、『エヴァンゲリオン』ではネルフのテーマだったものだ。ネルフとは、使徒と呼ばれる謎の敵に立ち向かう特務機関のことだった。

映画の曲とヴァリエーションを収めた『シン・ゴジラ音楽集』には、故・伊福部の作品も含め、鷺巣詩郎による全曲解説が付されている。それによると伊福部の音源だけでなく『エヴァンゲリオン』の曲の再利用も、庵野の指示だという。巨災対とネルフは組織の性格が似ているから、同じ曲があてられるのは理解できる。同時に『シン・ゴジラ』と『エヴァンゲリオン』の共通性がこの曲で明示されることで、二作の差異もみえやすくなる。

『エヴァンゲリオン』(特にテレビ・シリーズ)の場合、シンジ、レイ、アスカといった少年少女を中心とした主要人物それぞれに用意されたテーマ曲が、ドラマに豊かなニュアンスを与えていた。例えば、ドイツ語も喋るクォーターのアスカには、アメリカンなカントリー・ミュージック風のテーマ曲があてられ、勝気なキャラクターが表現された。そのユーモラスな曲調の印象があったゆえに、物語後半での対照的な精神崩壊がいっそう悲惨に映ったのである。『エヴァンゲリオン』では、敵との戦闘ばかりでなく、主要人物の心情が語られた。彼らがトラウマにとらわれ幼児退行する様子を、メロディが希薄で抽象的な現代音楽風の曲で表現してもいた。音楽が、世界の危機という大状況を盛り上げる一方、個々人の内面への旅に寄りそってもいたのである。

それに対し『シン・ゴジラ』の主要人物に関しては、各人の立場、職分において国家の危機にいかに対応しようとしたかが描かれる。彼らの私情には、ほとんど触れられない。ただ、逃げ惑い、被害にあう名もない群衆のシーンのなかに、家族や恋人同士、孤立といった姿が含まれていることで、情というものが無数にあることが淡々とスクリーンに示されるだけだ。主要人物の野心や精神的動揺を映した場面もあるが、あくまで組織の一員としての姿であり、『エヴァンゲリオン』のように個人の内面に入りこむことはない。

祖母が日本人で父が上院議員の日系アメリカ人、カヨコ・アン・パタースンは、米国大統領特使として来日する。英語混じりの日本語で、かの国の意向を上から目線で伝える彼女の強気ぶりは、アスカのキャラクターに似ている。だが、カヨコがアスカのように自分の感情にふり回され、溺れてしまうことはない。

米国側の彼女は役回りとして矢口と対峙するが、通常の娯楽映画のように恋愛関係に陥ることもない。『シン・ゴジラ』では、巨大不明生物のゴジラにテーマ曲があり、組織である巨災対にテーマ曲があっても、主要人物それぞれのテーマ曲はない。

自衛隊をあっさり退け、米軍の猛攻撃もはねのけたゴジラが、放射能を帯びた熱線を吐き、東京を大々的に炎上させる。首相をはじめ閣僚複数の乗ったヘリコプターがゴジラの熱線で撃墜され、巨災対も移転せざるを得なくなる。そんな絶望的な災厄の直後から翌朝にかけてのシークエンスで、「SS_103_GZM（Famously）／報道2」というピアノとストリングスの静かな曲が流れる。絶望、不安、虚脱感を反映した響きだ。同曲も、『ヱヴァンゲリヲン新劇場版：Q』のサウンドトラックに収録された「Famously」のアレンジだった。

『シン・ゴジラ音楽集』の解説で作曲者の鷺巣は、オリジナル版「Famously」にあった英詩朗読の一節（「Famously, to the depth of despair. I have been sent. No one saved, and to their graves, perished and died. All on my head. Because of me.」）を引用し、「まさに八王子に向かう矢口蘭堂の心中そのままではないか⁉」と記している。

これだけを読むと、彼の心情描写の曲であるかのようだ。だが、タイトルに「報道2」とある通りに同曲は、大惨事を受けての報道や世間の反応を映像や音声で伝え、矢口の動向の描写へと続く場面で流される。ゴジラによる被害の大きさと先行きの不安に動揺する人々が無数におり、矢口もその一人と示されるわけだ。曲が終わった直後には、苛立ちを露わにした彼が、友人から諌められる場面がある。矢口もまた、追いつめられた国民の一人として扱われ、特別な個人としては描かれていない。

理想の組織的総合力

膨大な資料やインタヴューをもとに『シン・ゴジラ』の制作経緯をまとめた『ジ・アート・オブ　シン・ゴジラ』（二〇一六年）によると、庵野は当初より「リアルな現代日本で描くポリティカル・サスペンス」、「徹底したリアル・ハード路線、ドキュメンタリズム、子供向けは考慮しない」という方針を立てていたという。このため作品内容に関して、巨大不明生物が出現した場合に現実問題として対応できるのは政治家、官僚、自衛隊、専門家であろうし、民間の個人の奮闘ではなく政府レベルの組織力で解決するのが妥当と判断したわけだ。

それは、庵野がシリーズ最高の出来と考える初代『ゴジラ』に基づく判断でもある。同作では怪獣に対し、国家としてどう対応するかが描かれた。物語の原作は小説家の香山滋であり、彼が書いた「G作品検討用台本」の展開を映画のほうもおおむね踏襲している（脚本は監督の本多猪四郎と村田武雄）。ただ、登場人物の設定などいくつか変更点はあり、そのひとつが、対応する機関のレベルだった。

「検討用台本」ではゴジラ対策を話しあう場が「警視総監会議室」とされる一方、「臨時国会がひらかれて、緊急追加予算が可決される、では少し大ゲサか」と書きこまれていた。だが、できあがった映画では、学者による政治家への説明、政府に情報公開を要求する野党、被害住民の陳情など国会をめぐる場面が多く、「検討用台本」以上に国家的危機であることを強調していた。また、映画では防衛隊がゴジラを攻撃するが、防衛隊のモデルである自衛隊は、同作と同じ一九五四年に発足したばかりだった。陸上自衛隊は警察予備隊を前身とする保安隊から、海上自衛隊は海上警備隊からの改組であり、航空自衛隊は新設されたのである。そのように国防体制の過渡期だったことも「検討用台本」で「警視総監会議室」を対策検討の場とした一因だったのだろう。

初代『ゴジラ』は、政治、国防のほかマスコミの報道ぶりをとらえ、外交問題にも触れるなどポリティカルなパニック・サスペンスになっていた。シリーズは後に子ども向けの怪獣プロレスと化して先細りになり、いったん終了する。それに対し、再開第一作となった一九八四年版『ゴジラ』では、当時の米ソ冷戦構造を背景にとりいれるなど、リアリティが考慮された。ゴジラを核攻撃しようとする両大国に対し、日本の首相が非核三原則の立場から不使用を説得する展開もあったのだ。

庵野秀明は、初代『ゴジラ』、一九八四年版『ゴジラ』にみられたポリティカルな面を受け継いだうえで、岡本喜八監督『日本のいちばん長い日』（一九六七年）も意識していた。同映画は、ポツダム宣言の受諾決定から玉音放送が流されるまで終戦の過程を描いた。多数の人物を登場させながら、関係者間の調整、文書の語句の慎重な扱い、外交面でのプレッシャー、無条件降伏反対派への対処などを経て、国家的判断が実行されるまでを情緒を抑制して追いかけた内容だ。個々人よりも、組織、集合体としての国家をとらえようとしたのである。庵野は『シン・ゴジラ』で『日本のいちばん長い日』のタッチを踏まえるとともに、キーマンとなる故人の学者・牧悟郎の写真という形で岡本喜八を登場させた。

また、『日本のいちばん長い日』では、戦中まで現人神扱いされていた昭和天皇を八代目松本幸四郎が演じた。距離を置いたショットや後ろ姿など、鮮明な映しかたはしない役ではあったが。この点は『シン・ゴジラ』においてCGで登場するゴジラの動きを、狂言師の野村萬斎がモーションキャプチャーで演じたことを連想させる。天皇、ゴジラが帯びる聖性を、歌舞伎、狂言といった伝統の重みで充塡しようとした発想が共通する。

これら過去の作品を視野に入れたうえで庵野は、ある種の定型を退けた。通常のシナリオでは、状況を理解しない上司が新たなアイデアや意見を退けるなどのコンフリクトを起こすことで、ストーリーに起伏をつけようとする。その定型を庵野は採用しなかったのだ。

今回はコンフリクトによるドラマを排除して、常に気持ちよく展開していく。現実世界ではあり得ないフィクション「理想を描くエンタテインメント」に終始しようと。

（『ジ・アート・オブ　シン・ゴジラ』でのインタヴュー）

実際の映画の前半では、巨大不明生物に関する政府の実態把握や対策は、縦割り行政の弊害もあって遅れ気味であり、会見で大河内首相が不用意な発言をするなど、コンフリクトを感じさせる要素も散見される。ゴジラへの対処がまだなのに金井防災担当大臣が「奴の死骸を利用した復興財源案を考えてみるか」と口を滑らせ、矢口が旧日本軍の希望的観測で三百万人の国民が犠牲になった過去を指摘し「根拠のない楽観は禁物です」と諫める場面もある。震災後にみられた政治家の失言を思い出させる描写だ。だが、この種の愚かさが、多く出てくるわけではない。

会議に次ぐ会議、対策の根拠となる法律の確認など、行政の煩雑さが強調されはする。だが、そこには両義的な意味あいがある。

澁沢首相秘書官（外務省）「形式的な会議は極力排除したいが、会議を開かないと動けない事が多すぎる」

尾高首相秘書官（財務省）「効率が悪いが、それが文書主義だ。民主主義の根幹だよ」

この会話で示される通り、民主主義的な形式性は、まどろっこしいと同時に無謀な蛮勇にブレーキをかけるものとなっている。映画のなかの政府は、現実の政府よりも公文書を大切にしている。花森防衛大臣に判断を迫られつつ、大河内首相は害獣駆除を目的に自衛隊初の武力行使命令を出す。だが、現場近くで老婆を背負った中年男性が発見されて攻撃の可否を問われ「中止だ！　攻撃中止！　自衛隊の弾を国民に向ける事は出来ない！」と見送る。たった二人を攻撃に巻きこまないために、すでに多くの破壊や死者をもたらし今後も被害を広げることが確実な害獣を野放しにする。この判断を弱腰とみてコンフリクトを感じる人もいるだろうが、民主主義、平和主義の観点から正義とみる人もいるだろう。

ゴジラ出現後、官邸前では「ゴジラを倒せ！」と「ゴジラは神だ！」という、相反する主張を掲げるデモ隊の衝突が出てくる。これは原発の反対派と擁護派のパラフレーズでもある。庵野は国家的危機への対応をシミュレートしたが、そこに特定のイデオロギーの主張はなく、両義的に扱った部分が多い。

初代『ゴジラ』で特別災害対策本部が作られたのと同様に『シン・ゴジラ』では、巨災対が設置される。そこには「出世に無縁な霞ヶ関のはぐれ者、一匹狼、変わり者、オタク、問題児、鼻つまみ者、厄介者、学会の異端児」が集められる。とはいえ、巨災対にせよ他の政治家、官僚にせよ、『シン・ゴジラ』は特別な力のある特定の誰かが英雄になるのではなく、各人が自分の職分でできることをした組織的総合力によって結果を出す物語である。それこそ、東日本大震災および原発事故で実現できなかった、この国の理想なのだ。

ちなみに、映画で巨災対を率いた矢口蘭堂は、一つの理想的なリーダー像として描かれたわけだが、彼の選挙区は山口三区と設定されていた。それは総監督である庵野秀明の出身が山口県宇部市だったことに由来するが、『シン・ゴジラ』公開時に現実の首相だった安倍晋三は山口四区、彼の祖父・岸信介は山口二区（当時は中選挙区）が選挙区だった。

「Who will know」の美しさ

国家の存立を脅かす危機が進行し、政府に頼りなさもみえるなか、総理大臣が死亡し臨時代理を置かねばならなくなる。一刻も早く国民多数を避難させる必要があるが、障害が多く簡単なことではない。『シン・ゴジラ』のこうした物語の大枠は、樋口真嗣が監督だった二〇〇六年版『日本沈没』と近似していた。小松左京の同名原作小説は刊行と同年の一九七三年に映画化されヒットしており、二〇〇六年版はリメイクだった。だが、原作と一回目の映画化では地殻変動により列島全体が沈没したのに対し、二〇〇六年版では大地震や津波の続発で甚大な被害を受けるものの、日本の沈没はくい止められる。潜水艇で海溝深くまで行った主人公の操艇者が、自分の命を落としてまで強力な爆弾を爆発させ、地殻変動をストップさせたのである。

リメイク版『日本沈没』の音楽は岩代太郎が担当したが、主人公がその行動へと出発する前にヒロインと会う場面とエンディングでは、韓国人歌手ソンミンと久保田利伸が歌いあげる「Keep Holding U」（久保田作。SunMin thanX Kubota名義）が鳴り響いた。愛の力が危機を救うわけだ。特攻的行為に肯定的なこの種の描写は、日本の敗戦後におけるゼロ戦や戦艦大和の美化から、アニメ文化拡大の起爆剤となった『宇宙戦艦ヤマト』の劇場版続編『さらば宇宙戦艦ヤマト　愛の戦士たち』（一九七八年）などを経て、現在まで続く。遡れば一九五四年の初代『ゴジラ』も、原爆に匹敵する破壊兵器オキシジェン・デストロイヤーを開発した芹沢博士が、海中でそれを使い、怪獣とともに死ぬ結末だった。

しかし、樋口版『日本沈没』に出演してもいた庵野秀明は、『シン・ゴジラ』で愛の力の特攻といった類の決着を忌避した。特別な部隊を編成して命がけでゴジラ近くの放射線量の高い場所に行き、多くの犠牲も出るのだが、特攻するのではない。日米共同作戦で爆弾を積んだ無人列車を走らせ、無人航空機から攻撃を加え、ゴジラの足を止める。そのうえで凍結させ生物としての活動も停止させようとするのだ。個人の殉死のヒロイズムではなく、どこまでも組織的対処にこだわった展開には、特攻の美化に対する批判的発想がうかがえた。思い入れたっぷりに愛の力を歌い上げる主題歌が流れる余地はない。

とはいえ、『シン・ゴジラ』には歌があふれていた。庵野は『エヴァンゲリオン』でベートーヴェンの交響曲第九番から「歓喜の歌」、ヘンデルの「ハレルヤ」といった有名な合唱曲をドラマに効果的な形で轟かせた。鷺巣も『エヴァンゲリオン』や『進撃の巨人』などで合唱曲を多く作っている。『シン・ゴジラ』の音楽でも合唱が多用され、なかでもストリングスとソプラノのソロが先導する「Who will know」の哀切な響きは、強い印象を残す。

同曲が流れるのは、ゴジラが発した熱線で東京が焼かれ、破壊されるシーンだ。数多の自然災害、大空襲、原爆投下、原発事故など、個人ではどうにもならない光景を目の当たりにした時のような絶句状態によって、上映館が静まり返るなか、「Who will know」の響きの美しさが際立った。『シン・ゴジラ』では、人々の運命の行方をみる超越的な視点、あるいは一個人の内面ではなく、個々人の集まりである共同体としての内面から合唱が発されているように感じられた。

そもそも初代『ゴジラ』において、合唱が物語の重要な転換点になっていたのだ。ゴジラの大暴れで東京が火の海となり多数の避難民が出る状況で、女学生たちが「平和への祈り」という曲を合唱する様子がテレビに映る。心を動かされた芹沢博士は、それまで拒否していたオキシジェン・デストロイヤーの使用を決断する。彼がゴジラと対峙し、いわば怪獣と心中した後、再び「平和への祈り」が流れてドラマは締めくくられる。

伊福部昭のゴジラ音楽や、佐村河内《さむらごうち》守名義だったが後にゴーストライター・新垣《にいがき》隆が作ったと判明した「交響曲第1番《HIROSHIMA》」などを思い浮かべればわかりやすい。原爆に関しては、管弦楽の不協和な音で非人間的な破壊と悲惨さを描写することが一つの伝統になっている。同時に、犠牲者の鎮魂と平安の希求を合唱で表現することも繰り返されてきた。広島とともに原爆が投下された長崎にキリスト教の教会が多かったことも影響しているだろう。賛美歌からの連想なのか、合唱が多用されてきたのだ。伊福部は『ゴジラ』以前に被爆者を題材にした新藤兼人監督『原爆の子』（一九五二年）を担当しており、そこでも女声の合唱曲を書いていた。同映画には、教会で賛美歌を合唱する場面もあった。

既述の通り、アメリカの水爆実験で被曝した第五福竜丸の事件を念頭に初代『ゴジラ』が製作されたことは知られている。新藤兼人はこの事件も『第五福竜丸』（一九五九年）で映画化しており、被曝した無線長の葬儀の場面の途中に「ああ許すまじ原爆を　三度許すまじ原爆を」（作詞・浅田石二、作曲・木下航二「原爆を許すまじ」）と合唱する若者たちの姿を映した。合唱がラスト近くの場面である点は、初代『ゴジラ』と似ている。『シン・ゴジラ』での合唱多用は、結果的にこうした原爆をめぐる音楽表現の伝統に沿ったものになっていた。

日本が超自我であるカヨコ

『シン・ゴジラ』の音楽と過去の作品や歴史との距離感は、ここまで書いてきた通りだが、異様なのは、過去の形のまま現代に挿入される伊福部のモノラル音源だ。『シン・ゴジラ音楽集』での鷺巣の記述によると、当初は、オリジナルをなぞった演奏をモノラル音源に重ねて配合し、不自然にならないよう技術的に配慮してステレオ化する予定だったという。実際に新たな音源は作られ、その一部は『シン・ゴジラ音楽集』に収録されている。

新音源が使われていれば、伊福部作品を意識して作った鷺巣の曲とさほど違和感なく同居していただろう。『シン・ゴジラ』では昔と異なりＣＧでゴジラを造形したが、狂言師・野村萬斎がモーションキャプチャーで演じることで、人間が芯となった着ぐるみの動きの伝統も受け継いでいた。オリジナルのモノラル音源を芯にしたステレオ化も、同様の構図といってよい。だが、庵野はモノラル音源の使用を決定し、ステレオ版をボツにした。そのため、伊福部音楽の異物感が前に出た。

考えてみれば、聞こえかたの異物感はギャレス・エドワーズ版『GODZILLA』にもあった。アメリカ映画であるから劇中の登場人物は「ガッズィーラ」と英語流に発音する。だが、渡辺謙演じる芹沢猪四郎博士（初代『ゴジラ』へのオマージュとしての命名）だけは、「ゴジラ」とカタカナの発音で名を呼んだ。その場面にはインパクトがあった。発音は監督の演技指導ではなく、渡辺本人の固い決意による判断だったという。渡辺の役は父が広島で被爆した設定であり、原爆と深く関係するこの怪獣が日本で生まれた意味への思いを「ゴジラ」のカタカナ発音にこめたのだろう。

初代『ゴジラ』に関しては、アメリカの役者の出演シーンを追加撮影して編集した米国版『怪獣王ゴジラ』(一九五六年)も製作されたが、反核要素は薄められていた。長崎への原爆投下や第五福竜丸事件による放射能マグロに言及したセリフは削られ、対米関係に関連した国会でのやりとりも削られている。そのくせ、新たに語り手として導入されたアメリカ人記者は、海上保安庁の調査に同行することができて通訳もつくなど取材の自由が与えられ、あたりまえのように優遇される。当時の日米の力関係を反映した改変だ。また、後に作られた二つのハリウッド版『GODZILLA』も核とゴジラの関係性に触れてはいたが、人間に対して最初に原爆を投下し、各国の核開発競争の道を開いた米国の加害者性は巧妙に回避した物語内容になっていた。

それに対し『シン・ゴジラ』は、米ソの核競争を背景にした一九八四年版『ゴジラ』と同様に、アメリカや核保有国の加害者性を語る。『シン・ゴジラ』では、ゴジラが日本だけでなく世界の脅威になると判明した結果、アメリカ主導で国連が多国籍軍を設置する。国連安保理は、東京にいるゴジラへの核攻撃を決議するのだ。現実の歴史では、アメリカ中心の多国籍軍が結成されると日本が賛意を示すことが繰り返されてきたわけだが、『シン・ゴジラ』はその構図を皮肉にねじってみせる。

『シン・ゴジラ』のカヨコ・アン・パタースンは、日米関係を象徴する人物として、エドワーズ版『GODZILLA』の芹沢博士を裏返した役柄である。劇中では「ゴジラ(呉爾羅)」と「ガッズィーラ(GODZILLA)」という日米の呼称の違いが話題になり、米国側のカヨコは「ガッズィーラ」と発音する。だが、彼女が「ガッズィーラ」といいかけて「ゴジラ」とカタカナ発音でいい直す場面がある。直後に日系三世のアメリカ人であるカヨコは「祖母を不幸にした原爆を、この国に三度も落とす行為を私の祖国にさせたくないから」と矢口に語る。この場面は、エドワーズ版『GODZILLA』における芹沢博士の「ゴジラ」発音と父の被爆を語る場面と照応するように作られている。

東京への核攻撃を回避するために矢口はゴジラ凍結作戦を進め、カヨコもそれに賛同して在日米軍の協力をとりつける。後に彼女は矢口にいう。「この国は好かれているわね。空軍も海兵隊からもサポート志願者が続出よ」と。劇中でアメリカは、東京を核攻撃しようとする一方で日本を救おうともするわけだ。日本にとってアメリカは、自らを抑圧し支配する存在だが、彼らの助けなしでは国家の危機に立ち向かえないし依存せざるをえない相手なのだ。米国大統領特使として登場し、日本政府から情報を吸い上げると同時にプレッシャーをかけてきたが、やがて頼もしい協力者になる。そんなカヨコは、アメリカが有している支配と助力の二面性を、日本にとってよいようにデフォルメしたキャラクターだ。

島田雅彦は『虚人の星』において、内面に超自我としてのアメリカを抱えた二重人格の首相を主人公にすえ、対米従属を続けてきた自民党政権を皮肉った。カヨコのキャラクターはその裏返しであり、アメリカの要人でありながら日本という超自我の下で行動するような二重性をみせる。

『シン・ゴジラ』では、大河内総理大臣が他の閣僚とともに搭乗した特別輸送ヘリがゴジラの熱線で撃墜され、外遊中だった里見農林水産大臣が総理大臣臨時代理を務める。財務、外務といった重要閣僚ではない大臣の昇格だ。この展開は、一九八〇年に大平正芳総理大臣が選挙中の心臓発作で急死した後、農林大臣などの閣僚経験はあったものの目立つ存在ではなかった鈴木善幸が、党内力学で次期総理に選ばれた例を下じきにしたようにみえる。里見はのんびりとした口調で話し、あまりはっきりとした態度はとらない。

危機に陥った国家のトップとしては、頼りない人物にみえる。だが、実は彼がフランスを説得し続け、多国籍軍の核攻撃を引き延ばしていたと後になってわかる。昼行燈にみえた総理臨時代理が、実は政治のシナリオを書いていたのだ。

この種の老獪さが、日本の政治に求められる一つの理想なのだろう。とはいえ、里見の外交的根回しが功を奏するのも、カヨコの存在があったからである。『シン・ゴジラ』では、ゴジラの体から放出されていた放射性新元素の半減期が意外に短いことが判明する。それは、原発事故の後処理が長期化し先を見通せないこの国の現実が求める大きなファンタジーだろう。そのことと並ぶ大嘘が、カヨコというキャラクターである。日本の権力を理想化して描こうとした時、彼女のような日米の二重性を帯びた存在を必要とするところに、この国の現実があらわれている。

『シン・ゴジラ』の製作・公開時は、アメリカで黒人初の大統領になったバラク・オバマの任期中であり、次に女性初の大統領としてヒラリー・クリントンが当選する可能性もまだ高かった。『シン・ゴジラ』で日系三世のカヨコが将来の大統領候補と設定されたのも、アメリカでのそうした非白人、女性の可能性を念頭に置いたものだったはずだ。しかし、オバマの次に選ばれたのは、アメリカ第一主義を掲げ、白人至上主義や女性蔑視を隠さないドナルド・トランプだった。日本にとって都合のいいカヨコの設定には当初から批判があったが、トランプ当選後に『シン・ゴジラ』を見直すと、そのキャラクターの非現実性がより目立つようになったといえる。

ゴジラの異物感

カヨコに関しては、演じた石原さとみの英語がネイティヴの発音に聞こえないという意見が多い。また、渡辺謙は役者としてアメリカで活動しているが、英語力に難があるという評価を払拭しきれていない。その意味では、二人が示した「ゴジラ」と「ガッズィーラ」の違いは、アメリカと日本の落差を表現したつもりで、カタカナ英語とカタカナの違いというドメスティックな感覚の範囲にとどまっていたのかもしれない。そうであるにしても彼らは、そして庵野秀明は、二つの発音の差異に重い意味を持たせようとしたわけだ。

「ガッズィーラ」が通常の呼び名である『GODZILLA』の世界に「ゴジラ」の日本語的発音という異物が挿入されたのと同じように、ゴジラ・シリーズに長いこと親しんできた観客を相手に、あらためて怪獣を異物として突きつけるため、庵野はあえて伊福部のモノラル音源を選択したのではないかと考えることができる。庵野のゴジラは見たこともない形態で現れてから、みんながよく知る姿に近い形態へと変化する。そうなった段階から流れる伊福部音楽は、みんながよく知るものなのに、現代の映画のサウンドトラックとしては音響が変なのだ。聞いていて落ち着かない。

『シン・ゴジラ』の物語は、直接的には東日本大震災と原発事故を想起させ、長年にわたる日米の力関係にも触れられる。そこに旧いモノラル音源が挿入されることで、広島と長崎の原爆投下、第五福竜丸といった過去の歴史も呼び起こされ、同種の核被害・汚染の問題が繰り返されてきたことが暗示される。

映画では基本的に、ゴジラについては伊福部音源、対する人間側には鷺巣の曲があてられるが、ゴジラを凍結するための最後の戦いであるヤシオリ作戦では伊福部のマーチ（「宇宙大戦争」。メインのメロディは初代「ゴジラ」でも使われたもの）が流される。マーチは、ゴジラよりも攻勢をかける人間側に沿った音楽になっているが、その使用が、核や災害と人の戦いもまた繰り返されてきたことを示唆するためならば、この場面で伊福部音源をあてた意味も理解できる。

『シン・ゴジラ』公開の二〇一六年に伊福部昭『音楽入門』（一九五一年）が文庫化され、鷺巣詩郎が巻末解説を執筆していた。『ゴジラ』を担当する以前に書いたこの本で伊福部は、軍楽、劇の付随音楽、映画音楽、宗教楽など、なにかのために奏でられる「効用音楽」について語っていた。そこではまだ詳述されていなかったが、数多くの映画を担当するようになった伊福部が、音楽を使う効用として四原則を上げたことは知られている。映画の発する感情の正攻法な表現かコントラスト、場所・時代の設定、ドラマ・シークエンスの確立、映像が発する音楽的喚起（フォトジェニー）の四つである。

それらの原則から考えると、『シン・ゴジラ』でのゴジラ登場や最後の戦いにおいて伊福部の音源が使われたのは、ドラマの正攻法な表現、ゴジラの姿が発する音楽的喚起であっただろう。それらに加えて、観客に過去の災厄を思い出させ、現代の災厄と二重写しにするための、音楽によるトリッキーな時代感覚の操作でもあったと考えられる。

何度も戻ってくる核や災害の問題は、いつまでもなれることのできない異物であり続ける。それを回避できず、深刻な結果を目の当たりにした時にできることは、平安を祈願しつつ合唱することくらいかもしれない。『シン・ゴジラ』のサウンドトラックは、伊福部のモノラル音源と鷺巣の合唱曲で構成することで、そのような私たちと世界のありかたをとらえていたのだった。

第三章　同調と世代を超えること

一　記憶と絆

『シン・ゴジラ』『あまちゃん』への批判

『シン・ゴジラ』に関しては、主要な登場人物が政治家、官僚、自衛隊、マスコミに限られ、一般市民が描かれていないとする批判もあった。ゴジラに対応するため、役人たちが自ら志願し、不眠不休で家にも帰らず頑張っている。そんな状況にいて主人公の矢口蘭堂が「この国はまだまだやれる。そう感じるよ」と話す場面もあった。統治機構や行政を肯定的に扱ったこの映画が、3・11の震災と原発事故の混乱に際して日本がそうであればよかったのにという、理想像を膨らませたものであるのは確かだろう。そうした映画の方向性について、犠牲となる国民の視点を欠いた「国策映画」とツイッターで批判した杉田俊介のような批評家もいた（杉田は後に『戦争と虚構』二〇一七年で同作についてより複雑な議論を展開している）。『シン・ゴジラ』で民間人を主要な登場人物にしなかったのは、大地震や原発事故に匹敵する巨大不明生物の災厄に具体的に対処できるのは、大きな機動力と権限を持った国家上層部だけだというリアリズムで映画を製作したためだった。確かに名前の付けられた一般人は登場しないが、作品をみればわかる通り、避難民、被災者として膨大な人数が映りこんでいる。突然の出来事に戸惑う若いカップル。巨大不明生物が引き起こした川の氾濫で船の群れが押し流され、大波から逃れようと走る人々。マンションの部屋で避難の準備をする親子。老母を背負って歩く中年男。消防隊員や警官に誘導される群衆。駅構内の混雑。避難先の体育館でみながラジオを聞き、タコ足配線で携帯電話を充電する風景。

映画の完成台本には「子供、荷物を抱えて足早に逃げる人々の描写。／街中に響き渡るサイレンの音。／マンションから続々逃げ出す住民、線路を横断する人々、歩道橋を駆け上がる人々」「無残に破壊された街並、倒壊した家屋の残骸、そこらじゅうに散らばっている店の商品や日用品、子供の玩具等。／その中を捜索をしているレスキュー隊員たち」などと書かれていた。製作中にインターネットで広くエキストラを募った『シン・ゴジラ』では、一般人多数が参加して逃げ惑ったり惨事をスマホで撮影したりといった役を演じ、台本のト書きにある災害現場が具体化された。無名エキストラの大量登場によって、震災時パニックの再現性は高まったのである。

東日本大震災では地震や津波による被災の過程、避難の状況を大勢が撮影し、それらの映像を他地域の国民も浴びるように視聴した。また、震災後しばらくは、ニュースなどで現場の状況再現、様々な体験談などが盛んに報じられた。したがって、『シン・ゴジラ』の画面に映りこんだ名前のない被災者一人ひとりにドラマがあったと想像すること、膨大な被災者それぞれに他とは違う体験があったと思い起こすことは容易なはずだ。映画をみて当時の民間人の立場を想像し思い出したからこそ、『シン・ゴジラ』には民間人が描かれていないという批判も可能になる。

映画という娯楽は興行における観客の回転、観客の耐性の問題があるから、作品を際限なく長時間化するわけにはいかず、モチーフを取捨選択しなければならない。その意味で、巨大不明生物への対応をリアリズムで演出する映画なのだから、国家上層部に焦点を当て、被災民の描写については観客の想像力に期待する。観客の想像を引き出すため、エキストラの大量動員で群衆を俯瞰するなかで、いくつかの被災例を短く点描する。『シン・ゴジラ』のその選択が、間違っていたとは思わない。

民間人が、犠牲者が描かれていないとする『シン・ゴジラ』批判に接して思い出したのは、NHKの連続テレビ小説『あまちゃん』（二〇一三年）に対する美術批評家・椹木野衣の批判だ。宮藤官九郎がシナリオを担当したこのドラマは、岩手県北三陸（ロケ地は久慈市）に移って暮らしていた少女アキがアイドルを目指して上京するものの、東日本大震災の発生を受けて東北に帰るという展開になっていた。不器用な彼女にとって第二の故郷でありユートピア的でもあった北三陸を心配せずにいられなかった。彼女は観光海女や地方アイドルとしてまちおこしの一翼をになってもいたのだ。半年間の放送だったドラマの最後一カ月間が震災以後に当てられたが、その表現は抑制的、婉曲的だったといってよい。

北三陸は津波で甚大な被害を受けたものの、死者は出ない。瓦礫の映ったカットを使うこともわずかにとどめ、街の被災を直接的に描く演出はしなかった。ただ、観光協会にあった街のジオラマが、地震の揺れで壊れることによって被災規模の大きさを示唆した。また、かつてアキが海女をしていた漁業の街であり、原発事故の汚染が問題だったわけだが、それは登場人物の会話で「デモ」、「風評被害」などの言葉が出ることで表現され「放射性物質」のように問題を明示する文言は回避した。それに対し、椹木は次のようなツイートをした。

率直に言うと、あまちゃんの震災直後からの演出には違和感を感じる。別に原発事故を直接、描かないのが駄目とは思わない。でも、まったく触れないというのも同じくらい不自然ではないか。

でも、登場人物の誰かがたった一言「福島のほうじゃいま原発で大変なことになってるらしい」と呟くだけで、全然違うと思うのだ。

しかし、半年間の放送を最初からみていたわけではなく、震災が描かれると知ってその前の回からみたという榿木の発言は、『あまちゃん』が放送された時期、ドラマが東北に対して持っていた意味を理解していない。

震災および原発事故の発生直後は、津波に破壊される三陸の街の風景、放射性物質の拡散データや食品の汚染状況などが、直接的な表現で盛んに報道された。だが、時間が経つにつれ、心的外傷後ストレス障害（PTSD）、フラッシュバックなどに考慮してテレビで津波被害の映像を流すことは次第に控えられるようになったし、実際は安全なのに不安を与える「風評被害」につながる報道は避けるべきだという流れもあった。観光客向けの海女を題材にして話題になった『あまちゃん』は、復興に向かう東北にとって震災後の町おこしの援軍でもあったのだ。ドラマで震災直後の報道ぶりをなぞった表現をすれば、いたずらに「風評被害」を蒸し返すことになる。そうしたことに思い至らないまま自分の正義を振り回す榿木の批判には、あきれるしかなかった。

時間の早送りと巻き戻し

震災から二年後に製作された『あまちゃん』は朝に放送され、昼に再放送があった。どちらも多くのチャンネルでニュースやワイドショーが放送される時間帯である。このため、視聴者は、ドラマ前後の番組で東北の被災地や原発事故のその後がとりあげられる場面に接する機会があった。『あまちゃん』をつまみ食いでみた槙木が「福島のほうじゃいま原発で大変なことになってるらしい」というあの頃の状況を想起したように、視聴者がドラマから震災を思い出すことが容易な演出、周辺環境は用意されていた。街のジオラマが壊れるシーンに接した視聴者は、津波によって家屋が崩され流された当時の映像を、半ば自動的に思い出したはずだ。

アキの恋人の男子高校生が修行していた東京の寿司屋の主人が北三陸を訪れ、ウニ丼を何杯もおかわりしただけでほとんど喋らぬまま帰っていくエピソードもあった。震災後によくいわれた「食べて応援」であり、それは原発事故が引き起こした「風評被害」に抗しようとする無言のメッセージでもあった。『シン・ゴジラ』においても街の大々的な破壊が描かれたが、人間の死体がはっきり映る場面はない。とはいえ、『シン・ゴジラ』も『あまちゃん』も、大災厄の証である決定的なモノを直接映しはしなかったが、震災および原発事故の過酷な現実を作品の受け手に思い出させる演出にはなっていた。だから、二作が暗示にとどめた要素について、なぜ明示しなかったのかと難じる批判には反発を覚えた。ただ、同時にその種の批判がされる動機も理解できる。震災関連報道にすぐ飽きてなにごともなかったかのように日常へと戻った人、原発の事故被害を軽視してさほどの内省や批判もなく推進派であり続けた人は少なからずいた。

被災者、被災地を忘れる傾向は早い段階からあったのであり、それを意識する人には、『シン・ゴジラ』や『あまちゃん』の受け手側の想像力、思い出す力に期待する演出は、生ぬるく感じられただろう。ここには、記憶と忘却の分断がある。

『シン・ゴジラ』と『あまちゃん』には、そのような演出のほかにも共通した要素があった。時間に関するフィクションやレトリックの導入で復興への希望を語ったことだ。

原発事故の廃炉作業は容易でなく、日本にいる私たちは今後長期にわたって放射性廃棄物と共存していかなければならない。『シン・ゴジラ』では体そのものが原発のごとく機能しているゴジラが、最後は東京駅という首都のど真ん中で凍結される。一九八〇年代に反原発運動の旗振り役だった広瀬隆には、安全を強調する推進派への皮肉をこめて『東京に原発を!』(一九八一年)と題した著書があった。それに対し『シン・ゴジラ』は、東京で原発事故が起きたかのごとき状況設定である。そして、とりあえず冷温によって活動停止に持ちこむわけだが、幸いなことにゴジラの新元素の半減期は二十日程度に過ぎず、一ヵ月で半分以下になり、二、三年で影響がなくなることが判明する。そのサーベイデータを確認した巨災対の尾頭課長代理は「これで、都内の除染に光明が見えます。良かった……」と安堵の息をもらす。

ゴジラの封じこめはいつまでも続けなければならないにしても、周辺の汚染は長期化しないという点が映画の最大の嘘だった。放射性物質の影響が現実よりも遥かに早く薄れ消失するという都合のいいファンタジーは、原発処理にかかる時間を早回しにしてとっとと終らせて忘れてしまいたい私たちの願望を反映している。

一方、『あまちゃん』のアキは、かけ出しのアイドルとして、魚の専門家でタレントのさかなクンとともに幼児番組「見つけてこわそう」のレギュラーを務めていた。それは、身近なものを壊すことでものの大切さを教える逆説的な内容であり、壊れたものを映像の逆回転によって元に戻すコーナーが人気だった。震災後、北三陸に帰郷したアキは、かつて自分が中心になって建てたが津波被害でめちゃめちゃになってしまった海女カフェを直そうと地元の仲間に話す。それに対し、北三陸に残っていたアキの親友ユイは、「気持ちは分かるけど、無理。これは現実だから、逆回転は出来ないよ」といわれる。

それでもアキは仲間たちと手作業で現場を片づけ、さかなクンから珍しい魚と水槽も寄贈され、なんとか再建にこぎつける。「完全に元通りじゃねえが、逆回転成功だべ（笑）」とアキは喜ぶ。予算の制約もあってすべてとはいかないにせよ、震災前に戻りたいという願いが、ここでは部分的に実現している。

震災後に多くの国民は、時間が早送りできたら、時間が巻き戻せたらという思いを共有していたはずだが、『シン・ゴジラ』と『あまちゃん』はそのファンタジーを作中で語っていたのだ。

世代を超越するなにか

これら二作にもう一つ共通するのは、時間や世代を超越したなにかが物語を背後から支えていることである。

『あまちゃん』ではヒロインのアキがアイドルになるだけでなく、祖母の夏が若い頃には北三陸の海女のアイドル的存在であり、母の春子にもアイドル志望で上京した過去があった。三代にわたるアイドルという設定なのだ。ただ、春子は別の女優の影武者をやらされ、自身としてはデビューできぬまま芸能活動を終えた。そのせいか、本人はアキを産んで結婚離婚するなど歳を重ねていったものの、アイドル志望だった若い頃の春子が生霊となり、しばしば現在の関係者の前に姿を現す。

宮藤官九郎のシナリオだけあって描きかたはコミカルだが、無念な思いを抱えた生霊がなんらかの納得に至って姿をみせなくなる。そうした展開をドラマに盛りこんだのは、震災からの復興が最後の一カ月間の背景となることと響きあっていた。霊になった人々の無念な思いをいかに鎮めるか。残された人々が抱えたこのテーマに対し、登場人物を死なせない選択をした『あまちゃん』は、生霊の成仏という展開で暗喩的に応答したといえる。

ゴジラ・シリーズの原点である初代『ゴジラ』の場合、水爆実験に被爆した恐竜が目覚め、突然変異で放射能を帯びたらしかった。大戸島には昔から「呉爾羅《ゴジラ》」という怪物の伝説があり、かつては若い娘を生け贄に捧げることで鎮めてきたという。ゴジラはオキシジェン・デストロイヤーによって退治されるが、芹沢博士にその化学兵器の使用を決意させたのは、許嫁のごとき存在だった恵美子の懇願に加え、乙女たちが合唱する「平和への祈り」をテレビで聴いたことだった。この展開における恵美子と乙女たちには、呉爾羅に捧げられた生け贄の娘たちに相当する聖性のニュアンスが付与されている。荒ぶる神と性格づけられたゴジラは、海外向けには「GODZILLA」と表記され、「GOD」を含んだ英語名がつけられた。

『シン・ゴジラ』に関しては、首都圏に出現した巨大不明生物に関し、大戸島を故郷とする故・牧悟郎教授が地元で神の化身を意味する「呉爾羅」から「GODZILLA」と命名していたことがわかり、「ゴジラ」と呼ぶことになる。『シン・ゴジラ』のカヨコ・アン・パタースンは、日本人である祖母が原爆で不幸になったことを明かしたうえで、自分の母国アメリカに再度の核使用をさせたくないと語る。同作にも世代を超えて受け継がれた意識がうかがわれるし、この場面には初代『ゴジラ』での平和を祈る乙女に通じる印象がある。ただ、カヨコは政治家の娘に生まれた大統領志望者であり、巫女的なキャラクターではない。『シン・ゴジラ』では、日米合同チームとの最終対決の末、ゴジラが東京駅で凍結させられる。動きを止めた巨大不明生物のすぐ先には皇居がある。東宝サイドから「大きく言われたのは、近隣諸国の国際情勢については劇中での明言を避けて欲しいという要望と、皇室に関しては一切触れてはならないという厳命の2点です」と庵野総監督は後に明かしている（『ジ・アート・オブ　シン・ゴジラ』）。だが、映画でのゴジラの立ち位置からしてこの巨大不明生物が最後に対峙したのは、皇居ととらえていいだろう。

シリーズで何度も首都を襲ったのになぜ皇居を攻撃しなかったのかは、過去のゴジラ論で繰り返し語られてきた。初代『ゴジラ』が南洋からやって来た点に着目し、この怪獣が太平洋戦争で死んだ日本兵の暗喩であるとする見方も、川本三郎、加藤典洋、笠井潔など多くが論じている。巨大不明生物が東京湾にいきなり現れる『シン・ゴジラ』は、日本兵説に肩入れした設定にはなっていないが、最終決戦とゴジラ凍結の場所が皇居近くであることは意識して作劇されたように思われる。

劇中でゴジラ凍結を目的とした決死の行動は「ヤシオリ作戦」と名づけられる。日本神話では、須佐之《スサノ》男命《オノミコト》が八岐大蛇《ヤマタノオロチ》に八塩折之酒《ヤシオリノサケ》を呑ませ、天羽々斬《アメノハバキリ》という神剣で斬り退治したとしている。『シン・ゴジラ』ではゴジラの体内へ血液凝固剤を投入するコンクリートポンプ車を「アメノハバキリ」と呼び、伝説と重ねあわせ「ヤシオリ作戦」としたのだった。

皇居に住む天皇の長い長い系図は、遡れば須佐之男命もいる神話の領域に入りこむ。そのことを視野に入れれば、東京駅で「ヤシオリ作戦」が成功するのは、神力を帯びた皇居が近くにあることで結界が張られたからだと解釈することも可能だろう。『シン・ゴジラ』の最終地点の選択には、そんな神話を視野に入れた含みも感じられる。

忘却の罪悪感とらえた『君の名は。』

『シン・ゴジラ』は東日本大震災および原発事故の経験をとりこんだ映画として国内では商業的にも成功したが、それを上回るヒットを記録したのが新海誠監督のアニメ映画『君の名は。』(二〇一六年)だった。3・11の災厄を受けとめたうえでどのように希望を見出すか。同様のテーマを共有する二つの映画は、ドラマの構成要素に関しても共通した部分が少なからずみられた。例えば、時間の操作だ。『シン・ゴジラ』は新元素の半減期が短いという形で時間の早送りという救いを結末に盛りこんだが、『君の名は。』の場合は時間の虚構化が物語の全体を覆っている。

東京で暮らす男子高校生・瀧《たき》と山間部の田舎町に住む女子高生の三葉《みつは》は、互いの心が入れ替わる夢をみる。繰り返されたその経験に相当する自分の時間と記憶は脱落しており、ただの夢ではない。だが、唐突に入れ替わりが途絶えてしまったため、瀧は記憶を頼りに三葉に会いに行こうと決める。やがて判明したのは、三葉の住んでいた糸守町《いともりまち》が三年前の隕石落下で多数の死者を出して壊滅し、現在は廃墟となっていること。二人は時間のズレを含みつつ、互いの身体で意識を行き来させていたのだった。瀧は三年前の三葉と再び入れ替わり、糸守町の住民を救おうとする。

紆余曲折の末、歴史は改変されて人々は救われるが、瀧も三葉もそれまでの入れ替わりの記憶を失ってしまう。というか、かつての頻繁な入れ替わりがストップした頃からすでに記憶は曖昧になりはじめていた。

「ずっとなにかを探している」「あの人は誰」「忘れたくない人。忘れたくなかった人」「忘れちゃダメな人」「君の名前は」

これらのセリフが、映画の内容をよくあらわしている。忘れることと思い出すことのせめぎあいが、物語の切なさを作り出す。考えてみれば、隕石落下で一つの街が壊滅すれば大事件だし、かつての風景と廃墟となった風景を比較するような映像がテレビやネットに大々的に流れていたはずだ。それこそ3・11に関する報道のように。だが、入れ替わりによって何度も糸守町を歩く経験をしても、瀧は隕石落下で壊滅したあの街だと気づかない。あらためてその場所を探し、現地を訪れてはじめて壊滅した街だと思い当たる。また、歴史を改変して街を救う大事を主導しても、その記憶を失い、大切な人まで思い出せなくなってしまう。忘れてしまうことへの罪悪感が、映画の核となっている。そのことは、震災から五年後というタイミングで『君の名は。』が大ヒットした要因として無視できないだろう。

『シン・ゴジラ』では津波被害を想起させるようにゴジラ上陸の光景を演出していたのに対し、『君の名は。』でも隕石落下による街の破壊は、地震や津波を連想させる描写になっていた。また、原発事故ではキリンのように縦長の構造を持つコンクリートポンプ車で高い位置から注水し、決死の冷却作業を行った。その場面をアレンジした形で『シン・ゴジラ』の「ヤシオリ作戦」は展開された。ゴジラの凍結は、原発事故に伴う地下の汚染水を凍土遮水壁でくい止める東京電力の対策の応用でもあった。

一方、『君の名は。』では、隕石落下前に街の住民を避難させる理由を作るため、変電所を爆破するのだ。避難を呼びかけても住民がなかなか危機感を共有してくれないという状況設定は、震災での津波被害をなぞっている。その解決策として実行される電気にかかわる場所の爆発は、原発事故というネガティヴな事象を、住民を救うための変電所爆破へとポジティヴな作戦に書き換える妙味がこの場面にはあった。

住民を避難させようとする三葉（心は瀧）の計画に協力して変電所を爆破するのは、同級生の勅使河原《てしがわら》克彦（愛称テッシー）である。彼の父は建設会社社長であり、息子のテッシーは発破の知識があった。テッシーの父は、町長である三葉の父・俊樹と癒着しており、田中角栄に代表される日本的な土建政治が糸守町でも行われてきたことが作中で示唆される。ただ、三葉もテッシーも、父親のやりかたに反発を覚えている。

先に触れたように『シン・ゴジラ』では、巨大不明生物の活動をまだ食い止めたわけでもないのに防災担当大臣が「奴の死骸を利用した復興財源案を考えてみるか」と不謹慎な発言をする場面があった。また、ゴジラ凍結作戦の成功後、内閣官房長官代理が「せっかく崩壊した首都と政府だ。まともに機能する形に作り替える」、「スクラップ・アンド・ビルドで、この国は伸し上がって来た。今度も立ち直れる」と将来への希望を語る。良かれ悪しかれ、この国の政治には土建的発想がしみついている。同映画の前半には、首相官邸がゴジラへの防衛拠点を関東近郊に偏らせたことに関し新人記者が「ここでも、地方は後回しですか」ともらす。都市と地方の格差も日本の土建政治の前提であり、それに対し『シン・ゴジラ』は『東京に原発を！』的着想で大震災および原発事故をあえて首都で再現するごとき物語を展開した。

『シン・ゴジラ』が首都圏の物語だったのとは異なり、『君の名は。』は地方と都市が並行して描かれ、後者による前者忘却への罪悪感が密かな主題となっていた。『君の名は。』については、新海誠監督によるノベライズのほか、映画では脚本協力とクレジットされていた加納新太による小説『君の名は。Another Side:Earthbound』（二〇一六年）も刊行された。新海公認のこの外伝は、章ごとに瀧、テッシー、三葉の妹・四葉《よつは》、三葉の父・俊樹の視点から映画版ストーリーの裏側を語る趣向だ。同書において田舎の建設会社の跡取りであるテッシーのパートの章題は、「スクラップ・アンド・ビルド」となっている。

テッシーは、町長と癒着する父に納得できず、家業を継げば「このままではきっと自分は、平然とした顔で、お代官様に山吹色のお菓子を持って行けるおやじになってしまう」と思う。「だからもういっそ、ぶっこわしてしまいたい」、「町ごと消してしまえば、美しい記憶だけが、いつまでも残るだろうか」などと心が揺れる。そして、町を変えるためには家業を継ぐ必要があるとも考える彼は、三葉たちの前で次のように心情を吐露する。

俺だってこんな町出てってやると思っとるけど、できないんだ。責任とか恩義とかがある。それに、こんな町大嫌いやけども、好きな部分もある。（中略）こんな町、なんて言わんくていいような町に自分がしていくんやとか、そういうことを思っているわけなんやさ。

テッシーは、生まれ育った故郷をスクラップしたい、あるいはビルドしたいと複雑な感情を抱えている。『シン・ゴジラ』では政治家、官僚、マスコミの立場から語られた日本の土建国家としてのありようが、ここでは地方の高校生の立場から語られているのだ。

組紐と「ムスビ」

『君の名は。』は忘却を主題にしているわけだが、忘れられていたのは糸守町を壊滅させた最近の隕石落下だけではない。映画では、二百年前に草履屋の山崎繭五郎の風呂場を火元とする山火事でお宮も古文書もみんな焼けたと、三葉の祖母で宮水《みやみず》神社の神主である一葉《ひとは》が語る。この「繭五郎の大火」によって祭りの形は残っても意味はわからなくなったとされ、街の歴史に記憶の断絶があることが示唆される。小説版では、このモチーフがさらに書きこまれる。糸守町では遠い過去にも隕石落下が起きており、古文書には龍の比喩による伝承も含まれていたが、「繭五郎の大火」で失われたのだった。このへんは、過去の津波被害の記録が残っていながら現代にうまく伝えられなかったという、東日本大震災の悔恨につながる部分である。

そのように歴史的記憶の脱落はあるものの、宮水神社には伝統が残っている。一葉は、宮水家が受け継いできた組紐には糸守千年の歴史が刻まれているという。また、土地の氏神様をムスビと呼び、「糸をつなげることもムスビ」、「人をつなげることもムスビ」、「時間が流れることもムスビ」なのだと孫である三葉と四葉の姉妹に話す。劇中では赤い紐が、三葉と瀧の関係を象徴するものとして重要な意味を持つ。『シン・ゴジラ』や『あまちゃん』にも含まれていた世代を超えるなにかというモチーフは、『君の名は。』では物語の核心であり全体を支えるものになっている。

神主の孫娘である三葉と四葉は、巫女として祭りで舞い、彼女たちが口に一度含んで吐き出した米をもとにした「口噛み酒」を神に奉納する。だが、三葉のクラスメートはその儀式の行為を気持ち悪いと揶揄するし、現代の宮水神社の地域への宗教的影響力は薄い。土建屋を継がなければならないテッシーが悩んでいるのと同様に、神社の伝統に縛られる三葉も居心地の悪い立場だ。また、三葉たちの父・俊樹は元・民俗学者であり、一葉の娘・二葉《ふたば》と結婚して神社の入り婿となったが、妻の死後は神職を捨て糸守町の町長に転身している。妻を救わなかった神を遠ざけたわけで、娘たちとの距離も遠のいている。

瀧は三葉が作った「口噛み酒」を呑むことで、隕石落下間近の時点にいる彼女と再度の入れ替わりをなしとげ、糸守町の住民を避難させる企てが動き出す。そこには、組紐や「口噛み酒」に象徴される宮水家の女たちの不思議な力があらわれている。小野俊太郎は『新ゴジラ論　初代ゴジラから『シン・ゴジラ』へ』（二〇一七年）において、『シン・ゴジラ』の「ヤシオリ作戦」の命名の由来が八岐大蛇に酒を呑ませて退治した神話であることと、『君の名は。』で「口噛み酒」が物語の重要な鍵になることの親近性を指摘していた。

先に述べた通り、『シン・ゴジラ』では皇居に近い場所で「ヤシオリ作戦」が決行されたが、『君の名は。』の宮水神社も共同体を守護する神性という意味では、天皇家の地方縮小版のような役割である。政治の劇だった『シン・ゴジラ』に比べ、『君の名は。』では組紐と「口噛み酒」に彩られた宗教性が前面に出ている。だが、地域からの敬意が薄れた神社の宗教性だけでは住民を動かせない。三葉の訴えを認めた父の俊樹が町長として政治力を行使することで、ようやく住民を避難させることができる。

はじめは三葉の主張をはねのけた俊樹が最終的に受け入れたのは、宮水家の女のシャーマン性を知っていたからだろう。映画では俊樹のキャラクター描写が少なく、わかりにくさもあった。それを補完するのが、小説『君の名は。Another Side:Earthbound』だ。同書には「神への信仰を中心とした共同体」を信頼できなくなった彼が、「もっと近代的な構造を中心軸にして回るようにするべきだ」と思うに至るまでの経緯が語られていた。まだ民俗学者だった俊樹は、生前の妻・二葉にこんなことを話してもいた。

「機織り、組紐を、《人々の意思がネットワークを形成して協力する姿》の表現だとみるわけですか」

そして彼は、隕石落下の予言を携えてやってきた娘・三葉と「ネットワークを形成して協力する」ことを選んだのだった。『シン・ゴジラ』が個人の英雄ではなく、巨災対、政治家、官僚などのチーム・プレイを描いたように、『君の名は。』も瀧、三葉、俊樹の誰が欠けても実現しなかった避難劇なのだ。3・11を題材にして成功した二つの映画は、東日本大震災直後の困難を耐え、乗り越えるためのフレーズとしてこの国で多用された「絆」が、事前にどのように実現していれば災厄に対抗できたのか。そのことを夢想した物語だった。特に、『君の名は。』に何度も出てくる組紐、「ムスビ」という言葉は、直接的に「絆」を連想させる。

一時期はうるさいくらい繰り返し叫ばれ、本来は動物をつなぎとめる縄の意味であり同調圧力だとも批判された「絆」の一語が、年を追うにつれ忘れられていく。それに対し、『君の名は。』では、地方の少女と都会の少年という物理的距離の遠い二人が、大勢死亡した災害を忘れてしまうほどの時間的隔たりがありつつも同調する。しかも、作中に組紐のイメージと「ムスビ」の言葉を多数ちりばめながら。それは、自分周辺の同調で満足し、他の地方との分断、過去との分断で大きな「絆」を意識しなくなった今の人々のうしろめたさを打ち、慰めるような映画だった。

二　壁による隔離と合唱の連帯感

怒りとともにふり返ってはいけない

二〇一七年五月二十二日、イギリスのマンチェスター・アリーナでアリアナ・グランデのコンサート終了後に二十二人が死亡、五十九人が負傷する爆発事件が起きた。この自爆テロに関しては、イスラム過激派組織ＩＳが犯行声明を出した。事件の翌日、犠牲者を悼む地元の人々が、オアシスの人気曲「ドント・ルック・バック・イン・アンガー」を自然発生的に合唱したことは、ＳＮＳなどで話題になった。曲名は「怒りとともにふり返ってはいけない」という意味である。

同年六月四日にはマンチェスター市内のオールド・トラッフォード・クリケット・グラウンドで、アリアナ・グランデをはじめ、ファレル・ウィリアムス、ジャスティン・ビーバー、ケイティ・ペリーなど人気アーティストが出演してチャリティ公演「ワン・ラヴ・マンチェスター」が開催された。ハイライトとなったのは、アリアナとコールドプレイが観客と合唱した「ドント・ルック・バック・イン・アンガー」と、元オアシスのリアム・ギャラガーとクリス・マーティンが共演した「リヴ・フォーエヴァー」だった。

テロ事件をきっかけとして「ドント・ルック・バック・イン・アンガー」は、特別なニュアンスとともに再注目された。イギリスの人気バンドだったオアシスが事件のあったマンチェスター出身のギャラガー兄弟によって結成されたこと、怒りを否定した詞の内容が怒りの行為であるテロへの抗議にふさわしかったこと、大勢で一緒に歌えるよく知られたヒット曲だったことなど、理由はいくつかあげられる。

その後、「ワン・ラヴ・マンチェスター」に兄ノエル・ギャラガーが出演しなかったことを弟リアム・

ギャラガーが批判したし、喧嘩別れで二〇〇九年にオアシスを事実上解散した二人の関係はギクシャクしたままだった。このあたりは、東日本大震災後に氷室京介がかつて在籍したBOØWY時代の曲ばかり歌うチャリティ・ライヴを行う一方、同バンドで盟友だった布袋寅泰が吉川晃司とのユニット、COMPLEXで氷室とは別にチャリティ・ライヴを催したことを思い出させもした。一時的にでもBOØWYを再結成すればいいようなものだが、連帯や絆といったものが求められる特別な状況になっても、元に戻らない関係というものがあるのが現実だ。だが、オリジナルを作り、演奏し歌った本人たちの思惑を超えて、曲自体が力を持つことはある。

オアシスとしては、兄ノエルのリード・ヴォーカル曲として初のシングルだった「ドント・ルック・バック・イン・アンガー」を、バンドのリード・ヴォーカリストだった弟リアムは二〇一七年六月のグラストンベリー・フェス出演においてアカペラで歌った。また、ノエルのほうもU2の同年七月公演で「ドント・ルック・バック・イン・アンガー」を共演の形で披露した。その時期、大勢の人々がこの曲を聴き、ともに歌いたいと思っていたから、兄弟もそれに応えようとしたのだろう。

オアシスは、社会的、政治的な主張を打ち出すバンドではなかった。彼らは基本的に、グッド・メロディを大音量で演奏する荒くれ者だ。この曲に関しても、怒ることを戒めるフレーズがメインになってはいるものの、なにかの主義を掲げたものではない。ただ、「ベッドから革命をスタートするんだ」という一節がある通り、かつてビートルズのメンバーだったジョン・レノンに触発されて書かれた面がある。一九六九年にレノンが、妻のオノ・ヨーコとともにベッドのなかから世界へ「ラヴ&ピース」を訴える奇妙な反戦運動をしたのは、よく知られた話である。その時代は、アメリカとソ連という二大国の対立のあらわれであるベトナム戦争が、国際的な問題になっていた。

また、レノンの代表曲「イマジン」（一九七一年）は、国家、宗教、所有のない平和な世界を想像してごらんと歌っていた。国家や宗教が人を分断し、相手を迫害する原因になるとの認識が、彼にはあったのだ。「ドント・ルック・バック・イン・アンガー」のピアノのイントロは、その「イマジン」のイントロを意識したものになっている。

アリアナ・グランデはテロ事件後、虹の彼方のどこかに夢のかなう国があると歌う「サムホエア・オーヴァー・ザ・レインボー」（マンチェスターのライヴで収録）のカヴァーをチャリティ・シングルとしてリリースしたが、レノンが一九七〇年代に「イマジン」で描いたのもこの世界にはないユートピアだった。そして、マンチェスターでのテロ事件直後、怒りの連鎖がないユートピアを人々が望んだ時、真っ先に思い浮かぶ歌が、レノンの影響下で書かれた「ドント・ルック・バック・イン・アンガー」だったというわけだ。

レディオヘッドとクイーン

一九九四年にオアシスでデビューしたギャラガー兄弟にマンチェスターへの郷土愛は感じられても、社会派のイメージはない。一方、彼らとは異なり一九九二年にレディオヘッドでデビューしたトム・ヨークは、チベットの独立運動への賛同などで社会派的な側面をみせてきた。民主主義や自由を擁護する立場を示してきたわけで、それだけにレディオヘッドが二〇一七年七月にイスラエル公演を実施したことは、波紋を呼んだ。音楽業界では、パレスチナ人にアパルトヘイト（人種隔離政策）を行っているとして、イスラエルへの文化的ボイコットが広がっていたからだ。公演発表時にはその再考を求めた公開書簡にロジャー・ウォーターズが署名するなど、音楽業界でレディオヘッドへの批判の声が高まった。

ウォーターズはかつて在籍したピンク・フロイドで主導的な立場にあり、人間は社会システムという壁を構成するレンガの一個だという『ザ・ウォール』の制作でも中心となった。米ソ冷戦下の一九七九年に同作が発表された時には、壁と社会といえばベルリンの壁が真っ先に連想された。世界の東西分断の象徴だったその壁は冷戦の終結で一九八九年十一月に崩壊し、フロイドを脱退していたウォーターズは翌年、ベルリンでコンサートを催した。それは『ザ・ウォール』ツアーで行ったのと同じく、アルバムの全曲演奏中にステージ上で壁を積み上げていき、最後に崩してみせる大がかりな内容だった。

ベルリンの壁が崩壊した後も、世界各地に民族を分断したり隔離したりするための壁は存在している。イスラエル政府が占領地のヨルダン川西岸地区に二〇〇二年から建設した壁もその一つだ。イスラエルは自爆テロを防ぐ「セキュリティー・フェンス」などと呼んでいるが、国際司法裁判所は二〇〇四年にこの分離壁はパレスチナの自治権を否定し、不当に差別する違法なものだとして、解体と賠償金支払いを勧告した。

しかし、壁は今も建っており監視と検問所による人種隔離政策が続いている。街なかなど世界各地でゲリラ的に作品を残すことで知られる覆面芸術家バンクシーの知名度が上昇したのも、二〇〇五年と二〇〇七年にこの分離壁に絵を描いてからだ。風船で空を飛ぶ少女、壁を越えられるように立てかけられた長いはしご、開いた穴からビーチが見えるなど、向こう側へ行くことへの希求をこめた絵を彼は壁に描いた。作品集『Wall and Piece』（二〇〇六年）でバンクシーは「現在のパレスチナは、世界最大の野外刑務所であり、グラフィティ・アーティストにとって究極の活動ができる保養地である」とコメントしている。

『ザ・ウォール』のコンセプトを生みだしたウォーターズも当然のごとく、パレスチナを擁護する立場だ。同作の比喩にひきつけて書くならば、イスラエル国民や同国を支持する人々がレンガとなって壁を作っている。また、イスラエル建国に至るまでの迫害されてきたユダヤ人の歴史に基づく時代を超えた絆が、硬い芯棒となってレンガ同士を連結させ、壁を強めているのだろう。その壁が、パレスチナ人を抑圧する。

ウォーターズなどにイスラエル公演を批判されたレディオヘッドのヴォーカル、トム・ヨークは、ギターのジョニー・グリーンウッドの妻がアラブ系イスラエル人であることに触れつつ、文化に関する禁止には同意できないと反論した。また、「ある国でライヴをするからといってもその政府を認めたわけではない。トランプに不支持でもアメリカでライヴはする。音楽、芸術、学術は国境を越える。人道、対話、表現の自由を共有するためのものだ」などとツイッターで見解を述べた。

だが、それを受けてウォーターズは、レディオヘッドは結果的に現地政府を支援することになった、占領下ではないアメリカとイスラエルでは事情が違うといった趣旨の反論をしたのである。

この騒動は、一九八〇年代の出来事を思い出させる。白人優位で黒人に対するアパルトヘイトを行っていた南アフリカに対し、音楽業界は文化的ボイコットに傾いていた。そうした状況で、クイーンが一九八四年十月に南アフリカ公演を実施し、大批判を浴びた。バンド側は公演を行ったことについて、人種差別に加担する意図はなく、現地ミュージシャンとも交流したなどと釈明していた。文化は国境を越えるはずだという理屈である。

イギリスが生んだこの人気バンドを題材にした映画『ボヘミアン・ラプソディ』（二〇一八年）でも語られた通り、ヴォーカルのフレディ・マーキュリーは、パールシー（ゾロアスター教徒のペルシャ系インド人）の家に生まれた。イギリスでは移民として差別される側であり、ゲイでもあった。そのような立場でありながら南アフリカ行きを決めたのだから、彼なりの考えがあったのかもしれない。

若い頃のトム・ヨークはクイーンのブライアン・メイのプレイに憧れてギターを手にしたそうだが、「イマジン」的な国境のないユートピアを実践するかのごとく、物議をかもす公演に踏み切った点が両バンドには共通している。

一九八五年年十月には、ボノ、ボブ・ディラン、ブルース・スプリングスティーン、ルー・リード、マイルス・デイヴィスなど多数が集結し、アパルトヘイトに反対するアーティストたち（Artists United Against Apartheid）と名乗って「サン・シティ」という曲を発表した。「自分たちはサン・シティ（南アフリカのリゾート）では演奏しないぞ」と連呼するプロテスト・ソングである。大半のアーティストは、音楽に国境はないという理想よりも、文化的ボイコットの方が現実の問題を踏まえた道徳的判断だと考えていたのである。

クイーンはその後、フレディ・マーキュリーの死後ではあるがアパルトヘイト撤廃後の南アフリカでしばしば演奏し、人種差別反対の姿勢をアピールしている。過去の出来事への落とし前をつけるという意識があったのだろう。イスラエル公演を決行したレディオヘッドも、今後の活動で自分たちの姿勢を示していくしかない。

そして、ＩＳが犯行声明を発表したマンチェスターのテロとイスラエルの対パレスチナ政策をめぐる問題は、中東情勢が関連する点で無縁ではない。このため、相前後して話題になった、テロを契機とした「ドント・ルック・バック・イン・アンガー」への再注目とイスラエル公演に伴うレディオヘッドへの批判は、なにやら背中あわせの出来事に感じられたのだ。

一体感自体がメッセージ

二〇〇五年七月七日、ロンドンで地下鉄やバスなどが爆破される同時多発テロがあった。翌日に予定されていたクイーン＋ポール・ロジャースのハイド・パーク公演は一週間後に延期されて実施され、彼らはそこで「イマジン」をカヴァーした。

クイーン自身も、反戦や銃規制などをテーマにしたメッセージ・ソングはいくつか作っていた。だが、フレディ・マーキュリーのあのキャラクターに象徴される通り、彼らは本質的にエンタテインメントのバンドである。だからこそクイーンは、バッシングされた南アフリカ公演の一件から間もない一九八五年七月十三日に開かれたライヴ・エイドで喝采を浴びた。それは、アフリカの飢餓難民救済を目的として、人気アーティストが多数出演した大型チャリティだった。イギリスとアメリカにメイン会場が設けられ、各国で衛星生中継もされたイヴェントは、社会的な目的を掲げていたわけである。その場の限られた持ち時間でクイーンはヒット曲を矢継ぎ早に披露し、フレディは大観衆に手拍子させ、合唱させた。彼らの評判が特によかったのは、会場の一体感が最も高まった瞬間だったからだろう。

そして、フレディが亡くなりクイーンから去った後、イギリスで最も観客に大合唱させることのできたバンドといえば、ギャラガー兄弟のオアシスなのである。このことは、ライヴの音源や映像の数々が証明している。

オアシス解散後も彼らの曲は独り歩きして、マンチェスターのテロ事件を契機に再注目されることになった。たとえ言葉として明確なメッセージが語られていなくても、グッド・メロディが存在し、大勢が声をあわせて歌い一体感が高まれば、連帯感を得ていること自体が意味やメッセージとなる。そんな場面がある。「怒りとともにふり返ってはいけない」というフレーズを含んでいるからこそ、テロ事件後に歌われた「ドント・ルック・バック・イン・アンガー」ではあるけれど、詞の意味以上にみんなで声をあわせて歌える曲であることが、人々に癒しや勇気を与えたのだ。

このことは、初代『ゴジラ』や『シン・ゴジラ』が祈りの合唱を必要としたことや、３・11後の日本の音楽事情とも通底している。

三　同調の光と影

3・11後の音楽

浮かれ騒ぐのは憚られる春だった。

二〇一一年三月十一日に東日本大震災が発生してから数日間、テレビは報道一色になった。ヴァラエティや歌ばかりでなく、ＣＭも流れない。似た状況は、一九九五年一月十七日の阪神・淡路大震災の直後にもあった。だが、その災害が局地的であったのに対し、東日本大震災は呼び名の通り広域に災厄をもたらし、強い余震が頻発する状況がしばらく続いた。コンサートやイヴェントの中止や延期が相次いだ。死者、負傷者の数は膨大で行方不明者の捜索は続き、被害の全貌が明らかになっていない段階である。花見まで自粛する動きがみられた。歌舞音曲を不謹慎とする空気が、この国に広まったのである。

かつて、昭和天皇が約四カ月の闘病の末に崩御した際にも様々な自粛がみられ、国民は喪に服すべきという雰囲気になった。だが、東日本大震災で生じた自粛ムードには、犠牲者の喪に服すだけではない事情があった。東京電力福島第一原子力発電所が深刻な事故を起こし、東北から関東にかけて放射性物質を飛散させたのに加え、電力事情を不安定化させたことが大きい。首都圏のエネルギー供給源でもあった福島原発の機能が失われ、電力不足に陥った。このため三月中は、地域ごとに輪番で電力供給を休止する計画停電が行われ、各方面で様々な節電対策が実施された。電気を無駄に使ってはいけない状況も、歌舞音曲へのプレッシャーになったのである。

震災後に休園していた東京ディズニーランドが四月十五日から再開するなど、エンタテインメントやレジャーの営業や催しは、やがて少しずつ息を吹き返していった。ただ、その回復の初期には不謹慎だとする声もあったし、催す側が被災地への応援やチャリティを掲げ、自家発電設備を用意するなど電力事情への配慮を表明するケースが多かった。

何度も現地でミニライヴを行ったＡＫＢ48など、多くの芸能人が東北の被災地に慰問や炊き出しなどで訪れた。また、サザンオールスターズや福山雅治、Perfumeなどアミューズ所属アーティストがチーム・アミューズ!!としてリリースした「Let's try again」、福島出身バンドマンたちが結成した猪苗代湖ズの「I love you & I need you ふくしま」、ＥＸＩＬＥ「Rising Sun」など多くのチャリティ・ソングが作られ、ＳＭＡＰ『SMAP AID』やDREAMS COME TRUE『THE SOUL FOR THE PEOPLE ～東日本大震災支援ベストアルバム～』などチャリティ企画のベストも出された。

危機的状況に陥った日本で、自分もなにかしなければならないと思ったミュージシャンは多かっただろう。同時に、被災地への応援という理由づけを掲げなければ、彼らの本分である音楽を鳴らしにくい雰囲気でもあったのだ。復興応援を掲げることが、萎縮を強いられていた歌舞音曲の復興にもつながった。

先に触れた通り、音楽の自粛状況は、原発事故に起因する電力不足が一因となっていた。事前の安全対策が不十分であり、事故後の対応も不手際や隠蔽体質がみられた東京電力や政治への怒りが、国民の間で広まった。そして、過去の原発推進政策を反省し批判する機運が盛り上がり、首相官邸前で反原発デモが何度も実施されるようになる。

当時は、斉藤和義が既発売シングル「ずっと好きだった」の歌詞を痛烈な原発批判に替えた「ずっとウソだった」の動画をユーチューブに投稿して話題になった。また、制服向上委員会「ダッ！ダッ！脱・原発の歌」、ＥＣＤ「Recording Report 反原発REMIX」など、ほかにも反原発ソング発表の動きはみられたし、故・忌野清志郎が在籍したＲＣサクセションが一九八八年発表の『カバーズ』で反原発を歌っていたことが再評価された。一九八六年に旧ソ連のチェルノブイリで原発事故が発生した後、反核がブームとなり、プロテスト・ソングが相次いで作られたことが思い出されたのである。

欧米では、戦争、人種差別、環境破壊などに否を唱えるプロテスト・ソングが、ポップ・ミュージックのレベルで歌われることは珍しくない。一方、日本では被災地支援のような応援メッセージはともかく、政治や社会システムを批判する歌は、忌避されがちだ。多数を集めた反原発デモがやがて退潮に転じたように、３・11後にプロテスト・ソングが日本で大きな潮流になることもなかった。

ただ、ＤＪが音楽を流しながらメッセージを訴えるサウンドデモは、二〇〇三年のイラク戦争反対運動の頃から日本でも行われていたが、３・11後にそのスタイルがあらためて注目された面はある。労組主導で集団行進しシュプレヒコールを繰り返す旧来型デモとは違う、楽しさを打ち出したデモが、運動の形として普及した。二〇一五年に安倍晋三政権が進める安保政策への反対運動を牽引して話題を呼んだ学生団体SEALDs《シールズ》（自由と民主主義のための学生緊急行動）は、官邸前抗議という点で3・11後の反原発デモを継承したところがあったが、彼らは自らの主張をラップ調で発した。一九六〇年代には反戦を歌うフォークゲリラが存在したが、社会運動の現場の音楽的要素にも変遷があるわけだ。

ヒロシマからフクシマへ

原発事故と音楽に関しては坂本龍一の呼びかけにより、二〇一二年から脱原発をテーマにした音楽フェス「NO NUKES」が催されている。同年七月十六日に代々木公園で催された「さようなら原発10万人集会」で檀上に立った坂本が「たかが電気のために命を危険に晒してはいけない」と発言したことには、賛否両論があった。彼は、一九八〇年代にYMO《イエロー・マジック・オーケストラ》で活躍したことが知られている。YMOは日本のテクノ・ミュージックの開拓者であり、シンセサイザーを導入し、コンピュータのプログラミングを多用した音楽は、いわば電気を過剰に使ったものだった。そういう人物が「たかが電気」といい放ったことに反発し、ならば電気を使うなと揶揄する声もあった。

ただ、電気について日本では、東京電力をはじめ各電力会社が、地域独占の形態で供給することが長く続いてきたわけだ。3・11後は、再生可能エネルギーの割合を増やす、電気供給の選択肢を増やすといった政策がようやく現実的課題として扱われるようになった。だが、従来は原子力推進が強固な国是となっていたし、電気政策の枠組そのものが限定されていた。また、私たちは大量に電気を消費する社会で育ち、電気のない生活は送れなくなっている。脱原発を考えるにしても、電気のなかで考えるしかない。そんな社会において、あらためて電気について考える脱原発の音楽フェスを立ち上げたのが、電気を過剰に使う音楽を得意にした坂本龍一だったことは、皮肉であり象徴的でもある構図だった。そして、一回目の「NO NUKES 2012」には、クラフトワークが出演していた。

クラフトワークはYMOに影響を与えたドイツのテクノ・ユニットであり、「アウトバーン」で高速道路、「ヨーロッパ特急」で鉄道を題材としたほか、「ロボット」、「コンピューター・ワールド」を歌うなど、科学や文明をテーマにしている。彼らの音楽は、基本的に科学や文明を礼賛も批判もせず、ただ描写するのに近いものだ。一九七五年発表の「放射能」という曲もあった。原題が「RADIO-ACTIVITY」と表記され「ラジオ活動」とのダブル・ミーニングだったこの曲も、オリジナルの詞は「放射能」が空気中に存在すること、キュリー夫人が発見したことなどを淡々と語るだけだった。

しかし、チェルノブイリ原発事故後の一九九一年に発表された「放射能」新ヴァージョン（『ザ・ミックス』に収録）では、チェルノブイリ、ハリスバーグ（一九七九年にスリーマイル島原発事故が起きた地域。アメリカ）、セラフィールド（一九五七年に原子炉火災があった核燃料再処理工場。イギリス）、ヒロシマと、それによる汚染があった場所の名前を並べ、「RADIOACTIVITY」（ライヴ会場のスクリーンでは「-」なしの綴りで映写される）というフレーズの前に「STOP」を挿入するようになり、反核メッセージを明確にした。以後のライヴでは、新ヴァージョンを演奏している。

加えて「NO NUKES 2012」では曲中のヒロシマのところどころがフクシマに置き換えられ、「いますぐやめろ」などと日本語が織り交ぜられた。その時から日本公演では、このアレンジで演奏されている。「放射能」改変には、福島が海外からどうとらえられていたかがうかがわれる。目前で同曲が歌われ、背後のスクリーンに「フクシマ」のカタカナが映し出されると、この国の人々は歓声、ため息、どよめきが混じった反応を示す。

日本国内でも、核被害として福島の事故を一九四五年の広島への原爆投下と結びつける思考はみられた。そうしたなかで時の人になったのが、佐村河内守である。

広島出身の佐村河内は、被爆二世で聴覚に障碍がありながら「交響曲第1番《HIROSHIMA》」を生み出した作曲家として、マスコミに登場した。彼は以前から少し話題になっていたが、ある種のスターと化したのは、3・11後の二〇一一年七月に「《HIROSHIMA》」がCD化され、テレビ番組に多くとり上げられてからだろう。東日本大震災の被災者のためにピアノ曲を制作したなどの美談が盛んに伝えられた。だが、二〇一四年に新垣隆が「《HIROSHIMA》」など佐村河内名義の曲のゴーストライターだったことが発覚し、騒動になった。

広島の原爆から、福島原発事故を起こした東日本大震災へという戦後史への意識が、一時期の佐村河内人気を下支えしていたのは確かだろう。広範囲に甚大な被害が発生した東日本大震災を第二の敗戦に喩える論調もあった。ゴーストライター問題による佐村河内人気の凋落と前後して、二〇一四年が生誕百年だった伊福部昭（二〇〇六年死去）の再評価機運が高まり、各種関連書籍が出版され、演奏会が開かれた。伊福部は、水爆実験によって目覚めた怪獣ゴジラの映画シリーズの音楽を担当したことで知られる作曲家である。

第二の敗戦に喩えられた東日本大震災の二〇一一年から戦後七十周年の節目にあたる二〇一五年へ。戦後史のパースペクティヴが、この時期の日本の文化状況に影を落とし続けていた。

「上を向いて歩こう」の回帰

戦後史の追想は、核をめぐってばかり行われたわけではない。被災地支援の面でも、戦後をたどり直す感覚が散見された。既述のように3・11後にはたくさんのチャリティ・ソング、応援ソングが流れたが、話題になったものの一つにサントリーのテレビCMがある。「上を向いて歩こう」、「見上げてごらん夜の星を」の二曲を多くの芸能人たちが歌いつなぐ光景を、サントリーは震災復興支援CMとして商品宣伝なしに放送したのだ。

悲しみをこらえ前に進もうと空に希望を託す。そのような歌として二曲は選ばれたわけだが、いずれも坂本九のヒット曲であり、「上を向いて歩こう」は一九六一年、「見上げてごらん夜の星を」は一九六三年に発表されている。一九六四年の一度目の東京オリンピック開催が近づいていた頃の日本の心性を象徴する楽曲だ。東日本大震災から復興しようとする日本と、敗戦から高度経済成長期を経て立派に立ち直った過去の日本を重ねあわせようとしたCMだったといえる。3・11後の日本は、ヒロシマからフクシマに至ったマイナスの戦後史を、高度成長のプラスの戦後史で上書きしたかったのかもしれない。

似た図式は、過去にもみられた。一九八〇年代後半のバブル景気が一九九〇年代初頭に崩壊してから、長期にわたって経済は低迷し萎縮していった。経済敗戦と評する人もいた状況である。これに対し、昭和三十年代の風景を再現した商業施設や物語が好まれるようになるなど、高度成長期の過去を懐かしみ美化する傾向が高まる。その一つが、二〇〇〇年に日本コカコーラの缶コーヒー「ジョージア」のCMで「明日があるさ」のカヴァーが使われたことだった。

同曲もまた、オリジナルは坂本九が一九六三年に発表していた。二〇〇〇年以降の「明日があるさ」リヴァイヴァル・ブームでは、ウルフルズがカヴァーをヒットさせたほか、働く人々に扮し同CMに出演したダウンタウンなどの吉本芸人たちがRe:Japanを結成し、同曲を発売した。両グループは、二〇〇一年のNHK紅白歌合戦で一緒に「明日があるさ」を歌っている。CMはシリーズ化され、一本は昭和の働く人々をふり返る内容だった。

3・11後のサントリーCMと「ジョージア」CMには、ほかにも共通点がある。「ジョージア」CMには、浜田雅功や藤井隆のように自分のヒット曲を持つ芸人もいたが、音痴で知られる山田花子など歌の素人が揃っていた。これに対し、サントリーCMでも、矢沢永吉、松田聖子、和田アキ子などのプロ歌手だけでなく、大滝秀治、小栗旬、石原さとみ、光浦靖子など、俳優や芸人などが多く参加していた。歌唱力がある人ばかりではない。

「がんばろう日本」のフレーズが何度も叫ばれるとともに、「絆」の大切さが唱えられた時期である。節電が国民の義務となり、プロが商業的に電気を消費して歌うことに引け目を感じさせる空気があった。素人も含め「みんな」が同調して一緒に歌い「絆」を確認することが、芸能に求められた。そうすれば、歌舞音曲も許されるということでもあった。

二〇一一年三月二十七日にはフジテレビ系列が、被災地支援をテーマにした特別音楽番組を「上を向いて歩こう　うたでひとつになろう日本」の題で放送した。「上を向いて歩こう」を坂本冬美が冒頭で歌っただけでなく、最後に出演者が揃って合唱してもいる。また、同年末の紅白歌合戦では、松田聖子が同曲を娘の神田沙也加と一緒に歌う形がとられた。これも「絆」を強調する演出である。

「上を向いて歩こう」は国内でヒットしただけでなく、「SUKIYAKI」のタイトルで全米チャート一位になったことで知られる。これは日本の曲で唯一の例であり、RCサクセションをはじめ、国内外の多くのアーティストがカヴァーしている。一九八五年に日航機墜落事故で死去した後も坂本九の曲が歌い継がれてきたのは、「SUKIYAKI」全米一位の実績が大きい。カヴァーする際には自分流にどう歌いこなすかが、プロの腕の見せどころとなる。

一方、一九六二年に同曲をモチーフにした映画『上を向いて歩こう』が製作されており、ラストは主人公の坂本九が、高橋英樹、吉永小百合、浜田光夫などほかの若い出演者たちとともに合唱するシーンになっていた。その合間に、一般の人々が働き、遊び、スポーツに興じる映像が挿入される。坂本九個人の歌ではなく、人々が共有する歌として流れるのだ。今みると映画の編集は、後の「ジョージア」CMやサントリーCMのルーツであるかのような、連帯感を打ち出している。いいかえれば、高度成長、不況脱却、災害復興といった国家的目標に人々が気持ちよく動員され、参加するための歌である。

強い「絆」からゆるいつながりへ

考えてみれば、チーム・アミューズ!!「Let's try again」のミュージック・ヴィデオにはミュージシャンばかりでなく、吉高由里子、仲里依紗など俳優、タレントも出演していた。NHKが震災復興支援プロジェクトのテーマソングとして繰り返し放送した「花は咲く」は、作詞の岩井俊二、作曲の菅野よう子をはじめ、歌唱でも東北出身者や同地方にゆかりのある人々が参加した。そこでも、歌手、タレント、俳優、スポーツ選手、芸人などが混在していた。松任谷由実が被災地支援のために自作曲「春よ、来い」をリメイクした「(みんなの) 春よ、来い」プロジェクトでも、タイトルのフレーズを歌う動画を一般募集し、組みあわせて大勢の合唱に編集していた。

一連の被災地応援ソングで歌の素人を参加させることが相次いだのは、広い「絆」をみせるためだっただろうし、あの頃の日本が共同体の歌舞音曲を必要としたからだ。東北の被災地に関しては、震災後に中止になっていた地元の祭り、神楽、舞いなどが、復興の過程で復活したというニュースがしばしば報じられた。また、かつて常磐ハワイアンセンターと呼ばれ、炭鉱閉山後の地域の核となったスパリゾートハワイアンズのフラガールたちが、震災で施設が使用不能だった期間に復興にむけて、全国キャラバンを行ったことも知られている。コミュニティを象徴する歌舞音曲をとり戻すことは、3・11後の文化面の課題のひとつだった。そして、一連の被災地応援ソングが歌の素人を多く動員し、広く包摂的な態度をみせたのは、傷ついた日本全体をつなぎあわせたい欲求のあらわれでもあったはず。歌舞音曲を通して「みんな」が同調する「絆」のユートピアが夢見られていた。

この共同性への希求は、音楽が通常モードへと軟着陸するためには、プラスに働いた。ふり返ってみれば、東日本大震災以前から、日本の音楽は共同性への指向が強まっていたからだ。CDの売上げは一九九八年にピークを迎えて以降、減少し続けた。そのように音楽のパッケージ・メディアを個人が購入することが減る一方、フェスの隆盛に示されるように音楽業界はライヴ市場へと重点を移した。また、好きな曲を踊ったり歌ったり作ったりした動画を誰もがアクセスできるインターネットに投稿し、SNSでお気に入りのアイドルなどについて語りあうことも広まった。ライヴでもネットでも、場を共有して同調する楽しさが近年の音楽を支えてきたのだ。

この種のつながりの感覚が、3・11後には被災地応援ソングに典型的な「絆」の確認・演出へと移行した。それも時間が経過するにつれ、強い「絆」のイメージから通常モードのつながりへと徐々にゆるんでいく。本章第一節では、二〇一三年に放送された『あまちゃん』に触れた。地方のアイドルだった少女たちが集められ新グループが結成されるこのドラマが放送されたのと同じ年に、AKB48は「恋するフォーチュンクッキー」を発表している。同シングルはただ売れただけでなく、曲の振付を集団で踊った動画をネットに投稿することが流行し、大きな話題になった。ディスコ調でありながらテンポ抑えめな曲調は、老若男女が踊れるものであり、自治体が地元PRに使うケースがよくみられた。まちおこしのためのダンスに地元民が動員された点で「恋チュン」動画投稿は、強い「絆」とゆるいつながりの中間にあるものだったといえる。

『想像ラジオ』の静かな同調

「みんな」が同調して一緒に歌い「絆」を確認する芸能が是とされた時期に、それとは違う同調のありかたを模索したのが、いとうせいこうが十六年ぶりに執筆した新作小説『想像ラジオ』(二〇一三年)だった。DJアークと称する人物が、「想像ラジオ」と題した番組のオンエアを始める。だが、その放送は、他のラジオ局のように電波やインターネットで声を届けるものではない。AMでもFMでもなく、「あなたの想像力の中」でだけ聴こえるものだった。だから、DJアークの挨拶は朝昼夜の区別を問わないものになる。

こんばんは。
あるいはおはよう。
もしくはこんにちは。
想像ラジオです。

小説が進むにつれて「想像ラジオ」のリスナーもＤＪアークも東日本大震災の犠牲になった死者であることがわかってくる。ＤＪアークは軽妙なおしゃべりを展開しながら、リスナーからのお便りを紹介し、国内外の曲をかける。作中で最初に流れるザ・モンキーズ「デイドリーム・ビリーバー」は、直訳すれば白昼夢を信じる人。また、ブームタウン・ラッツ「哀愁のマンデイ」の原題は「I Don't Like Mondays」。同曲は、週が明けてまた学校に行かなければならない月曜日が嫌で銃を乱射した少女の実話から着想して書かれた歌だ。それに対し、東日本大震災の発生は金曜日であり、死者たちに週明けの生活はなかった。このようにＤＪアークの流す曲は、被災との関連性をどこかに感じさせるものになっている。

いとうせいこうは文筆家であるだけでなくタレント活動もしており、アメリカで生まれたヒップホップをこの国へ輸入し日本語ラップの成立にとり組んだパイオニアの一人だったことも知られている。ＳＥＡＬＤｓのように日本の社会運動の場でラップの表現が用いられるようになったのも、一九八〇年代後半のいとうらの活動の延長線上にあるととらえることができるだろう。だが、『想像ラジオ』におけるＤＪとは、ラッパーがまくしたてる背後でターンテーブルを操る人のことではない。番組でリスナーに話しかけるラジオ・パーソナリティのことだ。

『想像ラジオ』から聴こえてくる音楽は、「みんな」が同調して一緒に歌い「絆」を確認するようなにぎやかなものではない。「あなた」各人が「想像力の中」で聴きとるのであり、個人的で静かな同調といえるものだ。リスナーにネタの投稿をつのるラジオ番組らしく、ＤＪアークは「想像ラジオが聴こえないのはこんな人だ」コーナーを始めたりする。それは、想像力を働かせ、聴きとりたいと願う人以外には聴こえない番組なのである。単行本の奥付をみると『想像ラジオ』の初版は二〇一三年三月十一日の発行であり、震災から二年が経過し世間の一般的関心が薄れつつある時期だった。忘却の流れに抗して、被災者の気持ちに同調することはできないか。小説は、そのような姿勢で書かれた。

『想像ラジオ』を読んだ際に感じる静かさは、『シン・ゴジラ』が劇中に挿入したような、マスコミ報道やＳＮＳを通した膨大な量の被災の情報や噂の拡散とは正反対である。３・11直後、情報を得る手段を絶たれた被災住民以外の国民は、メディアに接すれば放っておいても多くの他人の声が降り注いでくる環境にあった。首都圏で一時期実施された計画停電の間でもなければ、灯りのない暗い状態で静かにラジオに耳を澄ますということなど、なかなかしなかっただろう。

単行本化以前に「文藝」二〇一三年春号で『想像ラジオ』が掲載された際、いとうせいこうの特集が組まれ、星野智幸との対談が行われた。同作が死者の声を聴く小説であることが語られ、いとうは次のように話していた。

死者の声を聴くっていうことが、やっぱり歴史なんだと思うんです。（中略）だからリアルな今の状況を写せば小説かといったら決してそうではなくて、小説が作れる現実というのは死者の声を過去からも未来からも聴いて、その時間が混然一体となって同じ平面に出ることなんだと思うんです。同じ平面ということでいえばそれが小説のきわめて不自由な側面でもあり、しかし同時に多声的に読める自由さでもあるんですよね。

「みんな」が一緒に歌うのではなく、過去や未来の死者それぞれの私的な声を「あなた」が聴くこと。ユニゾンの合唱ではなく、多声的であること。そのようにして、いとうせいこうは命を失った被災者に救いを与え、ある種の死者のユートピアを描いた。

木と声

津波に襲われて落命したらしいＤＪアークは、高い杉の木に引っかかったまま、おしゃべりをしている。彼は自分の状態について「細くて天を突き刺すような樹木のほとんど頂点あたりに引っかかって、仰向けになって首をのけぞらせたまま町並みを逆さに見てる。まるでギルガメシュ神話の、洪水のあとの方舟みたいに高いところに取り残されています」と説明する。ギルガメシュ叙事詩や『旧約聖書』の洪水神話であれば、方舟に乗った人物は助かる。だが、方舟を名乗るＤＪアークは、おしゃべりし続けているものの、体の形が生きているとは考えられない状態になっている。

彼が高い木の上にいる設定であるのは、岩手県陸前高田市の津波被害で約七万本の松林が壊滅したなか、ただ一本だけ立ち続けた木が「奇跡の一本松」と呼ばれたことを視野に入れたものだろう。木はその後に枯死したものの、防腐処理などを施してモニュメントとして保存された。また、採取した種子や枝から後継樹の育成も行われている。木が震災のシンボルとなったわけだ。地域復興の資金が必要な時に、木の保存のため巨額を投じることに批判もあった。ただ、全国各地で神木とされるものが祀られているように、年輪を刻み時の積み重ねを体現した樹木に神性をみる感性は、古より伝わってきたものである。

東日本大震災では、同じく津波被害がきっかけとなって原発が爆発し、こちらは終息が何年先になるか定かではない長期的な廃炉作業にとり組まねばならない。震災後の日本は、このあまりにもネガティヴなモニュメントとは反対の、生命の永続性を感じさせるポジティヴなモニュメントとして「奇跡の一本松」を求めた。対照的な二つのモニュメントは、そういう構図であった。「想像力の中」で放送を続けてきたDJアークは、お年寄りのリスナーから「なぜかあなたは土地の…氏神のようになって…きているように思う。だから、次第に他人の体験と自分の…体験が分かちがたくなっている…じゃなかろうか」といわれ、照れる。敷地内に神木が立ち、地域を守っている神社のごときポジションになっていくのだ。

DJアークがラジオ放送する目的は、行方がわからない妻と息子へ呼びかけるためだった。だが、実際に死んでいるのは彼のほうであり、「想像ラジオ」は死者にしか聴こえず、妻に声は届かない。ただ、DJアークの息子は以前、本の背に小さな耳を当て、なにかを聴きとるそぶりをみせたことがあるという。また、『想像ラジオ』は奇数章がDJアークの物語である一方、偶数章では震災の被害にあったわけではない作家Sが語り手となる。

生者たちのやりとりが中心となる偶数章では、「亡くなった人の声に時間をかけて耳を傾けて悲しんで悼んで、同時に少しずつ前に歩くんじゃないのか。死者と共に」などと生者と死者の関係のありかたが議論され、「想像ラジオ」を聴きとろうともする。死者が死者の声を聴くだけでなく、想像力によって生者も死者と同調して彼らの声が聴けるはずだという可能性や希望が語られるのだ。
　偶数章では広島平和記念公園でシャーマンが祈り子どもたちの霊の声が聴こえたエピソードのほか、長崎の原爆や東京大空襲にも言及される。Sはいう。

「死者と共にこの国を作り直して行くしかないのに、まるで何もなかったように事態にフタをしていく僕らはなんなんだ。この国はどうなっちゃったんだ」

　東京大空襲、広島と長崎の原爆、東日本大震災という歴史を結びつけ、膨大な死を匿名の数として受けとるのではなく、そこから人の声を聴きとろうとする姿勢を示す。また、広島、長崎への言及は当然、福島原発の事故による汚染を意識したものだろう。その意味では、クラフトワークの『RADIO-ACTIVITY』が「放射能」と「ラジオ活動」のダブル・ミーニングだったのと同様に、DJアークが引っかかっている木の周辺にも「放射能が降り注いでしまったから何十年も人が入れないかもしれない」と噂されている『想像ラジオ』も「RADIO-ACTIVITY」と表記するのがふさわしいラジオ活動かもしれない。
　東日本大震災を直接的な主題としつつ、東京大空襲、広島と長崎の原爆に遡る『想像ラジオ』は、日本の戦後文学の伝統を受け継いでおり、特に大江健三郎からの影響がうかがわれる。反戦反核の論客としても知られたこのノーベル賞受賞作家は、樹木や聴くという行為に象徴性を持たせることを得意にしていた。代表例は、凄惨な内部リンチ殺人で知られる連合赤軍事件を意識した長編『洪水はわが魂に及び』（一九七三年）だ。

樹木や鯨と交感して魂に呼びかけるという大木勇魚《いさな》は、それらの代理人を自認している。彼と五歳の息子・ジンは核避難所でもあるコンクリート三階建ての家に住んでいた。ジンには知的障碍があったが、五十種類の鳥の声を耳で識別できるなど、優れた感受性の持ち主だった。父子は、大地震の際に海へ逃げるための船を準備しているという少年グループ「自由航海団」と出会う。核避難所に立てこもった彼らは機動隊に包囲され、放水攻撃を受ける。同作が発表されたのは、アメリカとソ連の両大国が冷戦でにらみあい、核戦争の不安が世の中に影を落としていた時代である。公害による大気や海の汚染も社会問題になっていた。作中には終末観が漂っている。

樹木の神性、超常的な交感に救いを求めること。地震、核、洪水、方舟。『想像ラジオ』は、そういった終末論的なモチーフを『洪水はわが魂に及び』に代表される大江文学から受け継ぎつつ、ラジオ番組のパーソナリティを模した軽妙な文体でポップ化してみせた。

意図したわけではないだろうが、結果的に『想像ラジオ』にみられた震災に対するポップな想像力を、いっそうポピュラーなスタイルに昇華したのがアニメ『君の名は。』だったといえる。DJアークと作家Sという死者と生者の距離の問題は、三葉と瀧の男女高校生による「入れ替わってる⁉」というコミカルなシチュエーションでよりとっつきやすいものになっている。高い木に引っかかったDJアークが帯びてしまった氏神の立場、過去の出来事と現在の出来事の関連性といった要素は、組紐や宮守神社をめぐる象徴的な描写で示される。ジャンルの異なる『想像ラジオ』と『君の名は。』は、意外に近似した要素からできあがっていた。

ヒューマニズムの忌避

『想像ラジオ』は話題になり、第三十五回野間文芸新人賞を受賞するなど評価されたが、同じく候補となった第百四十九回芥川賞では落選に終わった。後者の選考委員で同作を高く評価したのは、いとうの「蛮勇」を「もっとも大きな小説だった」と述べた高樹のぶ子だけで、川上弘美が作者の「トライ」を「小説家の心意気」だと消極的に認めていた。それ以外の反応は渋い。語り口の上手さを指摘するむきは多かったが、「司会があまりに芸達者なので、ゆっくり死を思うことができない葬儀に列席しているような感覚」(島田雅彦)、「死者の声はあくまでも無音だ。無音を言葉に変換するのではなく、無音のままに言葉で描くのが小説ではないだろうか」(小川洋子)と、作者の技巧がこのテーマにふさわしかったかで否定的な判断が多かった。代表的なのは、村上龍の意見だろう。

わたしたちは3・11という三つの数字を見ただけで、そのあとに膨大な量の映像を自動的に想起する。(略)『想像ラジオ』の著者は、安易なヒューマニズムに陥らないために、いろいろな意匠を凝らしたのだと思う。だが、既出の映像が膨大かつ強烈で、文学としてそれらに「立ち向かう」ことがあまりに困難だったために、結果的に、また極めて残念なことに、作品からはヒューマニズムだけが抽出されることになった。

日本で最も権威があるとされる文学賞の選考委員の多くは、死者の声を生者が聴きとれるかもしれないと、悲惨な被災のなかにポジティヴななにかを探す『想像ラジオ』を忌避した。3・11の膨大な記録や記憶を根拠として、震災（あるいは震災的）状況からポジティヴな要素を抽出することに力点をおいた作品を否定的にとらえる。そのような態度は、『シン・ゴジラ』や『あまちゃん』に加えられた批判のありかたと相似する。

東日本大震災という国家的経験を経た創作として『君の名は。』というアニメは、死者の声を聴くヒューマニズムと軽妙な語りのテクニックを屈託なく用いて大ヒットに至った。一方、文学の領域では作品で震災を扱うにあたって悲惨な状況からポジティヴな要素を拾いあげるヒューマニズムの態度よりも、むしろネガティヴな要素に着目し、批判し風刺する姿勢のほうが目立ったように感じる。なかには露悪的といえる描写を行った作品もあり、代表的なものとして吉村萬壱『ボラード病』（二〇一四年）があげられる。

『ボラード病』の同調圧力

単行本の帯には「ファシズム」、「ヒューマニズム」の文字があり、「ディストピア小説の傑作」と書かれていた。『ボラード病』も人々を監視・管理し、操作する権力の問題が背景にある。ただ、国家やイズムといった大文字の問題より、もっと素朴な生活感覚から住む場所の変質を語っている。

近所の目を気にする母に厳しくしつけられる小学五年の恭子が主人公だ。彼女は、B県海塚市という自分たちのふるさとや、人々の「結び合い」の大切さについて学校で教わっている。住民たちは過去の災厄に伴う長い避難生活から八年前に帰還し、今の海塚は復興期にある。市役所には「安全基準達成一番乗りの町・うみづか」と書かれた垂れ幕が下がっていた。設定は、福島原発の事故による住民避難を連想させる。とはいえ、『ボラード病』では、何本も煙突が並ぶ三つ葉化学のコンビナートで沢山の海塚市民が働いていると説明される。病気になる人が相次ぎ、やがて奇形が多いことも明らかになる海塚の状況は、高度成長期に発生した水俣病などの公害病を思い出させるものだ。『想像ラジオ』が広島の原爆から福島の原発事故へという歴史を踏まえていたのに対し、『ボラード病』は日本における汚染の繰り返しを意識しているようにみえる。

福島における東京電力の原発、水俣におけるチッソの工場は、いずれも汚染源として住民を苦しめる一方、大口の働き先であり地域経済に恩恵をもたらしてもいた。このため、住民間で事態のとらえかたに違いがあり、軋轢も生まれた。それに対し『ボラード病』の場合、ふるさとは安全だと確かめあう同調圧力が強く、安全を信じられず同調できない人間は不幸になっていく。

恭子が通う五年二組では教室に十の決まりが掲げられている。

一　自主学習にはげもう。
二　あいさつをしよう。
三　給食を残さず食べよう。
四　決して弱ねをはかない。
五　教室で大声を出さない。
六　空気を読み取ろう。
七　自分の感覚を大切にしよう。
八　結び合おう。

九　りっぱな海塚市民になろう。

十　みんなは一つ。

七で自分の感覚の大切さがいわれているが、文字通りにとってはいけない。むしろ、それとは反対の姿勢の大切さが、他の項目に並んでいるのだから。海塚市民は結び合って一つになり、弱ねをはかず給食を食べよう。周囲の空気こそ自分の感覚であり、それ以外の大声は出してはいけない。海塚の学校が子どもたちに教えていることを要約すれば、そうなる。

『ボラード病』で同調圧力を象徴する言葉である「結び合い」が、3・11直後に流行語となった「絆」を念頭においているのは明らかだ。前にも触れたように、当時、声高に「絆」が叫ばれることへの批判として、この言葉が馬や犬など動物をつなぎとめる綱を意味していることを指摘する声があった。一方、小説の題になっている「ボラード」とは、船をつないでおくため岸壁に設置される杭を指し、作者が「絆」に類する言葉として選んだのだろう。この物語は「絆」の暗黒面を描いている。

海塚市民はことあるごとに「海塚」と連呼し、「海塚讃歌」をともに歌うことで「結び合い」を実感し陶酔していく。この歌に加え、小学校の合唱コンクールでは五年生の課題曲が「海塚ワルツ」とされ、五年二組の自由曲は「明日へのスタートライン」というアニソンに決まる。作中におけるこれらの歌の扱いかたは、震災後のチャリティ・ソング流行、あるいは「恋するフォーチュンクッキー」などまちおこしへの流行歌活用、景気低迷期に起きた「明日があるさ」への再注目などを想起させる。過去をふり返っても合唱という行為は、連帯感を醸し出す手頃な方法だった。

恭子と母は、町内会の輪番で回ってくる奉仕活動で港の清掃に参加する。昼食が出されることになっており、母は「必ず全部食べるのよ」と娘に厳命していた。恭子は、他の住民の視線を気にしつつ、海鮮丼に箸をつける。

私は赤色を箸で摘んで、前歯で噛み切って口に入れました。誰かの舌を食べたような気がしました。（中略）海塚の海産物はどれも美味しく安全であるということは、どんな場合にも態度で示される必要がありました。それが海塚市民の結び合いの実践というものでした。

「重要なのは残さずに食べ切ることでした」と考える恭子は、感触の不気味さを我慢して赤色を噛まずに呑みこむ。この場面は、東京の寿司屋の主人が北三陸を訪れ、無言でウニ丼を何杯もおかわりしただけですぐに帰っていった『あまちゃん』のエピソードと対照的である。このドラマの場合、地元の食べものの安全性と美味しさが、自発的かつポジティヴな形で表現されていた。それに対し『ボラード病』では、実態がどうあれ、安全かつ美味しいことを前提にした同調圧力のきつさが語られる。3・11後に多用された「食べて応援」のフレーズが有していた二つの面を、二つの作品はそれぞれあらわしていた。

『ボラード病』は文庫化された際（二〇一七年）、巻末解説をいとうせいこうが担当した。「これは寓話ではない」と強調した解説で彼は書いていた。

小説という名の現実だ。

それは読者の日々生きている世界がすでに悪夢であることを、柔らかい壁で囲むようにして突きつける。

いとうのいう通り、ある種の現実がとらえられている。『ボラード病』では、警察官や背広の人たちが廊下でボソボソ話す病院で、いきなり一人の若者が「本当のことだろうが！」と大きな声をあげるが、警棒で肩を叩かれ、すぐに引っ立てられてしまう。「本当のこと」は伝わらない。周囲の人々の顔色をみて、いいたいこともいえない生活は、北朝鮮のごとき独裁国家、あるいは戦時中の日本にも似ている。不安を払拭しようと互いを牽制しあった結果、みんなが縛られ、がんじがらめになっていく。そうした悪夢が本作にはある。道路標識の制限速度を順守するよりも、むしろ周囲の流れに逆らわず運転するほうが、安全に感じられる。たとえ流れのスピードが、正しい基準値を大きく超えていたとしても。喩えるならそういうことだ。幸か不幸か、流れに乗るのは気持ちいい。『ボラード病』が描く通り、気持ちいいことは、気持ち悪いことでもある。

水俣病患者の「君が代」

恭子の母は、人前では地元で獲れた魚を娘に食べるように命じるが、家では違う。「安全シール」、「食品検査合格シール」などが貼られた食材を街のスーパーで買う母は、それらを施設に寄付すると娘にいいながら、実際には捨ててしまう。そして、カップラーメンや輸入缶詰など健康によくない「安全」な食べ物を親子で食べるのだ。この母には、原発事故後に放射性物質の汚染に過敏になり、必要以上に警戒して

「放射脳」と揶揄されたタイプの人物像が投影されている。海塚の「安全」を信じる（ふりをする）市民と「安全」を信じない母は考えかたが違う。だが、安全か安全でないかの境界があるはずだという概念は共有している。だが、熊本県で水俣病の被害が広がった一九五〇—一九六〇年代はそうではなかった。

チッソの工場廃水の水銀による水俣病が地域住民をいかに苦しめたかを書き、独自の文学作品となったのが石牟礼道子『苦海浄土』（一九六九年）だった。『ボラード病』には「安全基準達成一番乗りの町」という表現があったが、日本において大気、海や河川、食品などの「安全基準」が広く定められ、国民も意識するようになったのは、水俣病をはじめとする公害が社会問題となり、対策のための法整備が進められた一九七〇年代以降だったといえる。それ以前の水俣の漁村では、毒性に関する知識がないまま水銀を含んだ魚を食べ、被害が広まった。『苦海浄土』では、周辺の猫たちが妙な死にかたを始めた後、よくつまずく症状がみられるようになったものの病院では栄養が少し足りないとしかいわれなかった妻に対し、夫が魚を食わせる場面がある。

「ぬしが魚じゃ、うんと食え」

と茂平はいう。ぶりぶり引きしまっているはずの刺身が妙に頼りない舌の遠くに逃げて、布ぎれのような味気ない口ざわりになるのを、ごくんごくんと呑みくだしながら、ゆきは嬉しそうな顔つきをしていた。

『ボラード病』では事態を中途半端に認識している母が追いつめられていくが、『苦海浄土』には知らなかったことによる不幸がある。

『苦海浄土』では水俣病の原因がチッソだと判明してから、漁協組合員が工場に暴れこむ。隣には第二小学校があり低学年の下校時だったため、「オーイッ、生徒はかえれ、生徒はかえれ、踏み殺さるっぞ」と若者が叫ぶ。子どもも無縁ではないまちぐるみの問題になったことが描かれている。同作では「清くさやけき水俣の」、「延喜の御代に世に知られ／昭和の御代に名に高き」などのフレーズがある徳富蘇峰作詞の水俣第一小学校校歌と並べて、「工場のいらかいやはえて／煙はこもる町の空／わが名は精鋭　水俣工場」とある日窒水俣工場歌（中村安次作詞、古賀政男作曲）が紹介されていた。日窒（日本窒素肥料）とはチッソの前身である。著者の石牟礼は、校歌を作詞した蘇峰と、日窒を創立した野口遵の写真が、水俣市市勢要覧に見開きで載っていたことに触れつつ、工場が地域の外部ではなく水俣の共同体の内部に属していることを示していた。『ボラード病』の「海塚讃歌」と同じく、校歌と工場歌が地域の結びつきを象徴していたのだ。

それら以上に『苦海浄土』で印象に残る曲は、「君が代」である。園田直厚生大臣が水俣を訪れた際、病室にいた患者の一人が痙攣発作を起こしてから「て、ん、のう、へい、か、ばんざい」と絶叫し、調子はずれの「君が代」を歌いだしたエピソードが出てくる。チッソに関連した経済のなかで生活する人と、公害によって患者にされた人で分断され、同じ地域で対立している。切り捨てられる危機感を持ち孤立感を深めている患者が国歌とされる「君が代」を歌う。それは地域の共同体で救われない自分を、国というもっと大きな共同性で救ってほしい、あるいは「君」である天皇に助けてもらいたいという訴えだったようにも感じられる。

園田大臣の水俣訪問は一九六八年であり、天皇の下で日本が一丸となって行った戦争が終わってからまだ二十三年しかたっておらず、戦中を過ごした人がまだ多く生きていた時代である。かつての軍国主義を反省する空気は現在よりもずっと強かったし、「君が代」を国歌とすることに反対する人も多かった。そうしたなかで歌われた調子はずれの「君が代」は、かなり異様に響いたに違いない。

二〇一三年秋の園遊会で参議院議員の山本太郎が天皇に手紙を渡そうとして問題になったが、その内容は子どもの被曝や事故収束作業員の労働環境など原発問題を訴えるものだったという。かつての水俣病患者に似て、彼も政治では自分の思うように進まない問題について、天皇に直接働きかけようとしたのだった。日本国民の統合の象徴である天皇は、国民の同調を期待する人には、その中心になってくれそうな存在にみえるのだろう。

RADWIMPS「HINOMARU」への批判

二〇一八年六月、RADWIMPSが発表した「HINOMARU」が、右翼的な愛国ソングだと批判を浴びた。「この身体に流れゆくは／気高きこの御国の御霊／さぁいざゆかん／日出づる国の／御名の下に」、「たとえこの身が滅ぶとて／幾々千代に／さぁ咲き誇れ」といった古めかしい言葉づかいによるフレーズが、特攻や戦争を連想させ軍歌のようだといわれたのである。作詞した野田洋次郎は、政治的意図はないと釈明し謝罪したが、本人がどう考えていようと政治性を帯びた詞にみえるのは確かだった。

二〇一八年六月には「ＦＩＦＡワールドカップロシア大会」が開かれた。それにあわせ、フジテレビ系サッカー中継のテーマ曲として、RADWIMPSは勝ちにこだわることをラップ調も交えて歌った「カタルシスト」を書下ろした。「HINOMARU」はそのシングルのカップリング曲であり、「風にたなびくあの旗に」なぜか懐かしく思うところから歌い出される。ゆったりした曲調だし、「幾々千代に」のフレーズは「千代に八千代に」を容易に思い出させる。ゆえに、スポーツ大会で日本が勝利した際、国旗とされる日の丸が掲揚されるあの場面を想定して作られた曲なのではないかと想像できる。「君が代」をロック風に置き換えたような印象なのだ。

過去にもＪポップの曲が、右翼的な愛国ソングとして批判された例はあった。椎名林檎「NIPPON」がそうである。これも、「ＦＩＦＡワールドカップブラジル大会」が開かれた二〇一四年のＮＨＫサッカー放送のテーマとして作られた曲である。はためく白い布の手前に赤く塗られたサッカーボールを配置し、日章旗に似せたジャケットデザインでシングルは発売された。椎名の詞には「噫また不意に接近している淡い死の匂いで」、「あの世へ持って行くさ」などの表現があり、それらが国家のための特攻を連想させる、軍国主義的、右翼的だなどと批判された。

ただ、スポーツのゲームでは、自殺点、サドンデスなど死にまつわる言葉が用いられ、報道でも参戦、撃破など勇ましい表現が使われてきた歴史がある。大会において強豪がひしめく予戦ブロックを「死のＡブロック」などと呼ぶのはごく普通のことだろう。国の代表同士が戦い、勝者の側の国旗が高々と掲げられ国家が奏されるというスポーツの国際大会自体が、戦争の遊戯への置き換えであり、軍国主義的といえば軍国主義的なのだ。対抗する国や地域のサポーター同士の小競り合いが生じやすいのも当たり前だろう。タンタン・タタタンのリズムを活かした椎名「NIPPON」は、かけ声＆拍手による「ニッポン、チャチャチャ」という定番の応援スタイルをより音楽的に発展させたものととらえることができる。愛国的なスポーツをトレースしたら愛国的な曲になったというにすぎない。

ゆずが二〇一八年のアルバム『BIG YELL』に収録した「ガイコクジンノトモダチ」(北川悠仁作詞)に関しても、右翼的な愛国ソングだとする声があがった。日本好きの外国人の友だちと見た靖国の桜はキレイだった。友だちは「もう二度とあんな戦いを共にしないように」と祈ってくれた。だが、日本人の自分たちは「国歌はこっそり唄わなくっちゃね」、「国旗はタンスの奥にしまいましょう」という状態にあると歌った曲だ。曲中では英語で喋る外国人(「戦いを共に」した国であるならばアメリカ人、イギリス人だろうか)との会話の場面があるが、A級戦犯を合祀した靖国神社を問題視する中国や韓国などアジアの外国人は想定していないように思える内容である。

「ガイコクジンノトモダチ」では、国歌や国旗が抑圧されているかのように描かれているが、一九九九年の国旗国歌法施行以来、実際には学校などでそれらの強制、義務化は進んでいる。このため、実態に反して被害者意識を抱いた右翼の錯誤の論理の反映だと評されもした(辻田真佐憲「ゆず新曲に「靖国・君が代」がいきなり登場、どう受け止めるべきか　政治と流行歌の密接な関係」「現代ビジネス」http://gendai.ismedia.jp/articles/-/55216など)。ただ、幅広い層に知られたゆずの代表曲といえば、二〇〇四年アテネオリンピックのNHKの中継でテーマソングとなった「栄光の架橋」なのである。数あるオリンピックのテーマソングのなかでも特に知られた曲だ。日本人選手が表彰台に上り、「君が代」が流れ日の丸が掲揚された場面の回想のBGMとして使われる機会が多い曲である。だから、音楽やお笑いなど芸能に政治を持ちこむことを忌避する傾向が強い日本において、スポーツ関連における国旗、国歌のいかにも誇らしげな扱われかたと、それ以外での扱われかたの落差を最も体感しているのがゆずなのかもしれないとも思う。

「ガイコクジンノトモダチ」では、「美しい日本　チャチャチャ」と「ニッポン、チャチャチャチャ」の応援のパラフレーズが使われ、エンディングでは脱力するような発声で「チャー」と言い捨てている。微妙にふざけたところがあって、笑いを含ませた曲なのだ。

椎名林檎、ゆず、RADWIMPSの愛国ソングをめぐる批判は、このようにスポーツにおける自国応援への同調を求める場面と、愛国心の同調圧力を高めるような政治を持ちこむなといわれがちな芸能の場面、その肯定と否定の軋みで生じたと考えられる。そして、RADWIMPSは「幾々千代に」という「君が代」的な大いなる時の流れに抱かれていることを同調の根拠としようとし、ゆずもそうした神道的な思想を背景にした靖国を外国人の友だちとの同調の核にしようとした。

『シン・ゴジラ』や『君の名は。』では、大いなる危機を回避するにあたって、世代を超えるなにか（天皇、神社）が想定されていた。前者では暗示的に、後者では直接的に。そして、『君の名は。』で音楽を担当したRADWIMPSがヒットさせたテーマ曲「前前前世」は、世代を超える感覚を歌った曲だった。そのことを踏まえれば、「幾々千代に」続く時の流れを前提にした「HINOMARU」は「前前前世」と同根の感覚に基づく曲だということができる。いずれも、時代を超越したなにかへの憧れを、同調の軸にしようとしていたのだ。「御霊」の誤用など言葉の使いかたが成功しているとはいえない「HINOMARU」は、『苦海浄土』とはまた別の意味で調子はずれの「君が代」だったように思える。

第四章　分断の寓話、都市の統合

一　時間の遡行、精神の退行

『猿の惑星』の国旗

未開の地に到達した。あるいは、支配権を奪いとった。一九六九年のアポロ11号計画ではじめてアメリカが成功させた人類の月面着陸などが典型的だが、そうした場合に現地に立てられる国旗は、国家の偉業の誇示である。そして、驚くことに初の月面着陸の前年に公開されたアメリカ映画『猿の惑星』（一九六八年）は、今観ればアポロ11号計画のパロディと思える要素を含んでいた。

長期間の睡眠と光速の移動によって地球上では七百年に相当する航行時間が経過した宇宙船は、機器の不具合から見知らぬ惑星に不時着する。女性乗組員は睡眠カプセルのなかですでに死んでいたが、助かった男たち三名は空気のある外部へ脱出する。最初は岩山ばかりしか見えなかった惑星の地面に乗組員の一人は小さな星条旗を立てた。征服の証であるかのように。だが、やがてこの星では、言語能力のない人間が知恵の発達した類人猿に狩られ、奴隷状態であることが判明する。

『猿の惑星』シリーズの優れた研究書であるエリック・グリーン『《猿の惑星》隠された真実』（一九九六年。一九九八年に改訂増補版）は、映像化第一弾となったこの映画の冒頭部分に関し、星条旗を立てる場面だけでなく、それ以前に登場する宇宙空間、宇宙船の内部とボディに赤、白、青と星条旗の色が多用され、アメリカ的なイメージが観客に刷りこまれる仕組みになっていたと指摘する。乗組員たちはこの惑星の喋れない人類を見た時点では「俺たちで支配できる」と思う。だが、猿による人間狩りに巻きこまれて三人のうち黒人の乗組員は剥製にされ、白人の博士は脳手術で知性を奪われ奴隷化される。ただ一人、捕まって監禁されていた白人のテイラー大佐だけが、紆余曲折の末に猿の支配から脱する。

　ピエール・ブールの同名小説（一九六三年）をもとに作られているが、映画の有名なラストシーンは原作にはなかったものだ。逃げていくテイラーは砂浜に胸のあたりまで埋まった自由の女神像を発見し、遠い見知らぬ星だと思っていたこの場所が未来の地球だったと知る。人類が核戦争を起こした結果、類人猿に支配されるに至ったと察したのである。冒頭で立てられた星条旗から、埋もれた自由の女神像へ。征服したと思った傲慢さが、征服された悔恨に逆転して物語は閉じる。

　この結末のインパクトの強さもあって人気を得た映画版『猿の惑星』は一九七〇年代にシリーズ化され、テレビドラマも作られた。また、二〇〇一年のティム・バートンによる再映画化に続き、二〇一一年からは『猿の惑星：創世記《ジェネシス》』から始まるリブート版三部作が製作された。もともとの原作者であるピエール・ブールは、第二次世界大戦中、フランス軍に従軍し、日本軍の捕虜になった経験がある（彼を捕虜にしたのはフランス領インドシナ政府軍だとする異説もある）。そのアジアでの体験をもとに、日本軍の捕虜となったイギリス兵がタイのクワイ河鉄橋建設に従事する『戦場にかける橋』を書き（一九五二年）、同作も映画化されヒットした。映画『戦場にかける橋』（一九五七年）の脚本の一人だったマイケル・ウィルスンは、映画『猿の惑星』の脚本にも参加した。ブールの『猿の惑星』は、同作以前に執筆された『戦場にかける橋』における日本軍とイギリス軍の関係性を、類人猿と人間の関係性に投影した面があるのだ。

すでに触れたオーウェル『動物農場』のように、人間社会のありさまを動物に喩えて戯画的に描くことはよく行われる。そのなかで『猿の惑星』の設定もすっかり定番化しているが、出発点には日本人のイメージがあったわけであり、シリーズを再考察することは今の我々にとっても意味があることだろう。

猿（monkey）と人は同じ霊長類であり、猿から人へ進化したなどといわれもする。現在の猿と人は同じ先祖から分化したのであり、なかでもオランウータン、ゴリラ、チンパンジーといった類人猿（ape）は、動物のなかで最も人に近い存在だとされる。

不可解な事件の犯人がオランウータンだったという意外な展開を持つエドガー・アラン・ポーの短編「モルグ街の殺人」（一八四一年）は、現在のミステリ小説の源流とされる古典である。また、白人男性でありながら類人猿に育てられたターザンは野生のヒーローとして知られる。エドガー・ライス・バローズによって小説シリーズの第一作『類猿人ターザン　Tarzan of the Apes』（一九一四年）が刊行されて以来、ターザンは何度も映像化されている。

人と人でない動物の境界にいる猿は、近くて遠いその距離感によって、どこからが人なのか、どこまでが人なのか、どうすれば人なのかという線引きを人に意識させる。だから、我々の興味を引くし、猿をモチーフにした多くの物語が作られてきた。人間社会を評し、風刺する時、人とそうでない動物の境界線上に立つ猿の視点を導入すると、社会の形がとらえやすくなる。『猿の惑星　Planet of the Apes』シリーズは、その効果を最大限に使った設定になっており、ポー短編のオランウータンやターザンのような突出した行動をとる個体の猿（あるいは猿に類する人）ではなく、社会を構築した猿の集団を描いたところにこの物語ならではの面白さがある。

『キングコング』と9・11

個と集団ということでは、『キングコング』と『猿の惑星』が対になる裏表の物語構造になっている。一九三三年のアメリカ映画『キングコング』は、その後も続編、リメイクに加え亜流作品が多く出現し、日本でもキングコング映画が製作された。この巨大猿の知名度は高い。原点となった一九三三年の映画では、インド洋に浮かぶ髑髏島《どくろとう》の原住民が神とあがめる巨大猿キングコングを、紆余曲折の末、アメリカ人たちが捕獲してニューヨークへ輸送する。コングは見世物にされるが脱走し、大都会で荒れ狂う。この獰猛な生き物は、島で一度は生け贄として手に入れたものの人間たちに取り戻されてしまった駆け出しの白人女優に執着する。コングは女優を捕えて手につかんだまま、当時の代表的な高層建築だったエンパイアステートビルのてっぺんへと登っていく。だが、複葉機から銃撃をくらい、女優を建物におろしてやった後、墜死する。

銃撃したパイロットではなく「美女が野獣を滅ぼしたんだ」という幕切れのセリフが印象的だ。巨大猿は、人間のような恋愛感情を持っていたのである。映画に原案を提供したエドガー・ウォーレスと監督のメリアン・C・クーパーが共作者として名を連ね、作家のデロス・ラヴレスが執筆した小説版『キングコング』には、次のような描写がある。

アフリカのジャングルの類人猿のような毛皮につつまれたコングは、大きさ以外は猿にそっくりだったが、想像を絶する迫力の持ち主だった。だがいっぽうで、まるで人間のようにじっくりと時間をかけ用心しながら進む方向を決めているので、ドリスコルは自分の目が信じられなかった。（尾之上浩司訳）

そのように人間に近い知性や感情をうかがわせるコングは、髑髏島では歯向かう恐竜たちを次々に撃退し、圧倒的な強さを示す。ニューヨークで脱走してからは、鉄道の高架を破壊し、走行中の列車を止めて乗客を恐怖に陥れるなど都市に混乱をもたらす。だが、大暴れは一時的であり、エンパイアステートビルに登ってからは逃げ場を失い、防戦ばかりになって破滅する。人知のおよばない島での強さと、文明社会のなかでの弱さが対照的だ。この物語に西洋的な文明による自然の征服を読みとり、コングをアフリカからアメリカへ奴隷として意に反し連れて来られた黒人の立場と重ねてみることは容易だろう。映画では、当時の技術の結晶であり、コングがそこから転落することになるエンパイアステートビルが、人類の文明を象徴するものとして屹立していた。それは、自然や異民族を抑圧する先進国家の記念碑のようなものだったといえる。

一九七六年に『キングコング』は現代を舞台に再映画化され、その時にコングが登ったのが、やはりニューヨークにあり、当時世界で二番目の高さだった世界貿易センタービルだった。一九三三年版では複葉機から銃撃されたのに対し、一九七六年版ではヘリコプターからの攻撃で重傷を負い落下する。一九七九年の映画『地獄の黙示録』でも示されていた通り、一九六〇年代にアメリカが本格介入し一九七五年まで続いたベトナム戦争で米軍は、ヘリコプターからの攻撃を多用した。一九七六年版『キングコング』は、そのイメージを借用したようにみえる。

『キングコング』では、後進的な未開地域や非自由主義圏、つまり非アメリカの象徴であるコングが、アメリカ＝現代の象徴である複葉機やヘリコプターによって撃ち落される。その征服、支配の上下関係の図式をエンパイアステートビル、世界貿易センタービルという高層建築が強調する。未開のコングが高みに上がることは許されないのだ。

一方、『猿の惑星』では、政治的権力を持つオランウータンのザイアス博士の意向により立入が許されていなかった禁断地帯へと、猿の世界から脱出したテイラーが進んでいく。その砂浜で埋もれた自由の女神像を発見する。人も猿もやってこない地域で、かつては人類の英知を象徴し、アメリカ的価値観を信じるかどうかを無言のうちに問い、国民を見守っていたはずの自由の女神が、すっかり忘れられていた。人類が核戦争によって自らに決定的なダメージを与え退化した結果、世界は猿に支配されたのだ。事実を知ったテイラーは、絶望する。

異なる種族が支配する社会へと捕獲され、逃げ出したものの悲劇的な結末が待っている。こうして書くと、『猿の惑星』が『キングコング』の人と猿の関係を逆転させた構図でできあがっていることがわかるだろう。『キングコング』においてコングが落下することになる高層建築は、アメリカと非アメリカの上下関係を暗示していた。それに対し『猿の惑星』の埋もれた自由の女神像は、人が猿よりも優位だったかつての上下関係の失効を意味する。比喩的にいえばテイラーは、未来の地球であるこの惑星に着いた時から、上下関係の下へとすでに落下していた。歴史を知ったテイラーは、そのことに気づき絶望を深めたのである。

『キングコング』では知恵を持つ巨大猿のコングは、都会の人間たちに囲まれたマイノリティだ。それに対し『猿の惑星』では知性を有した人間であるテイラーが、猿の社会に受け入れられないマイノリティとなる。二作は、ポジネガ反転の関係にある。

一方、二〇〇一年の9・11アメリカ同時多発テロでは、イスラム過激派のテロ組織アルカイダにハイジャックされた旅客機が世界貿易センタービルのツインタワーにそれぞれ突っ込み、いずれも崩落させ多数の死傷者を出した。非アメリカ的価値観の筆頭であるイスラム過激派のテロは、いわば現代のコングが飛行機を乗っ取り、ニューヨークの象徴的な建造物を破壊したという構図である。中東をめぐる国際的な軋轢には、石油利権というファクターがつきまとう。一九七六年版『キングコング』では、油田開拓のために島を訪れた一行がコングに遭遇した。その意味でも9・11のツインタワーへの自爆テロは、『キングコング』の要素を組み換えた出来事に感じられた。

島から連れて来られたコングは孤独だったが、アルカイダ、ＩＳといったイスラム過激派は、各国に広げたネットワークを使いアメリカに抗った。イスラム過激派によるテロの続発に伴い、アメリカ的な政治経済の価値観を共有する国々では、イスラム教信者が多くを占める中東への偏見、恐怖症の傾向が広まった。だが、戦火を繰り返しているイメージが強い中東にも、経済が発展し都市化が進んだ地域はある。現在、世界で一番高いビルは、アラブ首長国連邦のドバイにあるブルジュ・ハリファだ。未開の代表であるコングが登るべき文明の最先端の高層建築は、今、中東に存在する。こうした他地域の発展が、従来の先進国の恐怖症的反応を引き起こしている面もあるだろう。

過去の隠蔽、未来の変更

映画が商業的に成功した『猿の惑星』はシリーズされたが、過去－現在－未来を生起する順番に追っていく構成ではなかった。

第一作『猿の惑星』で禁断地帯が設けられていたのは、人の姿をかたどった人形など、かつて知性を持った人類が文明を築いていた痕跡が残っていたからである。その最たるものが、自由の女神像だった。人であるテイラーを助けたチンパンジー夫婦のうち、夫で考古学者のコーネリアスは、伝えられてきた猿の歴史とは矛盾するものが禁断地帯にあると知っている。妻のジーラは、猿は人から進化したという猿社会では異端の説を唱えていた。だが、ザイアス博士は、「猿は猿を殺すべからず」という規範を布告した立法者と呼ばれるオランウータンのいた昔から猿は文明を築いていたのであり、人は昔から低能だったという定説を守ろうとする。彼はそれを覆す証拠があることに気づいているため、禁断地帯への立入を許さない。自らの権力を利用して、過去の歴史を隠蔽しようとしたのだ。

『続・猿の惑星』（一九七〇年）では、禁断地帯の地下に知性を持つ人類が生き残っていたものの、核の影響でミュータント化したことが明かされる。彼らが神として崇めるコバルト爆弾には「Α Ω《アルファオメガ》」と書かれていた。文字は、『新約聖書』の「ヨハネの黙示録」における「私はアルファ（始まり）であり、オメガ（終わり）である」というイエスの言葉を連想させる。原爆に賛美歌を捧げるミュータント人類の儀式は、キリスト教のグロテスクなパロディだった。政治権力を持つオランウータンや知識人のチンパンジーを押し切って、好戦的なゴリラの軍隊は禁断地帯に進軍する。テイラーとブレントという過去の地球からやってきた人間、ミュータント人類、猿の軍隊の三つ巴の争いとなる。そして、死ぬ間際のテイラーが核のボタンを押して世界が滅び、終幕となる。

地球の歴史が終わってしまったのだから、続編など作れるはずはないが、シリーズはアクロバティックな展開をみせた。『新・猿の惑星』（一九七一年）では核による破滅の直前に宇宙船で脱出したコーネリアスとジーラが、テイラーが未来へ行ったのとは逆に過去の一九七〇年代へとタイムスリップする。チンパンジー夫婦はアメリカで研究対象にされる一方、メディアでスター扱いされる。しかし、未来の地球では人類と猿の立場が逆転し、猿が人間を狩り、生体実験を行うようになると知った大統領顧問ハスラインは、コーネリアスとジーラを危険視する。その結果、夫婦と彼らの赤ん坊は射殺される。『猿の惑星』ではザイアスが過去の歴史を隠蔽したが、『新・猿の惑星』ではハスラインが未来の歴史を隠蔽し修正しようとする。二作は対になっている。

死んだように装われたチンパンジーの赤ん坊は実は生き延びており、『猿の惑星・征服』（一九七二年）では、シーザーという名で育つ。当時、未知のウイルスでペットの犬や猫を失った人間は、代わりに猿を調教し奴隷として使っていた。知恵を持った猿たちは、シーザーをリーダーに得て革命を起こす。同作でシーザーは「人は同胞を殺すのに犬は殺さない」と人類を皮肉る。猿たちは人類を反面教師として「人は人を殺すが、猿は猿を殺さない」をスローガン化していく。

しかし、一九七〇年代シリーズの最終作『最後の猿の惑星』（一九七三年）では、猿が人を奴隷化し立場が逆転した世界において、シーザーの息子がゴリラに殺される。同作は、同族を殺したことで猿も人間並みに進化／退化したという皮肉な展開をみせる。とはいえ、エンディングではシーザーの死から六百年後、オランウータンの立法者による話を、猿の子どもと人の子どもが一緒に聞く場面が映される。立法者はこういう。

「われわれはまだ待っている。だが、見たところ、猿と人間は仲よく暮らしている。平和にな。シーザーの死後六百年がたったが、われわれは希望を抱いて未来を待っている」

（エリック・グリーン著、尾之上浩司・本間有訳『《猿の惑星》隠された真実』）

ここでは、『続・猿の惑星』のように種族間対立で核による終焉を迎えるのではなく、猿と人が共生できる別の未来へと進む可能性が示唆される。以前の四作が、どれも暗い結末だったのに比べ、希望のほのみえるラストである。

シリーズは、メビウスの輪のようなタイムパラドックスを含んだ円環を成した。ザイアスは猿社会に先行して人類文明があった過去を隠蔽し、ハスラインは猿と人の地位が逆転する未来への芽を摘もうとした。それぞれの立場から、世代を超えた猿の永続的な歴史、人の永続的な歴史を守ろうとした。いずれも歴史を修正し、猿同士／人同士の同調によって同類を守り、災厄をもたらしそうな相手を分断し排除しようとした。

一方、『猿の惑星』シリーズは、「猿は猿を殺さない」という永続的であるべき種族内の戒めが崩れる時代推移を描いた。『動物農場』や『カエルの楽園』でもそうだが、ディストピア・フィクションは社会の戒めの変質を頻繁にモチーフにする。だが、猿と人の軋轢や分断をあの手この手で語った『猿の惑星』シリーズは、未来における猿と人の平等な共生の可能性も残した。通常の時間順序とは異なる、メビウスの輪的な円環の構成でシリーズ化したため、破滅と共生の両方の可能性を提示することができたのだ。

『闇の奥』へ遡る

『猿の惑星』シリーズは、猿と人の対立を大枠の設定としているが、物語のなかではもっと複雑な差別や分断の様相が描かれる。未来においては、知性を欠き原始に戻った人類、核の影響を受けたミュータント人類、過去の地球から来た人間が登場し、人間同士なのに連帯できない。一方、猿社会でも、政治家として歴史を隠蔽するオランウータン、科学者として真実を知ろうとするチンパンジー、軍人として人を完全制圧しようとするゴリラの路線対立が表面化する。

『猿の惑星』シリーズは一九六〇年代末から一九七〇年代前半に製作されたため、同時代の黒人差別反対運動やベトナム戦争を意識した部分が多かった。猿集団の革命劇を黒人の社会運動と、猿による人間狩りをアメリカ軍によるベトナム村民虐殺と重ねあわせていたわけだが、単純な図式ではなかった。『続・猿の惑星』では好戦的なゴリラの軍団に対し、チンパンジーたちが平和運動を行うものの退けられる場面がある。それは、長髪の若者たちによるベトナム反戦運動が、一九六〇年代後半に社会風俗化していたことをとりこんだものだった。

『新・猿の惑星』ではチンパンジー夫婦それぞれが人間社会を見学する。ジーラは女性団体に招かれて講演し、「夫婦二人のベッドなのに毎朝、ベッドメイクするのは女だなんて」と性差別を批判して喝采される。

同時代のウーマン・リブ運動の反映だろう。また、ボクシングの試合を観戦したコーネリアスは野蛮だと感じ、拒否反応を示す。そんな文化風刺があるかと思えば、『猿の惑星・征服』や『最後の猿の惑星』では猿と人の対立に関し、猿集団と人間集団それぞれの内部に生じた強硬派と和平派の意見の齟齬を描く。同調、差別、分断をめぐる一筋縄ではいかない状況を、猿社会の成立という寓話のなかでよくとらえていた。

一方、『猿の惑星』シリーズの出発点には歴史の遡行というモチーフが埋めこまれてもいた。人間は猿から進化したという通説を巻き戻すように、その惑星では人ではなく猿が支配者の地位にあった。また、一九六八年という映画第一作の制作年からすると、テレビやラジオ、飛行機などが存在しない『猿の惑星』の文明は、先進国ではなく発展途上国の水準にとどまっていた。二十世紀の人類からみると時間が逆行したかのように感じられるその社会が、実は未来のものであったからラストの衝撃は生じる。

時間が遡行するような風景をみせつつ、文明や人類のありかたを問うという物語のパターンはふるくからある。小野俊太郎は『太平洋の精神史　ガリヴァーから『パシフィック・リム』へ』（二〇一八年）で時間の遡行というテーマをめぐり、ターザン、ポー「モルグ街の殺人」、『キングコング』、『ジュラシック・パーク』、『地獄の黙示録』といった諸作品を逍遥していた。同書でも言及されるが、時間遡行テーマの代表的作品の一つに、イギリスのジョゼフ・コンラッドの小説『闇の奥』（一九〇二年）がある。

アフリカの象牙交易で力を持つクルツは、奥地で原住民から神とあがめられつつ蛮行を働いていた。物語は、船乗りマーロウが矢や槍の襲撃に遭いながらも密林を流れるコンゴ川を遡り、クルツの支配地域にたどり着くまでを追って進む。西欧的な価値観とアフリカ的な価値観の衝突、文明と自然、善悪の喪失、植民地主義批判といったモチーフが混然一体となった異様な中編小説だ。

ベトナム戦争を題材にしたフランシス・フォード・コッポラ監督の『地獄の黙示録』が、『闇の奥』を原案としていたことは知られている。映画ではアメリカ軍のカーツ大佐が命令に背き、カンボジア奥地で原住民を従えて自分の王国を築く。カーツ暗殺を命じられたウィラード大尉は、ベトナムの川を遡る。ウィラードが遭遇するのは、襲撃だけではない。搭載したスピーカーから大音量でワーグナーを鳴らしながら村を爆撃するヘリコプター部隊、戦場でサーフィンする兵士、慰問に訪れたプレイメイトに欲情し群がる兵士たち、敵味方がわからぬまま撃ちあい続ける部隊など、アメリカ軍の狂気の数々だ。ウィラードによるカーツ殺害の場面では、生け贄の水牛を屠る祭りの映像が挿入され、文化と土俗、正常と狂気の区別が失われた感覚が示される。

興味深いのは、『地獄の黙示録』の大枠に映画版『戦場にかける橋』との共通性がみられることだ。ピエール・ブールが『猿の惑星』以前に書いた『戦場にかける橋』の原作小説の冒頭には、ジョゼフ・コンラッド『勝利』（一九一五年）の一節がエピグラフに掲げられていた。

　いや、おかしくはない。むしろ悲壮だ。彼は、「偉大な冗談」時代のあらゆる古い犠牲者たちの身代りなのだ。けれども、世界が感動するのは、たった一人の愚行によるのだ。だから、概して尊敬すべき事柄なのだ。そのうえ彼は、人呼んで善人とする男なのだ。（関口英男訳。以下同）

『闇の奥』もそれを原案とする『地獄の黙示録』も個人の「愚行」を核にしていたが、『戦場にかける橋』も同様のモチーフを中心に持っていた。タイ辺境にある日本軍の捕虜収容所では、タイとビルマを結ぶ鉄道の敷設とクワイ河の架橋建設に取り組んでいた。収容所のトップであり、神命を信条とする斎藤大佐は、お上にいわれた通り建設計画を遂行しなければならないと、国際法を無視して捕虜のイギリス兵を酷使し虐待する。だが、技術力のない日本軍の精神論では失敗が続き、結局、イギリス兵の技術的提案に頼って工事を進めることになる。

捕虜の長であるニコルスン大佐は、自分たちの手で立派な橋を完成させることが、自国の誇りを内外に示すことになると、イギリス兵たちに作業への注力をうながす。もともとイギリスは日本と敵同士なのだから、サボタージュするほうが自国の利益になりそうなものだが、ニコルスンはファナティックなほど建設にのめりこむ。斎藤とニコルスンは立場に違いがあるものの、建設への注力では奇妙に一致してしまう。そのため収容所は、ある意味で二人の王国と化す。

猿と人のキス

日本軍の捕虜になった原作者ピエール・ブールの経験が、『戦場にかける橋』の発想の源にあったといわれる。小説では日本人を「黄色いエテ公」と侮蔑し、徴兵されていた朝鮮人を「ゴリラのような」と書くなどアジア蔑視が散見される。また、斎藤は海外生活をした過去があり、イギリス人がどんな風に日本人を笑いものにするか知っているだけに劣等感を抱いていると設定されている。『猿の惑星』との関連で注目すべきなのは、イギリス兵の次のセリフだ。

これらの日本人は、野蛮な状態からやっと抜け出したばかりで未熟そのものなのだ。彼らはわれわれのやり方を模倣しようと努めたが、やり方がわかってはいない。規範を失えば、途方にくれてしまうのだ。

これと同様の図式をブールは『猿の惑星』にも適用している。原作小説でチンパンジーの「コルネリウス」（大久保輝臣訳の表記）と人間のユリッス（映画版のテイラー大佐に相当する）は、次の会話を交わす。

「きみはたしかこうも言ってたっけ、地球上の猿には極めて発達した模倣性があるって？」
「そう。ぼくたち人間のすることはなんでも真似をする。つまり、真の意味での思考を要しない行為はすべてということだが。それだから《猿真似をする》という動詞があるくらいなんだ」（大久保輝臣訳。以下同）

模倣というふるまいを指摘することで、その種族の後進性を主張するわけだ。西欧を闇雲に追いかけていたかつての日本が模倣性を揶揄されたように、経済発展をとげた後の日本は著作権概念のゆるい中国をパクリ天国と嘲笑した。文化的な事象をめぐりどちらが発祥なのか、日本と韓国の間で議論になることもある。模倣かどうかは種族間対立のファクターとなるし、ザイアス博士が禁断地帯にこだわるのは、猿が人を模倣した歴史を隠そうとしたからだった。

『猿の惑星』では猿と人が対立するなか、過去の地球からやってきた知性あるテイラー／ユリッスと歴史の真実を知ろうとするチンパンジー夫婦の間でだけ、心の交流が成立する。小説ではユリッスとチンパンジー夫婦が別れを告げる場面において、ユリッスと「ジラ」（大久保訳）が抱きあい、続いて彼はキスしようとするが拒絶される。ジラはいう。

わるいけどあたしにはできない、できないのよ。だってあんたはぞっとするほど醜いんだもの！

猿と人という種族の違いからくる生理的嫌悪感からジラは逃れられない。だが、映画のジーラは友情を示すテイラーのキスを受け入れ、コーネリアスもそれを静かに見ている。彼女は「でも、あなたってなんて醜いんでしょうね！」というが、それは嫌悪感というよりも、猿としては大胆な自分の行為に戸惑い、冗談にしているようにみえる。

この場面から連想されるのが、大島渚監督『戦場のメリークリスマス』（一九八三年）でのキスだ。映画は、ローレンス・ヴァン・デル・ポスト著『影の獄にて』（一九五四年）を原作にしていた。同小説は、第二次世界大戦における作者の経験から着想されたものだった。ヴァン・デル・ポストにはイギリス兵として、インドネシアのジャワ島にあった日本軍の捕虜収容所で過ごした時期があったのである。捕虜になって恥を晒すくらいなら討ち死にすべしとの価値観を掲げる日本軍は、捕虜を蔑み、国際法を無視して虐待する。だが、敵同士の日本人とイギリス人の間に不思議な交流が起きる。原作者自身の経験が反映されている点や基本設定など、『戦場のメリークリスマス』は『戦場にかける橋』と共通した要素がある。

映画でビートたけしが演じたハラ軍曹の容貌についてヴァン・デル・ポストの小説は、前半で次のように描写していた。

口のなかには、薄黄色い、巨大な、丹念に総金縁にした歯がズラリと雁首をならべていたが、顔のほうは、ほとんど真四角に近く、額は狭くて、どことなく類人猿を思わせた。ところが、ハラの両眼ばかりは、実にすばらしく美しく、容貌や容姿と、まるで何の関係もないようだった。（由良君美・富山太佳夫訳。以下同）

ピエール・ブールが日本人を猿に喩えたのと同じく、ヴァン・デル・ポストもまた日本人を猿と重ねあわせる。人に進化する前の猿のごとく遅れた民族だという優越意識である。だが、「両眼ばかりは、実にすばらしく美しく」と心根のよさを暗示しており、捕虜兵のなかで日本軍との通訳を務めたロレンス中佐とハラ軍曹の間で後にある種の友情が生まれる伏線ともなっていた。

『戦場のメリークリスマス』でクライマックスとなるのは、日本軍と捕虜兵の対立が決定的になった場面でセリアズ少佐が、収容所長であるヨノイ大尉に行うふるまいだ。反抗的で薔薇を食うなど時に奇矯な言動をするセリアズにヨノイはどこか魅せられている。炎天下で捕虜兵を整列させたヨノイは、傷病者まで連れて来させる。そんな風に苛立ったヨノイのほうへ、セリアズが整列から脱け出し近づいていく。軍刀を持ったまま相手を突き飛ばすが切ることまではできないヨノイを、セリアズは唐突に抱きしめる。そして、小説では「両頬に頬ずりした」とあるが、映画では両頬にキスする。呆然としたヨノイは、失神したのに近い状態になってしまう。周囲の日本兵の直後の反応について小説ではこう書いている。

このとき例の歴戦の古参兵が突然、日本軍の突撃にはつきものの類人猿的な叫び声をあげてとび出してきて、セリエ（※映画版ではセリアズ）を殴打しはじめた。

戦場のディストピア

映画では、セリアズにデヴィッド・ボウイ、ヨノイに坂本龍一という、当時の米英と日本でそれぞれ美形とされ人気の高かったミュージシャンをキャスティングしていた。このため、二人が魅かれあい抱擁に至る過程には、同性愛的な含みも感じられた。傷病者まで引っぱり出す展開は『戦場にかける橋』にもあったし、今ふり返ると同作をボーイズ・ラヴ的にアレンジしたのが『戦場のメリークリスマス』のようにも思える。

ヨノイは類人猿のなかでは珍しく美しい人という扱いだったわけだが、映画公開当時に坂本が所属していたテクノ・グループは、イエロー・マジック・オーケストラと名乗っていた。名称から示唆される通り、グループは日本と中国を混同するような欧米からの色眼鏡を通した視線、オリエンタリズムを、自ら誇張して演じるところがあった。ゆえに、日本人がイエロー・モンキー扱いされた第二次世界大戦を舞台にした奇妙な日英接触の物語を映画化するにあたり、イエローを自称した坂本の起用は興味深かった。

映画版『猿の惑星』ではテイラーとジーラのキスは友情の成立を表現していたが、『戦場のメリークリスマス』ではキスの後、ヨノイは立場を失い、セリアズは処刑される。小説では二人のキスについてロレンスの視点でこう書かれている。

セリエが、部下の眼のまえでヨノイを侮蔑したことに気がつかなかったのかい？　日本人は男と女のキスを、どんなに自然な形のものであっても、最も猥褻な行為と考えるってことも、覚えていないか？

ヨノイとセリアズが魅かれあったからこそ生じた肉体的接触でもあったが、それは収容所における決定的な衝突を避けるため、セリアズがあえてした侮辱の行為でもあった。日本と西洋のキスに対するとらえかたの違い、敵対する民族の同性間でかわされた行為が与える禁忌の印象。この場面は、異なる文化の間に横たわる分断と一時的な同調のせめぎあいで生じている（ちなみに大島渚は『戦場のメリークリスマス』の次作として、人間の女性とチンパンジーの雄の恋愛をテーマにした『マックス、モン・アムール』（一九八六年）を監督した）。

ただ、『戦場のメリークリスマス』において、ヨノイは二・二六事件で決起に参加できず死に遅れたという思いがあること、セリアズはかつて障碍のある弟がいじめられるのを見捨てたことをそれぞれトラウマとして抱えている。収容所での二人の異様な行動は個人の内面に起因するとされ、戦争という大状況もただの背景でしかない。収容所が建つジャワ島の住民とはまるで関係のない出来事である。この種の身勝手さは、これまで語ってきた他の作品にもみられる。

『戦場にかける橋』では、斎藤とニコルスンの奇妙な日英連携で鉄橋が完成するものの、イギリス軍が編成した破壊工作部隊によって混乱のなかで爆破される。捕虜のイギリス兵の尽力で作られた橋が、イギリス軍によって無に帰す皮肉な展開だ。このような原作に対し、映画ではややひねりを加えている。日本軍の捕虜収容所から脱走したアメリカ兵のシアーズは、海岸で水着の美女と戯れ、ようやく得た休息を楽しんでいたが、イギリス軍から呼び出される。現地の事情をよく知る彼を鉄橋爆破作戦に参加させるためだった。シアーズはせっかく逃げてきた河の上流へ戻らざるをえなくなる。

美女との戯れにあらわれている通り、映画のシアーズは、性格に享楽的な部分を持つ人物とされている。斎藤とニコルスンがそれぞれ堅物であることとの対比が意図された演出だろう。映画版『戦場にかける橋』でシアーズがみせたアメリカ的な享楽主義が、後の『地獄の黙示録』における爆撃ヘリコプターが鳴らすワーグナー、戦場でのサーフィン、セクシーなプレイメイトに群がる兵士たちといった躁的な狂気の描写へと拡大していったと受けとれる。

また、『戦場にかける橋』の前半では収容所内での日本軍とイギリス兵の対立が主題になるが、後半では苦難の末に鉄橋を完成させた収容所の捕虜と鉄橋破壊工作部隊という味方同士の対比へと焦点が移る。いずれの局面でも、現地に暮らすタイやビルマの人々は、背景の一部でしかない。『地獄の黙示録』では、同様の構図が徹底され、アメリカ軍内部での暗殺が語られる一方、ベトナム人は群れとして映っても名前を持った個人としては登場しない。

日本、イギリス、アメリカの視点でアジアの戦場を描いた一連の映画は、これらの国の人々の自意識ばかりを追い、現地の人々との交流が語られるべきことがらとして前景化することはない。収容所のありかたが象徴的だが、戦場の軍隊は上下関係や管理、目標の遵守、敵味方の区別、裏切り者の処罰、閉域ができあがることなどにおいて、ディストピアの雛形といえる環境を作る。『戦場にかける橋』の原作者が『猿の惑星』の原作者でもあるのは、自然なことだった。

『蝿の王』の少年たちと猿

一九七〇年代の『猿の惑星』の映画シリーズは、核戦争によって人類が地球の覇権を失い、代わって猿が支配者になったものの以前にあった文明を発展させることはできず、むしろ後退したという設定で作られていた。一九六三年出版の原作では、模倣しかできない猿は文明を進歩させることができなかったとする一方、核戦争の設定はなく、映画化で加えられたのだった。第一作が公開された一九六八年よりも早い一九五四年に、近い発想の小説が書かれていた。ウィリアム・ゴールディング『蝿の王』である（以下の引用は黒原敏行訳による）。

飛行機が攻撃され海に不時着したため、生き残ったイギリスの少年たちは近くの無人島に上陸する。大人はおらず女子もいない男子だけの集団は、ほら貝を吹いたらみんなで集会を開くルールを作り、自分たちのリーダーを選挙で決める。母国で教育を受けた彼らは、大人のしていたことを真似て自分たちなりの民主主義を実践しようとするのだ。だが、救助が得られるように常に煙を上げておくことを重視するリーダーのラルフに対し、選挙で敗れたジャックは狩猟隊を率いて豚を狩ることにのめりこむ。

幼いためにルールを理解できず遊んでばかりいる年少組は「おチビたち」と呼ばれていた。ジャックたちは未開民族のように顔に戦化粧をし、島にいるらしい恐ろしい存在「獣」に豚の首を捧げるようになる。儀式を行う話になり、誰かが豚役の演技をするか、本物でなければだめだと声が上がった際、ジャックは「おチビを使うか」と軽口を叩く。やがて狩猟隊は、凶暴さを増す。

自然しかなく、自分たちで槍などの道具を作らねばならない環境で火を起こすために使われたのは、鈍重なため「ピギー（子豚）」のあだ名で呼ばれ続ける少年がかけていたメガネだった。みんなから嘲笑されていたものの彼はラルフに付き添う知恵袋であり、自分たちの民主主義で決めたルールを守れない状況を「まるで子供だ！」、「まったく子供の集団だよ——」と嘆いた。一方、ラルフと敵対の度合いを深めるジャックは、「ルールなんか糞くらえだ！」、「この手の話し合いばかりして——」と民主主義に否定的な態度を強める。そして、少年が少年を死に至らしめる出来事が起きる。

『蠅の王』では、原爆が使われたことを示すセリフはあるものの、飛行機が不時着した経緯ははっきりしていない。ただ、ゴールディングが出版社に持ちこんだ段階の初稿には、そこに至るまでがもっと具体的に書かれていたことが知られている。共産主義圏と自由主義圏の間で核戦争が勃発し、疎開のためイギリスの少年たちが乗っていた飛行機が、敵機から攻撃されたのだった。

核戦争後に生き残った少年／猿が自分の知っている文化を模倣して社会を維持しようとするが、水準が後退してしまう。『蠅の王』は『猿の惑星』と発想の出発点が共通している。また、豚殺しの儀式と少年による少年の殺害が関連づけられている点は、『地獄の黙示録』で祭りの牛殺しとカーツ大佐暗殺が重ねあわされていたのと似ており、この小説が『闇の奥』と同様に原始への遡行をテーマにしていることがうかがえる。

『蠅の王』では、島外から発見され救助してもらうための煙を重視するラルフと、狩猟生活を続け反対派を制圧して島内で楽しく暮らそうとするジャックの対立の激化を軸に物語が進む。二人の関係性は、『最後の猿の惑星』において人間との共存を考えるリーダーのシーザーと、シーザーへの反乱を計画し人間を皆殺しにしようとするアルドーという猿たちの対比と同型だ。アルドーは猿殺しが発覚したあげく、自らが追いつめられることになる。その際、周囲の猿たちは「人は人を殺すが、猿は猿を殺さない」のスローガンの裏返しとして「猿が猿を殺した」と揃って叫ぶ。この場面は、『蝿の王』において、ピギー（Piggy）と呼ばれる少年もいる島で、ジャック率いる狩猟隊が「豚殺せ（Kill the Pig）。喉を切れ。血を流せ」とペイントした顔で唱和する不穏な熱狂と通じるところがある。

助かるために煙を上げ続けるべきだという合理的な判断を捨て、目先の狩る楽しみにのめりこみ原始の生活に退行するジャックとは異なり、リーダーの座を追われるラルフは、ピギーとともに理性の側にいたはずだ。ところがそんなラルフですらストレスのせいか、気づけば爪を嚙む癖が復活している。彼は「つぎは指しゃぶりを始めそうだ――」と呟くし、自分が幼児退行しそうな危うい精神状態であることを自覚していた。

種族の歴史と個人の記憶

『猿の惑星』に関しては二十一世紀に入ってリブート版の映画三部作が製作された。一九七〇年代のオリジナル・シリーズと大きく違ったのは、核戦争のモチーフを使わなかったこと、未来と過去がメビウスの輪的につながるタイムパラドックスものではなく、時間の生起する順番に猿社会の確立までを追う叙事詩的なかまえで描かれたことである。核戦争の代わりに導入された破局の引き金は、人を退行させるウイルスのパンデミックだ。

リブート・シリーズ第一作『猿の惑星：創世記』（二〇一一年）では、製薬会社に勤務するウィルがアルツハイマー型認知症の治療薬ALZ112をチンパンジーに投与する。そのメスの死後、ウィルは子猿のシーザーを自宅で育て始め、高い知性を目の当たりにする。薬効に期待したウィルは認知症の父にALZ112を投与し、一時は目覚ましい回復を実現する。だが、数年後、父に強い副作用が現れ、かつて以上に認知機能が減退し問題行動を起こす。ＡＬＺ１１２は製薬会社が実験で投与した猿たちの知性を向上させる一方、人間にとっては退行と死を招く危険なウイルスだった。リブート第一作では、シーザーの先導により実験施設や動物園から解放された猿たちが人間と戦った後、森へと去っていった。

『蝿の王』では自然しかない無人島という状況ゆえに、少年たちが民主主義を維持しようとする文化的な姿勢を失い、原始的な生活へと逆行した。一方、オリジナルの『猿の惑星』シリーズでは、猿から人へという進化の道筋を裏返したかのごとく、知性を有する猿が言葉を使えない人間を支配していた。そのような歴史の遡行、精神の退行というモチーフを『猿の惑星』リブート・シリーズも中心に有するが、退行の経緯が異なる。オリジナル・シリーズや『蝿の王』は核戦争のために世界全体が変質し、人々の退行が引き起こされた。それに対しリブート・シリーズは、ウイルスが個体ごとに作用し、感染が拡大して社会状況が変化する。核戦争に代わって発達した生命科学の暴走が、破局の出発点とされるのだ。

シーザーは人間との対決を望むわけではなく、猿たちが森へ移動することで棲み分けようとした。リブート第二作『猿の惑星：新世紀《ライジング》』（二〇一四年）では、猿インフルエンザと呼ばれた殺人ウイルスのパンデミックで文明が崩壊した後、生き残った人間がショッピングモールなどで生活している。ゾンビが蔓延する世界で生き延びた人々がショッピングモールに立てこもるジョージ・Ａ・ロメロ監督の映画『ゾンビ』（一九七八年）の設定の借用だ。

彼らは失われた電力を取り戻すために水力発電所を修復しようとするが、それは猿の居住地域にあった。シーザーとの協議により立入は許可されるが、猿の主戦派であるコバが人からのテロ攻撃をでっち上げ、事態はこじれる。このへんの展開は、エネルギー利権の争い、攻撃のための理由捏造といったアメリカと中東の関係への風刺がうかがわれる。

リブート・シリーズでは、ウィルに育てられた子ども時代を覚えており人との友情を経験しているシーザーと、製薬会社の施設で虐待された過去があるため人を憎んでいるコバという猿同士の対立が軸になる。オリジナル・シリーズの『最後の猿の惑星』におけるシーザーとアルドーの対立を踏襲しているわけだ。「猿は猿を殺さない」の戒めはリブート・シリーズでも受け継がれるが、シーザーは「コバはもはや猿ではない」と言い放つ。虚偽の事実をもって猿集団の主導権を奪おうとしたコバを、シーザーは殺害する。

リブート第三作『猿の惑星：聖戦記《グレート・ウォー》』（二〇一七年）では「猿が猿を殺した」トラウマに苦しむシーザーが、妻子を人間に殺され、復讐しようとする。本作では、猿集団が人間の部隊に捕らえられて労働を強制され、飲食物を与えられないなど痛めつけられる。猿インフルエンザで言語能力を失い退化していく発症者を感染防止のために殺害するか保護するか、人間同士で争いが発生していた。駆除派であるその部隊は、対立する勢力との戦いに備えるため、猿たちを酷使して壁を建設させようとする。

猿集団が収容監禁されたその基地にはアメリカ合衆国の国旗が掲げられ、強制労働の前にはアメリカ国歌が大音量で鳴らされた。同作の設定には、移民排除のために壁を建設しようとし、弱者を切り捨てようとするトランプ大統領的な分断をよしとする価値観への批判が受けとれる。基地を狂気の王国のようにして支配する大佐の造形には、薄闇に浮かび上がるスキンヘッドのシルエットなど、『地獄の黙示録』で暗殺されるカーツをなぞった部分がある。また、強制収容、建設のための過酷な労働といったシチュエーションは『戦場にかける橋』を踏まえている（それ以外に映画『大脱走』の要素もある）。リブート最終作は、『猿の惑星』のもともとの原作者ピエール・ブールが同作以前に執筆した『戦場にかける橋』へと遡ったかのごとき内容を含んでいたのだ。異なる種族や文化の摩擦を描く物語の伝統的な定型を受け継いでいるといってもよい。

猿と人が対立するだけでなく双方の陣営に和平派がおり、派にとらわれない個のレベルの交流もみられる。そのように分断と同調の入り混じった複雑な関係性を扱う点は、リブート・シリーズもオリジナル・シリーズと同様である。ただ、かつて『新・猿の惑星』で未来から訪れたチンパンジー夫婦とその子どもを殺すことで猿に支配される将来を避けようとしたような、人類による歴史への関与という姿勢は、リブート・シリーズには希薄だ。

『猿の惑星：聖戦記』では、モーセの十戒で知られる『旧約聖書』の「出エジプト記」のように、シーザー率いる猿集団が新天地を求めて旅をする。安住の地にたどり着いて間もなく、傷ついていた彼は息を引きとるが、その直前に旧友のオランウータンと交わした会話で、シーザーが猿たちのためになにをしたか、息子世代に語り継がれるだろうことが示唆される。三部作は神話的な英雄譚として締めくくられ、語り継がれることで猿という種族の歴史が始まることを観客に伝えて終わる。

それに対し、この最終作で敵役となる大佐は、猿インフルエンザにかかった息子を殺した過去を持つうえ、自身も感染して喋れなくなり、自殺を望むのだ。人類の歴史どころか個人の知性が後退し、意思の疎通や記憶の維持も難しくなっていく。猿と人のそうした明暗の対比が、リブート三部作を形作っている。

科学的ディストピアと神秘主義

この節では『猿の惑星』をはじめ、過去への遡行をモチーフとする作品をとりあげた。一方、本書第一章で言及したオルダス・ハクスリー『すばらしい新世界』には、過去をとり囲むという設定があった。同作の世界では子どもは瓶から産まれ、幼いうちに睡眠学習で各階級の意識を植えつけられ、それぞれの身分にみあった満足というものを覚えるのだった。成長してからもなんらかの不快な感情がわいた時には特効薬のソーマを服用すれば解決する。医学レベルで人間の思考や想像力が管理され、個人の不満が生じるはずのない状況である。出産ならぬ出瓶が当たり前となり、家族制度が否定され、フリーセックスが普通であるこの世界には、野人保護区と呼ばれる地域があった。野人とは、過去の価値観のまま暮らす存在だった。

この世界の文明人にとっては淫らなことがらでしかない「親」、「父」、「母」、「生まれる」といった概念を、高圧電線の柵に囲まれた保護区に暮らす野人は普通のことだととらえている。「個人の感情は社会の乱調」を標語の一つにしている文明人は、野人が感情を露わにするのをおぞましく感じる。保護区の外に出された野人のジョンが実母の死に悲しみ取り乱すのを見た看護師長は、みっともないと思い、近くにいた子どもに悪影響を与えると心配する。恐ろしく認識にギャップがある。

宗教や習慣など文化の異なる先住民族、少数民族が、保護や自治の名目で隔離され管理抑圧にさらされることが、世界各地で繰り返されてきた。それと同様の構図である。保護区の外でジョンは、見世物扱いされるようになる。怒っても馬鹿にされるだけだ。

「あっちへ行け！」と怒鳴りつける。

猿が口をきいたとばかりに、爆笑と拍手が盛大に湧き起こる。「いいぞ、野人！　フレー、フレー、野人！」

周囲の文明人は、野人のことを進化する前の猿のようにとらえている。管理と制御の行き届いた〝快適〟な社会で生きる人には、家族や感情に拘泥し「僕は不幸になる権利を要求する」とまでいうジョンは、前時代の未開の野蛮な存在にしかみえない。だが、彼は、シェイクスピアに親しんでおり、前時代の基準からすればむしろ教養のある人物なのである。『すばらしい新世界』という書名も、ジョンが口にしたシェイクスピアの戯曲『あらし（テンペスト）』のセリフから付けられている。ジョンが野蛮とされるのは、この〝新世界〟での受けとられかたであり、絶対的な基準ではなく相対的な基準によるものでしかない。

作者のハクスリーは、そんな皮肉な内容の同作について知人宛ての手紙に「H・G・ウェルズの足を引っぱるのが、おもしろかった」と書き残している（新井明『講座　イギリス文学作品論　第十六巻　オルダス・ハックスリー』）。『すばらしい新世界』には、二十八歳上で時代を共有していたSF作家のウェルズが、科学の進歩した未来を楽観視していたことへの批判意識が反映されていたのだ。

一九三二年に『すばらしい新世界』を発表したハクスリーは、一九四八年には、第三次世界大戦で原子爆弾が使われ、廃墟となったアメリカを舞台にしたシナリオ形式の小説『猿と本質（エッセンス）』を書いた。そのタイトルも、シェイクスピア『尺には尺を（以尺報尺）』の次のセリフに由来していた。

ところが人間は、傲慢な人間は、束の間の権威をかさに着て、自分がガラスのようにもろいものであるというたしかな事実も悟らず、まるで怒った猿のように、天に向かって愚かな道化ぶりを演じて

は天使たちを泣かせています。（小田島雄志訳）

その後のハクスリーは、神秘主義へ傾倒していく。一九五四年刊行の『知覚の扉　The doors of perception』（書名はウィリアム・ブレイクの詩「天国と地獄の結婚」に由来する）では、幻覚剤であるメスカリンの服用で体験した変性意識について書いた。それは空間や時間に対する感覚が変容し、宇宙のあらゆるものを受けとめること（遍在精神）だとした同書は、後のニューエイジ・カルチャーに大きな影響を与えた。『地獄の黙示録』では、サイケデリック・ムーヴメントが華やかだった一九六〇年代後半にアメリカで人気のあったロック・バンド、ザ・ドアーズ The Doors の曲が重要な場面で流れた。オリジナル版は十分以上あった「ジ・エンド」からの抜粋がオープニングでテーマ曲的に使われただけでなく、カーツ暗殺と供犠の牛殺しが交差する終盤も盛り上げた。映画で使われなかった部分には、父を殺し、母を犯すといい放った一節があったし、原初的な禁忌を題材にしたことで知られる曲でもある。そのように映画と同じく「ジ・エンド」で時間を遡る感覚を表現していたザ・ドアーズのバンド名は、『知覚の扉』からとられていた。

ハクスリーは、科学の進歩を皮肉ったディストピア小説の古典を残した。その一方で、神秘主義やドラッグのポピュラー化に寄与した。彼は、ピエール・ブールが小説『猿の惑星』を刊行した一九六三年に死去している。

二　都市の見えない部分

『ズートピア』の社会構造

肉食も草食も、あらゆる動物がともに暮らし、「誰でも何にでもなれる」楽園ズートピア。そんな楽園に憧れ、故郷の田舎町からやってきたウサギのジュディが、差別や偏見といった現実に直面するのが、ディズニーのアニメ映画『ズートピア』（二〇一六年）だった。後に当選するドナルド・トランプが大統領選に出馬し話題になっている時期に公開された映画は、アメリカの理想と現実のズレを動物寓話の形で描いた物語だったといえる。

ジュディは、初のウサギ警察官として採用される。それは、ズートピアの平等と共生をアピールしたいライオンの市長の政治的判断だった。水牛の署長をはじめ、サイやカバなど大型動物が集まっている警察署の現場では、ジュディのような小動物のメスは一人前と扱ってもらえず、捜査活動に加えてもらえない。だが、駐車違反の取り締まりをやらされたジュディは、なりゆきでキツネの詐欺師ニックと組み、カワウソの行方不明事件を追った結果、肉食動物の連続凶暴化事件を知る。事件の背景には、マイノリティである肉食動物が権力の座を得ていることに対する草食動物の不満があった。

物語には、肉食と草食、体の大きさ、性別など様々な偏見や差別、意識の違いが登場する。ジュディの親はウサギらしくニンジンを作る安定した生活が幸せに結びつくと信じており、娘が警察官になって危ない目に遭うことには反対だ。田舎に満足している保守的な親と、都会の自由に憧れる子どもの人生観は、愛しあう同士でもすれ違っている。

また、世間からキツネはずる賢いと決めつけられ、どうせ偏見にさらされるならと詐欺師になったニックと、小動物のメスであるために冷遇されるジュディは、差別される同士として共感し、友情が生まれていく。しかし、ジュディは記者会見で肉食動物の狂暴化に関し、DNAの問題かもしれないと失言してしまう。証拠があるわけでもないのにふともらしてしまった彼女の〝優生思想〟的な発言は、肉食動物を危険視する風評被害を拡散させ、社会の分断を招く。肉食のキツネであるニックと草食のジュディの友情にもひびが入る。

その後、ジュディは反省してニックとも仲直りし、事件を解決に導く。正義や偏見を固定的に描かず、自覚がなく悪気のないままに行われていることも指摘しつつ、よりよい方向を目指す。物語は繊細かつ誠実に組み立てられ、総体としては良質な作品になっている。

ただ、草食動物を食べなくなった肉食動物の設定だけは、脆弱さを指摘せざるをえない。作中では、DNAによる決定論が退けられる一方、進化によって食べなくなったとされる。この説明にどこまで説得力があるか。映画の制作段階では、肉食動物に首輪が嵌められ、そこに付けられたランプが興奮度によって変化し電気が流れることで草食動物を守るという設定案もあった。だが、首輪のイメージはネガティヴで抑圧的だとして採用されなかった（『ズートピア』ブルーレイのボーナスコンテンツ「湧き出るアイデア」）。シリアスなテーマを扱うとともにディズニー的なハッピーエンドを迎えるためには、完成品で使われた設定しかなかったのだろう。とはいえ、肉食という本来の属性が進化によって抑制されたとする都合のいい説明は、根拠として弱い。

本書第一章で触れた伊坂幸太郎『夜の国のクーパー』では、猫と鼠が対話する寓話的なパートがあった。鼠は猫に対し自分たちを狩らないように要望する。鼠にとっては、命のかかった大問題だ。だが、猫は、鼠に敵意を抱いているのではない。特に考えもなく鼠を狩るものとして生まれ育ったにすぎない。懸命に取引条件を考えて交渉しようとする鼠と、そのことを気にする発想すらなかった猫では、認識にギャップがある。これが、肉食動物と草食動物の間にある現実だろう。

そうした乖離をどのように克服したのか、『ズートピア』は描いていない。動物のアイデンティティや歴史を否認、無視することで、楽園が作られる。意地悪な見方かもしれないが、同作は、特定の集団が自分たちの属性を捨てて譲歩しなければ、正しい共生、平等は成り立ちえないと暗示しているようである。

一方、『ズートピア』で興味深いのは、様々な動物が共生するための方法が都市に備わっていることだ。故郷の田舎からズートピアの都会へ走る列車では、異なる動物たちが混乱なく乗降するため、車両に大、中、小のサイズ別のドアが設けられている。駅では、カバが体についた水を振り落とすスペース、小動物が移動するチューブ、背の低い動物が背の高い動物に店の商品を渡すために作られたチューブなど、姿形の異なるものたちが同じ場所で過ごすための仕組みが用意されている。また、映画前半では、泥棒を追ったジュディが、ネズミばかりが住むミニチュアのような街区に入りこみ、混乱を引き起こす。そこでは小動物のジュディも相対的に巨大な存在となるわけだが、ズートピアでは体のサイズごとに居住地域のゾーニングが行われていることを示唆する場面となっている。

このような舞台で物語のヒロインであるウサギのジュディと行動をともにするのは、キツネのニックなのだ。二人は差別される立場という共通項があるが、警察官と詐欺師、草食と肉食という差を抱えた凸凹コンビである。白人と黒人、アメリカ人と日本人というように属性の違う同士で捜査させることにより、彼らが生きる社会の構造を浮かび上がらせ、風刺、批判するミステリー作品は、過去に多く書かれてきた。アイザック・アシモフのSF小説『鋼鉄都市』（一九五四年）のようにニューヨーク市警の刑事とロボットがコンビを組んだ例もある。

アシモフはロボットに関し、「人間に危害を加えてはならない（第一条）」、「人間の命令に服従しなければならない（第二条）」、「第一条と第二条に反しない限り自己を守らなければならない」という「ロボット工学三原則」（『われはロボット』一九五〇年）を考案した作家だった。『鋼鉄都市』ではその三原則と矛盾する事件が発生する。人間とロボットのように互いが異質で摩擦も起きる凸凹コンビは、「ロボット工学三原則」のようなその社会の規範に潜む危うさを語るのに適した設定でもある。ジュディとニックもそうした凸凹コンビを主役にしたミステリー作品の系譜に現れたのだ。

群集の人、見えない人

話の前半で謎が提示され、後半で意外な真相が明かされるというミステリー小説の祖は、エドガー・アラン・ポーとされる。犯人が出入りできなかったはずの密室で起きた殺人事件を探偵デュパンが推理によって解決する短編「モルグ街の殺人」（一八四一年）が、ミステリー小説の始まりだといわれることが多い。それに対し、同作よりもさらにポーの作品を遡り、「群集（群衆）の人」（一八四〇年）がミステリー小説の原型だったと指摘したのが、ヴァルター・ベンヤミンだった。

この短編では、カフェで窓から街行く人々の姿や表情を観察し、彼らの身分や職業を推測していた語り手が、ある老人の顔に引きつけられる。「どれだけの激しい歴史が、あの胸中に書き込まれているのだろう」（小川高義訳。以下同。『アッシャー家の崩壊／黄金虫』所収）と気になり、語り手は老人を尾行し始める。特に目的地があるようではなく都心や貧民窟を徘徊する老人を、翌日の夕暮れまで追い続けた。そして、語り手は、相手が常に人が大勢いるところにいようとしているだけだと理解する。

罪悪の典型にして権化。どうあっても一人にならない。群衆そのもの。群衆の人だ。

そうつぶやいて語り手は追跡をやめ、特に事件がおきないまま話は終わる。だが、事件が発生し、群集のなかにまぎれていた犯人を探偵が特定する展開になれば、それはミステリー小説の形になる。このため、「ボードレールにおける第二帝政期のパリ」（一九三八年）で「探偵物語の根源的な社会的内容は、大都市群衆のなかで個人の痕跡が消されることである」（『パリ論／ボードレール論集成』浅井健二郎編訳、久保哲司・土合文夫訳。以下同）としたベンヤミンは、同短編がミステリー小説の始原であると指摘した。

ポーの有名な短篇小説《ノヴェレ》「群衆の人」は、探偵物語のレントゲン写真のようなものである。探偵物語を包む衣服、すなわち犯罪が、この短篇では欠落している。残っているのは道具立てだけ、すなわち追跡する者と、群衆と、ひとりの見知らぬ男であり、この男は、つねに群衆のただなかにいるように道を選んでロンドン中を歩き回る。

ミステリー小説の探偵の原型といえる「群集の人」の語り手は、街を抽象的に観察するなかでこう考えていた。

通行人の総体を見ながら、個が集合する全として考えていた。しかし、まもなく細かいことに目が行って、人相、風体、表情、足の運びなど、各人各様であるものだと丹念に見るようになった。

ここでは、個々人で差異を持ちつつも互いが同質で同格でもある都市群集の性質が語られている。ベンヤミンが「群集の人」をミステリー小説の始原だとする一方で、ハワード・ヘイクラフトがミステリー小説の繁栄は民主主義が基本条件だとする説（『娯楽としての殺人　探偵小説・成長とその時代』一九四一年）を唱えたのは、同根のとらえかたによるだろう。一票の平等に象徴されるように民主主義は、市民一人ひとりが同格であることを前提に法と秩序が組み立てられているのが建前だ。群集の同質性のなかに犯人が隠れ、まぎらわしい容疑者が複数いるなかから探偵が犯人を特定するのが、ミステリー小説の妙味なのだ。

犯人が隠れるのは、群集のなかだけではない。人が多く行き来する街では、郵便配達や宅配便、電気工事など、いることが当たり前で風景の一部と化して周囲から興味を持たれない人々がいる。彼らは制服の着用でそこにいることを受け入れられるが、個人として顔を記憶されることは少ない。G・K・チェスタトンの古典的短編ミステリーの題名にもなっている「見えない人（男）」（一九一一年）が、様々な形で存在する。犯人がそうした状況を利用するだけでなく、刑事など捜査する側も密かに監視、尾行するため「見えない人」になろうとする。

「見えない人」の原題は、「The Invisible Man」であり、H・G・ウェルズのSF小説『透明人間』（一八九七年）の原題と同じだ。チェスタトンの同作を南條竹則は「透明人間」と訳していた。また、周囲からかえりみられていないと感じる人間が、自分を「透明人間」に喩えることもある。清水学は、都市風景のなかで人がどのように見られてきたかを文学作品から考察した『思想としての孤独〈視線〉のパラドクス』（一九九九年）において、「透明人間」のモチーフが「分身」のモチーフを伴いがちなことを指摘している。清水はそれを群集のなかの孤独という観点から論じたが、他から注目されない、取るに足らない存在はありふれた存在でもあると、透明人間＝分身の等式で表すこともできるだろう。分身のモチーフが、その人間と同質の人間はいくらでもいるという状況を暗示しているのだ。

下級官吏が自分の分身の出現に悩まされ、町中が自分の分身だらけになる悪夢を見る場面のあるドストエフスキー『分身（二重人格）』（一八四六年）。はずみでオレオレ詐欺を働いた俺の周囲が俺だらけになり、俺の増殖した社会が大変なことになる星野智幸『俺俺』（二〇一〇年）。二作には、都市の群集と分身モチーフの関係がよく表現されている。

ポー「群集の人」では人種や民族に関する描写としては、「紳士とは言いがたい方面の話」の一つとして「行商のユダヤ人」が登場するだけだった。だが、黒人などのマイノリティが、自分とは人種や民族、身分の異なるものが多数を占める社会から無視される己を「透明人間」に喩えることもある。彼らは、群集のなかに数えられることすらない。

『都市と都市』の見えない壁

その意味でトランプが、二〇一七年一月二十日のアメリカ大統領就任演説に入れたこのフレーズは、よくできたものだった。

忘れられたわが国の男性たち、女性たちはもう忘れられることはないでしょう。皆が今、あなた方に耳を傾けています。

（「CNN English Express」編集部編『トランプ就任演説』二〇一七年。以下同）

続いて都市部の貧困、各地のさびついた工場、教育制度の不備、犯罪の横行に言及し、「アメリカ人労働者のことについては一顧だにされませんでした」と述べ、中間層の富は世界中にばらまかれたとの認識を語った。「透明人間」のごとく扱われてきたと感じるトランプ支持の「アメリカ人労働者」は「忘れられた」人とは自分のことだと思っただろう。

そのような「透明人間」とは逆に政治的、宗教的な権威を圧倒的に持っているがゆえに一般人が直接目視することを禁じられているような、見てはいけない人間も存在する。ミステリー小説は、その種の視線の力学を利用して犯人の居場所を隠してきた。

作者が謎を提示し、読者が解く、知恵比べのミステリー小説では、真っ当に推理すれば真相に至れるように伏線が張られていなければならない。そのための古典的な「べからず」集として知られるノックスの十戒（一九二八年）では「中国人を登場させてはいけない」、ヴァン・ダインの二十則（一九二八年）では「端役の使用人などを犯人にするのは安易」とする項目があった。当時、中国人は魔法を使うといわれ犯罪の現実的実行可能性を問うミステリー小説のフェアプレイにそぐわないとされたこと（ＹＭＯが「イチロー・マジック」と自称するオリエンタリズム）、読者が個人名を記憶しないような使用人を結末でいきなり重要人物と扱っても興醒めであることが「べからず」の理由とされてきた。これらの項目は、人の立場と視線の力学という観点からも興味深い。

『ズートピア』の場合、大型動物による小動物の無視や軽視の形で差別が描かれ、キツネへの蔑視で偏見が語られ、マジョリティの草食動物がマイノリティの肉食動物を敵視したことから犯罪が起きた。それらの視線をフラットな状態にすることがユートピアへ近づく道だと示された。これに対し、視線に関して思い切った設定を導入し、特異な社会を形作ってみせたのが、チャイナ・ミエヴィル『都市と都市』（二〇〇九年）である。

社会の分断を描いた作品は多く存在する。例えば、ディストピアを描いたＳＦ映画の古典『メトロポリス』（一九二七年）では、地下で労働者階級が辛い仕事を強いられる一方、指導階級が住む地上には大聖堂や歓楽街があり、摩天楼の上層には権力者が住んでいる（地上と地下の対比で階級差を表現した点は、Ｈ・Ｇ・ウエルズ『タイム・マシン』（一八九五年）を受け継ぐ）。美女ロボットの出現により指導層は乱れ騒ぎ、労働者は工場を破壊して社会は混乱する。だが、「頭脳」である指導層と「手」である労働者が「心」によって調停される楽観的な結末が用意されていた。

一方、現実世界に目を向ければ、かつて自由主義圏と社会主義圏で東西に分断されていたドイツでは、主要都市ベルリンも壁で東西に隔てられていた。また、朝鮮半島の北緯三十八度付近を軍事境界線とした北朝鮮と韓国、イスラエルがパレスチナ人を隔てるためヨルダン川西岸に設けた壁など、地域の物理的な分断が世界各地に存在する。

それに対し、ミエヴィルが『都市と都市』で描いてみせた分断は、物理的なものではない。舞台は現代のヨーロッパ。ベジェルとウル・コーマという二つの架空国家は、単純に隣同士なのではなく、モザイク状に互いが入り組んだ形で存在していた。しかも、それぞれの国民は、相手の国民や建物を見ないように、認識しないように教育されていた。いわば、相手国に対する壁が意識に植えつけられ、相手国を見ないようにその壁が視線を遮るのだ。「分割線《ザ・ライン》」に基づき、自国側に属する「完全《トータル》」、相手国側の「異質《オルター》」、複雑に交じった「クロスハッチ」を把握して行動することを習慣化していた。実体はないのに遮断性の高い壁が、内面化されている。伊藤計劃『虐殺器官』では、兵士がスムースに戦闘できるように「痛覚マスキング」が施されていたのに対し、『都市と都市』では二国が共存するため、心理にフィルターをかけ視覚をマスキングしているわけだ。

独裁国家の北朝鮮では、旅行者が国家にとって都合の悪いものを見たり撮影録音しないようにガイドが監視したりする。だが、ベジェルとウル・コーマの場合、旅行者は事前に画像や映像を使ったシミュレータにより、滞在先の国だけを見て、隣の国に関してはぼやけたまま目の焦点があわなくなるように研修を受けなければならない。北朝鮮と韓国の間では、境界線上の中立地帯にある板門店で協議が催されもする。ベジェルとウル・コーマの間にも板門店の施設に相当するコピュラ・ホールがあり、関所の役割を担っている。ここを通ったら、見える国が切り換わるのだ。というか、切り換えねばならない。

『都市と都市』では、二つの国に関わる殺人事件を捜査するベジェルの刑事がウル・コーマへ出張するが、同国刑事に従うよう求められ軋轢が生じる。

同作では、ミステリー小説における「見えない人」を〝見えない国〟へ拡大する大胆な発想が採用されている。群集のなかに個人がまぎれこむのではなく、国の異なる二つの群集が、互いを透明であるかのようにふるまうことが常識になっている設定なのだ。異なる民族を汚い連中だと軽蔑して無視する。暴力団にからまれることを恐れて相手の顔を極力見ない。その種の人種や階層に起因する視線の力学を極端にデフォルメしている。

ミエヴィルはインタヴューで「ミステリは都市とダイレクトに結びついている」、「〝都市を解読する〟という発想そのものが、ぼくにはすごく重要だった。犯罪小説において、都市は無数の手がかりが織りなすテキストであり、さまざまな可能性のあいだで揺れ動く量子振動なんだ」と発言している（『都市と都市』の大森望の文庫解説による）。この作品は、ポー〜ベンヤミン的な都市ミステリーの系譜で書かれたわけだ。

先の発言に「量子振動」という表現があったが、量子力学の確率解釈に関して「シュレーディンガーの猫」という喩え話がよく知られている。箱の中のラジウムがアルファ粒子を出すかどうかで青酸ガスの発生装置の作動の有無が変わり、入れられた猫の生死が決定する。蓋を開けるまでは確率は半々であり、猫は生と死が重なった状態だというパラドックスを指摘した話だ。『都市と都市』では、ある瞬間にベジェルとウル・コーマのどちらにいるのかわからない人間のことを「シュレーディンガーの通行人」と呼ぶ一節がある。現実世界においても、どの国、どの民族、どの階層の人間かで攻撃対象になるかどうかが決まる状況は場所によってはあるのだから、「シュレーディンガーの通行人」という生死の確率論的フレーズは、恐ろしく響く。

分断国家のアレゴリー

もちろん、いくら統制に力を入れていても、ベジェルとウル・コーマの間で相手国を見る、隣国人と物理的に接触するなど、違法な越境がなされることはある。違反は「ブリーチ」行為と呼ばれ、同じく「ブリーチ」と呼ばれる謎の組織が違反者を連行してしまう。両国の住人の多くは、「ブリーチ」の規範を内面化することで市民生活を送れているのだ。イギリスの哲学者ジェレミー・ベンサムは、円形の刑務所に犯罪者を収容し、中央に看守塔を設置した全展望監視システム＝パノプティコンを構想した。フランスの思想家ミシェル・フーコーは、看守が塔の高みからいつ監視しているのかわからないそのシステムは、管理、監視を囚人自身に内面化させると論じた。「ブリーチ」は、その種の内面化を強いる。

ベジェルとウル・コーマそれぞれの警察以上に「ブリーチ」は絶大な権力を有し、畏怖される。二つの都市国家には「雨と煙はどちらの都市にも住める」ということわざがあった。それは、南北の境界線を越えて飛ぶ鳥に分断された故郷への思いを託した歌「イムジン河」が表現した朝鮮半島の状況を連想させるものでもある。

ベジェルとウル・コーマの間では過去に二度、短い戦争があったが、今ではこの形で友好を回復している。言語や文化の異なる二国が、同じ地域にありながらなぜ分裂に至ったのか、両都市では一世紀分の記録が削除され消失しており、歴史は曖昧模糊としている。日本が北方四島、竹島、尖閣諸島の帰属をめぐってロシア、韓国、中国と対立し、各国が自国領土であることの歴史的根拠を主張しているように、『都市と都市』でも過去の真実は宙吊りになっている。

また、ベジェルとウル・コーマのどちらに属するか議論になっている紛争地区があるだけでなく、二国間にはオルツィニーという秘密の第三の都市があるのではないかとする民間伝承まで流布されている。内面化された「ブリーチ」が、オルツィニーの都市伝説を生んでいるという構図だ。二国では過去に関する考古学的調査が行われる一方、未来に向けた統一主義者のデモなども行われているが、現在の体制はなかなか揺るがない。

『ズートピア』では、体のサイズが異なる動物たちが大、中、小の各ドアから出入りし、スムースに同じ列車に乗っていた。ベジェルとウル・コーマでは同様のスムースな通行を、隣国民を互いに見ないことで可能にしている。同じ場所を共有しながら、相手がいないかのようにふるまうルームメイト同士のような暮らしを国単位で実現しているのだ。『都市と都市』の方法でエルサレムをパレスチナとイスラエルに分割することを提案した政治学者もいるらしいが、現実の分断地域に比べれば、同作の状況はユートピアに感じられるだろう。

ミエヴィル自身は、小説が現実の政治状況のアレゴリーと読まれることに異議を唱えている。『都市と都市』の出発点は、作者がファンタジー短編用に持っていたアイデアだったという。文庫解説の大森望はミエヴィルの発言を「最初は、同じロンドンの街で暮らす人間とネズミがまったく違う生活様式を持っているのと同じように、環境に対する接し方がぜんぜん違う複数の種族が同居している都会を描くことを考えていたが、人間同士の話で書いたほうが面白いと途中で考え直した」と要約し紹介している。だが、同作にはイスラム教、ユダヤ人街、統一前のベルリン、クルド人、トルコ人など、分断や敵対にまつわる実在の宗教、民族、地域への言及もちりばめられており、アレゴリーとして読まれることは拒否できないし、読者はそう受けとることで作中都市への想像を補強できるのでもある。

とはいえ、同作における二国の都市シェアによる共生は、フィクションだからできる解決法だ。一方、日本にも異種族の共生をテーマとするにあたって、見ないことを発想の出発点においた例があった。人気を得てシリーズ化されたきむらゆういち（木村裕一）の童話『あらしのよるに』（一九九四年に第一巻刊行）である。

『あらしのよるに』における異種族間の友情

第一巻では、夜に嵐から逃れるため、ヤギとオオカミが相次いで同じ小屋に逃げこむ。だが、室内は真っ暗。それぞれ風邪を引いて臭いがわからなくなっている。このため、言葉を交わし、体を寄せあうことまでするけれど、なりゆきでお互いが似ていると勘違いして友情まで生まれてしまう。二人は相手の正体に気づかぬまま「あらしのよるに」を合言葉にして再会しようと約束し別れる。

読者には状況がわかるが、ヤギとオオカミにはわからない。事件が起きてその謎を解くのがミステリーの通常の物語だが、『刑事コロンボ』や『古畑任三郎』のようにまず犯人の側から事件を描き、完璧だったはずの犯行に探偵役がほころびを見出し真相を暴く過程を描く倒叙ものと呼ばれるスタイルがある。『あらしのよるに』もいつほころびが見出されるかと読者に興味を持たせる書きかたがされているが、ヤギとオオカミは闇のなかで会話するばかりで事件は起きない。ポー「群集の人」が事件発生前を扱ったミステリー小説の原型的な作品だったように、『あらしのよるに』第一巻は、倒叙ミステリーが形成される直前のような感覚を有している。

本来ならば問答無用で食べる側のオオカミと食べられる側のヤギにコミュニケーションが成り立ち、友情まで生まれたのは、相手を見ないまま一緒に苦難を耐える時間を過ごしたからだった。異質なはずの彼らは、見ないことで一時的な共生が可能になった。だが、当初、一冊で完結のつもりだった物語は好評のためシリーズ化される。第二巻『あるはれたひに』のキャッチフレーズは「ごちそうなのにともだちで、なかよしなのにおいしそう」だった。そして、名前のなかった二頭にも、第三巻『くものきれまに』でオオカミはガブ、ヤギはメイと名づけられる。メイと会う以前のガブはヤギ肉が好物だった。だが、友情の生まれた相手をガブは食べられなくなる。後にこのオオカミは、メイ以外のヤギも食べないと誓う。一方、他の動物を狩り、肉を食べ続けるガブをメイは嫌悪し、言い争いになる時もある。だが、その行為は生まれついてのことでしかたないと理解を示す。また、二頭両方が飢える苦境に陥った際、ガブを生き延びさせるためにメイは自分を餌にしてもいいと考える。彼らは葛藤を経ながら、友情を育てていく。

絆を深めた二頭は「食べる－食べられる」の関係ではなくなるが、他のオオカミ、他のヤギにとっては「食べる－食べられる」の敵同士のままだ。ガブとメイは、それぞれの種族から変わり者とみられる。だから、秘密の友だちとして内緒で会っていたが仲間に見つかり、敵に自分たちの情報を渡しているのではないかと疑われる。逆に、自分たちのスパイになって敵の情報を探るため、相手と会ってくるように強要される。どちらも友だちに嘘をつけないガブとメイは、二頭での逃避行を選ぶが、裏切者を許さないオオカミの群れに追いかけられ、様々な動物たちに監視される。

このシリーズ童話の特徴は、シェイクスピア『ロミオとジュリエット』のような、敵対する集団それぞれに所属する男女の恋愛という形をとらなかったことだ。乱暴な口調でオスらしく描かれるガブに対し、メイは性別が曖昧な書きかたをされているが、作者の設定ではオス同士なのだ（木村裕一『きむら式　童話のつくり方』二〇〇四年)。

二頭はそれぞれの種族において高い地位にいるわけでも力があるわけでもなく、周囲の声に逆らえない。『メトロポリス』の場合、「頭脳」である指導層と「手」である労働者の対立を、支配者の息子が「心」となって調停する結末が用意されていた。だが、それはただ仲良くしようと態度を示しただけで、労働者の待遇改善や指導層の譲歩など、具体的な取り決めがされたわけではなかった。個々のレベルで和解が生まれても、集団全体を説得することは容易ではない。『あらしのよるに』は、その点をめぐる辛い断念が含意されている。

草食動物と共生するために肉食動物が、アイデンティティともなっている幼少期からの食習慣を抑制する葛藤。餌であるはずの動物と仲良くすることを快く思わない自分の種族との軋轢。『ズートピア』が進化という設定で物語から端折った困難が、『あらしのよるに』シリーズには書かれている。

ライシテが空無化する『服従』

『あらしのよるに』は映画、テレビでアニメ化されたほか、二〇一五年には歌舞伎にアレンジされた。歌舞伎には、舞台上は実際には明るいものの、登場人物たちが無言のまま手探りの動きをすることによって暗闇であることを表現する「だんまり」という演出法がある。『あらしのよるに』の歌舞伎化では、「だんまり」を効果的に利用していた。

この童話では見えないことが、相容れないはずの種族同士が融和するきっかけとなっていた。これに対し、フランスのライシテという原則には、人間の自由と平等を掲げる共和国の理念のため、宗教の可視性を抑制しようとする発想がある。神から権威を授けられたとする王に代わり、革命によって市民が主権者となったのだった。そして、政教分離を図り、国民に信教の自由を保障しつつ、国家の宗教的中立・非宗教性を定めた。それが、世俗主義とも訳されるライシテである。このため、庁舎など公共の場で宗教的な標章を顕示することは違法となるが、カトリック関連については宗教であるよりも伝統であり文化的ルーツだと解釈する場合もある。このへんは、日本の神道をめぐる議論と共通性がある。ライシテは矛盾を孕みつつ、ケースごとに手探りで運用されてきたのだ。

フランスではカトリックに一部公金が支出される一方、公立校でイスラム教徒のヴェールやスカーフの着用を禁止するなど、宗教ごとの扱いの違いが長年議論になってきた。ヴェールの禁止についても、親などに抑圧されやすい未成年女性の良心の自由を保障するためだと主張する人もいれば、信仰を自ら選択した彼女たちの良心への介入だとする人もいる。男女平等の観点もからんで議論は複雑になっている。伊達聖伸『ライシテから読む現代フランス　政治と宗教のいま』（二〇一八年）では、マグレブ（北西アフリカ）出身のムスリム（イスラム教徒）女子学生をめぐるスカーフ問題への意見書（アラン・トゥレーヌら五人の知識人による「開かれたライシテのために」一九八九年）を引用しつつ、こう書いている。

「排除されているという感情がマグレブの人びとにおいて増大していることを見ないためには、盲目である必要があろう」。スカーフに目を奪われて、現実が見えていないという反論である。

皮肉なことに、髪など体の一部を覆い隠す布切れを着用したことで彼女たちは注目を集め、過度に可視化されてしまう。二〇〇一年の9・11事件以後、アメリカがイスラム過激派テロリストとの戦いを繰り広げ、反動もあって世界各地でテロが続発した。イスラム系移民が増えるフランスでは、イスラモフォビア（イスラム嫌悪）が膨れ上がった。そうしたなかで起きたのが、二〇一五年に風刺新聞「シャルリ・エブド」が掲載した予言者ムハンマドを揶揄した戯画に怒ったイスラム過激派が編集長や警察官など十二人を殺害した襲撃事件である。同事件は言論や表現の自由を脅かすものとして、各国で抗議デモが行われた。その際、掲げられたのが「私はシャルリ（Je suis Charlie）」のスローガンだった。

事件のあった一月七日に発売された「シャルリ・エブド」の一面には、フランスの作家ミシェル・ウエルベックが「二〇二二年に私はラマダン（断食）をする」と語る戯画が載せられた。彼の最新小説『服従』の発売が掲載日と同日だったからである。多くの反響を呼んだ同作の内容は、二〇二二年にフランスで大統領選が行われ、イスラム政党が政権を握るという大胆なものだった。極右である国民戦線のマリーヌ・ル・ペンが躍進し、政権を握りかねない状況となる。それを阻止するため、社会党などがイスラム同胞党（架空。大塚桃訳では「イスラーム同胞党」）との連立を選び、イスラム政権が誕生する筋書きだ。イスラモフォビアが強まるフランスではありそうにない未来だが、左派の間でもイスラムに対する姿勢に大きな違いがあるため、一定のリアリティを帯びた設定となっている。

平等と多文化をどう考えるか。例えば、同国の歴史人口学者・家族人類学者エマニュエル・トッドは『シャルリとは誰か？　人種差別と没落する西欧』（二〇一五年）で書いている。

平等主義的「ア・プリオリ」の論理的帰結の果てまで行ってみよう。「もし人間が地球上のどこででも同じなら、そしてもしわれわれの国にやって来る外国人たちが本当に異なる振る舞い方をするのなら、彼らは人間ではないのだ」ということになる。

同時にトッドは、多文化主義の論理で「差異への権利」を強調した場合、失業率の高まりなど情勢が厳しくなると、寛容だったはずの差異主義的メンタリティがアパルトヘイト（人種隔離政策）のモデルへとシフトすることを指摘している。平等の理念が、差別を呼びこみかねないわけだ。

これに対し、ウエルベック『服従』では、穏健とされるイスラム同胞党の党首と左翼の関係性について次のような発言が出てくる。

左翼は最初から、人種差別を強く否定する立場上、第三世界出身のベン・アッベスと闘うことも、彼の名を出すことさえできなくなっています。（大塚桃訳。以下同）

ここでは左翼の建前が自縄自縛に陥っていることが皮肉られている。それでは共和国としての理念だったライシテについて『服従』ではどう触れられているのか。

無神論者の人間中心主義と、それに立脚する、世俗主義の『共に生きる』という思想は、短命を運命づけられているのです。人口における一神教徒のパーセンテージは急速に増加するでしょうし、イスラーム教の人口は特にそうです。

そのようなセリフが登場するこの小説では、ライシテがなし崩しに空無化していく。イスラム同胞党が社会党との政策協議で重点を置いたのは教育であり、学校現場で女性がヴェールを着用するのは当たり前になる。また、フランスの労働市場から女性が大量に脱落し、失業率は急上昇する。だが、経済面ではイスラム政権になったことでオイルマネーが流れこむようになるのだ。

作中で国家のありかたが激変するにもかかわらず、『服従』はむしろ淡々と書かれている。それは、主人公フランソワが、ユイスマンスを専門とする大学の文学部教授であることに起因する。インテリである彼は、政治への興味以上に、セックスなど個人生活の安寧に関心を寄せている。フランソワは、一夫多妻制を自分が幸福になる契機ととらえ、意外にあっさりとイスラム教に改宗し、職の安定も得るのだ。小説の最後の一文は「ぼくは何も後悔しないだろう」。社会や他人の不都合に目をつぶってしまう、このお調子者ぶりに作者の強烈な皮肉が感じられる。

『服従』という書名は、作中でも言及される通り、ポルノグラフィの古典『O嬢の物語』(一九五四年)で描かれる男性に対する女性の完全なる服従と、神への人間の服従が重ねあわされている。かつて沼正三は、白色人種に対する日本人の隷従をSF的設定で描いたSM小説『家畜人ヤプー』を発表したが、『服従』にも同種の発想がみられるわけだ。

『呪文』における食

周木律のミステリー小説『アールダーの方舟』(二〇一四年。文庫化で『雪山の檻　ノアの方舟調査隊の殺人』に改題）は、宗教に関して世界の縮図といえる小集団での事件を描いていた。登場するのは、『旧約聖書』に記されたノアの方舟の痕跡を求めアララト山を登った調査隊。グループには、ユダヤ教、キリスト教のカトリックとプロテスタント、イスラム教、無神論をそれぞれ信じる者たちがいあわせていた。ムスリムはイスラム法に則って適切に処理された食材、料理しか口にしてはならず、豚肉を食することは禁じられている。だが、『アールダーの方舟』では、ムスリムに豚肉を食べるよう強いたことが、連続殺人の呼び水となる。カトリック、プロテスタント、イスラム教のいずれもがユダヤ教から派生した一神教だが、近親憎悪のような文化や認識の溝の深さが、同作では食に象徴されている。

これに対し『服従』では、イスラム同胞党の受容、支持獲得を後押しするために出版された「イスラームに関する十の問い」なる本を主人公の大学教授が手渡される。その第八章は「イスラームのエコロジー」と題され、「ここでは、ハラールの食物などについても見解が述べられているが、それはオーガニックな食物をさらに改良したものとされている」。一般的に受け入れられやすいようにソフトな記述がされ、イスラム同胞党が政権につく地ならしをしていたのだ。

『服従』は、国家規模でのかつてない価値転換がなされるのに、主人公の態度も語り口もゆるい雰囲気のまま推移するところに不気味さとおかしさがあった。一方、ぱっとしない商店街のまちおこしというゆるそうな舞台設定なのに、暴力がエスカレートしてディストピア感に満ちているのが、星野智幸『呪文』（二〇一五年）である。同作では食が物語の一つのポイントになっている。

宗教的禁忌に限らず、日本人が鯨、韓国人が犬、エスキモーがアザラシといったようにそれぞれの民族が食べているものを、他民族が頭数の減少や環境保護といった冷静な議論の範囲を超え、生理的嫌悪感から非難するふるまいをしばしば目にする。他民族の地域特性や歴史的伝統などを考慮しないその種の態度は、レイシズムを帯びているといえるだろう。そこまで大げさな問題ではなくとも、食には当人の価値観が現れる。『呪文』では、商店街が変わるきっかけとなったトラブル、異様な状況に巻きこまれていく主人公のそれぞれに食がかかわっている。

松保《まつほ》商店街は、寂れつつあった。ただし、シャッター商店街とは少し異なる。住みたい街といわれる夕暮が丘の隣町にあるため地代が安く、お洒落な店が現れてはすぐ潰れることを繰り返していたのだ。夕暮が丘のつもりで出店しても、そこは松保なのである。しかし、ディスラー総統を名乗るクレーマーが居酒屋でのトラブルをネットにアップし、松保商店街を誹謗中傷したことから潮目が変わる。店主の図領《ずりょう》はクレーマーに堂々と反論し、逆に商店街が注目され浮上する機会にしたのだ。

『呪文』の発端でディスラー総統が店の料理に文句をつけた文章には「店長氏の言い訳は、隠し味に腐った魚汁を入れてるだの、この店の常連はこの味が分かるだの」という一節があった。これに対し、「女性が一人で一杯飲みながら夕食のとれる品のいい居酒屋」として評判になったその店を経営する図領は、自らのブログで説明する。「においは隠し味として二滴ほど垂らしたナンプラーによるもの（魚を発酵させた調味料だとご説明申し上げましたが、ディスラー総統氏はブログで「腐った魚汁」と表現されました）」と。ディスラー総統のクレームが引き金となり、松保商店街全体が攻撃される炎上状態になったのに対し、図領はブログで対決姿勢を露わにする。

これをお読みの皆さんも、勇気を持って、卑劣さに立ち向かってください。自分の鬱憤を晴らしたいがためにディスラー総統氏の卑しい中傷の尻馬に乗るような真似は、控えてほしいです。自分が惨めになりますよ。

図領は相手の身元を特定し、商店組合として告訴することを宣言して文章を締めくくった。毅然とした態度は世間の喝采を得て松保商店街への客が増えただけでなく、図領シンパが集まり、自警団「未来系」が結成される。

クレーマーとは公然と退治してよい害虫みたいなものだととらえる図領が、まちおこしの救世主と化す過程で、正義にみえたものが暴力的なものへ変質していく。松保という場所を守ることを理由にした「未来系」の活動は、エスカレートする。松保にふさわしい住民かどうかを根拠に正義が振り回されるこの小説は、SNSがらみの店舗トラブルを風刺するだけでなく、ヘイト・スピーチ、ネトウヨなど、現在の日本に存在する軋轢の数々の戯画にもなっている。「未来系」が「失格住民」という決めつけを行うのは、ネトウヨがなにかと「非国民」認定したがることの地域版だ。

本作では、商店街に小さな店をかまえる霧生《きりゅう》が主人公となり、騒動に巻きこまれる様子を追うことで図領や「未来系」の不気味さが浮かび上がる。霧生は図領らの動きに違和感を覚えるものの、商売がうまくいっていないため商店街の改革の動きを無視できない。そんな霧生がやっているのは、メキシコのサンドイッチであるトルタの店である。

メキシコでトルタに惚れこんだ霧生は、日本でも受け入れられると希望を持ってトルタの店を開いた。異国の食文化でも美味しければ国境を越えられるはずだという、どこか性善説的で楽観的な考えがあった。

一方、ディスラー総統は、ナンプラーという好き嫌いの分かれるエスニックな調味料にまるで理解を示そうとせず、トラブルを引き起こす。『呪文』では、融和への希望がトルタ、軋轢や苛立ちがナンプラーを通してそれぞれ表現されている。速水健朗は『フード左翼とフード右翼　食で分断される日本人』（二〇一三年）において、収入や意識の差から、安全重視の自然派の食と安さ第一の産業化された食に日本人が分断される現状を論じていた。『呪文』の異様な状況にも、異国の食文化との距離感など、その種の分断が含まれていた。

私たちの肖像画としての『東京自叙伝』

『呪文』では、樹齢三百年を超えるとされ「水松様《みずまつ》」と呼ばれる大黒松をご神木とする松保神社の社務所二階に松保商店組合の事務所が置かれている。廃業店舗に組合推薦で若い後継者を斡旋する「未来人《みらいにん》制度」、業績が芳しくない加盟店に組合が経営指南付きで超低金利で融資する「無尽」など、図領のまちおこしや「未来系」の活動は、神社を拠点に展開される。先に触れた『君の名は。』の場合、歴史や伝統を背負った宮水神社の神性が地域を救う物語だった。『呪文』でも「未来系」のメンバーが「松保人か」と聞かれたら「水松様の子孫」と答える合い言葉を決める。しかし、中核メンバーの犬伏は、ゲリラ豪雨の時に境内へ行き、「水松様が折れるかもしれない」と興奮する。災害や天変地異、巨大な事故やテロなどの悲劇があると彼は普段の無気力から脱し、活性化して元気になるのだ。

『想像ラジオ』では、津波後に体が杉の樹上に引っかかっていたＤＪアークが、リスナーから土地の氏神のようだといわれていた。彼はすでに死んで霊になっていたものの、『旧約聖書』のノアの方舟《アーク》に由来する呼称の通り、大惨事の後もなお現世にとどまり続け、大洪水を生き延びたノアにイメージが重ねあわされていた。だが、「未来系」はそうではない。グループで指導的立場にある栗木田《くりきだ》は、神に選ばれたノアが生き残ったという図式を否定して次のように語る。

何しろ、世が新しくなるために本当に必要だったのは、ノアが生き残ること以上に、他の人間たちが死ぬことだったんだから。選ばれたのはノアじゃなくて、ノア以外の、死んだ者たちじゃないだろうか？　ノアはむしろ、選ばれなかった、選に漏れた役立たずとも言えるんじゃなかろうか。

自警団だった「未来系」は、「クズ道というは死ぬことと見つけたり」をスローガンとする〝自決〟団へ変質する。神社や死をめぐる「未来系」の異様さ、戯画化のされかたには、餓死の多かった戦没者やA級戦犯を英霊として祀る靖国神社、自衛隊に決起を訴え割腹自殺した三島由紀夫のような死の美化、愛国心の扇動に対する批判的風刺がうかがえる。

商店街に居ついてはいるが、既存店舗で働くわけではなく空き店舗の後継者として来たわけでもない。「クズ」を自称して自決しようとする彼らは、「未来系」を名乗ってはいるが、過去の街と未来の街のいずれにも属せない。それは、街の背後に潜んだ集合無意識の暴走のようなものだろう。

小説前半で図領は、商店街について「意欲だけはあるのに世界観は旧態依然としたまま玉砕していくっていうサイクルは断ち切ろうよ」と熱弁をふるう。図領の行動は、やがてクズの玉砕のサイクル形成に結びつくが、商店街の独裁者と化した彼自身が自決しそうな気配はない。これは、戦死を美化し兵士たちを勝ち目のない特攻で無駄に死なせながら、上層部は自分たちの保身を図り続けた太平洋戦争での日本軍を連想させる関係性でもある。

このようにディストピアの構図を、商店街を舞台にして箱庭的に凝縮してみせた『呪文』に対し、黒船が来航した頃の幕末から二〇二〇年の東京オリンピック開催を待つ現代まで、歴史を追いながら日本の国家としての集合無意識を特異な手法で描いたのが、奥泉光の長編小説『東京自叙伝』（二〇一四年）だった。

関東大震災、第二次世界大戦、戦後復興、バブル景気、東日本大震災など、語り手は複数の人間に乗り移りながら様々な時代をくぐり抜ける。幕臣、陸軍将校、ヤクザ、ディスコのお立ち台ギャル、原発作業員と立場を変えていく主人公は、敵国調査や作戦立案で戦争にかかわったほか、日本での原子力発電普及、三億円事件、サリンテロ、秋葉原通り魔殺人など、自分は多くの出来事の原因になったと明かす。東京の地霊であるらしい語り手は、この国の首都やその強い影響下にある場所で歴史を動かしてきたという。書名通りこの小説は、地霊による東京の伝記なのだ。

しかし、地霊がしてきたことは、なにか目的のある陰謀というわけではなかった。主義主張を持たない主人公は、成り行きまかせの性格であり、ただそれぞれの時代の風潮に調子よくあわせただけにみえる。また、地霊は個人から個人へ生まれ変わるとは限らず、同時に複数の人間として存在したり、鼠や猫など動物にもなる。過去の記憶を活かしてずる賢く今を立ち回る一方、以前の言動を反省して生活や社会を改善しようなどとする意識は持たない。イデオロギーに無関心な地霊は、ひたすら無責任なのだ。

自然災害、戦争、凶悪犯罪といった悲惨な光景に何度も出くわしながら、それらをどこかとぼけた調子で受け流し、出世、儲け、支配、性、ギャンブルなどの欲望に走る。この感覚に覚えがある読者は、少なくないだろう。多くの人間にまたがって存在する東京の地霊は、日本人の誰に乗り移ってもおかしくない。『東京自叙伝』は、私たちの肖像画なのだ。

『俺俺』の食いあうものたち

地霊は、同時に複数の人間に乗り移ることもあったと書いたが、『東京自叙伝』には「多数の私は精神によろしからず」と見出しがつけられた部分もあった。分裂した「私」と「私」の利害が一致していない場合、衝突することもありうる。前回の東京オリンピックが開催され高度経済成長の最中だった一九六〇年代に地霊は東京で「私」が増加したと感じつつ思いをめぐらす。「考えてみれば、私が私に会ったからと云って殺し合わねばならぬ理由はいささかもない」、「私は私と共存していくしかあるまいと結論したが、しかし具体的にドウしたらいいかが分からぬ」。

しかし、その自問は深められることなくまた時代に流され、二〇〇〇年代になると地霊は「ネット中に多勢の私が居る」といい出す。彼がそのことを語ったのは、二〇〇八年に自動車工場で非正規雇用されていた男が秋葉原の歩行者天国でトラックとダガーナイフで無差別殺傷に及んだ事件に言及した場面だった。

遡れば、奥泉光が『東京自叙伝』に盛りこんだ無数の私というモチーフは、星野智幸が『呪文』以前の二〇一〇年に発表した『俺俺』のテーマそのものだった。家電量販店勤務の俺＝永野均は、マクドナルドでたまたま盗んだ携帯電話を使い、はずみでオレオレ詐欺を行う。それがきっかけで均は別の「俺」になり、気づけば職場の他人も「俺」になっている。間もなく、顔や年齢、性別が違う人までもが「俺」だったことが「俺」にはわかるようになる。『俺俺』は、そんなシュールな話だ。

「俺」は「俺」のことがよくわかるから「俺」同士でつるむようになるが、そのままうまくはいかない。無数の「俺」は、誰が誰だか区別できない、いくらでも替えがきく人々である。とはいえ、ファストフード店や家電量販店の商品ほど均質ではない（主人公の名は「均」だが）。「俺」は「俺」の秘めた悪意を理解できるだけに互いを素直に信じられなくなる。「俺」だらけになった社会は、究極の近親憎悪で互いを削除しあう殺伐とした状態に陥り、もう食料の調達も容易ではない。「俺」は別の「俺」に裏切られ、自分の肉を食われてしまう。種族の壁を越えた友情が生まれる『あらしのよるに』では、飢えたオオカミのためにヤギが自らを餌として差し出そうと思うが、壁のないはずの「俺」同士で食いあうのだ。

『俺俺』を書き終えた後に星野は、秋葉原無差別殺傷事件の裁判傍聴記を読んだという。「インターネットの掲示板に被告になりすました偽者が登場したことで、居場所が失われ、自分以外は敵だと思うようになったという動機に驚いた。『俺』が増殖し、『俺』同士が殺し合うのは『俺俺』そっくり。若い人たちを取り巻く現実がすでにディストピア的状況なのだと思う」（朝日新聞二〇一一年五月十日付夕刊でのインタヴュー）という星野の発言には、奥泉光『東京自叙伝』との着想のシンクロがうかがわれる。

二〇一一年の東日本大震災以後の復興過程では「絆」が励ましのフレーズとして多用され同調圧力ともなる一方、疑心暗鬼や風評被害、無関心、忘却など、みんなが一体になれるわけではない現実があった。その大災害の前年に発表された『俺俺』には、「俺」同士が削除しあう社会的惨状でこんな予見的な言葉がもらされていた。

俺らだからなのだ。そんな絆しか作れないから、みんな、**俺**なのだ。

本章において「群集の人」と「見えない人」の関係を考察した先の部分で、取るに足らない存在はありふれた存在でもあり、文学作品では透明人間（無視される）のモチーフが分身（区別できない）のモチーフを伴いがちであることに触れた。ここでの議論に引きつけて語り直せば、分身だらけの群集のなかにまぎれ、個が見えなくなることには、安心と同時に不安がある。『俺俺』は、そのことを極端な設定で描いた作品なのだ。『ドーン』を書いた平野啓一郎は、個々人の多面性を肯定し分人主義を唱えたが、星野智幸は群集の人々が持つ共通性や同調性の面に着目し互いが分身となる状況を描いた。

『俺俺』には「俺」だらけで互いに緊張感が高まる電車内で、「俺ら」の知らない言葉で会話する二人組が集団の襲撃対象となる場面がある。「俺ら」同士の衝突を先延ばしするため、とりあえずそうするのだ。ここには、差別のメカニズムが象徴的に表現されている。この場面にみられる「俺ら」の暴力性を帯びた集合無意識について、なんらかの扇動に流されたケースを描けば、『呪文』の「未来系」による「クズ道という は死ぬことと見つけたり」へと雪崩れこむわけだ。

ライシテのように宗教的アイデンティティの可視化を避けたり、工場のラインやコンビニのレジなど外国人が経済システムの一部となるなど、「群集の人」に混じって「見えない人」になっているうちは、まだ安全だろう。だが、なんらかの差異がいったんクローズアップされると、宗教的アイデンティティや民族の違いに限らず、同質なはずの無数の私、「俺」らのうちのわずかな違いであっても攻撃の引き金になりうる。社会にそういう力学が働いていることは否めない。

逆にいうと、「群集の人」に混じって「見えない人」になれることが都市の統合を可能にしているのであり、人が過度に可視化されることは差別につながる。それに対し、ツチガエルとウシガエル、人と猿、オオカミとヤギなど動物の種族の違いを基本設定にした寓話は、アイデンティティ（自己同一性）が過視化（見えすぎる状態）された社会をデフォルメしたものであり、『ズートピア』の結末は各種の動物がそれぞれの姿のまま、ダイバーシティ（多様性）を保った共存を描くことで、あるべきユートピアを表現したのだった。

無数の私の無責任

文芸評論家の石川義正は、「ユリイカ」二〇一六年五月号の石原慎太郎特集に寄せた論考「亡霊の言説」で、『東京自叙伝』の地霊と石原の親近性を指摘した。石原が田中角栄の一人称で書いた小説『天才』をとりあげ、石川はこう書く。「著者は都知事でもあった自身の志向をそこに投影させているのだろう。むしろ著者は自身が田中角栄の転生であると暗にほのめかしてさえいるのかもしれない」。そのうえで『東京自叙伝』を引きあいに出す。同作は東京の地霊である「私」が、幕末から太平洋戦争を通過し、東日本大震災と原発事故を経た現在まで、時代ごとに無数の人や動物に憑依転生してきたことを語る内容だった。あれをやったのもこれをやったのも「私」ですと語る地霊の性格は端的に無責任であり、作者の奥泉はそのように東京は、日本人は無責任にやってきたと指弾した。

物語を紹介した石川は、「『天才』の「俺」もまた『東京自叙伝』中の一篇として「田中角栄、アレは私です」と名のりでるのに相応しい人物である。ただし「俺」は反省しない」と述べる。角栄＝「俺」＝石原慎太郎は反省しないというわけだ。放言・暴言の数々があり、大風呂敷を広げたわりにろくに畳まなかった石原の政治家人生を皮肉ったわけだ。

『東京自叙伝』は二〇一七年に文庫化された。原武史による巻末解説では、地霊＝「私」が信奉する思想は「なるようにしかならぬ」だと指摘している。これを読んで思い出したのは、二〇〇七年、第一次安倍晋三内閣で久間章生防衛大臣が、広島、長崎の原爆投下に関し「あれで戦争が終わったという整理の中で、しょうがないと思う」と失言したのが批判され、辞任したことだ。原武史が『東京自叙伝』から抽出した「なるようにしかならない」は、久間発言の「しょうがない」と同質のものととらえていいだろう。国政を動かす要職についても、主体性を欠いた、流されやすい意識を漏らしてしまうのがこの国の政治家なのである。

興味深いのは、「なるようにしかならない」を軸に解説を書き進めた原が、「つぎつぎになりゆくいきほひ」という言葉に議論をつなげたことだ。政治学者・丸山眞男が日本の歴史意識の「古層」をなした思考の枠組みとして定式化した言葉である。原は、それが地霊の無責任をよく表現していると考えたのだ。

この言葉は、昭和以後の日本の政治をふり返った清水真人『平成デモクラシー史』（二〇一八年）にも登場する。同書は、かつてのコンセンサス型デモクラシーから多数決型デモクラシーへというこの国の変化を追った内容である。著者の清水は、丸山眞男が注目した「つぎつぎになりゆくいきほひ」という言葉に関する次のような評言も紹介している。

苅部直『維新革命への道』はこれを「それぞれの時代における生成の結果を、動かしがたい現実として肯定し、無責任に追随してゆく意識につながる」と整理している。

『平成デモクラシー史』でこの部分の次の行には、「「つぎつぎになりゆくいきほひ」を地で行くような安倍の短期志向の政権運営」と書きとめられている。清水は、「小刻み解散」を繰り返し支持をつないできた第二次安倍政権を状況への過剰適応と評し、それが「つぎつぎになりゆくいきほひ」だというのである。

原武史と清水真人の見立てをつなげて考えれば、石原慎太郎と同様に安倍晋三もまた、東京の無責任な地霊が憑依転生した一人だったととらえられる。ただ、二〇一五年に元経済産業省官僚の古賀茂明が、コメンテーターを務めていたニュース番組「報道ステーション」で「I am not ABE」（私は安倍ではない）と書かれたフリップを持ち、首相官邸から圧力があったと主張して番組を降板した。物議を醸した彼のこの行為は、シャルリ・エブド事件に対する各国の抗議活動で「Je suis Charlie」（私はシャルリ）がスローガンになったことをもじったものだった。

「Je suis Charlie」は、言論の自由など民主主義的価値観を自身が共有することを表明するものだった。一方、「I am not ABE」は安倍政権の考えかたを自身は共有しない立場を表明していた。しかし、歴代首相のなかでも安倍が長期政権になったのは、選挙で政権与党が支持されたからだ。国家的無責任を止められず、むしろ増長させたのは「俺」たちからなる日本国民である。だから、むしろ「I am ABE」、訳すと「俺俺」という状態だったのではないか。『東京自叙伝』や『俺俺』を読み返すと、少なからずそう思ってしまうのだ。

第五章　身体とジェンダー

一　身体の支配と逸脱

『百年法』の独裁

政治家たちの保身と優柔不断さに悩まされつつ、国民も忌避するに違いない施策を、官僚たちが国を守る使命感で進めようとする。そんな『シン・ゴジラ』的なシチュエーションで始まるのが、同映画より早い二〇一二年に発表され、第六十六回日本推理作家協会賞を受賞した山田宗樹の長編小説『百年法』だ。

六発の原爆を投下された敗戦の後に復興したパラレル・ワールドの日本が舞台。アメリカ発の不老化処置技術HAVIが諸国で導入され、日本でも二十代でHAVIを受けることが常識になった。老いることがなくなった社会では、外見で年齢がわからないため、年上年下の考えかたがなくなっている。また、HAVIを受けて加齢に伴う変化をしなくなった子に対しては、親の愛情が薄らぐ。親が老いないのであれば、子が高齢の親の面倒をみる必要もなくなる。そうした事情から親子関係を解消する「ファミリーリセット」が、広まっていた。

ただ、肉体は老いなくても、心は老いて新たなイノベーションを生み出せなくなる。そのままでは社会の停滞を招くため、各国で寿命を制限する法律が定められた。それが、百年法と呼ばれる生存制限法だった。

不老化処置を受けた国民は
処置後百年を以て
生存権をはじめとする基本的人権は
これを全て放棄しなければならない

実際の日本では、少子化などで旧来型の家族観が崩れ、個人主義が拡大しているようでありながら、基本的人権を狭め国家統制を強めようとする改憲派政党が力を得ている。『百年法』は、そのようなねじれた現状をSF的設定に変換して描いているとも感じられる。

最初にHAVIを受けた人々が間もなく百年を迎えるタイミングで、選挙や自分の死を意識した政治家の間から先送り論が浮上する。国民投票でいったん百年法は凍結されるものの、無限の時間を得た不安から自殺や殺人が増えるなど混乱をきたす。結局、その後に同法は施行される。背後で施行のために力を注いだのは、かつて生存制限法特別準備室室長だった遊佐《ゆさ》章仁《あきひと》だった。彼が新党の党首を日本共和国大統領にすえ、自身は首相となって国家を動かす。官僚時代の遊佐は、「私が考える理想の政体は、優れた指導者による独裁です」、「国民の選択が常に正しいとは限りません」と語っていた。彼は後年、新たな難題に対処するため、二十年の期間限定ながら「独裁官」設置を国民投票で決定する。

国民に痛みを伴う改革を訴えて決断力の強さをアピールし、支持を集めた政治家は、二〇〇〇年代の小泉純一郎首相以来、中央と地方のそれぞれに散発的に現れた。大阪市長時代に「今の日本の政治に一番必要なものは独裁」と発言し批判された橋下徹も、一時は人気が高かった。強引な手法をとろうとも、政治経済の停滞感が続くなか、むしろ強引さに実行力を感じて支持する層は存在する。『百年法』には、その種の願望が反映されている。

一方、百年法の拒否者が各所でムラを作り、同法反対テロも発生する。一連の事件の周辺では、阿那谷《あなた》童仁《どうじん》というテロリストの名が取りざたされた。中東で反政府ゲリラを率いたカリスマ的指導者アルナータ・ド・ウジムの名を日本人が阿那谷童仁と流用し、テロを実行したと設定されている。後に複数人が、阿那谷としてふるまい、あるいはその人と見立てられてきた。

名前が独り歩きして伝説化したわけだが、出発点となったアルナータ・ド・ウジムについては「善も、悪も、正しいことも、間違ったことも、大きななにかで包み込んでしまう。大いなる神のごとく」と語られる。彼にあってほかの人間にないのは「圧倒的な自己肯定だ」ともいう。『闇の奥』や『地獄の黙示録』でも描かれた、小規模コミューンにおける独裁者の原型的な人物像である。そして、拒否者ムラの側にいて阿那谷童仁に擬せられもした人物が、やがて「独裁官」の立場を継ぐ。

国家上層部も反体制側だった国民も、どちらも独裁肯定にたどり着く。『百年法』は「独裁官」制度の期間終了後、真の議会制民主政治が始まることを示唆して終わる。ただ、国会議員が延命の特例を得る腐敗ぶり、大統領と首相の軋轢、クーデターなど権力者の醜さを描きつつも、独裁の実行力を肯定的に表現したのは確かだ。同作からは、現実の日本政治へのフラストレーションがうかがえる。

国家財政や経済、労働などの面で、少子高齢化が、今の日本を停滞させる大きな要因になっている。だが、高齢化対策のための増税は、当選したい政治家も自分の金を払いたくない国民も先送りしたい、小幅にとどめたいのが本音だ。そうした無責任が施策を遅れさせてきた。奥泉光『東京自叙伝』が東京の地霊として表現した、日本の伝統的な無責任である。百年法の設定は、それを一挙に解決したいという欲求のカリカチュアだ。

同時に作中でHAVIは、占領下の日本がアメリカから「押しつけられたようなもの」とされる。また、日本を共産主義勢力への防波堤にしたかったアメリカが、友好国として自国の好感度を上げるため、過去には敵だった敗戦国に不老不死技術の導入を認めたとも語られる。アメリカが日本人の生命維持をサポートしたわけであり、その意味でHAVIは日米安保条約の、押しつけられたとする点では日本国憲法第九条の暗喩とも読める。

百年法施行の賛否を問う投票の前には、遊佐の尊敬していた次官が、日本国民に死ぬ意義を語ったメッセージ映像を残し、自決する。彼が口にしたのは、かつて特攻で死んでいった戦友に顔向けができない生きかたはしたくないという思いだった。この展開は、不戦を掲げた第九条を標的にしつつ、国民の権利を制限し、国家への義務や奉仕を拡大しようとする自民党の憲法改正案の方向性とも重なる。

昭和と平成、天皇二代に象徴された高齢化

『百年法』において、アメリカでは百年法に従うのは市民の義務であり拒否は卑劣との認識が定着してい

る。中国ではＨＡＶＩは一部特権階級に限られ、韓国で生存可能期間から徴兵期間が除外されるなど、各国で運用が異なる。だが、前半で日米関係に触れておきながら、日本の姿勢が海外から批判されるなどの記述はあるものの、外交問題が作中でクローズアップされることはない。

また、同作では、下層労働者の生活安定を目的にユニオンと呼ばれる巨大な公営組織が設立されている。労働可能な健康状態であれば加入可能で、会員には毎月生活費が支給され、終身会員が原則だ。しかし、事故や事件でなければ滅多に死ぬことのない社会で景気低迷が続き、ユニオンは飽和状態。新規加入は難しい。状況打破のために「百年法」施行を急ぐわけだが、移民という労働市場を複雑化するファクターは出てこない。『百年法』は、海外との関係を視界から締め出すことではじめて、独裁成功を書くことが可能になっている。

小説の為政者は、日本の未来のために死ぬ意義を主張する。だが、前述の通り、すでに家族意識は解体されている。また、『百年法』の日本では、大統領と首相の二重権力が題材にされる代わりに天皇制はないものとされる。日本の戦争映画において、戦後民主主義的な価値観と戦死者の美化を両立させるため、天皇や軍のためではなく故郷の愛する人たちのために命をかけるという理屈がよく使われてきた。だが、家族愛、郷土愛への理屈づけこそが、万世一系とされ遠い昔から未来まで続くはずの家系であり、日本国民が巨大な家族のような集合体であることの象徴として、皇室を戦後も存続させてきたのでもある。稲作によって日本人とこの列島の結びつきが始まったことを示すかのように、昭和天皇以降は祭祀として田植えも行っている。

これに対し『百年法』では、拒否者ムラの関係者については、自ら老いることを選んだ人物がいるほか、親子関係、荒廃した地域の再生といった旧来の価値観の残存が描かれる。だが、家族愛を失い、郷土愛が強調されるでもない国の不老の一般人が、なぜ国家からの死の要請に従うのか。長命への飽きや憂鬱だけでは説得的ではない。国家の危機対応シミュレーションのエンタテインメントとして面白い部分も多いが、その点で不満が残る。

『百年法』は社会全体の高齢化をテーマにしたが、老化の問題は周縁に追いやり、新病が登場するものの介護や認知症については作中でほぼ扱わなかった。これに対し、垣谷美雨『七十歳死亡法案、可決』（二〇一二年）は、寝たきりの義母を介護する嫁を主人公にすえ、書名の状況で変容する一家の様子を描く。

> 七十歳死亡法案が可決された。
> これにより日本国籍を有する者は誰しも七十歳の誕生日から30日以内に死ななければならなくなった。例外は皇族だけである。尚、政府は安楽死の方法を数種類用意する方針で、対象者がその中から自由に選べるように配慮するという。

そんな週刊誌記事を掲げ、小説は始まる。高齢化に伴う財政行き詰まりを解消するため、天下り禁止や不要な独立行政法人の廃止など改革を断行したアメリカ育ちの馬飼野《まがいの》礼人《れいと》首相が、七十歳死亡法を成立させたのだった。

後難を恐れたのか、作者は「例外は皇族だけ」の文言を入れた。しかし、それを読めば、昭和天皇の最期の日々や平成の天皇が自らの老化にどのように対処したかをかえって意識する人もいるだろう。

一九八八年九月十九日に大量吐血した昭和天皇は、十二指腸乳頭周囲腫瘍で長期療養に入り、マスコミは体温、脈拍、血圧、呼吸数、下血の有無などを連日報道し、病状の深刻さを強調した。テレビではお笑いが抑制され、国内で各種イベントが中止になるなど自粛ムードが広がった。それは、一九八九年一月七日に八十七歳で崩御して以後も、二月二十四日の大喪の礼まで少なからず続いた。老いた天皇の死に国中が巻きこまれたわけだ。危篤になった身内のところへ、家族がそれぞれの用事から脱け出して集まらなければならない。それに似た同調圧力が、広く働いたのである。

一方、『七十歳死亡法案、可決』発表から四年後の二〇一六年に昭和天皇の長男である平成の天皇は、生前退位の意向を示した。八十歳を超えた高齢で体が衰え、「全身全霊をもって象徴の務めを果たしていくことが、難しくなる」ことが理由だった。その意向に沿い、二〇一九年の新天皇即位が決まった。生前退位に関しては、世界的イベントである二〇二〇年東京オリンピックを間近に控え、父の闘病時のごとき自粛騒ぎを起こすわけにはいかないとの思いが、息子の天皇自身にあったのではないかと想像する。老化と死の近さを意識し、自分で判断できない状態になる前に地位を退きたいと願った。そのようにみえる。昭和と平成の象徴天皇の代替わりのありかたは、日本の高齢化問題を象徴していた。

『七十歳死亡法案、可決』の場合、自宅で寝たきりになった義母を嫁の東洋子《とよこ》が介護している。天皇が倒れれば国中が巻きこまれるが、わがままな義母の介護は嫁一人に背負わされる。仕事のある夫には家事に関わる発想がない。勤めを辞めてひきこもりになった息子は、母が食事を用意してくれるのが当たり前と思っている。東洋子自身も男に手伝ってもらう考えはない。とはいえ、夫の妹たちは助けてくれない。娘に頼ろうとするが逃げられてしまう。だが、家を出た娘が勤めることになったのは、介護施設だった。

『七十歳死亡法案、可決』の家族事情

家族の状況は、七十歳死亡法の成立で変化する。同法は高齢者の反発を招く一方、命のタイムリミット設定が、他の世代にも影響を与える。夫の妹たちは、母からの遺産相続に期待して浮足立つ。また、限られた時間を好きに使おうと早期退職者が増え、五十八歳になる東洋子の夫も家族を置いて世界旅行に出てしまう。身内の勝手さに我慢できなくなった東洋子が家出し、自立したことで、残された家族はようやく目覚める。互いに助けあわざるをえなくなり、事態が好転していく。

『百年法』の「ファミリーリセット」は家族の解体を意味したが、『七十歳死亡法案、可決』では嫁＝妻＝母の家出でリセットを余儀なくされた家族が、それをリスタートのきっかけにする。夫婦、親子、男女、あるいは社会との関係があれこれ組み換えられるのだが、家族の感情や行動ばかりが課題なのではない。リフォームを家業とする息子の友人の提案で家が改造され、義母が車椅子を使い始めることが事態好転の足がかりとなる。居住空間の物理的変化が介護老人の動作の具体的変化を可能にする。法という国家レベルの制度設計とともに、身近な日常空間の設計を問う観点が盛りこまれているのだ。

『七十歳死亡法案、可決』にはテレビや新聞で伝えられる政治家や市民の意見が挿入され、「認知症の老人でも生きてる意味があると思ってる？」というセリフも出てくる。二〇一六年に発生した相模原障害者施設殺傷事件では、十九人を殺害した犯人が、意思疎通をとれない人間は死ぬべきだとする優生思想、差別思想に染まっていたことが、社会に衝撃を与えた。弱者切り捨ての考えかたは、ネットではありふれており、実社会の底流に潜んでいる。

ただ、この小説の場合、義母は認知症になっておらず、リハビリの余地もある。全体としては、家族のドタバタを描いたユーモラスな物語に仕立てられている。馬飼野首相が七十歳死亡法を成立させたのも、国民を覚醒させるためのショック療法だった。それによって寄付制度の充実がうながされたほか、増税受け入れの空気が広まり、同法は施行されないだろうと楽観的な展開をみせる。

この小説も『百年法』と同じく、権力者の強引な手法が国民を覚醒させるシナリオだ。『百年法』では、特攻の死者を引きあいに出しつつ国民に国のために死ぬべきだと訴えていた。これに対し『七十歳死亡法案、可決』では、二年後に新法が施行されれば命を失う八十四歳の義母が、「もう自分は十分生きた」と考えつつこう思う。

　でも、本当にかわいそうなのは戦争で死んだ人たちだ。テレビを見ていても誰もそのことを言わないのは、現役で働く若い人たちの頭の中に、戦争のことなんて思い浮かびもしないからなんでしょうね。

また、作中では戦争に行った経験のある元気な九十五歳がなぜ死ななければならないのかと訴える投書が紹介される。『七十歳死亡法案、可決』でも死亡法と戦争による死が並置されるが、同作には国のために頑張った人がなぜ国にいじめられるのか、国のために殺されるのは可哀想だとするトーンがある。一般市民を主人公にした同作と、為政者側に力点を置いた『百年法』の違いがあらわれている。

『九十八歳になった私』がぼやく

『百年法』では、多機能ICカードが普及し、それがなければモノを買えず生活できないだけでなく、国家が国民を管理する手段ともされる。このため、百年法に従って出頭しターミナルセンターで死ぬことから逃れようとするものは、ニセのIDを手に入れようとする。これに対し『七十歳死亡法案、可決』では、テレビの討論会で一市民が「お金持ちの老人に対しては年金も医療費も打ち切ることにすれば、なにもあんな法律を作らなくても、経済は立ちゆくんじゃないでしょうか？」と問う。だが、与党議員は、こう答える。

どうやってひとりひとりの財産を調べるの？　国民総背番号制どころか住民基本台帳ネットワークシステムでさえ大反対している自治体があるっていうのに。どうせまた、個人情報の漏洩だとかプライバシーの侵害だとか言って、野党が大騒ぎするに決まってるわよ。

『百年法』ほど国民の管理が進んでいない『七十歳死亡法案、可決』では、そのぶん、寄付や増税の受け入れという人々の善意や良識に期待する。いずれも強引な権力者が登場するとはいえ、解決法がハードランディングとソフトランディングで好対照をなす。

『百年法』では二〇四八年の国民投票でいったん法の実施が凍結されることが、為政者を中心とする長大な物語の起点となっていた。それに対し、二〇四六年の日本に暮らす老人の私小説というスタイルで書かれたのが、橋本治が六十九歳の時にまとめた『九十八歳になった私』(二〇一八年。翌年、肺炎のため著者は死去)である。あとがきによると、「三十年後の未来」特集への寄稿を依頼された著者が、書くならば「絶望郷《ディストピア》」

だろうと思った。だが、「ディストピアを書くったって、現在の自分の立場を安泰にしておいて、暗い未来を覗き見るんだろう？　それってなんか、フェアじゃないな」、「そうか、自分をディストピアにしちゃえばいいんだ」と考えたのだという。

意識も体も自分の思うようにならなくなった個人のディストピア状態に対し、その人をとり巻く社会システムを問うディストピア小説にどれだけ意味があるのか。そうしたかまえで書かれつつ、日本全体が耄碌しているのではないかと揶揄したような小説だ。

記憶や認知が怪しく、時々意識が遠のき、ふと眠ってしまう老人のとぼけた語りで進む。東京大震災の後、栃木県の仮設住宅で独居する彼は「昔誰かが「東京大改革」とか「東京を世界第一の都市に！」とか言ったおかげで」地方の人間が集まり、社会保障や治安が悪化したところで大地震が来たとふり返り、「もう、東京なんか復活しなくていい」と思う。

（やだね。時代の業だね。戦争から復興しなきゃなんないし、復興したらしたで、世界一になんなきゃなんないし。そこに大災害が来たら、前向きになって「復興しなきゃ！」になんなきゃなんないし。「負けるな日本」で「頑張ろう日本」でなァ、そんなに何遍も頑張んなきゃいけないのは、どっかに根本的な考え違いがあるかもしれないかもしれ、れれれ）

そんな風にシリアスな考察ともいきあたりばったりなぼやきともみえる文章を書きつけている。同作における未来の日本政治には、『百年法』や『七十歳死亡法案、可決』のような強力なリーダーは存在しない。

衆参両院で毎年選挙を行って余分な財政負担が増えているため、任期いっぱいやったらどうかと野党が内閣不信任案を出したら解散となった。そんな「任期満了問題」が語られ、「バカだからだよ。バカのすごいところはね、自分がバカげたことやってるって、気がつかないとこだよ」と主人公は感想をもらす。

　同作では、清水真人『平成デモクラシー史』が第二次安倍政権について指摘した「小刻み解散」の政治のありさまが、皮肉られる。主人公の意識も政治状況も朦朧としている『九十八歳になった私』には、国家的危機をランディングさせる為政者もそれに応じる国民もない。『東京自叙伝』から無責任のバトンを受け継いだような未来が広がっている。『百年法』と『七十歳死刑法案、可決』は高齢化をテーマにして架空の制度を設定した作品だったが、『九十八歳になった私』は制度をまともに考えるものが不在で国全体が老化している。笑いの多いこちらのほうが、ディストピアの程度はより深刻かもしれないが、自覚しなければ呑気にやっていけるのだ。

ゾンビの多義性

『百年法』では、不老不死で労働者が入れ替わらず、国家の活力が失われることが問題とされていた。『七十歳死亡法案、可決』では、該当年齢を超えた高齢者が年金は受け取らず、医療費を全額払い、無料奉仕《ボランティア》をすれば新法が適用されないという噂が流れる。高齢者が厄介者にならず、社会に貢献できるかが社会から問われる構図である。現実でも年金支給年齢を遅らせ、より長い年月を働ける／働かされる社会の実現が模索されている。一方、『九十八歳になった私』の主人公は元小説家であり、ゆとり世代の編集者からまだ原稿依頼がある。本人はやる気をみせないが、仕事の需要はあるのだ。だが、彼は、どこかの老婆が

「安楽死を認めろ」と述べていたことについて、このように考える。

　そういうのが「安楽死を認めろ」と言うのは、自分の老残をサラしたくないだけの話だわな。生きて老残の姿を晒すの。それに堪えて生きるの。滑って転んで骨折って、ヨタヨタレロレロになって生きるの。そういう自分に堪えるの。それが人生なの。

　体の調子が悪く、生きるのが面倒だと感じつつ、百歳近くになってもお迎えが来ない彼は、老化をそうとらえる。『百年法』や『七十歳死亡法案、可決』のように、高齢者の増加と労働生産性を関連づけて問題視する向きは多い。そして「滑って転んで骨折って、ヨタヨタレロレロになって」も死にきれない人が街に増加する光景を思い浮かべれば、ある種のホラーのイメージと重なる。あえていってしまえば、ゾンビである。ゾンビは働かない。生前の本能の残滓なのか、ただ徘徊し、食料（生者）に群がるだけだ。二〇一〇年からアメリカで放映され人気を得たゾンビのテレビドラマ『ウォーキング・デッド』で死者たちは「ウォーカー」（歩く者）と呼ばれていた。

　ゾンビとはもともと、ハイチの民間信仰であるブードゥー教の呪術で蘇らされ、操られる死者を意味した。だが、ジョージ・A・ロメロ監督の『ナイト・オブ・ザ・リビングデッド』（一九六八年）、続編『ゾンビ』（一九七八年）で現代的なゾンビ像に更新された。誰かに操られるのではなく、原因はともかく大量の死者が歩き回って生者に嚙みつき、嚙まれた人間もゾンビ化する。ゾンビの感染と増殖に取り巻かれた生き残りの人々の間では仲間が減って亀裂が起こり、事態が混沌としていく。そうした物語のパターンを藤田直哉は『新世紀ゾンビ論　ゾンビとは、あなたであり、わたしである』（二〇一七年）で「ゾンビ・フォーマット」と名づけた。ロメロ以降、同趣向のフィクションが多く作られてきた。

「あいつら」のせいで、「われわれ」の生存圏が脅かされているという、根拠なき不安と恐怖――。排外主義者に共通して見出されるこうした「物語」パターン、それこそ、ゾンビ・フォーマットそのものではないでしょうか。

藤田の同書の一文は、ゾンビものの性質をよく表現しており、なぜこの怪物が重宝されるかを示すものだろう。異人種、移民、自分とは違う世代など、「あいつら」には様々な人間を代入できる。相模原の殺傷事件を起こした犯人の動機は彼一人に限られたものとはいえないし、障害者、ホームレス、生活保護受給者、在日コリアン、外国人など弱者を叩きたがる心性の広まりと、ゾンビものの流行はパラレルにみえる。「われわれ」の生存圏を脅かす「あいつら」の隠喩であるゾンビとの戦いには、いろいろな種類の邪魔なやつら、目障りなやつらへの人々の攻撃性が投影されている。同時に、ゾンビに囲まれる設定は、多数派から自分が排除されるかもしれない不安の投影でもある。攻撃と不安の背中あわせの感情を、ゾンビものはグロテスクに表現している。

ゾンビは、（基本的には）喜怒哀楽の表情を欠いている。このため、老若男女を問わずゾンビの集団は同質化してみえる。星野智幸『俺俺』が描いた人々の交換可能性とも共通する同質性だ。それは、なにを考えているかわからないネット上の攻撃的な多数を実体化して表現したのかもしれないし、街の群集にまぎれ見えなくなっていた個々人の獣性や悪意、平野啓一郎が「分人」の用語で考察した人間の多面性におけるダークサイドが、一挙に群れの形で過視化されたのかもしれない。いくら体が損傷しても動ける限り生者を襲う点は、自爆を厭わないテロリストのようでもある。ゾンビは、あまりにも多義的な存在なのだ。

思考力がなく生産的な行動はできないのに、体から汁を垂らしても動き続け、生者のいうことをきかないゾンビは、極端な話だが、認知症の徘徊老人のようでもある。彼らは「ウォーカー」的だ。『新世紀ゾンビ論』では、『猿の惑星：新世紀』（リブート・シリーズの第二作）の原題「Dawn of the Planet of the Apes」が、ロメロ『ゾンビ』の原題「Dawn of the Dead」へのオマージュであり、猿集団の脅威で文明が崩壊する設定がゾンビ・フォーマットに近似していると指摘していた。

その前作にあたるリブート・シリーズ第一弾『猿の惑星：創世記』は、猿の物語であるだけでなく、老人の物語でもあった。同映画では、認知症の新薬によって主人公の老父が数年間回復した後、副作用で悪化し死亡する。一方、家で育てた猿は同じ薬で知能が急速に発達し、同類の仲間を増やす。同作から始まる『猿の惑星』リブート・シリーズでは、新薬がやがて人間にとっては知性を急速に後退させるウイルスへ変異し、感染が拡大する展開だった。猿が進化する一方で人類は一種の老化現象に見舞われる。その意味では、猿集団がゾンビ・フォーマット的な脅威になると同時に、人らしさを失って退化する点では人類もゾンビ化していく構図だった。

死体が自律的に動く。だからといって、生きた人間と同じ魂を持つとは考えにくい。そのようなゾンビの性質は、歴史を遡るとSFのルーツでもあるイギリスのメアリ・シェリーのゴシック小説『フランケンシュタイン』（一八一八年）に見出せる。同作ではフランケンシュタイン博士が、墓場の死体を材料にして人造人間を生み出す。だが、怪物は醜悪な姿ゆえに親ともいえる博士に疎まれ、人間の誰からも嫌われる。復讐心に憑かれた怪物は、博士の身近な人々を殺害していく。

魂なき体と労働

同作では、孤独に苦悩する怪物が、伴侶となる同類を博士が作ってくれれば、ヨーロッパを去ると要求する。博士は拒絶する。

たとえ二人がヨーロッパを去り、新世界の荒野に住んだとしても、あの悪魔が願ってやまない他人の共感を得るとしたら、その結果、まず子供が生まれることになる。そうなれば、やがて悪魔の一族がこの地球上にはびこって、人間の存在そのものを脅かし、途方もない恐ろしさを与えるかもしれない。（小林章夫訳）

感染ではなく生殖の形だが、ここでは、動き回る死体である怪物が増殖するゾンビ的なシチュエーションが想像されている。

シェリーの原作小説の怪物は知性をそなえ、人間と会話ができるし孤独や苦悩などの感情もある。冷酷で残虐な行為を繰り返すにせよ、魂に近いものを持っている。しかし、ボリス・カーロフ主演で原作とはまるでイメージが違う映画版『フランケンシュタイン』（一九三一年）が製作され、人気を得てシリーズ化された。並行して、フランケンシュタインの名が、博士ではなく怪物を指すものとして広まったのである。

映画版では助手の不手際から、大学の保存瓶に「異常な脳 ABNORMAL BRAIN」とラベルの貼られていたものを怪物へ移植してしまったため残虐になったと、優生学的な理由づけがされていた。小説とは異なり、映画版の怪物は動きが鈍重なうえ知能も低い。

遠藤徹『スーパーマンの誕生　KKK・自警主義・優生学』（二〇一七年）は、アメリカでの当時の優生学流行に触れ、映画版『フランケンシュタイン』は、階級の低さと原始性や犯罪性を結びつけ「精神薄弱」を視覚化したと指摘する。そのうえでこう述べる。

　十九世紀においては、メアリ・シェリーの怪物はしばしば「暴徒の支配と暴力」の形象とされ、さらには労働者階級、無教養者、アイルランド人として政治的に戯画化された。だから、怪物は労働者の衣装に身を包んでいるのである。そして映画版において、カーロフが演じた怪物は、こうした貧しい労働者階級を、優生学的に制度化し、客体化し、医学化することに貢献したのだった。

同書では、ロバート・マーンズ・ヤーキーズなど一九三〇年代に萌芽期だった霊長類学の言説には、類人猿のなかでもチンパンジーから進化して白人になり、ゴリラから進化して黒人になったとする説があったことを紹介している。起源に遡ったうえで人種を区別することが志向されたのだ。『ターザン』や『キングコング』もその土壌で生まれた。霊長類学の動向は、下層労働者や黒人を差別する根拠を求める姿勢で優生学と連動していた。このことからも『フランケンシュタイン』にルーツを見出せるゾンビと『猿の惑星』が、差別の寓意として親近性を有することがわかる。

一方、ロボットという言葉は、金属の機械を連想させるが、語源であるチェコのカレル・チャペックの戯曲『ロボット　R.U.R. Rossum's Universal Robots』（一九二〇年）に登場するそれは生化学的な人造人間で、フランケンシュタインの怪物に近かった。「ロボット robot」は、チェコ語で賦役や奴隷労働を意味する「robota」に由来する造語。同戯曲では、安い労働力を生み出すため、構造を単純化して工業生産でコストを下げてロボットを作る。労働に必要な程度の知性はあるが、役立たない要素は切り捨てたため、心はない。

ロボットは手を機械に突っ込んで指を折ったり頭を割るなど、怪我する事故が発生しても気にしない。このため、痛みを感じる神経を与え事故を防ごうという議論が起きる。怪我への心配ではなく、事故に伴う稼働率低下を防ぐため、痛みの付与が提起される。伊藤計劃『虐殺器官』における兵士の痛覚マスキングと対照的な発想だ。働かせる側が労働者になにを求めているか、『ロボット』には端的に表現されている。ロボットは、攪拌槽で材料が作られる。工場見学の場面のセリフは、こんなぐあいだ。

まあパン生地をこねる機械のようなものです。攪拌槽一つで、ロボット千台分の材料が一度に攪拌されるのです。それからできあがった肝臓や脳などをいれておくタンク。そのあとで骨をつくる工場を見てもらいます。最後に、紡績機にご案内します。（栗栖茜訳。以下同）

紡績機では神経や血管、消化管が紡がれるという。一定の割合で出る不良品は、破砕機で処分される。工場を見学した人権擁護連盟代表の女性は、人間そっくりのロボットに同情する。彼女からロボットに魂を与えるよう懇願された研究者が、生理学的な相互作用を向上させたことが、安い労働力たちの反乱を招く。ロボットたちは庭の鉄柵に壁のように並び、人間を包囲する。鉄柵の電流でロボット五体が死ぬ展開もある。ゾンビ映画でよくみられるシチュエーションが、すでに盛りこまれていたわけだ。それは、働き口を求めてアメリカを目指すメキシコ経由の人々を、トランプが壁で阻止しようとしていること、パレスチナ人を排除するためにイスラエルが築いた壁など現代の分断にまでつながる構図だ。

また、『ロボット』の世界では、ロボットが大量生産で増えるのに反比例して、人間の子どもがなぜか生まれなくなる。先進国での少子化を先どりした内容だ。一方、ロボットだけでロボットを造ろうとしても「機械からは、血だらけの肉のかたまりがばらばらに出てくるだけです。皮膚は肉についていませんし、肉は骨についていないのです」という状態である。しかし、革命を起こした後のロボットには愛に目覚めたカップルがおり、彼らがアダムとイヴとなって次世代を産むことが示唆される。フランケンシュタインの人造人間が果たせなかった結婚、出産、種族の繁栄と自立を『ロボット』が実現しようとするのだ。

『ロボット』では、人権擁護連盟代表の女性が「インディアンよりもっとひどい暮らしだわ！」とロボットを哀れむが、彼女の乳母は「あの異教徒たち」と気味悪がる。また、工場の社長は、革命への対応として、その国ごとに皮膚や髪の毛の色の違う民族ロボットを製造し、各国のロボットが互いを理解しあえないようにする計画を開陳する。国ごとに別言語を話させ、互いを理解できないようにして国を超えた団結を阻もうという意見も出てきた。人間の思い上がりに怒った神が、彼らそれぞれに別々の言葉をしゃべらせるようにした『旧約聖書』のバベルの塔の挿話を思い出させる議論である。

『ロボット』では、人間としては同類である異民族の労働者への共感、嫌悪、支配欲が、人間によく似たロボットを通して語られているようで、今読んでも現代的な要素が多い。安く使えて乱暴に扱っても大丈夫と思っていた相手から歯向かわれる恐怖が、ここにはある。

ロボットとフランケンシュタインの原則

シェリー『フランケンシュタイン』、チャペック『ロボット』という先駆的な作品は、どちらも被造物が創造主に反抗する内容だった。以後、反抗のパターンを受け継いだ物語が多く登場したが、自分たちの作ったロボットに滅ぼされるかもしれないという心理を「フランケンシュタイン・コンプレックス」と呼び、それとは違う両者の関係を構想したのが、ロボットSFの巨匠、アイザック・アシモフだった。彼が短編集『われはロボット』（一九五〇年）で掲げたロボット工学三原則は、よく知られている。

第一条　ロボットは人間に危害を加えてはならない。また、その危険を看過することによって、人間に危害を及ぼしてはならない。

第二条　ロボットは人間にあたえられた命令に服従しなければならない。ただし、あたえられた命令が、第一条に反する場合は、この限りでない。

第三条　ロボットは、前掲第一条および第二条に反するおそれのないかぎり、自己をまもらなければならない。（小尾芙佐訳）

アシモフは、これらの原則に沿ってロボットが人間のパートナーとなる未来世界を描いた。なかには、人間に危害を加えられないはずのロボットしか犯人でありえない殺人事件を人間とロボットのコンビが捜査する『鋼鉄都市』など、原則の矛盾を問う作品もあった。また、『ロボットと帝国』（一九八五年）では第一条より優先される次の第零原則を追加している。

ロボットは人類に危害を加えてはならない。またその危険を看過することによって人類に危害を及ぼしてはならない。（小尾芙佐訳。傍点強調は引用者）

ロボットという言葉が、安価な労働力を意味するところから出発したこともあり、下層に追いやられた経済力のない国民、マイノリティの民族・人種、移民を社会に組みこむための処方箋と、ロボット工学三原則は必然的に似通う。存在する権利を認めつつ、彼らより先に存在したマジョリティ（いずれマイノリティになる可能性もあるわけだが）のほうが地位は上だと規定する。オーウェル『動物農場』の七戒では「すべての動物は平等である」に後から「しかしある動物はほかの動物よりももっと平等である」と付け加えて不平等が生まれた。民主主義を標榜する社会における差別はそんな詐術を弄して行われるが、ロボットは初めから人間の命令に服従すると定められ、ロボットより人間が「もっと平等」なのは前提だ。それは、労働者と雇用側、マイノリティとマジョリティ、移民と先住者の力関係と相似している。

ロボットという新奇な存在を人間社会に平和的に組みこむためにアシモフが考案した三原則は、変形された形で二十一世紀の日本の長編小説『屍者の帝国』（二〇一二年）に登場する。同作は、早逝したためプロローグ部分だけが残された伊藤計劃の原稿を盟友・円城塔が書き継いで完成させたものだ。伊藤の生前最後の長編小説は、「構成員の健康の保全を統治機構にとって最大の責務と見なす」生命主義によって病気がほぼ駆逐された世界を舞台にした『ハーモニー』だった。生命が徹底管理されていた同作とは反対に、『屍者の帝国』は死が管理下に置かれている。

パラレル・ワールドの十九世紀末では、生者と死者を分かつのは霊素の有無とされ、死体に疑似霊素を書きこむことで動かすことができた。蘇らされた「屍者」は労働や軍事に活用され、「自由経済の発展は屍体に支えられていると言っても過言ではない」状況なのだ。『屍者の帝国』は、死体がてんでんばらばらに本能らしきもので動くのではなく、労働のために操られる。その意味ではロメロ以降のゾンビとは異なり、呪術で操られていた昔のゾンビに先祖返りしたといえるし、安価な労働力として工場生産されたチャペックのロボットに近い。『屍者の帝国』には、フランケンシュタイン三原則なるものが出てくる。

一、生者と区別のつかない屍者の製造はこれを禁じる。
二、生者の能力を超えた屍者の製造はこれを禁じる。
三、生者への霊素の書き込みはこれを禁じる。

「屍者」への恐れが滲む文言は、アシモフが定義したフランケンシュタイン・コンプレックスを踏まえたものだろう。そして、小説の語り手はフランケンシュタイン三原則を書き換えるべきだと新たな文言を提示するが、アシモフの三原則における「ロボット」の語を「屍者」に書き換えただけなのだ。それに対し引用したフランケンシュタイン三原則の「区別のつかない」、「能力を超えた」ものの参入を禁止する規定は、「労働者／マイノリティ／移民」が優位に立つことを望まない「雇用側／マジョリティ／先住者」の懸念を示す。むしろアシモフの三原則に含まれていた差別の陰画としての性格を露わにする。

円城塔は、伊藤計劃の残したわずかな発端部分から始め、先の三原則にみられるごとく先行作の引用やパロディを多数散りばめることで作品を完成させた。『屍者の帝国』では、ヴィクター・フランケンシュタインが怪物（作中では「ザ・ワン」と呼ばれる）を創造したことは歴史的事実という設定だ。

また、黒人奴隷制度をめぐって南北戦争が起きた時代のアメリカを舞台にしたマーガレット・ミッチェル『風と共に去りぬ』（一九三六年）から南部の男、レット・バトラーが本作に召喚され、彼の脇にはヴィリエ・ド・リラダン『未来のイヴ』（一八八六年）の人造人間、ハダリーが寄り添う。はじめて「アンドロイド（Androide）」の呼称を用いた『未来のイヴ』には、曖昧な記述だが生きた女の魂を人造人間に移植するモチーフがあり、リラダン本人が残した「生活、そんなことは召使に任せておけ」の貴族主義のセリフもよく知られている。労働など奴隷となった屍者に任せておけ、という『屍者の帝国』にバトラーやハダリーが呼びこまれたのも彼らの出自ゆえかもしれない。また、様々な先行作の要素が再利用されるだけでなく、フランケンシュタイン三原則を提唱したのはフローレンス・ナイチンゲールだったとするなど、歴史に実在した人物も登場させている。死体のつぎはぎで怪物を創造したフランケンシュタイン博士の手法を小説に応用したのだ。

『屍者の帝国』のカラマーゾフ

コナン・ドイルの創造した名探偵シャーロック・ホームズの相棒であり、作中では十九世紀から二十世紀に行われたアフガン戦争に軍医として従軍したとされるジョン・H・ワトソンが、『屍者の帝国』の主人公だ。医学生のワトソンは諜報機関の依頼により、記録専用屍者フライデー（ダニエル・デフォー『ロビンソン漂流記』の主人公の従僕、SFドラマ『宇宙家族ロビンソン』に登場するロボットと同名）を連れてアフガニスタンに向かう。屍兵部隊を率いてロシア軍を脱走し、奥地に「屍者の王国」を築いたアレクセイ・カラマーゾフを追うのが任務だった。そこには人間と同等の俊敏さを持つ新型屍者、生者への禁じられた霊素書き込みの問題が潜んでいた。

『闇の奥』、『地獄の黙示録』の設定を借用した展開でクルツ、カーツに相当する王となるアレクセイは、もとはドストエフスキーの名作『カラマーゾフの兄弟』（一八八〇年）の主人公だ。原作においてアリョーシャの愛称で呼ばれる彼は修道僧であり、修道院のゾシマ長老を師事し深く敬愛していた。当時、通常の遺体に行われる湯灌を修道僧に対しては行わないが、聖人は死んでも腐臭を発しないとするいい伝えがあった。ゾシマの死に際して周囲は奇跡の発現を期待したが、早くから腐臭が漂い始める。神がかりの奇行で知られる神父が乱入し「悪魔よ、出ていけ」と騒ぐなど葬儀は混乱し、アリョーシャも動揺する。生前にどれだけ尊敬された人でも、死ねばただの物体として腐る現実を突きつけた印象的な展開だ。『屍者の帝国』でアリョーシャが屍兵を率いる王に配役されたのは、その場面を踏まえたと推察する。

『カラマーゾフの兄弟』は、敬虔なキリスト教徒の三男アリョーシャに、無神論者の次男イワンが「大審問官」という自作の叙事詩を語る場面で知られる。詩は、ついに復活し降臨したが黙したままのイエス・キリストに対し、カトリック教会を支配する大審問官が語りかける設定だ。イエスが天上のパン、つまり天上の自由を約束したのに対し、人間は地上にゆきわたるパンを求めるのであり、二つのパンは両立しがたいと大審問官は説く。天上の幸福を待てず地上の安寧を望む民衆の支配と自由に関し、現世的な運用の論理を語る。

> 結局のところ、自分の自由をわれわれの足もとに差しだし、こう言うことになる。『いっそ奴隷にしてくれたほうがいい、でも、わたしたちを食べさせてください』
>
> そうとも、われわれは彼らを働かせはするが、労働から解き放たれた自由な時間には、彼らの生活を、子どもらしい歌や合唱や、無邪気な踊りにあふれる子どもの遊びのようなものに仕立ててやるのだ。（亀山郁夫訳）

『カラマーゾフの兄弟』にあった人間の支配と自由のテーマは、『屍者の帝国』では「屍者」や霊素といったSF的な道具立てを用いて別角度から追究される。作中では、人間と同等の俊敏さを持つ新型「屍者」が注目される。それは「生者の能力を超えた屍者」、「生者と区別のつかない屍者」の製造を禁じたフランケンシュタイン三原則の禁止事項に抵触する新技術だ。先に触れた藤田直哉『新世紀ゾンビ論』ではゾンビについて、ロメロ以来の人を襲う、感染する設定は共通でありながら、二〇世紀後半作品では「足が遅い／知能が低い／腐っている／人間と共存できない／理性がない」ものであったのに対し、二十一世紀作品では「足が速い／知能が高い／腐っていない／人間と共存できる／理性がある場合もある」などの傾向がみられると整理していた。

例えば、コンビニのレジなどで外国人労働者が器用に日本語を操り、スムースに客をさばいている間は、彼は業務を構成する部品になってシステムと一体化しており、いわば「見えない人間」になっている。だが、言葉のたどたどしさなどにクレームを付けた客が「日本人の店長を出せ」などと騒げば、彼の存在は過視化され、システムの異物であることがことさら強調される。魂のない人体である点でゾンビとロボットが同起源であることはすでに確認したが、機械的に働くロボットに対し、ロメロ的な遅いゾンビは働かない／働けない集団の暗喩でもあっただろう。逆に二十一世紀的な速いゾンビは、既存のマジョリティと同等以上に働ける外国人、あるいはいつまでも若い高齢者、平均以上に稼ぐ障碍者などの暗喩とみることができる。従来は部外者、マイノリティ、弱者とみられた層が自分たちと同等以上の力を持つこと、しかも相手がなにを考えているかわからないことに対する、既得権を有する人々の恐れ。速いゾンビには、その不安が反映されていると考えられる。

『屍者の帝国』でもう一つ焦点になるのは、生者への霊素の書きこみだ。このパラレル・ワールドでは、生者と死者を分けるのは霊素の有無とされる。だから、死体を労働する「屍者」として蘇らせるため、疑似霊素を書きこむ。だが、フランケンシュタイン三原則で禁じられた「生者への霊素の書き込み」が行われているらしい。生者の通常の霊素とは異なり、服従させ働かせることに特化した疑似霊素を生者に上書きすれば、疑似的な「屍者」が作られる。思想信条や宗教などの異なる他民族、マイノリティを同化させる強引さ、あるいは彼らがマジョリティに同化して区別がつかなくなること（「見えない人」になること）の薄気味悪さと、霊素の書きこみ技術の問題性は照応しているようにみえる。

『ブレードランナー』の模造記憶

弁護士一家殺人事件、松本サリン事件、地下鉄サリン事件など多くの犯罪が発覚し、一九九五年に教祖の麻原彰晃こと松本智津夫が逮捕されたカルト集団、オウム真理教では、ＬＳＤや覚醒剤などの薬物を用いた修行を信者にさせ、洗脳していたことが伝えられた。修行のなかには高額の布施によってヘッドギアの装着を許されるＰＳＩ（Perfect Salvation Initiation　完全救済イニシエーション）があった。これは、麻原教祖の脳波を再現した電流に自分の脳波を同調させるとされたもの。妄想でしかないこの器具には、意識を別人の意識で上書きしたいという、生者への霊素書きこみに似た図式があった。

体に意識をインストールするという発想は古くからあり、ＳＦ映画の古典『メトロポリス』では、金属製ロボットの頭部が若い女性、マリアの頭部と配線でつながれ、電気的な反応を与えられるとマリアと瓜二つの人間の姿に変貌する場面があった。以後、ロボットは人間のごとく喋るようになる。だが、本物のマリアが労働者に寄り添い、いずれ支配者と和解する時が来ると未来への希望を語り、彼らの女神的存在だったのとは違っていた。ロボットのマリアは、労働者を扇動して彼らが操作していた機械を破壊させる一方、上流階級の欲情をかりたて、社会に混乱をもたらす。

『屍者の帝国』風に解釈すれば、ロボットはマリアの霊素ではなく、それに基づいた疑似霊素をふきこまれ、造り手の科学者の命令を果たしたのだ。本物のマリアが労働者階級の人間であったのに対し、ロボットのマリアが二つの階層を行き来できる存在であったことは興味深い。ロボットが、同胞への親愛や良心といった人間らしい感情を内面に有していなかったから、負の行動が可能になった。『メトロポリス』とは逆に、インストールされた意識が人間らしい感情に目覚め、ロボットとして規定された自分の役割と矛盾をきたすタイプの物語も多く作られている。

一九八二年に公開され、当時は遠い未来だった二〇一九年のロサンゼルスを舞台にした映画『ブレードランナー』がそうだ。フィリップ・K・ディックの小説『アンドロイドは電気羊の夢を見るか?』(一九六八年)の逃亡した人造人間を狩る基本設定を原案としつつも、多くの点で内容を改変した物語である。原作でアンドロイドとされた人造人間は、映画ではクローンを作るための細胞複製を意味する「replicating」に由来するレプリカント(replicant)へと呼称が変更された。バイオテクノロジーのイメージが強められたわけだ。

宇宙開拓が進んだ未来でレプリカントは、人間にこなせない過酷な労働や戦闘に投入される奴隷状態だった。だが、反抗して脱走するレプリカントが現れる。このため、専任捜査官「ブレードランナー」が、レプリカントを追跡し殺害=「解任」する。ただ、人間そっくりの彼らに対しては、口頭試問とそれに対する眼球の反応などを調べレプリカントか人間かを判定するフォークト=カンプフ検査が実施される。同検査はディックの小説にもあった設定であり、映画では詳細な説明はないが、原作では精神疾患を持つ人間とレプリカントの判別が難しいことが指摘される。

映画でも、両者の線引きの曖昧さがテーマになっている。レプリカントは大人の形で造られても、人間と同等の幼少期からの捏造された記憶を移植されている。その記憶は人間の誰かのものだ。一方、人間以上の身体能力を持つレプリカントの反乱を抑止するため、最新のネクサス6型は四年の寿命しかないように造られていた。脱走したバッティたちは、自分たちの体の一部を造った技師セバスチャンに接触するが、人間の彼は早老症だった。あらかじめ寿命を限られたものと普通以上に老化の早いものが出会う皮肉な展開だ。

映画ではブレードランナーである主人公デッカードが、反抗するバッティたちを追跡する一方、レプリカント製造企業の社長タイレルの秘書レイチェルと恋に落ちる。彼女もレプリカントであり、自分の記憶が移植で捏造されたものと知り、苦悩する。先に触れた『猿の惑星』リブート・シリーズでは、新型ウイルスで知能が急速に退行する人間の苦しみが描かれていたが、『ブレードランナー』の知性的なレプリカントは、明晰な記憶を持っていながら、それが贋物であることに絶望する。

物語上は、苦悩という人間味の発生が、レプリカントと人間の恋愛を可能にしたと解釈できる。だが、『ブレードランナー』には、編集やナレーションの有無などが異なるヴァージョンが複数存在し、ハッピーエンドかどうかのほかに、実はデッカードもレプリカントだったと受けとれる場面があり、ディレクターズ・カット版は特にそれを強く示唆する。

裏設定に関し、脚本を書いた一人であるデイヴィッド・ピープルズは語っている。

「デッカードは、レイチェルや他のレプリカントと区別するものが何なのか、哲学的に自問する設定だった。人間という基準では、レプリカントと彼は大差がないことに気づいていたはずだ。デッカードはレプリカントと同じものを求めているのを知っていたはずだ。デッカードが考える〈創造主〉はタイレルではなかった。神でなくてはならなかった。つまり、デッカードは基本的に人間らしさとはどういうことかを考え込んでしまったんだ」（ポール・M・サモン『メイキング・オブ・ブレードランナー　ファイナル・カット』）

いいかえるなら、自身で自分を創造したのではなく他者に創造された点、神に造られた人間デッカードと、（神に造られた）タイレルに造られたレプリカントは同等という着想だ。だが、ピープルズによるとリドリー・スコット監督が勘違いし、ともに造られたものということからか「デッカードはレプリカントか！名案だ！」といい始めたという。

人間の判定者が文字のみで人間、機械の両者と会話し、区別できるかを問う「チューリング・テスト」。中国語を理解できない人が小部屋に閉じこめられ、差し入れられた漢字の書かれた紙に与えられたマニュアル通り書き加えて回答するならば、その人は漢字が読めないにもかかわらず、外からは中国語を理解しているように思えるという「中国語の部屋」。外面の反応は普通の人間と同じだが意識を持っていない人間を仮定した「哲学的ゾンビ」。これらは、コンピュータが発達しＡＩが開発される過程で何度も話題になってきた哲学的な思考実験である。どこからどこまでが人間か。真偽はともかく人間と思えればいいのか。『ブレードランナー』に関しては、製作側の混乱にも起因する鑑賞者の解釈のブレが、かえって同種の哲学的テーマを想起させる作品になっていた。

幸福の基盤

バッティは、早老症のセバスチャンを介して自分たちレプリカントを生み出した科学者タイレルと対面する。生みの親は「倍の明るさで燃える蠟燭の光は、半分の時間で燃え尽きる」と短い生命の意義を称えるごときセリフを吐くが、もちろん子の側は納得しない。バッティは相手の唇にキスしながら父タイレルに制裁を加える。『ブレードランナー』は、酸性雨の降り続ける未来、西洋とアジアが混交した猥雑な街並みといった当時としては斬新な映像美で注目された。だが、創造物が造物主に反抗するストーリー自体は、『フランケンシュタイン』、『ロボット』の構図を受け継いだ古典的なものだ。レプリカント製造会社の社長で権力者のタイレルが巨大建築の上層部に住み、庶民が下方で暮らすのも『メトロポリス』の図式を受け継いでいる。

そして、造られたレプリカントと創造した人間のキスである。『猿の惑星』ではチンパンジーのジーラと人間のテイラーが、キスして親愛の情を示した。『戦場のメリークリスマス』では、捕虜兵のセリアズが日本軍のヨノイにキスして心理的動揺を誘った。また、先に触れた『カラマーゾフの兄弟』では、天上の自由を約束したイエスを否定し、人間は自由に耐えられないと支配を正当化する老大審問官にイエスは、無言のまま口づけする。この「大審問官」の叙事詩を語り終えた無神論者の兄イワンに、信仰者の弟アリョーシャは口づける。イエスは大審問官を、アリョーシャはイワンを赦そうとした。神と人を媒介するイエスは神の側の存在であることを考えると、「イエス－大審問官－民衆」の関係は、「神－タイレル－レプリカント」の関係と対照的だ。

種族、民族、階層などの分断があり、立場の違うもの同士のキスは、切断面同士をあわせることの隠喩である。分断の乗り越えへの希望、あるいは乗り越えの不可能を象徴する場面となる。『ブレードランナー』でのレプリカントとタイレルのキスは、創造物と造物主の和解不能を表現しており、バッティを演じたルトガー・ハウアーは「あれは単に『さよなら、父さん……』という意味なんだ」と語っていた（前掲書）。

これに対し、デッカードとレイチェルのキスは、彼が人間か否か、自身をどうとらえていたかの解釈によってかなりニュアンスの異なるものになる。

また、『ブレードランナー』では、寿命が四年なのはレプリカントの暴走を予防するためと説明されるが、デイヴィッド・ピープルズ参加以前に脚本を書いていたハンプトン・ファンチャーによると、映画に使われなかったべつの説明があったという。彼は「どちらかと言えば、自動車業界で行われている寿命操作に近い」発想だったと述べている（前掲書）。持ち主に新しい商品を買わせたい市場原則が、レプリカントの寿命を制限させたとするとらえかただ。レプリカントは労働力であり、労働者を滞留させるのではなく更新しなければ経済は活性化しない、ゆえに国民の寿命を制限するとした『百年法』とも近い構図だ。

成人の形で誕生したレプリカントは四年しか寿命がないのに、存在しなかった幼少時からの記憶を持たされる。この不均衡に気づくことで人間的な悩みが発する。逆に、移民が新たな土地に溶けこんで「見えない人」になるため、過去の記憶や信条に蓋をしなければならない苦しみもあるだろう。生者でありながら霊素を上書きしてもらいたくなる状態だ。

記憶をめぐるその種の苦しみがない世界を描いたのが、ハクスリー『すばらしい新世界』だった。瓶から産まれるのが当然になった世界において、赤ん坊の段階から各人の社会階級が決定される。睡眠学習でそれぞれの階級に応じた道徳と、自分たちは幸せな階級だという理由づけを信じる体になる。そうしてできあがった思考パターンの上に記憶が積み重なっていく。自分が不幸せだと悩む理由はない。『すばらしい新世界』では死は恐ろしいとも重大な問題とも思われておらず、幸福感を与えるソーマの錠剤さえ飲めばお手軽に幸せになれる。『ブレードランナー』の原案『アンドロイドは電気羊の夢を見るか？』にはダイアルをあわせて自分の感情を調整できる「ペンフィールド情調オルガン」が登場したが、それはソーマの楽器版といえるものだった。
自分を成り立たせている基盤を知らない、気にしないのは、幸福なことだ。

二　生殖と性差

ロボット／レプリカントの性

チャペック『ロボット』では、ロボットの立場に同情する人権擁護連盟のヘレナが、彼らに性別は無意味ではないかと、問い質す場面があった。ロボット工場社長は返答する。

女性のロボットの需要がコンスタントにあるからです。よろしいですか。たとえばお手伝いとか女店員、それにタイピスト――だれもがそういう仕事は女性がするもんだと思っているじゃないですか。

社長は、男性ロボットと女性ロボットは互いに無関心で相手を好きになることもないと付け加える。だが、戯曲では恋愛に目覚めたロボットのカップルが登場し、彼らの生殖が予言されるのだ。また、『メトロポリス』ではロボットのマリアが肌を多く露出して艶めかしく踊り、上流階級の男どもを惑乱させた。SF史ではセックス用ロボットも多く描かれ、それ用の人形が売られる現実を反映してきた。『ブレードランナー』にも性玩具の役割を与えられたレプリカントが登場する。一方、デッカードが、レイチェルに人間かどうかを判定するフォークト＝カンプフ検査を行う場面でおかしなやりとりがあった。

様々な質問を重ね反応を調べるなかで「女性のヌード写真に遭遇したらどうするか」と尋ねるのだ。

ミスター・デッカード、このテストは私がレプリカントかどうか調べるためのもの？　それとも同性愛者かどうか調べようというの？

彼女は、反問する。奴隷労働のために造られ、セックス用でなければ性別が不要なはずのレプリカントになぜ男女があるのか。人間に近い機能を持たせるには、性別やジェンダー意識が必須なのか。物語後半でデッカードとレイチェルが恋に落ちるだけに疑問が湧く。

三十五年後の二〇一七年に製作された続編『ブレードランナー２０４９』は、前作に含まれていた性という主題を一つの核にして構想された。前作からさらに三十年後の未来と設定された続編では、倒産したタイレル社を買収したウォレス社が、新型レプリカントを製造している。そのネクサス9型であるK（主人公が迷宮のような状況を彷徨うカフカの不条理小説『城』、『審判（訴訟）』の主人公が「K」、「ヨーゼフ・K」だったことを連想させる）が、危険視される旧型レプリカントを「解任」＝抹殺するブレードランナーとして働いている。子ども世代のKが、親世代の同類を殺害しているわけだ。同じ組織で働く人間たちはKを「人間もどき」と蔑み、差別している。

Kのミッションは、かつてデッカードとともに失踪したレイチェルが帝王切開で産んだ子どもを発見すること。デッカードがレプリカントか人間かという疑問に続編は答えないままだが、どちらにせよ、妊娠能力がないはずのレプリカントに出産が可能とすれば人類の脅威になる。『フランケンシュタイン』や『ロボット』にあった不安が、『ブレードランナー２０４９』でも繰り返される。

捜査の過程でKは、自分を造ったのではなく産んだ親がいるのではないかと疑問を持つ。前作のフォークト＝カンプフ検査に対し、本作にも旧型より安定性を増した新型レプリカントの精神状態を確かめる心理テストが登場する。Kは、テスト結果が悪化する。記憶の真偽、人間か否かを分ける境界線といったテーマは、続編にも強く受け継がれている。

友人のいないKは、AIを搭載した部屋のオートメーションシステムで若い女性の姿のホログラムになって現れ会話も可能なジョイと、恋人のように親しんでいる。ジョイは世間一般に流通する汎用品でしかなく、街には広告宣伝用の巨大ホログラムのジョイも存在するのだが、Kと暮らしてきたジョイは会話で学習した成果か、彼に恋愛感情を持っているらしい。Kは、娼婦のレプリカントとジョイのホログラムを重ねあわせる方法で、彼女とのセックスを行う。劇中には、エルヴィス・プレスリーのパフォーマンスを記録したホログラム映像が、劣化した状態で再生されギクシャクと歌うシーンもある。プレスリーの動作をなぞるホログラムは、意識を持っているわけでも会話できるわけでもない。旧いホログラムのプレスリーと、AIと連動して感情を持ち始めたジョイが対比され、ホログラムでも前世代と新世代が対比される形だ。

人間、レプリカント、ホログラム、それぞれの世代差を設定し、身体、生殖、製造、意識、恋愛などのありかたを何通りもみせ、こうあることが自然だ、正しいという観客の真正性に対する思いこみを揺さぶっていく。『ブレードランナー２０４９』は、『ブレードランナー』の作中技術の設定をより複雑化することで、真正性への問いを掘り下げる。

『鉄腕アトム』のロボット法

人間とロボットの共生を構想したアシモフは、ロボット工学三原則を考案した。同様の発想は、日本のロボットマンガの古典である手塚治虫『鉄腕アトム』（一九五二年初出）も共有していた。同作には手塚が独自に考えたロボット法が盛りこまれていた。「ロボットは人間に尽くすために生まれてきたものである」、「ロボットは人を傷つけたり殺したりしてはいけない」など、アシモフと重なる理念が含まれる以外に興味深い規定がある。

「ロボットは作った人間を父と呼ばなくてはならない」、「人間が分解したロボットを別のロボットが組み立ててはならない」と、ロボットが人間に代わってロボットの親や造物主になることを禁じている。さらに「無断で自分の顔を変えたり別のロボットになったりしてはいけない」、「男のロボット女のロボットは互いに入れ替わってはいけない」、「大人に作られたロボットが子供になったりしてはいけない」としていた。別個体へのなりすまし、性別変更、大人と子どもの境界線越境の禁止は、アイデンティティにかかわる問題だ。

「ロボットは何でも作れるがお金だけは作ってはいけない」、「ロボットは海外へ無断で出かけてはならない」という項目と並んでいることを踏まえると、アイデンティティにまつわる前記の項目に統制色の強さを見出せる。

人間とロボットの融和を説いた『鉄腕アトム』にはリベラルなイメージがあるが、社会維持のための「ロボット法」が、身元の明確化を求め、性転換を認めず、大人と子どもの線引きを求めるのは、保守的な規定に思える。もちろん手塚は、禁忌を犯す存在を登場させることで物語の起伏を演出したのだが。『ブレードランナー』二部作でも、人間に匹敵する存在を人間が造ったことに関し、レプリカントとの線引きを設け、侵犯に対して粛正していた。レプリカントにとってはアイデンティティをめぐる闘争だが、彼らを製造したタイレル社、ウォレス社や社会の側からすれば商品をいかに管理するかの問題だ。ただのモノでしかない。労働力として外国人を招き入れても自国民との線引きは維持しようとする保守的な移民政策と、国内で生活者となる彼らにふさわしい権利を与えるべきとするリベラルな共生論のすれ違いと重なる構図だ。

当の存在自体は人間と同等の心を有するのに、マジョリティの人間からは人間扱いされず、社会の側は自らの認識や規定を疑わない。『ブレードランナー』と同様にカズオ・イシグロ『わたしを離さないで』（二〇〇五年）は、そのような引き裂かれた立場を描いている。

小説は、「提供者」の「介護人」キャシー・Hの回想で進む。彼女が育ち、青年期になるまで外へ出ることのなかった施設ヘールシャムでの日々が語られる。毎週健康診断を受ける子どもたちは、臓器提供用に造られたクローンだった。

恋愛が無意味な『わたしを離さないで』

つまりヘールシャムは臓器工場の役割を持つが、子どもたちはとりたてて虐待されてはいない。「保護官」に教わる施設は、全寮制の学校とあまり変わらない。ただ、なにかをオブラートでくるんだ教育がされている。だからなのか、彼らは映画俳優になりたい、スーパーで働きたいなどと話す。施設の方針を認められないルーシー先生は、十五歳になった生徒たちに真実を語ろうとする。

ほかに言う人がいないのなら、あえてわたしが言いましょう。あなた方は教わっているようで、実は教わっていません。（略）あなた方の人生はもう決まっています。これから大人になっていきますが、あなた方に老年はありません。いえ、中年もあるかどうか……。いずれ臓器提供が始まります。あなた方はそのために作られた存在で、提供が使命です。（土屋政雄訳。以下同）

クローンたちは、成人後に「提供者」となり、繰り返される手術で体が弱り、早く死ぬ。その「介護人」も同類が務めるのだ。同類ならば理解しあえるというのか、人間は死んでいくクローンとかかわりたくないというのか、弱者同士の老々介護と似た構図である。

生徒たちは複製された自分のオリジナル＝「親」かもしれない人間を「ポシブル」（可能性）と呼ぶ。だが、彼らの「親」は普通の人ではなく、精神異常者は除かれるもののヤク中、アル中、浮浪者などのクズで犯罪者かもしれないといわれていた。健常な臓器を必要とすることと矛盾した想定だが、彼らはそう考えている。主人公のキャシーもポルノ雑誌をめくって自分の「親」を探す。

ヘールシャムでセックスは禁じられていないが、したことを「保護官」に発見されると面倒なことになるとも思われていた。十六歳になった生徒たちは施設を出て、街を歩く自由も得る。機器などで行動が監視されることはない。セックスすることの障壁はない。だが、クローンである彼らは、子どもを作れないとされる。親子、家族というものから疎外された存在なのである。

　彼らの間では、噂があった。二人が心底愛しあっていると証明できれば、提供開始まで数年間、一緒に暮らせる猶予をもらえるというのだ。成人後のキャシーは、ヘールシャムからの旧友トミーとともに噂に望みをかけるが、そんな制度はなかったと知る。『わたしを離さないで』では、ヘールシャム時代にキャシーとトミーの仲を裂いたルースが、彼とつきあう。だが、ルースの提供が始まりキャシーが彼女の「介護人」になると、「最大の罪は、あなたとトミーの仲を裂いたことよ」ともらし、同じく提供の始まったトミーとキャシーで猶予を願い出るように勧める。噂は真実ではなく、三人の願いは無に帰す。

『フランケンシュタイン』の場合、怪物は自分に伴侶がいれば救われるとフランケンシュタイン博士に女の怪物の創造を要求するが、断られる。怪物は復讐として博士の婚約者を殺す。怪物も博士も伴侶を得られないことで不幸になる。小説の作者メアリ・シェリーの母が、フェミニズムの先駆者メアリ・ウルストンクラフトであったことは知られている。母は男性なみの教育、経済的自立、政治参加など女権拡張を訴えた『女性の権利の擁護』（一七九二年）を著した。時代的な制約もあって同書が「良妻賢母」型の女性を理想とし前提としていた点に批判もある。一方、娘が書いた『フランケンシュタイン』は、母なくして生まれた怪物が妻を得られず、男の自分一人で怪物を生みだした博士が妻になるべき人を殺される悲劇を描いていた。シェリーも妻や母であることに価値を置いていたのだ。

　また、『フランケンシュタイン』、チャペックの『ロボット』、『ブレードランナー』二部作では、怪物／ロボット／レプリカントが伴侶を得ること、さらには子を得ることが彼らの希望であり、人類にとっての脅威だった。これらの作品では、恋愛、結婚、出産が、バラバラな孤独な個であることから脱して種族として幸福になる道と考えられていた。

しかし、『わたしを離さないで』では恋愛が救いにならず、出産の可能性もない。同作は二人の女性と一人の男性の三角関係が軸になっているが、日吉信貴が「『わたしを離さないで』における女同士の絆」（田尻芳樹・三村尚央編『カズオ・イシグロ『わたしを離さないで』を読む　ケアからホロコーストまで』二〇一八年所収）で「性差が意味をなさない」と指摘しているのは正しい。

ヘールシャムでは図画工作に力を入れていた。出来のいい作品は、年に数度訪れる「マダム」が展示館へ持っていくのだと生徒は噂している。物語後半でヘールシャムや「マダム」は、チャペック『ロボット』の人権擁護連盟がロボットに対しそうだったように、クローンに対して同情的なグループだったとわかる。彼らは、自分たちの運動のため、クローンも魂を持っていると証明しようと、内面を表現する作品の提出を求めたのだった。

施設でのある日、キャシーは、お気に入りの歌を聴きながら夢見心地で踊るのを「マダム」に見られてしまう。不思議なのは、見られたほうが硬直する一方、見たほうが泣いていたこと。キャシーが踊っていたのは、架空の歌手ジュディ・ブリッジウォーターが一九五六年にレコーディングした「わたしを離さないで」だった。恋人への呼びかけである「オー、ベイビー、ベイビー……わたしを離さないで……」という歌のリフレインを、当時十一歳のキャシーは赤ちゃんを失いたくない母親の心情ととらえた。だから彼女は、赤ちゃんに見立てた枕を胸に抱きつつ踊った。だが、クローンは子を成せない。だから、踊るキャシーを見た「マダム」は泣いたのだ。

逃亡も抵抗もしないクローン

同曲の録音されたテープは、トミーとルース、キャシーの関係にさざ波を起こすアイテムとなるだけでなく、友情と嫌悪の入り混じった三人の離れがたい関係をも象徴する。「わたしを離さないで」とは、三人が互いに抱いている感情なのだ。ただ、本作を読んで思い至るのは、「提供者」を育てる施設が存在する社会は、キャシーを自由にしない、とらえたまま離さないということだ。そんな世界で過ごすしかないキャシーが「わたしを離さないで」を好きになる皮肉と悲哀が、胸に響く。

作中、「保護官」がノーフォークは「ロストコーナー（遺失物置き場）」と意味を違えてジョークにするエピソードがある。また、成人後のキャシー、ルース、トミーの三人が湿地で座礁した漁船を見に行く場面がある。情報を最初に知ったルースは、「誰かが捨てたのかしら、持ち主が。それとも洪水で流されてきて、水がひいたあと取り残されたとか？」と話す。実際の風景を見たトミーは、「ヘールシャムのことを思うと、いつもこんな風景が浮かんでくるんだ」という。この頃、彼らが暮らした施設はもう閉鎖されていた。

『旧約聖書』では大昔、世界で大洪水が起こった際、神に選ばれたノアと家族、各種動物のつがいのみが方舟に乗り助かったとされる。陸で朽ちた船は逆に彼らの救われなさを、「ロストコーナー」のイメージは社会から使い捨てられる立場であることを象徴している。

マーク・ロマネク監督による『わたしを離さないで』の二〇一〇年の映画化では、冒頭で「一九五二年に医学は躍進し、一九六七年に平均寿命は百歳を超えた」との説明が入った。クローンの存在によって可能になったことだ。新技術ＨＡＶＩで不老化し長命化した日本を描いた山田宗樹『百年法』では、処置後百年での死が法律で義務づけられ、生きながらえるために逃亡するものがいた。テロも起きた。このため、政府は、国民の監視、管理を強めた。しかし、『わたしを離さないで』で成人後のクローンは、街を自由に歩ける状態なのに逃げようとしない。愛する二人は提供を猶予されるという噂にすがろうとするものは後を絶たないが、逃亡や反逆は企てない。

原作小説や映画版ではこの点が疑問視され、批判された。このため、二〇一六年の日本でのテレビドラマ化では、クローンが靴底の発信機やＩＤカード、スマートフォンなどで管理され、一部に抵抗運動をするものもいるなど、『百年法』に近い設定が導入された。

しかし、『ブレードランナー』のレプリカントなどとは違って、逃げない、抵抗しないという設定は、イシグロがあえて選んだものだった。二〇〇九年のインタヴューで彼は語っている。

私たちの多くが受動的な傾向にあるということを描くのに、一つの強烈なイメージが必要でした。私たちは自分の運命を受け入れます。おそらくクローンほど受動的には受け入れないでしょうが、それでも私たちは自分で考えている以上にずっと受け身です。自分たちに与えられたかのように見える運命を受け入れています。（森川慎也訳。『カズオ・イシグロ『わたしを離さないで』を読む』）

ヘールシャムではルーシー先生が、第二次世界大戦で捕虜収容所を囲むフェンスに電気が流れていた話をし、生徒の一人が「触るだけで好きなときに自殺できるなんて」妙な感じだったろうという。みんなは冗談として笑うが、先生は「ヘールシャムのフェンスに電流が通じていなくてよかったこと。事故は起こるものですからね」と微妙な返答をする。事故の可能性は否定できないが、電流がなくてもフェンスの外に出ようとしないのが普通になっているのだ。乳幼児の段階から睡眠学習で自分の階級の価値観を刷り込まれた『すばらしい新世界』の社会体制に比べれば、『わたしを離さないで』の教育や生活の環境はゆるい。教わっているようで教わっていない曖昧さに置かれながら、社会は「わたしを離さない」。この曖昧な拘束状態の設定は、現代においてリアリティを増しているように思う。

マーク・ジャーングは「生に形態を与える　クローニングと人間についての物語をめぐる期待」(『カズオ・イシグロ『わたしを離さないで』を読む』所収)において、現実社会でのクローンをめぐる議論は、予備の臓器のために人間を育て無垢な子どもを不適切に搾取することへの批判と、子どもの命を救うためにクローンが必要だと主張して共感を得ることとの対立だと指摘する。どちらも主張の正当性を訴えるため、子どものイメージを使う。

『カラマーゾフの兄弟』では無神論者のイワンが、イエスの説く天上のパンよりも地上のパンのほうが重要だと主張する「大審問官」の叙事詩を語った。彼が詩を語る前に述べたのは、親に虐待され痣だらけになった女の子が寒いなかトイレに閉じこめられ、自分を守ってくださいと「神ちゃま」に祈るエピソードだった。大人とは違い、まだ罪を犯したはずのない子どもが苦しめられることにイワンは憤る。彼は信仰者の弟アリョーシャにあらかじめいっていた。

いいか、ここのところをまちがうな、おれが受け入れないのは、神によって創られた世界、言ってみれば神の世界というやつで、こいつを受け入れることに同意できないんだ。(亀山郁夫訳)

ルーシー先生が「あなた方の人生はもう決まっています」と教えたクローンの境遇は、神が運命を決定する世界で子どもが苦しむのと同型である。だが、イワンが憤るのとは異なり、当事者なのに、というか当事者だからなのかキャシーたちは抵抗せず運命を受け入れる。読者がクローンの境遇に同情し哀しみを覚えるのは、罪なく生まれた子ども時代から描かれているからだ。彼らが、人間と同等に何年も経験と記憶を積み重ねてきたのは確かだ。しかし、社会の多くは、クローンの内面を考慮しない。生きて臓器を保っているならば、何度でも可能なだけ手術を行う。

『侍女の物語』における生殖

では、子どもに重い価値を置く国家ができたらどうなるか。マーガレット・アトウッドは、『侍女の物語』(一九八五年)で女性が生殖を強要されるディストピアを描いた。発表時には未来であった二〇世紀末か二一世紀はじめのアメリカが舞台である。放射線や化学物質による環境汚染の影響で出生率が激減した。大統領の暗殺、国会への機銃掃射があり、軍の非常事態宣言を経て、キリスト教原理主義の国家ギレアデが打ち立てられた。子作りを至上命題とする独裁国家は、妊娠可能な女性を拉致して集め、体全体を覆うフード付きの赤い服を着せた。生殖のために派遣される「侍女」にされたのだ。主人公は、司令官フレッドの不妊の妻に代わって子を産む役割を強いられる。「侍女」は自分の名を奪われ、男の所有物であることを示す「オブ」を付けて呼ばれる。主人公の場合、オブフレッド(of-Fred)だ。

小説冒頭には三つのエピグラフが掲げられ、最初に『旧約聖書』の「創世記」から引用されている。子どもができない妻ラケルが、夫ヤコブに提案する言葉だ。

「わたしの仕え女のビルハがいます。彼女のところに入ってください。彼女が子供を産み、わたしがその子を膝の上に迎えれば、彼女によってわたしも子供を持つことができるでしょう」（斎藤英治訳）

この一節に基づき、ギレアデを打ち立てた原理主義者たちは「ヤコブの息子たち」と名乗った。「侍女」は月に一度、儀式を行わねばならない。妻が寝そべって両脚を開いたのにはさまれる形で「侍女」があおむけに寝る。「侍女」の頭は妻の腹の上であり、手を握った二人は服を着たままだ。その姿勢で夫と性交する。女性双方にとって屈辱的な状態である。ラケルのように膝の上に子を迎えるため、妻は膝に「侍女」をはさみ、彼女が夫と性交する現場に居あわせなければならない。産まれた赤ん坊は、妻と夫の子とされる。

グロテスクな光景である。小説の発表が一九八五年であったし、アトウッドはオーウェル『一九八四年』のディストピアを意識していた。同作にも国家が国民の性を管理する発想はあった。忠誠心は国家に捧げられるべきで男女の間で発生すべきではない。このため、肉体的にひかれあう同士の結婚は承認されなかった。また、党は愛情以上に性的興奮を敵視し、「反セックス青年同盟」が組織され、人工授精が奨励された。

性と出産を管理する発想は、ディストピア小説の他の古典も共有していた。ザミャーチン『われら』では性規制法に基づき、性規制局が算定した性ホルモン含有量に応じて国民のセックス・デー予定表が作成され、受理したクーポンで性行為に及んだ。ハクスリー『すばらしい新世界』では出産や家族が否定され、人工授精による瓶からの誕生やフリーセックスが当然になった文明が描かれた。いずれも、国家が性や出産をシステマティックに管理する点で共通しており、だからこそ恋愛や親子の愛情が、体制への抵抗の意味を持った。

ギレアデも、私的な読み書きが禁じられ、「侍女」は配属先で「保護者」に見張られるなど、『われら』や『一九八四年』と同様の監視社会だ。黒人やユダヤ人は国外追放され、白人の全体主義国家となっている。日本人観光客のなかに短いスカートをはき、赤い口紅を塗った女性がいるのを見て、主人公は自分も過去には似た服装をしていた、それが「西洋化」と呼ばれていたものだと思う。だが、ギレアデは「自由」に類する言葉がある歌は危険視される国であり、キリスト教原理主義以外のアメリカ的価値観は失われている。

しかし、快楽のためでなく生殖のためとされ、着衣のまま行う「儀式」の異様な光景からもわかる通り、ギレアデは『われら』、『一九八四年』、『すばらしい新世界』のように性や家族の領域まで科学的に管理する国家ではない。システム以上に宗教的観念の強要で性や家族を統制しようとする。目立つ赤い服の着用を義務づけられた「侍女」は、システムに溶けこんで「見えない人」になることができない。「侍女」は他の女たちからは汚れた存在であるように感じられ、目障りであるがゆえに無視される。赤い服は体の大部分を覆い、フードのせいで本人の視界も限られるが、赤い色によって周囲には過視化されてしまう。『一九八四年』などディストピア小説の古典は、性や家族の抑圧を題材にしたが、男女の非対称性やジェンダーの問題を十分に扱わなかった。その批判意識が、アトウッドに『侍女の物語』を書かせたのだろう。

同作では、主人公の母は、ラディカルなフェミニストだったとされている。「侍女」を養成する教育施設で、過去の「不完全女性」のドキュメンタリー映画が流される。ウーマン・リブ運動のデモらしき場面が映され、女性への性暴力に抗議する「夜をとりもどせ」、中絶賛成を示す「選択の自由を」などのスローガンを書いた横断幕が出てくる。主人公の母は、集団のなかで前進していた。だが、過去の主人公は母の考えかたに賛同していたわけではなく、むしろうとましく感じていた。

友人であり、デート・レイプに関するレポートを書いたことがあるレズビアンのモイラと主人公が、男女関係について議論になった。

女だけの領土に閉じこもってユートピアを作れると考えているとしたら大まちがいよ。男は都合よく消えてくれるわけじゃないのよ、とわたしは言った。彼らを無視はできないわ。

無自覚、陳腐な悪

しかし、クーデターが起こり憲法の施行が停止された後、彼女は認識が甘かったことを思い知る。キリスト教原理主義者が政権を把握したことで、性風俗産業は駆逐される。同時に新しい法律で女性や女性団体の名義のカード、口座は凍結され、夫か最近親者の男性に番号を移される。女性は財産を持てなくなったのだ。働くことも認められず、職場だった図書館から追い出される。当時の主人公には夫と娘がいた。だが、夫は、彼女の絶望を理解しない。彼の「落ち着きなよ」の言葉に主人公は、「もうこの人はわたしに対して保護者めいた口をききはじめているわ」と思う。「僕たちにはまだ残っているじゃないか」と彼はいいかけたが、彼はなにも失っていなかった。「まだお互いが残っているものね」と彼女は応じるものの、自分でもよそよそしく聞こえる。認識せざるをえない。

まったく気にしていないんだわ。この状態の方が好きなのかもしれない。もうわたしたちはお互いのものではない。わたしは彼の所有物になってしまったんだわ、と。

『侍女の物語』では、普通の夫、フェミニズムの闘士だった母、レズビアンの友人との意識のズレをたどることで、「侍女」にされた主人公が「普通」の女性としてどんな感覚を持ち、社会的にどんな立場であったか、手にしていた権利を剝ぎとることで浮き彫りにする。

フェミニストの母もそうだったが、更生の見こみのない「不完全女性」や老女は、「コロニー」へ送られる。放射性物質で汚染された場所で保護服などないまま、死体を嫌う国家のために焼却処理する。彼女たちは、廃棄物と同等の扱いなのだ。妊娠に三度失敗した「侍女」も「コロニー」行きである。施設で教育された後、身体を他人にゆだねる仕事を強いられる点で「侍女」は、『わたしを離さないで』で数度の提供後に死ぬクローンと近い境遇にある。だが、クローンに逃げる、反抗するといった発想がなかったのとは異なり、主人公は「地下女性鉄道」という「侍女」の支援組織の力を借りて現状からの脱出を図る。

エピローグに相当する部分で、それまでの物語が、オブフレッドの残した三十本ほどの口述テープを後世の学者が編集したものだったと明かされる。学者が与えた『侍女の物語 The Handmaid's Tale』の題には、卑俗な意味もある「tail（尻尾）」とかけた洒落の意味が含まれているという。二一九五年の世界歴史学会総会の分科会で、「侍女」の古文書に関する基調演説がされるが、語りかたは嘲弄的だ。

彼女は教育のある女性だったようです。当時の北米の大学の卒業生を教育があると言えればの話ですが。（笑い、一部から不満の声）

教授の講演には、しばしば女性蔑視的、人種差別的な発言が混じり、二百年近い未来でも平等が実現していないことがうかがわれる。『侍女の物語』が発表された一九八五年には、保守的な共和党のレーガンがアメリカ大統領だった。フェミニズムの主張がよりラディカルになる一方、反動も大きく、伝統とされる「家族の価値」を説く声が高まった時代である。この綱引きは将来にわたって長く続くと、小説のラストは暗示していた。『侍女の物語』は一九九〇年に映画化されたのに続き、二〇一七年にHuluでドラマ化され配信された。黒人初の大統領だった民主党のオバマの後継者を、女性のヒラリー・クリントンと争い、勝利した共和党のドナルド・トランプが大統領に就任したのも二〇一七年だ。白人至上主義を隠さないトランプは、人種差別、女性蔑視の発言を繰り返しリベラル層から批判を浴びたが、保守層の人気を得ている。『侍女の物語』の批判意識は、未だ古びていない。それどころかアトウッドは、二〇一九年九月出版予定で続編『The Testaments（遺言）』を執筆中だという。

『侍女の物語』では、主人公が子どもだった頃、「母が好きなたぐいの、歴史を扱った教育的な番組」でユダヤ人収容所の関係者インタヴューを見た記憶が語られる。残忍で凶暴だったとされる所長について愛人だった女が答えていた。

あの人はモンスターなどではありませんでした、と彼女は言った。皆さんはあの人をモンスターだとおっしゃいます。でも、そうではなかったのです。

ドイツでユダヤ人虐殺を指揮したアドルフ・アイヒマンについてハンナ・アーレントが、悪魔的というよりむしろ小心者の陳腐な存在だったと指摘したのと重なる言葉である。先に触れた通り、主人公の夫は、女性の権利に鈍感だったが「普通」の人だった。そのような無自覚、陳腐な悪が、一部の過激派の行動を見過ごし、やがて同調することで国家規模の非道を生起、継続させてしまう。

『侍女の物語』ではキリスト教原理主義者がクーデターを起こしたが、当初はイスラム教の狂信者の仕業と伝えられた。また、二一九五年の学会では「イランとギレアデ——日記を通して見た二十世紀末のふたつの独裁神権政治」という著作の存在が紹介される。現実政治ではイランとアメリカは対立している。だが、アメリカの保守派に含まれるキリスト教原理主義的な思想には、イスラム原理主義の家族観、性別意識における女性抑圧に通じるところがある。対立する二国には似た部分があるのだ。イスラム原理主義の過激派による女性迫害が頻発する状況もあり、同作のテーマは、特定の国家、宗教に限定されない。

『侍女の物語』との対比で読めば、ウエルベック『服従』の男性教授の呑気さに陳腐な悪を見出せる。初のムスリム政権が誕生したフランスで、女性の権利の制約が始まる。だが、教授はイスラム教の一夫多妻制に自分もいい目をみられるかもしれないと、安易に改宗する態度をみせる。同作の最後の一文は「ぼくは何も後悔しないだろう」だった。「まったく気にしていないんだわ。この状態の方が好きなのかもしれない」と、夫に失望した「侍女」の言葉は、『服従』の教授にもあてはまる。

『アカガミ』と『徴産制』の出産推進政策

近年の日本でも、少子化問題に対応するため国家が出生率上昇の施策をとる設定の小説が、相次いで書かれている。窪美澄『アカガミ』（二〇一六年）では、二〇二〇年以降の日本で若者の自殺が増加し、同年より後に生まれた若者の寿命は四十歳に満たないとする説が流布される。若年層の絶対数が減るだけでなく、彼らは恋愛も結婚もせず「性」離れが進んでいた。現代日本の少子化、若者のセックスレス化を誇張した未来像である。

政府は、お見合い制度「アカガミ」を設ける。主人公は二〇〇五年生まれで二十五歳の女性ミツキ。彼女の母親は浮気した夫と離婚後、うつ状態になり自室に引きこもっていた。そんな母と同居するミツキは不全感を抱え、彼女の自殺未遂を助けた謎めいた女ログから「アカガミ」を勧められる。だが、「ここに応募すれば恋ができるの？」程度の認識だったミツキは、教習所で「番《つが》い」、「家族」、「子ども」など事前説明になかった言葉を聞かされ、面食らう。教習所では「まぐわい」と呼ばれるセックスに関する講義を受ける。続いてミツキは、他の志願者たちとともに、ＩＤカードで出入りをチェックされる団地で実際に「番い」になる。相手の男サツキは、「アカガミ」に志願すれば家族に食事、生活費、ヘルパーが供給されるから決意したのだった。

全人口の多くを老人が占めるため、介護職に就く若者が多い。ミツキもそうであり、老人を「まるで観葉植物みたい」と感じていた。

昼間には陽にあて、夜になると温かい温室へと運ぶから。

老人たちを汚く、やっかいなものと感じたこともない。もしかしたら、目の前にいる老人たちを自分と同じ人間だと思っていないのかもしれない。

体力があって平穏な状態を保つ老人が、担当の多くを占めているせいもあるだろう。そういうミツキは、「アカガミ」志願前にログからセックスのイメージをたずねられ、「……汗、におい、べとべと、ねとねと」と気持ち悪さを吐露した。施設の老人の体は管理されているが、元気に生きている人間の体からは管理できないものがあふれているという感覚。腐りかけの体から血液や膿、内臓の汁を垂らしながら動くゾンビに近いものとしてセックスをとらえているといったらいいすぎだろうか。忌避感は彼女だけのものではなく、ペアになったサツキも「まぐわい」が怖いと訴え、二人が結ばれるまで時間がかかる。

二人の間に生まれた赤ん坊は「不適合」とされ、彼女らは国の支援からはじき出されてしまう。だが、愛しあうようになったミツキとサツキは、自分たちの子どもの個性を認め、新しい家族になって生きる決意をする。彼女らは、国家の歪んだ制度にからめとられ、出産に至った。そのあげくの追放ではあったが、「アカガミ」を通じて彼女らは成長し、自分を、家族を見つけたのだし、結果的に一種の通過儀礼となった。制度がなければ、二人は変わっていない。したがって同作は、「アカガミ」を批判するだけの物語にはなっていない。

一方、トリッキーな設定なのが、田中兆子『徴産制』（二〇一八年）だ。『アカガミ』の書名は、軍の召集令状「赤紙」から命名された。大日本帝国では、富国強兵、産めよ増やせよの二つのスローガンがセットで、男は徴兵、女は出産が国への奉仕だった。そんな戦時の思想と少子化対策を重ねる発想をいっそう押し進めたのが『徴産制』である。

新型インフルエンザの猛威で若い女性の大半を喪った二十一世紀後半の日本で、国民投票により新制度が導入される。日本国籍を有する満十八歳以上、三十一歳未満の全男性が最大二年間は女になる「徴産制」だ。兵役につけば軍事教練を課せられるように、性転換手術を受けた産役男は産事教練を受ける。体が女になった彼らには、生理も訪れる。「ああ、日本の男は立派に血を流している！」などと思う。徴兵制では兵士になることが義務だが、殺人そのものは義務ではない。徴産制では子作りが目的だが、婚姻や育児、また出産そのものは義務ではなく、女性になることが義務である。偽装結婚による産役逃れを防ぐため、制度は既婚者にも適用される。同作では、立場の違う産役男五名の体験が語られていく。

希少になった本物の女性は身の安全のため、ほとんど外出しない。それに対し、地方から出稼ぎの意識で産役男になってもニセの女と蔑まれ、特にブスはひどい扱いをされる。セクシュアル・ハラスメント、パワー・ハラスメントの標的となり、男への慰安を求められる。性転換した息子の胸を、介護される父が触ったりする。弱い立場で傷ついている女性や産役男がほっとできる場所として「男のいない国」、「女の子だけがいるドリームランド」が開園する。徴産制反対デモは世論を動かせない。産役から脱走した逃産男は、捕まれば放射性廃棄物処分場がある村で過酷な目にあう。国から給料が出る産役を志願する移民もいるが、政府は少子化でも帰化申請を認めず、人種差別だとの声も出る。

従軍慰安婦問題、痴漢対策の女性専用列車、介護、放射性物質による汚染、外国人労働者の受け入れ増加など、徴産制という設定をテコにして、少子高齢化にとどまらず、日本にまつわる様々な問題が、変形されたうえで挿入される。個人の領域が国家の思惑に歪められる危うさ、差別の広がりを露悪的なまでに誇張して描いている。

『徴産制』の場合、男は女の慰安を必要とする前提で書かれ、男の性欲の存在が当然視されている。この点は、セックスレス社会を扱った『アカガミ』と前提が異なる。

ジェンダーをめぐるバックラッシュ

身体的な性差やジェンダーにまつわる小説は、以前から書かれている。男女雇用機会均等法が施行された一九八六年以降、上野千鶴子などを中心としたフェミニズムの流行があり、生物学的な性差ではなく社会的、心理的な面からみた性の区別を指すジェンダーの概念が徐々に知られるようになった。同概念は、後にLGBT（レズビアン、ゲイ、バイセクシュアル、トランスジェンダー）と呼ばれるようになった性的マイノリティの理解の助けにもなった。

かつてこの種のテーマが注目された時期に、村田基『フェミニズムの帝国』（一九八八年）が発表された。二一九八年の未来を舞台にした同小説では、男女の立場が逆転している。職場では女性のほうが立場は強く、男性は家庭に入るのが当たり前とされ、痴漢やレイプの標的とされるのだ。二十世紀に流行したエイズに対し、二十一世紀はじめに予防ワクチンが開発されたが、Y染色体との関係で男性にだけエイズ死の可能性を残した。その変性エイズのため男性はセックスに消極的になり、傷によるウイルス侵入を恐れて暴力を避けるようになった。男性のセックスと暴力の衝動が後退した結果、女性優位社会が到来したという理由づけだ。

感染で死ぬ危険性はあるが、家族制度を持続するには、男に性行為をさせ子作りしなければならない。このため国は、変性エイズ死を「男の花道」と呼び、「ますらお神社」で総理大臣も出席する儀式を行って祀った。国のためといって名誉を与えれば死に向かった過去の男と同様のシステムを構築したのだ。戦死した英霊を靖国神社で祀るのと同じ図式である。『アカガミ』や『徴産制』にみられた徴兵制と少子化対策の重ねあわせの発想は、すでに『フェミニズムの帝国』にあった。

作中の研究では、男性問題の根本は「男が自分の男らしさに自信がもてないこと」にあるとされ、原因は男が女である母親に育てられたからだとされる。このため、手術で男に人工子宮を埋めこみ、男の子は父親が育てることが発案される。『徴産制』の出産する男というモチーフは、『フェミニズムの帝国』に先どりされていたわけだ。

また、柾悟郎『ヴィーナス・シティ』は、コンピュータ・ネットワークを介したジェンダーの攪乱を書いていた。一九九二年に発表された同作では、二十一世紀初頭に不況の続く海外から、景気好調な日本へ出稼ぎ労働者が増加中と設定されていた。あまりの多さから日本語と日本文化への試験を課したうえで入国を認めたが、外国人排斥運動が発生し、アジア系以上に欧米人が嫌われた（一九八〇年代に日米貿易摩擦が大問題だったことの裏返しの設定だろう）。

森口咲子二十六歳は、上司で紅毛碧眼のジェームズ・ブラッドリー三十七歳を嫌っていた。だが、二人はそれぞれヴァーチャル都市「ヴィーナス・シティ」で、自身とは大きく異なるアヴァターとなり、互いに気づかぬまま接触する。咲子は強さを求めて乳房をつけた男性のボディ、ジェームズは外国人である現実を忘れるため若い日本女性に化身していた。同作が執筆された時代と現在では日本の経済環境はまるで違うが、性転換と外国人労働者をからめた着想は、『徴産制』とも通じる。

一九九一年には巽孝之編『サイボーグ・フェミニズム』に科学史、フェミニズムの理論家ダナ・ハラウェイの「サイボーグ宣言　1980年代の科学とテクノロジー、そして社会主義フェミニズムについて」（一九八五年）が収録され、SF界にも刺激を与えた。異種混交のアイデンティティを保持する点において、西欧に暮らす有色人種女性や同性愛者などを、SFで描かれる改造人間と同種のサイボーグととらえ、ジェンダーの概念を更新しようとする内容だった。

「サイボーグ宣言」はハラウェイ本人の著書のなかでは、『猿と女とサイボーグ』（一九九一年）に収録されている。同書でハラウェイは、一九三〇年代の霊長類学におけるロバート・マーンズ・ヤーキーズ（優生学者でもあった）の研究が、人間男女の性差の根拠づけに使われたことを批判的に検討していた。

ヤーキーズがボディポリティックの起源を扱った古典的研究で観察した内容は、性的に受容的な雌のチンパンジーは、優位にある雄によって、エサや、普段は許されぬ「特権」へのアクセスを許されるというものであった。（高橋さきの訳）

以前に触れた通りヤーキーズは、類人猿のなかでもチンパンジーから進化して白人に、ゴリラから進化して黒人になったとする説の源でもあった。優生学と並び霊長類学でも、男女や人種の立場の決定論は流布されていた。『カラマーゾフの兄弟』のイワンが、神の決定する世界に否を宣言したように、その種の決定論への否から、平等への運動は始まる。

保守とリベラルの綱引きが続くなかで、性差や家族に関する「伝統」の原理主義的な主張は何度も回帰する。ジェンダー概念が広まったことへの反発も大きかった。日本に関しては、男女の平等と互いの人権尊重を旨とした男女共同参画社会基本法が一九九九年に施行されたが、二〇〇〇年代には保守的な性別意識や家族観から男女共同参画やジェンダーフリー教育に対するバッシングが発生した。

女性の活躍やＬＧＢＴ擁護が社会的課題として政治レベルでも議論されているが、バックラッシュの波は、以後も繰り返し起きている。二〇一七年にはセクシュアル・ハラスメントや性的暴行に抗議する「#MeToo」運動が欧米で話題になり、日本にも伝わった。一方、ＬＧＢＴは生産性がないと語った「新潮45」二〇一八年八月号の自民党の衆議院議員・杉田水脈の寄稿「「ＬＧＢＴ」支援の度が過ぎる」が問題視され、同誌同年十月号の特別企画「そんなにおかしいか「杉田水脈」論文」で安倍晋三シンパの文芸評論家・小川榮太郎「政治は「生きづらさ」という主観を救えない」が、ＬＧＢＴと痴漢の欲求を同列に扱ったことで火に油を注いだ。批判を浴びた「新潮45」は同号で休刊した。

このような風潮のなかで抵抗運動のごとく、男らしさ女らしさ、伝統的な家族の価値という思いこみを再検討するフィクションが再び相次いでいる。一九八五年発表の『侍女の物語』が、二〇一〇年代にドラマ化されたのとパラレルの現象だ。

『リリース』のリベラルな悪夢

ディストピア小説の場合、良識派の社会運動が弾圧される、空回りする、無力であるという描写がされることが多い。百田尚樹『カエルの楽園』では、プランタン（村上春樹）や若いフラワーズ（SEALDs）といった「進歩的カエル」の訴える非暴力の平和が虚妄であり、国が侵略される時には役に立たないと戯画的に描かれていた。保守の立場の著者が、近隣国に対する軍事力強化を主張するため、ことさら嘲弄的に書いたのである。だが、ディストピア小説のなかで社会運動の分が悪くなりがちなのは、百田のような作者のプロパガンダ目的ばかりではない。

チャペック『ロボット』では人権擁護連盟のヘレナが登場し、人間とよく似たロボットの奴隷労働に同情する。だが、ロボットは人間ではなくただの労働力だととらえるロボット工場関係者や、人間の心を持たないロボットは、彼女の同情を理解できず共感もしない。

同種の意識のすれ違いが、残酷な結果を招くのが、『わたしを離さないで』である。クローンには人間に近い魂があり、待遇が改善されるべきだと考えるマダムたちは、ヘールシャムでの教育を運動の成果だと自負する。だが、クローンに魂があることを図画工作で証明させようとするマダムの実験が、愛しあうクローンには猶予がもらえるという噂を生んだのでもある。また、マダムはクローンに同情しているものの、人間とは異質ととらえる感覚はなくせず、彼らへの嫌悪を隠せない。

スタンリー・キューブリック監督の映画版でも知られる、アントニイ・バージェスの小説『時計じかけのオレンジ』（一九六二年）でも運動家の傲慢が語られた。近未来。十五歳のアレックスは仲間とともに暴力、盗み、強姦、殺人と好き放題に楽しんでいた。だが、ヘマをして捕まった彼は、政府が進める犯罪者矯正計画の実験対象にされる。薬物を投与され、瞼を無理矢理開かされたまま、強制的に暴力的な映画を見せられる。そうすることで、「悪」を見たり思ったりするだけで不快になるように、精神と体に刷り込まれたのだ。

釈放後のアレックスは、かつて暴力をふるった相手から逆襲を受けても反撃できない。そんな風に選択権を奪われた彼を、政府の横暴を批判する材料に使おうとする人々が現れる。「おれを何かの物みたいに、そんなふうに扱ってもらいたくないよ」（乾信一郎訳）と彼は怒る。体制側からも反体制側からも道具のごとく扱われるからだ。『わたしを離さないで』も『時計じかけのオレンジ』も当事者の心情を理解しない、上から目線の運動を描いている。

『侍女の物語』では、ラディカルなフェミニズム運動が、その反動で強まったキリスト教原理主義に駆逐された。『アカガミ』では、志願者たちの暮らす団地の塀の向こうから反対派らしきグループがスピーカーでなにか叫ぶ。だが、聞きとれないし、大きな影響力を持っていない。『徴産制』では、制度施行から約十六年後の内閣府調査で反対理由の一位が「産事教練や赴任先での共同生活が嫌」だった。かつての反対運動の動機だった「女になりたくない」を、国民はいつの間にか受け入れている。世論の移ろいやすさを皮肉った展開だ。

以上のようにディストピア小説では、統制の強調、当事者との意識の乖離、国民の無関心や世論の移ろいやすさ、複雑な社会構造における啓蒙の困難などを描くため、リベラルな運動の無力や敗北をストーリーに組みこむことが多い。

これに対し、古谷田奈月『リリース』（二〇一六年）は、同性婚が合法化され、男女同権が実現したオーセル国が舞台である。生殖ビジネスが根絶され、精子《スパーム》バンクが国営化されて人工授精と代理母が普及した。社会を変革した女性首相ミタ・ジョズの「性別適合手術なんて、取るに足りないことです」、「心に合わせて、体をパチッとスイッチさせるだけのことじゃありませんか」という発言から「スイッチ」が流行語になった。性行為と生殖を切り離すことで性やジェンダーにまつわる抑圧がなくなり、自由意志が尊重される社会が作られたはずだったのだ。

しかし、バンクへの精子提供は任意とされつつ強制が実態だった。ドナー登録を拒否したのに罠にかかり精子を盗まれたと主張する異性愛者の男子学生タキナミ・ボナは、精子バンクを占拠する。「ミタ・ジョズはぼくをレイプした」と訴え、望まぬのに自分の子が産まれたことに抗議する。オーセルでは変革の結果、同性愛者がマジョリティとなり、無性愛もノーマルとなったが、異性愛者はセクシスト（性差別主義者）扱いされ肩身が狭くなった。ボナはいう。

ただ強く感じるのは、愛と、平和と、平等が――マイノリティという存在を概念ごと捨て去ることに成功したこの素晴らしい社会が、ぼくの人権を侵したのだということです。

だが、ミタ・ジョズの作った体制のもと、ゲイの提供した精子から子が産まれるのが普通になったオーセルである。ボナの演説をみていた群衆からシュプレヒコールが上がる。

ジョズは、みんなの、ママだ！　バンクは、みんなの、パパだ！

戦前の日本では臣民は天皇の赤子とされたが、リベラルな国家であるはずのオーセルもある種の全体主義に覆われている。『リリース』の作中には、「自分は差別主義者じゃないと社会に対して意思表示するためには、だから、これまで差別を受けてきた側に回る必要がある」というセリフがあった。男女の立場が逆転した『フェミニズムの帝国』が、男性支配を裏返した女性支配の横暴を語ったように、旧来の異性愛や家族観を打破した『リリース』も立場の反転を描く。リベラルになったはずの社会が硬直し、新たなマイノリティに対し排他的になっているのだ。

統制の抑圧、当事者意識と乖離した独善、状況に無理解な世論、立場の異なる人々の集まった社会の複雑さは、リベラルの敗北だけでなく勝利を通してもとらえうるわけである。このことは、ある思想的方向性に向かって社会、国家という大きな集団を形成する時、無理、歪みが必然的に生じることを考えさせる。

性、家族が解体される『消滅世界』

男と女が夫婦となって性行為をし、二人の間の子が妊娠出産されたのは昔のこと。今では繁殖のための「交尾」はせず、パートナーをみつけた女性が病院で人工授精により子を作るのが当たり前になった。初潮を迎えた女性は、避妊処置が義務づけられている。人工授精の際には排卵のための薬を飲む。また、人工子宮の研究が進んでいるため、今後は男性や高齢女性の妊娠出産も期待される。そのような設定で書かれたのが、村田沙耶香『消滅世界』（二〇一五年）だ。性行為と生殖の切り離しで人々の意識が激変し、過去と性欲のありかたが異なっている設定は『リリース』と共通する。ただ、『消滅世界』は『リリース』ほど社会制度と個人の対立に重きを置かない。

作者の村田は、十人産んだら一人殺してもいい制度で国の人口を保つ「殺人出産」（二〇一四年）、三人組での恋愛、セックスが当たり前な「トリプル」(同年)、家庭にセックスを持ちこむのは異常とされる「清潔な結婚」(同年)など、性や恋愛、家族に関して現実とは違った常識が当然視されるSF的設定の短編を以前から発表していた。『消滅世界』はその延長線上で書かれた長編である。だが、同作の主題は、制度への反抗ではない。

中沢忠之が「村田沙耶香の「物語」と「私」脱〈二十世紀日本〉文学史試論 第一回」(「文学+」1号、二〇一八年)で「村田の成長譚は一定の期間をとるために過去回想の形を採用する必要があるが、その回想はすでに過ぎ去った過去に執着するものではなく、場面ごとの環境適応と逸脱による変化にひたすらフォーカスされていることにも注意したい」と指摘したのは、慧眼である。自分をとりまく環境になじめず逸脱行動もとるが、本人の変化で適応する。だが、次の環境にもなじめずにまた逸脱して、と意識や行動が変転していく。

『消滅世界』の主人公・雨音は、子ども時代はアニメのキャラを性欲の対象とし、夫婦間の性交渉が「近親相姦」と呼ばれるこの世界で、大人になってからはパートナーとなった男性と恋のない世界へ駆け落ちしようとする。家族、セックス、恋愛の形も概念も消えつつある社会で彼女らは生きているのだ。雨音たちの行き先となる千葉の「実験都市・楽園《エデン》」では、大人全員がすべての子どもの親とされ、「子供ちゃん」を可愛がる。猫カフェならぬ「赤ちゃんカフェ」状態である。興味深いのは「楽園」では誰もが「子供ちゃん」の「おかあさん」と呼ばれ、男も母親に擬せられることだ。

男女の地位が逆転した『フェミニズムの帝国』では男性解放運動が過激化し、保守的(家庭的)な男性との衝突が大きくなる。原因は男性がもともと持っていた攻撃性が表面化したからとされ、女社会への抵抗運動だったはずが、男対男の構図にスライドしたのだった。また、女性が激減した未来で男の性転換が義務づけられる『徴産制』でも、本来の男性と産役男の軋轢が描かれた。SF的設定を導入した二作は、男女対立の図式とからませつつ男と男の対立を書くことで、現実の男社会を成り立たせるホモソーシャルな結びつき（同性同士の結びつき）の強さを暗示する効果があったように思う。

また、人々がみな同じになっていく奇怪さを描いた『俺俺』について、作者の星野智幸は「俺俺」という言葉には、いかにも男社会的なニュアンスがあります」（『大江健三郎賞8年の軌跡「文学の言葉」を恢復させる』二〇一八年）と語っていた。

『俺俺』には、女性が「俺」になっていくというシーンが幾つかあります。男社会の「俺俺」原理を受け入れている状態ということですが、現実には、男たちは女が「俺」にとって代わることをものすごく恐怖しているので、男が「俺」になっていくことと、女が「俺」になっていくこととの差が、本当はどこかにあると思います。

星野は原因として「男の人が自分の存在を主張しないと自分の生存を実感できないような社会構造」をあげる。一方、『フェミニズムの帝国』では、男は母という自分とは違う性別の親に育てられたから男らしさに自信が持てないとされていた。これに対し、『消滅世界』は、人工子宮が普及する前段階として、男も「おかあさん」になることで本人の心や社会の安定を図ろうとしているようだ。

ディストピア小説の古典である『われら』、『一九八四年』、『すばらしい新世界』は、恋愛、セックス、生殖の結びつきを切断する点で共通していた。これらの作品は、国家が国民をみな交換可能な数として扱おうとした。その意味では男女に差があるのは不都合であり、恋愛によって忠誠の対象が国家から愛する個人に移るのも好ましくなかった。『すばらしい新世界』でフリーセックスが奨励されるのも、国民を同列化するためだ。同じく恋愛、セックス、家族が解体されつつある『消滅世界』でも、男女の差は薄れている。だが、作者の関心は、社会システムには向かわない。

環境の変化によって逸脱と適応を繰り返す雨音は、ついに苦しい心情を吐露する。

お母さん、私、怖いの。どこまでも〝正常〟が追いかけてくるの。ちゃんと異常でいたいのに。どこまでも追って来て、私はどの世界でも正常な私になってしまうの。

彼女の混乱した精神の出発点は、夫婦間の性行為が近親相姦とされ、人工授精で子どもが産まれるのが正常とされる世界で、母が旧来のありかたに固執し、娘にも自分の考えを教えこもうとしたことだった。母は、愛しあう男女が父母となり、性交渉した結果として子が産まれるのがあるべき正しい人間の生きかただと信じていた。だが、娘は学校で正反対の教育を施されたのだ。その矛盾が、彼女の逸脱と適応の原点となっている。

子にとって親は、最初に与えられる世界である。自分より先に存在した親の価値観と現在の価値観に差異があった場合、親はユートピアにもディストピアにもなる。男女だけでなく親子の差異も、国民を数として管理しようとする国家にはノイズであり、だから生殖や育児、教育に介入して均質化を図る。『すばらしい新世界』では、野人とその母の旧来的な親子関係が、忌まわしいものとされた。

　母の子宮から生まれなかったチャペックのロボットや『ブレードランナー』のレプリカントが自分たちで生殖をはじめ、『わたしを離さないで』のクローンがポルノ雑誌をめくって親の「可能性《ポシブル》」を探す。『侍女の物語』のフェミニストの母と無自覚だった娘、『アカガミ』の夫に逃げられた母と見合い制度に志願する娘、そして『消滅世界』の母子の対立。ディストピア・フィクションにおいて親子関係のモチーフは、世界の裂け目の象徴だ。

第六章　環境と戦争

一　環境への適応と俯瞰、サバイバル

世界に復讐する『キャリー』

村田沙耶香『消滅世界』では、愛しあう夫婦が子どもを作るのは当然だと考える母と、夫婦間の性交渉は近親相姦であると社会から教えられた娘の摩擦が語られた。恋愛や性、男女関係をめぐる母と娘の価値観の違い、家庭内と学校での教育の落差が娘の成長に影を落とす。この図式で思い出すのが、アメリカのホラー小説の巨匠スティーヴン・キングがデビュー作『キャリー』（一九七四年）で描いた母娘である。

キリスト教を原理主義的に狂信する母マーガレットに育てられた十六歳の娘キャリーが主人公だ。この母子家庭では、肉欲を嫌悪する母が、男と交接し子どもをなしたことを悔いていた。彼女にとって出産は呪いであり、セックスは忌むべきものであるため、娘への性教育は一切行わなかった。そのため初潮の知識がなかったキャリーは、ハイスクールのシャワールームで自分が血を流していることに大騒ぎし、クラスメートたちにいじめられる。だが、彼女にも同年代の女の子みたいに恋愛したいという思いはあった。

そこにいじめっこたちはつけこむ。同情した一人の女子のはからいで男子生徒とカップルになってプロム（ハイスクール最後の年の舞踏会）に参加したキャリーを策略でベスト・カップルに選び、ステージ上で豚の血を浴びせたのだ。

キャリーは念動力《テレキネシス》の持ち主だった。自身で少しずつ力を開発してきた彼女は、大勢の人々の前で辱めを受けたことで怒りが爆発する。ブライアン・デ・パルマ監督による一九七六年の映画化では、プロム会場を燃やし生徒や教師を多数殺したうえ、自分を「悪魔の子」扱いした母に復讐するだけだった。だが、キングの原作小説とキンバリー・ピアース監督による二〇一三年の再映画化では、キャリーの超能力による破壊は街全体に及んだ。家庭での虐待、学校でのいじめに対する復讐としては、大袈裟すぎる規模にも思える。

しかし、狂信的な母がキリスト教を我流に解釈し、娘に説いたことを考えれば、キャリーが広範囲に災厄をもたらした気持ちが理解できる。『旧約聖書』の「創世記」では、蛇にそそのかされ夫のアダムとともに知恵の実を食べたイヴが神の怒りにふれ、「エデンの楽園」から追放されたことが、人類の始まりだとしていた。マーガレットは「出産の呪い」を与えられたイヴの子まで「殺人の呪い」をかけられたと話す。彼女が産んだ兄カインは弟アベルに対し、人類最初の殺人を行ったのだから。

それでもなおイヴは罪を悔いることなく、イヴの娘たちもまた悔いなかったので、狡猾な蛇はイヴの上に売春と疫病の王国を築いた。（永井淳訳）

マーガレットは、ファナティックに語る。とはいえ、娘を産んだマーガレットも交接したに違いない。キャリーは「ユー・ファアック！」と母にいい返す。二人の家には多くの宗教画がかけられ、モーセ、ノアの方舟のほか、ソドムとゴモラの大火の絵もあった。ソドムとゴモラは、「創世記」では、淫らな肉欲にふけったため神意によって硫黄と火で滅ぼされた都市である。人並みに恋愛したいと願ったキャリーは、自分を裏切った肉欲の街をソドムとゴモラのように焼きつくそうとする。

母が娘にふきこんできたのは、アダムとイヴが追放される失楽園のエピソードから始まる世界の成り立ちだった。母は、娘対世界の構図を繰り返し教えた。でも、母親流のキリスト教講義をさんざん聞いたキャリーは思う。

もしも彼女がいうように
イエスがわたしを愛しているのなら
なぜわたしはこんなに孤独なのだろう？

『カラマーゾフの兄弟』でイワンは、罪のない幼い女の子が「神ちゃま」と祈るのに、神が彼女を救わないことに憤った。キャリーもまた「神ちゃま」と祈る少女だったのであり、超能力を有する彼女の怒りが爆発した時、自分を裏切った神が造りし世界全体を滅ぼそうとせずにいられない。

狂信者の母に育てられた『キャリー』の惨劇は、作者キングの出身地であり彼の以後の作品でもたびたび舞台に選ばれる、メイン州の街で起きたとされていた。ちなみに、アメリカでクーデターが発生し、キリスト教原理主義の国家ギレアデが誕生するアトウッド『侍女の物語』では、かつてメイン州に位置したバンゴア市から、後の時代に「侍女」の証言テープが発見されたことになっていた。

同作において、宗教政権から出産を強要される立場となった主人公の「侍女」は、「地下女性鉄道」という支援組織に助け出されたらしい。南北戦争前のアメリカで黒人奴隷が奴隷制のない北部の州やカナダへ逃げるのを援助した秘密結社「地下鉄道」を下じきにした設定である。「侍女」のテープが発見されたバンゴアは、かつての「地下鉄道」の中継地点でもあった（伊藤節編著『現代作家ガイド5　マーガレット・アトウッド』二〇〇八年）。個人の性を抑圧する宗教の狂信を物語の核にした『キャリー』と『侍女の物語』に同じメイン州という接点があったのは、偶然かもしれないが興味深い。だが、キャリーには「地下女性鉄道」のような救いの手は現れなかった。

『地球星人』と科学的管理法・優生学

村田沙耶香は、『消滅世界』の次の長編小説『地球星人』（二〇一八年）でも母娘の摩擦を扱った。『消滅世界』が一般の性意識が変化した未来を舞台にしたのに対し、『地球星人』は現代に設定されている。だが、主人公の奈月は幼い頃から自分を魔法少女だと思っており、自分を宇宙人だと考えるいとこの由宇《ゆう》と仲がよかった。小学校の高学年になった彼女は塾の先生に性的な行為をされたことを母に訴えたが、「あんたがいやらしいからそんな風に思うだけよ」と相手にしてもらえない。母も姉も、なにかと奈月を馬鹿にするのだ。つらい彼女は、由宇に救いを求めるあまり子どもらしくない行為をして家族から危ない存在と認識され、行動を制限される。

由宇と交わした「なにがあってもいきのびること」という約束が、奈月の後の人生にも影響する。幼い頃に「消える魔法」を使えると思っていた彼女は、塾の先生に嫌なことをされた時には「幽体離脱」できるようになったし、やがてポハピピンポボピア星人であるという自覚を強めていく。現実的な解釈をするならば、超常現象らしきもので己を守ろうとする彼女には、自分が自分である感覚が失われる精神の解離症状的なものがうかがわれる。逃れようがない身の周りの環境に適応して生き延びるためには、そうするしかなかった。だが、平野啓一郎が唱える分人主義のような、場面に応じて異なる自分を使い分ける器用さはない。

奈月は小学生の頃から、「私は、人間を作る工場の中で暮らしている」と考えていた。性教育を受けた五年生の彼女は思った。

私の子宮はこの工場の部品で、やはり同じように部品である誰かの精巣と連結して、子供を製造するのだ。

しかし、成人になった彼女は、自分が「工場」の部品になれないと感じ、「性行為なし・子供なし・婚姻届あり」の結婚を望む男性を「すり抜け・ドットコム」なるサイトで探し、似た考えの相手と夫婦になる。夫になった智臣も「工場」に洗脳されない宇宙人だった。だが、二人の親や友人など「工場」の側にいる人々は、「仲良し」をしなければならないと二人にセックスするように圧力をかける。

主人公にとっての母の位置づけは、村田の二つの長編で異なっている。社会全体の意識が変化した後の

『消滅世界』では、性意識が守旧的な母は少数派だった。一方、『地球星人』の母は、多数派の「工場」側を身近で代表する存在であり、自分が宇宙人だと気づいた奈月たちの生まれ育った世界＝現実は、彼女たちにとってそのままディストピアなのだった。キャリーの場合、自分を追いつめた街全体を破壊するだけの強い超能力を持っていた。だが、奈月たちに特別な力はない。「そう、僕にも『宇宙人の目』がダウンロードされたんです。妻と出会ったことで」と智臣が話すように、世界を俯瞰してとらえ、せめて都会から地方へ移って「工場」の洗脳から遠ざかろうとする。そうして距離をとる解離症状的な戦略くらいしか、彼女たちが生き延びる道はない。

「工場」によってディストピアのイメージを喚起することは、古典である『われら』や『すばらしい新世界』にもみられた。仕事のノルマや報酬などの課業管理、作業の標準化、組織形態の最適化を柱にした労働者の科学的管理法（＝テイラー・システム）に関し、フレデリック・テイラーが『科学的管理の原理』を著したのは、一九一一年。それに対し、製品の標準化と組立てラインを中心にして大量生産とコストダウンを実現するフォード・システムをフォード社が導入したのは、一九〇〇年代後半から。アメリカで発案された二つのシステムは、同時期に普及したわけだ。

『われら』や『すばらしい新世界』は、経営や商品製造の効率化を図るシステムが、人間の管理や生殖にも及ぶ社会を描いた。そして、遠藤徹『スーパーマンの誕生』も指摘する通り、一九一〇年に優生学記録所という研究拠点ができるなどアメリカで優生学が流行した時期は、先の二つのシステムの創世期と重なる。人種交配は有害だと移民への恐怖感に理屈づけを与えることにもなった優生学は、遺伝や血統の管理で社会を改良しようとするものだった。科学的に効率性を追求し会社を、社会を改良しようとする発想でテイラー・システム、フォード・システム、優生学は同時代的な共通性を持っていた。

男らしい男と女らしい女という部品同士が結婚するのが当たり前で、彼らは当然、滞りなく子どもを生産するべきである。性交をしないサボタージュや、子ども同士や近親で交わる製造ミスはあってはならない。男と女がそれぞれの正常さを発揮し、正常な子どもを作るべきなのだ。わかりやすくまとめれば、『地球星人』の「工場」は、そのような二つのシステムと優生学のアマルガムのごとき社会の仕組みとして表現されている。奈月たちが自称宇宙人であり、恋愛、性、結婚を個人ではなく人類という種のレベルから俯瞰しているため、「工場」というとらえかたになる。現実のままでSFになる。

伊坂幸太郎は、未来がわかるカカシや人間の死期を知る死神など人知を超えて見通す力と、世界を見通せない個人の落差によって運命の過酷さを描いた。それに対し『地球星人』の自称宇宙人は、俯瞰の視点を手に入れることで生き延びようとする。

村田沙耶香の知名度を上げた第百五十五回芥川賞受賞作『コンビニ人間』（二〇一六年）は、マニュアル化によって多様なサービスに対応できるコンビニエンスストアのアルバイトになることで、ようやく世界の部品になれた、自分は今生まれたと実感できた女性が主人公だった。同作のコンビニと『地球星人』の「工場」はいずれも、私たちをとり囲むシステム、環境の性質を表現している。

映画『美しい星』の気象予報士

故郷へ帰れる宇宙船があるわけでもない『地球星人』の宇宙人たちは、解離症状のような自己防衛や地方への移動といった撤退戦しかできず、普通の人類に追いつめられていく。同作以前にも、やはり外見はただの人間と変わらないのに本人は宇宙人であることに目覚めた人々を三島由紀夫が『美しい星』（一九六二年）で書いていた。三島の宇宙人も人間にない超能力を特に持っていたわけではないが、『地球星人』のような撤退戦ではなく、逆に地球の危機を救うため人間への呼びかけを始める積極性を持っていた。

三島が『美しい星』を執筆した時期には、ソ連がキューバに核ミサイルを配備しようとしてアメリカと核戦争寸前になるキューバ危機があった。当時の東西冷戦を背景にした同作では、自分たちが互いに別の星からやって来た宇宙人であると気づいた家族が、核による地球滅亡を回避しようと講演会開催など運動にとり組む。彼らは、ソ連の指導者フルシチョフに書簡を送る。

……まだ遅くはありません。われらの星は、天上から地球の運命を日夜見守っております。すでに半ば汚濁に染った地球の姿を嘆きつつも、いつかそれが太古の美しい星の姿に戻るという希望を捨ててはおりません。

日本のありふれた家族が、地球規模の問題に関与しようとする『美しい星』は、小説発表から五十五年後の二〇一七年に吉田大八監督で映画化された。ただ、設定には複数の変更がある。大杉家の父・重一郎が火星人、子どもで兄の一雄と妹の暁子が水星人と金星人なのは小説と同じだが、妻・伊余子は原作の木星人から地球人へ変更された。家族のなかに普通の人の視点を入れたのである。

また、伊余子が平凡な主婦、暁子が学生なのは原作通りだが、高等遊民的だった重一郎はニュース番組に出演する気象予報士、大学生の一雄は自転車で荷物を運ぶメッセンジャーへと立場が変更された。重一郎は番組の男性キャスターとの仲がしっくりせず、天気コーナーでの地位を浮気相手の女性アシスタントに脅かされるなど、微妙な状態にある。また、野心を抱える一雄はあるきっかけから参議院議員の下で働くことになり、美貌ゆえに自分に寄って来る男子学生がわずらわしい暁子は、同じ金星人だというストリート・ミュージシャンに魅かれていく。

原作との一番の違いは、核危機がモチーフではなく、重一郎が生放送中に地球温暖化の危機を勝手に訴え始めること。レギュラーの彼は、「太陽系連合からのメッセージです」と回を追うごとに主張を強め、「地球人のみなさん、まだ間に合います！」などと叫びながら、火星人のポーズだという奇妙なしぐさを繰り返す。地球温暖化より優先すべき課題があると語った政治家を中傷したとして局の問題にもなる。監督の吉田大八とともに脚本を書いた甲斐聖太郎によると、集会やビラ配りによる運動だった原作を今に置き換えればブログやSNSになるが、パソコン画面をスクリーンで観る形にはしたくなかったのだという。

じゃあ、基本的に一般人なのに微妙に有名人で、世の中に広く発言する機会が多少あるのに、自分の心の中の思いは飲み込んで言わない立場ってなんだろうと考えていたら、TVのお天気キャスターが出てきたわけです。

（「シナリオ」二〇一七年六月号）

このことに加え、主人公に気象予報士が適している理由をもう一つ指摘できる。彼の仕事は、人工衛星がとらえた気象データを参照しつつ、天気図を解説することだ。宇宙から地球を見下ろす視線で、日本列島を指さしながら変化の見こみを視聴者に伝える。しかも、それを定期的に行う。地球、国家を神のごとく上からの目線で俯瞰して未来を語る点は、宗教的な予言者に似た立場といえる。宇宙人の意識を持つのにふさわしい職業なのだ。

『不都合な真実』が語る大問題と承認欲求

地球温暖化への対策が世界的な課題であると理解され始めたのは一九九〇年代だったが、その後の啓蒙活動で目立つ存在になったのがアル・ゴアだ。民主党のビル・クリントンがアメリカ大統領だった一九九〇年代に副大統領だったゴアは、二〇〇〇年の大統領選挙に立候補したものの共和党のジョージ・W・ブッシュに敗れた。だが、国家のリーダーになれなかった彼は、温暖化による地球全体の危機を救おうと講演活動に力を入れる。そのドキュメンタリー映画『不都合な真実 An Inconvenient Truth』(二〇〇六年)が話題になり、二〇一七年には『不都合な真実2 放置された地球 An Inconvenient Sequel: Truth to Power』が製作された。

続編では、各国首脳が集まり、二酸化炭素の削減目標をなんとかとりまとめた二〇一五年十二月のパリ協定採択が山場となる。だが、二〇一七年にアメリカ大統領に就任したトランプは、同年六月に自国のパリ協定離脱を宣言する。地球温暖化は嘘だと主張する彼は、映画では悪役である。元副大統領が主役となった二本のドキュメンタリー映画はどちらも「真実(truth)」を訴えていた。だが、自分と意見の違う報道を「フェイク・ニュース」と決めつけて退け、「ポスト真実」時代の大統領になったトランプは、マスコミを攻撃することで大衆の人気を得た。

『不都合な真実2』の翌年に公開された『美しい星』では、参議院議員の第一秘書でやはり宇宙人である黒木と重一郎が激論を交わす。人類は滅びるべきだと、決定的なことが起こるらしいボタンを押そうとする黒木と、人類の側に立つ重一郎が対峙する。

黒木「（微笑む）……地球に、救う価値がありますか？」
重一郎「あるに決まってるでしょう。こんなに美しい星なんだから」
黒木「私はこのボタンを押して、彼らの手助けがしたい。ほんとうの意味で美しい星のために」

べつに国家レベルの大きな権力を持っているわけではない自称宇宙人の中年男二人が、各国首脳が集まった会議のような、アメリカの元副大統領と現大統領の対立のような地球規模の大問題で生真面目にいい争っている。話の内容はシリアスなはずだが、滑稽であるのは否めない。ありふれた人間たちによる大袈裟な討論は、原作でも大きな要素だった。三島は、ドストエフスキー『カラマーゾフの兄弟』の「大審問官」を意識しつつ、人類の運命に関する討論を執筆したという。

映画では原作と異なり、重一郎の妻が木星人ではなく地球人とされていた。宇宙人であることに目覚めた夫、息子、娘がそれぞれ勝手な行動を始めたのに対し、追いていかれそうな不安を消そうというのか、彼女は会員制の水のビジネスにのめりこむ。詐欺にひっかかっただけなのだが、顕微鏡では美しい結晶が見えるというその水は、「美しい水」のラベルで売られていた。「美しい星」という言葉に象徴される重一郎たちの宇宙人の意識が、「美しい水」と同様に空虚なものなのではないかと暗示する展開である。

仕事現場で浮き始めていた重一郎、フリーターだが野心を秘めていた一雄、いい寄ってくる男子がわずらわしかった暁子。彼らはいずれも自身になんらかの不全感を覚えており、そのために自分を宇宙人だと思うようになったのではないか。自分が評価されたいという承認欲求のあらわれではないか。映画の観客はそう思う。『地球星人』の奈月たちが、抑圧してくる世間に対し、生き延びるために解離症状的な反応をみせ、自分を宇宙人だと思いこんだようにみえるのと同様だ。物語前半で重一郎は、浮気相手とドライブ中に近づく光をみて意識を失う。相手はなんともなかったのに、彼だけ記憶がないまま車中で数時間過ごした。それを仕事関係者に話すと、宇宙人が人間を誘拐するアブダクションではないかといわれる。

「彼らに捕まって、身体中を調べられるんです。皮膚や血液、精液のサンプルを採られたり、女性の場合は妊娠させられたり」

体になにかされた感覚はなかったものの、重一郎が火星人だと自覚する契機になった出来事だ。一方、暁子は自称金星人に妊娠させられるが、女癖の悪い男にだまされただけだった。これは原作と同様の展開であり、性をめぐる不安が、その人を宇宙人にさせる点では、『美しい星』は『地球星人』に先行していた。ただ、このようにとらえてみると、アル・ゴアが温暖化問題に熱心なのはアメリカの大統領になれなかった悔恨を、地球という、より大きな対象を相手にすることで埋めあわせているからとも感じられる。科学的データの真偽はべつにして、現実に大統領になったトランプの、地位を得たゆえの自信の前で、大統領になれなかったゴアの訴えは、どうも承認欲求などのひ弱さを含んだものにみえてしまう。

ディストピアでは、過酷な世界が個人を抑圧する。一方、自分の置かれた境遇と折りあいをつけ、適応していくために終末的な大問題を設定し、自身を抵抗者や救世主に擬する精神状態もある。等身大の自身をかえりみるのではなく、自身をとり囲む遥かに広大な環境、それこそ地球を俯瞰するような視点を設定し、ディストピアを逆算的に構想してしまうわけだ。『美しい星』や『地球星人』が示唆したのは、そういう構図である。

『サバイバルファミリー』と「見えない都市」

『美しい星』の場合、一人ひとりが不全感や承認欲求を抱える家族が、自分たちは宇宙人だと目覚め、父が地球の危機に立ち向かう意志を示したことから不思議な結束をみせる物語だった。これに対し、二〇一七年公開の矢口史靖監督の映画『サバイバルファミリー』は、気持ちのバラバラだった家族が、社会的な危機にさらされて絆を育む話である。

突然、広範囲な停電が発生する。電線につながった部分だけでなく、電池などなんらかの形で電気を使ったシステムは、すべて動かなくなる。水やガスなどライフラインも停止。原因は不明。テレビ、ラジオ、電話もダウンしたため、人の噂話しか情報源がない。父母と一男一女の鈴木家は東京を脱出し、電気が通じているらしい西へ、妻の父の暮らす鹿児島へ自転車で向かうが、様々な困難に出遭う。

電気系統が全滅なのだから、道路は乗り捨てられた自動車だらけになる。また、エレベーター、電車、バスに乗れないため、歩くか自転車しか移動手段がない。建物の階段や屋外では、ふだんは目にしない数の人間が歩いている。高速道路でも放置車両の間を抜けて、多くの人々が徒歩か自転車で移動している。

SF的なのにCGを映画に用いなかったことに関し、オリジナル脚本も担当した矢口監督は、「東名高速道路のシーンが合成になるんだったら、この映画はやらないと、どっかでずっと思ってましたね」と高速道路でのロケにこだわったことを語っていた（「シナリオ」二〇一七年三月号）。確かに電気の止まった都市の異様さを示す風景として、動かない自動車と歩く人々の組みあわせは象徴的だ。

ゾンビを題材にしたドラマ『ウォーキング・デッド』では、第一話の冒頭でたくさんの自動車が野原で乱雑に放置されているのを映してから、街中を徘徊するようになった多数の死者が「ウォーカー」（歩く人）と呼ばれるようになった現在が明らかになる。同作の場合、死者が増殖し、生者が隅に追いやられたため都市インフラが停止した。第一話では、車の通行がなくなったハイウェイを主人公の警官が馬で駆けるシーンも印象的だった。それに対し、やはり高速道路のシーンが重視された『サバイバルファミリー』では、停電のために都市インフラがダウンしたのだ。だが、結果的に生者は「ウォーカー」となり、ゾンビと相似した行動を強いられる。文明社会において人間は、機械やインフラと連結したいわばサイボーグの状態になっている。連結が解かれることで、その実状が露わになるわけだ。

また、『サバイバルファミリー』や『ウォーキング・デッド』の車停止と歩行の描写は、建築家・磯崎新の先駆的な都市論「見えない都市」（一九六七年）を想起させる。磯崎は、当時のアメリカで人口集中が顕著だったロサンゼルスを上空から見た時、網目のようなハイウェイ、インターチェンジ、駐車場を付帯した設備などが市の面積の多くを占めることを記していた。不動で確固とした建築物よりも、一つのところにとどまらない自動車のための場所が高い割合となっている。流動的なその都市風景を磯崎は「都市の姿が消える」、「見えない都市」と比喩的に表現した。

それに対し、『サバイバルファミリー』は、車、電車、エレベーターなどが止まってしまったため、普段は動く箱のなかで姿が覆われていた人々が、自分の足を使うしかなくなった。マンションなどの高層階に住む人も、宅配などに頼れないから、水や食料を調達するため建物から出なければならない。いつも以上に多くの人が屋外で歩き回る。このことが、街の風景を異様にした。

一方、磯崎の都市論は、車の運転者が周囲の空間を知覚するため、風景の物理的な外観よりも、むしろ標識などのなにかを指し示す記号、サインを重視することも指摘した。実体から記号、シミュレーションへというウエイトの変化も、磯崎が「都市の姿が消える」と述べた理由だった。そして、「見えない都市」論から約五十年が経過し、都市に浮遊する記号は飛躍的に増加している。鈴木家の子どもたちは、兄はパソコンでインターネット、妹はスマホでメールが日常であり、父は通信システム企業に勤めていた。停電により、ネットで行っていたことをオフラインの現実でやろうとするが、できない。また、一家は西へ移動するため、本屋でみつけた紙の地図を頼りにするが、ネット上の地図のようには更新されておらず古いデータだったため道に迷う。

電気を使うあれこれと連結して暮らしていた彼らは、連結が絶たれたことで従来は見ないですませてきた都市の露わになった部分に翻弄されるしかない。平野啓一郎は『ドーン』で拡張現実の発達した状態を「添加現実」と呼んだが、ネット情報という添加物を失った現実は、現在の人間にとって対処困難な過酷な環境と化す。街を天上から俯瞰するグーグルマップのような視点を失った彼らは、遠くまで見通せない地上で右往左往するしかない。

「見えない世界」からむき出しの欲望へ

食料や水に苦労する状況となり、法外な値上げや盗みも行われる。だが、『サバイバルファミリー』の世界では、停電で防犯カメラによる監視が失われたなかでも店舗の襲撃はみられず、人々が暴徒化する場面は登場しない。それに対し、監督の矢口は「ま、ゾンビ物だとそうなりますが（笑）。（略）東日本大震災の時に、想像以上に日本人が礼儀正しかったという記憶があります」（「シナリオ」二〇一七年三月号）と語っている。3・11直後に東北の被災地で電気が失われただけでなく、首都圏でも計画停電が実施された。彼は、その体験が早々と忘れられたことへの問題意識で映画制作にむかったため、配られる食事におとなしく並ぶ人々など、当時報道された被災者の礼儀正しさを劇中にとりこんだのだろう。

また、映画では大停電で交通が麻痺しているにもかかわらず、とりあえず会社や学校へ行く日本人の習性をとらえている。同僚や同級生と足並みをそろえなければという、強迫観念や同調圧力が働いている。だが、「で、移民の国でもないですし、多人種でもなく、銃社会でもない。アメリカとかどこかの国みたいに、自分の権利を守るために人を殺してもいいんだ、強いものが勝つんだって、そういう発想にならない」（同）という矢口の認識には疑問がある。すでに日本には相当数の外国人労働者がいるし、海外からの観光客も多い。また、在日コリアンに対するヘイト・スピーチの根深い問題もある。かつての関東大震災でデマから発生した朝鮮人虐殺のような暴走の可能性は、今もこの国に潜んでいるのだ。

映画は、話の中心となる鈴木一家が周囲で発生しているはずの死をほとんど目撃しないことでコメディ色を維持し、必死かつドタバタの逃避行で状況に適応していった末、家族の絆が再生されるヒューマン・ドラマへと帰着する。ただ、彼らの住むマンションで一人暮らしだった老婆が、停電後に孤独死したらしいエピソードが挿入される。また注目したいのは、マンション住民が、暗い室内ではなく中庭で集会を開く場面だ。別の場所に移住したほうがいいという人、行ける田舎などないと吐き捨てるもの、誰もいなくなったらマンションが荒らされると主張するもの。それぞれの考えかたや家庭の事情の違いが明らかになる。その後、鈴木一家は、周囲の目を気にしつつこそこそとマンションを離れるのだ。

短い場面だが、外観だけならさほど違わない近隣住民の各扉のむこうに、みな別個の内実があったことがさらされる。一見均質に思える住宅の集合について、村田沙耶香は「「見えない世界」の外へ」と題したエッセイを書いていた。それは、杉田水脈、小川榮太郎のLGBT差別発言掲載で批判を浴びた「新潮45」の休刊をめぐり、同じ新潮社発行の文芸誌「新潮」が二〇一八年十二月号で組んだ特集「差別と想像力」に村田が寄稿したものだ。彼女は、こう書き出している。

私は、差別が見えない街で育った。

私が育ったニュータウンは、歴史も経済的な格差もほとんどない街だった。同じ価格帯の建て売り住宅に越してくる若い夫婦の姿はどこか似通っており、その子供である私たちも、互いの違いを感じることはほとんどなかった。

しかし、彼女はある日、同じニュータウンで育った友人が在日コリアンへの差別意識を持っていたことを知り、愕然とする。多くの人が暮らすニュータウンにLGBTも在日コリアンもいたはずなのに、「見えない世界」ができあがっていたと思いをめぐらすのだ。村田沙耶香という小説家にとって、そういう場所で育った原体験は大きかった。『地球星人』において、男と女が普通に結婚して普通に子どもを生むようにしむけるシステム、環境が「工場」と呼ばれたが、イメージの源泉がニュータウンにあるのは明らかだろう。大量生産のような「群集の人」の均質さにまぎれれば、目立たず「見えない人」にもなる。『サバイバルファミリー』で差別問題は扱われないものの、マンションの集会でうかがわれる住人同士の差異には、村田のいう「見えない世界」が外へ少し露出している。磯崎新が機能面で指摘した「見えない都市」と村田が住人の意識について思った「見えない世界」。二種類の「見えない」を覆い隠した形で社会は動いている。だが、停電のようなきっかけさえあれば、それらは現れるのだ。

『サバイバルファミリー』の場合、大停電という非常事態に結束せざるをえなかった家族が絆を強めたのに対し、サバイバル生活が夫婦の関係を変えた後、特異な共同体を作ってしまうのが、桐野夏生『東京島』（二〇〇八年）だ。

ヨットで世界一周しようという夫につきあわされた清子だったが、わずか三日目で嵐に流され、二人は孤島にたどり着く。芋を掘り、野草や皮を剝いだ蛇を試食するなど生きるための力を発揮する清子に対し、それまで彼女をこき使っていた夫は胃腸が弱く、寝ているばかりになってしまう。やがて、二人しかいなかった島に二十三人の青年が漂着する。彼らは与那国島の野生馬調査に雇われたものの、労働条件の劣悪さから廃船同様の漁船を使って脱走したフリーターたちだった。さらに、島へやって来たゴムボートが、十一人の中国人を下ろし去っていく。その結果、フリーターたちがトウキョウと名づけた男ばかりのこの島で清子は、紅一点の存在となる。

四十六歳でべつに美しいわけでもなかったが、他に異性のいないここでは男性たちが争って求める対象となり、平気で浮気するようになった清子は女王と化す。夫の不審死の後には、若い男同士の争いを避けるため、定期的にくじ引きで夫を決めることになる。日本で暮らしていた時の扱われかたからは考えられないポジションを彼女は得るのだ。清子はこれまで自分にも見えていなかったほどの欲望を開花させ、性を武器にして孤島で生き抜こうとする。村田沙耶香『地球星人』の奈月が、自分の性的な立場に苦しみ、解離症状的な反応や地方への移住で生き延びようとしたのとは反対に、清子はやすやすと人々の欲望がむき出しになった環境に適応してしまう。『キングコング』のヒロインは孤島で怪物の欲望の対象となったが、清子は欲望の主体となって怪物化する。

『東京島』と団地

孤島に漂着した人々という設定は、ゴールディング『蠅の王』と共通する。だが、同作の場合、十代以下の男子ばかりの集団だったため、異性間の問題は起きなかった。かなり同質性が高い集団の内部で亀裂がエスカレートし、仲間を死に至らしめる過程がシリアスに書かれていた。それに対し、『東京島』は、極端に非対称な数だが男女が存在し、子どもと老人がいない。清子以外の日本人は若者ばかりだし、ホンコンと呼ばれるようになった中国人グループの年齢は年長者でも中年の範囲に収まっている。このため、性の主題がクローズアップされ、ジェンダーや年齢に関する一般通念を風刺する内容になった。

『東京島』では、日本人グループと中国人グループの対照的な姿が描かれる。首都圏のフリーターだった日本側のトウキョウ人は島の各所をブクロ、ジュク、シブヤ、オダイバ、コウキョなどと名づけ東京に見立てるが、街づくりをしようと力を入れるわけではない。それなりに食料が手に入る状況は、サバイバルをどこかゆるいものにする。彼らは気のあう同士で集落を作り、分散して生活する。一致団結しなければ生き抜けないと危機感を強めるリーダーが存在し、そのことがかえって軋轢を深める『蠅の王』のような展開にはならない。だが、反対にホンコンたちのほうには命令を下すリーダーがいて軍隊のようにまとまった行動をみせ、道具作りにも長けている。つまり、日本側よりたくましいのだ。

また、ドラム缶が大量投棄され、放射性廃棄物かと疑われたために卜ーカイムラと命名された浜に、ワタナベが一人で住み始める。共同作業に協力せず日本側で嫌われた彼は、中国側に近づくなどトリックスター的な役回りであり、清子とともに島の攪乱要因となる。

ひ弱な日本としたたかな中国を誇張し戯画的にとらえた点は、『東京島』と百田尚樹『カエルの楽園』で共通する。だが、寓話仕立ての『カエルの楽園』がウシガエル（中国人）の侵略によるツチガエル（日本人）支配で終わるのに対し、『東京島』では両者の摩擦は起きても決定的な戦いにはならず、むしろ別行動、棲み分けが常態化している。

保守的な百田とリベラルな桐野の政治意識の違いもあるだろう。加えて、尖閣諸島の領土問題をめぐり二国間の緊張が高まるきっかけとなった、海上保安庁の巡視船に中国漁船が衝突した事件の発生が二〇一〇年だったことも影響しているように思う。同事件以前に執筆された『東京島』と以後に書かれた『カエルの楽園』では、同時代的状況が違った。仮に事件後に『東京島』が書かれたならば、日本人グループと中国人グループが棲み分け、時に衝突するトウキョウ島は、どちらの国に帰属する領土かを争う尖閣諸島の比喩になることを作者は意識しただろう。作者が意識しなくても、事件後ならばそう読めてしまう。

ドラム缶の廃棄は来訪者の存在を示すが、頻繁に来るわけではなく島にあまり関心を寄せているようではない。だから、漂流者たちの存在はなかなか気づかれない。尖閣諸島は沖縄県の一部だが、東京都も日本最南端の沖ノ鳥島、最東端の南鳥島を含め、多くの離島を抱えている。石原慎太郎が都知事だった二〇一二年には、私有地だった尖閣諸島を都が購入する計画が浮上し、直後に国有化された経緯もある。国家の端の離島は領有権争いが起きる政治的な場であるが、漁業権以外の商業的価値は低く、居住も少ないか、ないため、一般国民の関心は希薄だ。意図的に放置されたホンコンたちだけでなく、トウキョウ人も忘れられ棄民のようになる。同作は、この国の離島の扱いを象徴しているようにも読める。

注目したいのは、トウキョウのマンタこと黄桜俊夫が、生まれ育った仙台市郊外の逆鉾団地と島を比べ「サカホコっぽい」と感じること。小中学校、交番、八百屋、肉屋などの施設や店、分譲棟に住める貴族、賃貸棟の庶民、単身者棟のやもめ老人、学生など様々な人々。それらを回想し「俊夫にとって、逆鉾団地はひとつの国、それも天国だった。団地内に、ないものはなかった」、「あそこでは、誰もが満ち足りて暮らしていた。選択する必要がないからだった」と思い、こう考える。

しかし、選ぶ必要がないという意味では、トウキョウ島もまた一種のサカホコには違いなかった。

自分のような繊細な男は、何を選んでいいのかわからない放埒な街に住んでいたら、到底生きてはいけなかっただろう。

文明の利便性はないが、飲み食いはなんとかなる暮らしに適応した彼は、とりあえず満ち足りている。

トウキョウ人が島の各所をブクロ、ジュク、シブヤなどと呼んでもそこに池袋、新宿、渋谷の風景が浮かびあがるわけではなく、ただ地名という記号を貼り付けただけだった。「見えない都市」のままだった。しかし、俊夫が島を「サカホコっぽい」と思うことには、彼の生活実感が吐露されている。団地という箱にいた時には見えなかった生活実感が、島に来て今さら自覚されたのだ。

そんな彼は死んだ姉と会話を繰り返し、多重人格（解離性同一性障害）の症状をみせる。『地球星人』の奈月は「工場」の歯車にされることが嫌で地方へ移住したが、俊夫は自分たちみたいな問題のある家族も団地でひとつの役割を果たしていたのだと、漂流先の島で感慨に浸る。無意識のうちに解離症状を生存戦略に選んだ点は二人に共通するが、宇宙人だといって地球を見下ろす極端な俯瞰の視点に立った奈月とは違い、俊夫は団地という日常生活圏の俯瞰にとどまる。その違いの分だけ、彼はより状況に適応できるのかもしれない。団地にただ一つ足りなかったのは外部からやって来た僧侶だと気づいた俊夫は、宗教さえあればトウキョウ島はサカホコ以上に完璧になると考え、崖の横穴を寺院とする。

団地時代を回想する話は、集合住宅のなかで見えなかった人々の姿が露わになった『サバイバルファミリー』と通じる面がある。『東京島』では離島での非日常だけでなく、俊夫の話のようにありふれた生活実感も語られるのだ。その意味でトウキョウ島は東京だけでなく、日本列島で暮らす一般庶民の暗喩ともなっている。

今、『東京島』を読み返すと、清子の行動を中心にしたジェンダーの通念に関する風刺以外にも、多層的な比喩が読みとれるのだ。

『バラカ』の棄民

桐野夏生が二〇一六年に刊行した『バラカ』は、『東京島』の要素を継承した部分もみられる大作だった。同作は「小説すばる」で二〇一一年八月号から二〇一五年五月号まで連載され、加筆修正を経て単行本化された。連載前に作者は、父親がいなくなった娘を探す物語を、ドバイという人工楽園のような街を舞台に書こうと思ったという。だが、ドバイ取材後に考えを変えた。

巨額の金を投じ、海水を淡水化して砂漠を緑地に変えるような、買えないものは何ひとつないようなドバイで、人工のスキー場まである巨大なショッピングモールを見て、この場所で行方不明になった子供を父親が探す話、というところまでできました。日本に戻って、さあ書こう、と思っていた矢先に、三・一一の大震災が起きたんです。

ちょうどそのとき、豊洲のタワーマンションを舞台にした「ハピネス」という小説を女性誌に連載していたんです。あのあたりは、断水したり停電したり、生命の危機すら感じるであろう状況だったんですけど、連載が始まって二年たって小説の方向が定まっていたこともあり、震災を書くことはできませんでした。

（「青春と読書」二〇一六年三月号）

人工的な街であるドバイを舞台にして書けば、文明の利便性を奪われた『東京島』と対照的な内容になったかもしれない。だが、桐野は構想を変更し、『バラカ』で震災と原発事故が引き起こした混乱、恐怖、怒りを現実と同時進行的に書くことを決めた。ただ、被害がどの程度なのか、情報が錯綜する状況だったため、あえて現実以上に被害が広範囲に及んだもう一つの日本という設定を選び、テーマにとり組む自由度を確保した。

大震災で福島の原発四基が核爆発を起こし、東北から関東までが警戒区域となった日本。その地域にとり残された犬猫を保護するボランティアに志願した「爺さん決死隊」が、幼女を発見する。その子は「ばらか」としか喋らなかった。幼女には赤ん坊の頃、ドバイのショッピングモールで日本人女性に買われた過去があった。犬猫のように拾われたバラカは、少女になると原発事故が生んだ棄民の象徴とみられ始める。目立つ立場になった彼女は、自分への敵意も存在することを認識する。安心して暮らせず、移動を繰り返すしかない。

『東京島』では男ばかりの漂流者たちのなかで女王になった清子が妊娠し、自分は「島母」となることでみんなから崇められ、存在意義を示せると高揚する場面があった。一方、『バラカ』では仕事も恋愛もうまくいかない女性が、養子を得ることで生まれ変わろうとする。そのためにドバイで買われたバラカは、養母の手からも離れ、震災の混乱に巻きこまれる。両作とも、承認欲求を満たすための道具のように赤ん坊をとらえる女性が登場するのだ。

出産する女性に生物の命を育む自然を重ね、母なる大地というとらえかたをする。また、女性は本能として母性を持っている。そういったとらえかたを当然視する女性観は旧くからあった。だが、母性は内在していた本能ではなく、社会的、文化的な規定、要請でしかないというのが、フェミニズムの知見だった。

窪美澄『アカガミ』、田中兆子『徴産制』、村田沙耶香『消滅世界』など、出産やセックスを問い直した女性作家たちの一連の作品も、その知見の先に構想されたのであり、桐野が『バラカ』で日本人女性の赤ん坊購入を描いたのも同様である。したがって、核爆発による環境汚染が扱われる同作も、子を産み母になることを人間の生活の一部として書いてはいても、母なる大地、女性＝自然といった系列のイメージに救いを求める物語にはしていない。『東京島』では「島母」になることに清子が高揚する展開があったが、桐野はそれを揶揄的に書いたのでもあった。

バラカはもともと群馬県で働く日系ブラジル人夫婦の子どもだった。母は、「失敗のサイクル」を認識せよと説く「聖霊の声」教会の信者であり、バラカは父に連れられ教会に行ったこともあった。まだ「神ちゃま」とすらいえない赤ん坊の頃だ。酒に溺れる父とカルト教団の信者になった母の仲はギクシャクしており、工場閉鎖が相次ぐ日本を捨て家族はドバイへ移ったものの、皮肉なことに赤ん坊は売られたことで日本へ帰ってくる。

ドバイには世界一高いビルであるブルジュ・ハリファがあるが、東日本大震災の時には電波塔では世界一高い東京スカイツリーが建設中だった（二〇一二年二月二十九日竣工）。高度成長期のシンボルだった東京タワーをアップデートするかのごとく東京スカイツリーを建設した日本は、二〇二〇年の東京オリンピック、二〇二五年の大阪万博の招致に成功し、一九六四年と一九七〇年の国家的イベントの反復を決定した。つまり「成功のサイクル」を夢見ているのだが、新国立競技場や五輪エンブレムのデザイン変更、費用の不透明な膨張などをみると、奥泉光『東京自叙伝』が描いたこの国特有の無責任による「失敗のサイクル」に陥っていると感じざるをえない。

『バラカ』では、景気の悪かったブラジルがワールドカップとオリンピックを催し、もっと駄目になったと語られる場面がある。この物語では、ブラジルから働きにきた日系人夫婦が、不景気の日本を去りドバイに行ったことが赤ん坊の売買へつながる。国内の反復だけでなく、ブラジルから日本への「失敗のサイクル」のリレーも書かれているわけだ。

東京を問題圏に引きずりこむ

同作の世界では、震災と原発事故の後に首都が東京から大阪へ移され、オリンピックの開催場所も大阪に変更されている。東京オリンピックと大阪万博を重ねあわせたかのごとき改変だが、そうまでして過去を反復しようとする設定は、二〇一〇年代の日本の後ろ向きの空気をよく風刺している。ドバイが人工楽園なのであれば、そこから買われて出ていく赤ん坊が主人公となる『バラカ』は、一種の楽園喪失物語だろう。高度成長期の後、バブル景気に沸いた一九八〇年代後半の日本は、それこそ人工楽園のような浮かれかただった。だが、バブルが弾けてからは非正規労働者が増加して格差が広がり、データとして景気が好転したといわれても庶民の実感とは遠いことが常態化している。後には、国のデータ各種に不正や不備がみつかってもいるのだ。

作中では東日本の人々が、震災と原発事故以降、どう過ごしたか、「震災履歴」を挨拶として語ることが一般化している。彼らはろくに支援されず、棄民扱いされる。震災前に書かれた『東京島』では、ドラム缶が不法投棄されトーカイムラと呼ばれている浜に一人で住む嫌われ者のワタナベが中心となる章を「棄人」と題していた。また、トーキョー島はたまに不法投棄に使われることはあっても、日本から忘れられた離島だった。

それに対し『バラカ』では、列島のつながった地域であるのに東半分は棄てられた扱いになる。離島になったみたいに西半分の意識から遠ざけられる。かと思えば、オリンピックに向けたお祭りムードのなか、政府の機密管理で汚染は語られなくなり、かつての警戒区域にある小学校のプール授業を撮影し、元気に暮らしていると世界にアピールすることもされるのだ。棄民たちは、自分たちは利用されていると憤る。同作は3・11後の状況をデフォルメすることで原発推進派と反対派の摩擦、外国人排斥運動も含め、この国に生じている亀裂の数々をとらえていく。『バラカ』を読むと、3・11後の日本で人々の欲望がむき出しになって軋轢が増幅し、まるで『東京島』になったと思う。

バラカは、甲状腺がんの手術をしたことで首にネックレスに似た傷跡がある。「うつらないの?」ときかれて否定し、「でも、あんたはヒバクしてるから、子供産めないだろ?」とさらに問う同級生の少年を力いっぱい突き飛ばす。だが、差別的な視線にさらされるバラカは、奇蹟を起こした首飾りの少女として棄民の象徴に祭り上げられもする。磔刑になったイエス・キリストの聖痕のように、傷跡が聖性を示すととらえられたのだ。彼女を反原発のシンボルにしたいと考える運動家がいる一方、被災地の復興宣伝に利用したがる勢力も現れる。

権力から追跡される以前に一般人が無造作に写真を撮り、ネットにすぐアップする相互監視社会で、バラカは支持者からも反発する者からもつきまとわれる。原発事故による汚染以上に、無数の人々にとり巻かれる環境が、彼女を苦しめる。だが、バラカは、宮崎駿『風の谷のナウシカ』の主人公のような特殊な能力を持っているわけではなく、救世主になろうとも考えない。一人の少女であるにすぎない。なのに、悪意の人々だけでなく善意の人々まで身勝手な思いをぶつけてくる。

彼女は「爺さん決死隊」で助けてくれた村木を中心とする自給自足の「永続地帯」の農園で暮らしていた。コミューンが形成されたのだ。村木がカズオ・イシグロ『わたしを離さないで』を持っており、やがてバラカがその文庫本を何度も読み返すことになるのが興味深い。被曝で手術を余儀なくされ復興PRの道具にされるバラカと、臓器移植のために育てられたクローンは、ともに国策の犠牲者だ。同時に、運動家に都合よく扱われそうになる存在でもある。離れたくない親しい人たちを奪われる一方、がんじがらめの状況が自分を離さない点も共通する。だが、クローンたちが境遇を受け入れるのとは異なり、バラカは懸命に生き延びようとするのだ。

3・11以後、SFだけでなく純文学のフィールドでもカタストロフ後の世界を舞台にした小説が相次いで書かれた。古川日出男『あるいは修羅の十億年』(二〇一六年)も、現実以上の被害があったもう一つの日本を舞台に選んでいた。二〇二六年の物語である同作は、十五年前の巨大地震によって一二〇キロ離れた二カ所の原発が爆発した設定である。汚染された被災地は「島」と呼ばれているが、その差別意識に反発しつつ地元住民は、自分たちの居場所を「森」と呼ぶ。また、東京オリンピックは開催されたものの、二〇二〇年に「島」の土砂が撒かれるテロが発生した鷺ノ宮はスラム化している。

四肢に人工腱を入れた高機能脚馬や「島」にいながら分身を通し東京を探る人物など非日常的なモチーフが横溢しており、なかでも印象的なのが、先天性の心臓病であり、胸に小型原子炉を入れたロボットだと自認する少女ウランだ。『鉄腕アトム』でアトムの妹ロボットにつけられたのと同じ名をもつ彼女は、過去に超巨鯨が湾に打ち上げられ、死んで神様になったことが東京の始まりだと想像している。鯨は、津波の隠喩でもあるだろう。また、作中では茸が、放射性物質を吸収した生物兵器と、放射性物質を封じて環境を浄化する装置という、二つの相反する位置づけで語られる。『風の谷のナウシカ』の腐海が汚染と浄化の両方を象徴していたのと同様の位置づけだ。

『バラカ』と『あるいは修羅の十億年』は作品の構造はかなり違うものの、聖痕を思わせるものを体に負ったバラカとウラン、被災地と他地域の分断、移民の増加など近しいモチーフがみられる。そして、二作は、オリンピックで浮かれたがる現実の東京に対し、震災以来の問題にこの大都市が無縁なわけがないと、巻きこもうとする意志が共通していた。

首都圏に電力を供給していた原発が事故を起こしたのに、関東の放射線量が下がってからは他人事のように福島と距離をとり、オリンピック開催をめぐる時ばかり復興五輪などと被災地を引きあいに出す。そんな風に身勝手な東京も問題の渦中にいるのだと物語に引きずりこむ姿勢は、多和田葉子の中編小説「献灯使」（二〇一四年）にもみられた。

東京都に仮設住宅で暮らす人々がいて、汚染が問題になっている未来。無名《むめい》という名の子どもと、曾祖父・義郎を中心に物語は進む。死ねなくなった老人たちが百歳を超えてなお元気なのとは反対に、病弱な子供たちは介護されなくては生活できない。この関係の描写には、石牟礼道子『苦海浄土』において、胎児の段階で水俣病にかかった孫を祖父が面倒をみる場面の残響が聞きとれるように感じる。その点は、吉村萬壱『ボラード病』にも通じる。また、「爺さん決死隊」の村木とバラカの関係性とも重なりあう。高齢の老人が、長く生きられるかどうかわからない子どもを支える構図だ。いつ終わるか不明な汚染のなかで死に近いもの同士が寄りそっているのである。

「献灯使」の鎖国と『地球にちりばめられて』

震災および原発事故後のもう一つの日本を描く「献灯使」では、鎖国政策がとられ、自動車もインターネットもなくなって電化製品離れが起きている。鎖国で食料を輸入できなくなったからには、国内でやりくりするしかないが、地方間のモノのやりとりや移住は新たな齟齬を生んでいる。また、外来語を使わなくなったのに加え、「突然変異」は差別語とされて「環境同化」と言い換えられ、「診断」も「死んだ」に似ているため避けられる。同作はシリアスで哀切なだけでなく、この作者らしい言葉遊びがユーモラスだ。

この中編を収めた『献灯使』には、ほかにも同じく大災厄後を舞台にした三つの短編と一つの戯曲が集められていた。「献灯使」の未来ではふさわしい人材を献灯使として海外へ送り出し、子どもの健康状態をきちんと研究してもらおうとする活動が書かれた。「彼岸」では、中国を侮辱する発言で下半身を熱くしていた政治家が、生き延びるため同国に行くことになり、動揺する姿が語られる。

多和田はドイツ在住であり、大震災の発生時にはベルリンの自宅にいた。当時のことを「『献灯使』をめぐって」（「本」二〇一四年十一月号）に記している。原発のメルトダウンが報じられてから彼女は、日本の人々はなぜ海外に逃げないのかとドイツ人から盛んにきかれた。「海外生活の不安や苦労なんて、放射能を浴びる恐ろしさと比べれば何でもないだろう」といわれ確かにそうだと思う一方、ネットで避難した家族が攻撃され、「自分だけ逃げるのは卑怯」というセリフが一人歩きすることに悩まされたという。

日本は単に世界の一部であるということで、それまで特に切り離して見るつもりはなかったんですけれども、福島で起きた原発事故によってなんだか日本が鎖国を始めたみたいに見えてしまったんです。カタカナで書いた「トウキョウ」みたいな街をただ楽しむことができなくなってしまったんですね。東京はグローバルな都市というよりは福島の一部だったんだ、という気もして。『献灯使』を書いたのはその頃です。

（ロバート・キャンベルとの対談「「半他人」たちの都市と文学」での発言。「新潮」二〇一八年四月号）

島国で「自分だけ逃げるのは卑怯」と同調圧力を高め、外国語能力や経済的余裕をかえりみる以前に海外へ移るという発想がわかない日本人。それに対し、多和田は「献灯使」で鎖国状態を描き、後の『地球にちりばめられて』（二〇一八年）では反対に帰る母国を失った女性を主人公にした。

Ｈｉｒｕｋｏの海外留学中に故郷の島国が消滅してしまう。移民がずっと住める国はなく、複数の国を移り続けるしかない。英語が話せると強制的にアメリカへ送られることがあるが、彼女は持病があるため保険制度の未発達な国では暮らせない。かといって違う言語を短期間で次々に習得するのは難しい。そこでＨｉｒｕｋｏは、スカンジナビアの人が聞けばだいたい意味が理解できる独自言語「パンスカ」を作りだした。テレビ番組への出演がきっかけで知りあった言語学を研究する青年クヌートとともに、彼女は自分と同じ母語を話す人間を探す旅をデンマークから始める。

『地球にちりばめられて』ではＨｉｒｕｋｏの母国で大惨事が起こったらしいが、明確な説明はない。ただ、原発事故らしいとは示唆されている。寓話的に書かれた「献灯使」とは違い、現実的な生活が描かれるものの、パラレル・ワールドか近未来ではあるらしい。Ｈｉｒｕｋｏは一つの国にとどまれば「不法滞在の外国人」になってしまう。だが、彼女はこうも考えるのだ。

よく考えてみると地球人なのだから、地上に違法滞在するということはありえない。それなのになぜ、不法滞在する人間が毎年増えていくのだろう。このまま行くと、そのうち、人類全体が不法滞在していることになってしまう。

『地球星人』の奈月や『美しい星』の大杉家の人々は、（解離症状的に）天上から俯瞰する視点で自分は地球上にいる宇宙人だととらえていた。それに対し、Ｈｉｒｕｋｏはいくら移動しても地上にへばりついているしかない地球人の視点でそう考える。３・11後に作者の多和田は、ドイツ人たちからどうして日本人は海外へ逃げないのかと盛んに問われたわけだが、彼らにしても地球から逃げることは、まずできないのだ。この星にちりばめられたそれぞれの環境でいかに生き延びるか。とりあえず、そこから始めるしかない。

二　戦争と共生

地球市民と『美しい国へ』

多和田葉子「献灯使」では、子供を外国に送ろうとする献灯使の試みが作中の希望になっていたが、遣唐使の時代のように日本に有益なものごとをもたらす外部が今もあるかどうかは、不確かだ。とはいえ、活路を求めて母国以外を目指さざるをえない状況はありうるし、海外の国々ではむしろ珍しくない。

自分が生きるのはこの島国だと思いこんでいる日本人が、母国を失い難民となって海外を漂流したらどうなるか。それを考えるために小松左京は『日本沈没』（一九七三年）を書き始めたという。ただ、地殻変動で列島が水没するという前段だったはずの物語が大ベストセラーになった。小松がすぐに続きを執筆することはなく、『日本沈没　第二部』は、だいぶ年月が過ぎた二〇〇六年に谷甲州との共著の形で刊行されるにとどまった。結果的に、母国を喪失した日本人の旅という発想は、多和田『地球にちりばめられて』に引き継がれた。同作には、地球人が地上に違法滞在することはありえないという思考が登場した。

一方、安倍晋三著『美しい国へ』（二〇〇六年）には地球、国家、人間の関係について触れた部分があった（第一次安倍政権の発足直前に出版され、第二次安倍政権の発足後に増補版『新しい国へ　美しい国へ　完全版』（二〇一三年）が刊行された）。「第三章　ナショナリズムとはなにか」では「わたしたちは、国家を離れて無国籍には存在できない」、「自らが帰属する国が紡いできた歴史や伝統、また文化に誇りをもちたいと思うのは、だれがなんといおうと、本来、ごく自然の感情なのである」としたうえでこう問う。

はじめて出会う外国人に、「あなたはどちらから来ましたか」と聞かれて、「わたしは地球市民です」と答えて信用されるだろうか。「自由人です」と答えて、会話がはずむだろうか。

この一節に続けて自説の補強のために持ち出すのが、遠藤周作『沈黙』（一九六六年）を高校三年生に読んだ時の感動である。拷問されている隠れキリシタンたちを救うため、ロドリゴ司祭は苦悩しつつも踏絵を受け入れ棄教を決意する。ドストエフスキー『カラマーゾフの兄弟』では「神ちゃま」と祈る幼子に神が答えなかったことが議論されたが、遠藤の同作も神の沈黙がテーマだった。ただ、ロドリゴの場合、踏絵をする時に声を聞くのだ。

「主よ。あなたがいつも沈黙していられるのを恨んでいました」
「私は沈黙していたのではない。一緒に苦しんでいたのに」

キリスト教徒だった遠藤は『沈黙』に限らず、神やイエスを厳しく罪を裁く存在ではなく、人の苦しみに優しく寄り添う存在として表象した。それは、敗戦によって現人神から象徴へ立場を移行した昭和天皇とは異なり、初めから象徴として即位した次の天皇が、戦没者の慰霊や、震災、水害など様々な被災地の訪問に力を入れ、苦しみに寄り添う存在として国民に親しまれたことと響きあうようにみえる。遠藤は、厳しさから優しさへ重心を移すことで、キリスト教を日本化したのだ。

だが、安倍晋三が『沈黙』で感動したポイントはそこではない。『美しい国へ』は、布教という異文化接触の場面に設けられた踏絵という、拷問とセットになった過酷な制度を批判しない。「なにかに帰属するということは、そのように選択を迫られ、決断をくだすことのくりかえしである」、「身の処し方といいかえてもよいが、そういう人の人生には張りがある」などと、強いられた行為をむしろ美化するのだ。二〇一六年にはマーティン・スコセッシ監督『沈黙―サイレンス―』として同作二度目の映画化がされ、試写会には安倍晋三夫妻も出席した。だが、首相は記者団から感想を問われても右手をあげて応じただけで黙したままだったという。

第二次安倍内閣は二〇一八年に国内の人手不足対策を理由に出入国管理法改正に動き、外国人材拡大に邁進したが、移民政策ではないとして在留期間を五年に限り、家族は呼び寄せ不可など、人権を制限する方向性を打ち出した。この制限を受容せよとは、踏絵のつもりだろうか。国家間を移動する、いわば「地球市民」の労働力に頼ろうとするのに、移民は受け入れないとナショナリズムをふり回す。身勝手な態度である。

これに対し、『地球にちりばめられて』には独自言語「パンスカ」を作ったＨｉｒｕｋｏ、デンマーク人の言語学研究者クヌートのほか、かつてデンマーク領だったグリーンランドのエスキモー青年に学費援助するクヌートの母、インドの青年で女性として生きると決めたアカッシュなど、出身国、使用言語、ジェンダーなどのアイデンティティが異なる人物が次々に現れる。狭い帰属に収まらない、収まれない彼女らは、章ごとに語り手を交代しながらゆるやかにつながっていく。また、作中には母語ではない言語を日常的に喋ることになった人、複数の国を移るうちに失語に陥った人、さらには「故郷ＰＲセンター」で発電所の安全性を説明するロボットまで、言葉というものがいろいろな形で描かれる。

多様性を通して、人々が『地球にちりばめられて』いる状態が表現される。多和田は物語を三部作として構想したと語っており、続編「星に仄めかされて」の連載が「群像」二〇一九年一月号から始まっている。

一方、川上弘美は震災を経て、「災害があったことで反対に、戦争をしながらも人類が地球上で繁栄していることは生物の種としてはとても運のいいことだと感じましたし。でも永遠に続く種はたぶん無い」（「クロワッサン　ONLINE」二〇一六年八月二十七日）という発想から『大きな鳥にさらわれないよう』（二〇一六年）を書いた。同作でも、多様なアイデンティティを持つ存在が地球にちりばめられている。短編の連なりのような長編であり、なかなか全体像を把握できないが、そのことに意味がある。やがてわかってくるのは、大戦、テロ、汚染などにより人類が滅びかけているということだ。

『大きな鳥にさらわれないよう』の戦争不在

その世界では、食料とともに、牛や鯨や兎など動物に由来する子どもが「工場」で作られる。人間由来の基幹細胞が弱いためだ。「子供がいなくなったら、世界は終わってしまうのよ」という危機感が、簡単には俯瞰しがたい長編の底に設定されている。『地球星人』では、男女による子作りを普通とする社会が「工場」と表現されたが、そのシステムが瓦解し、別種の「工場」が稼働する世界を『大きな鳥にさらわれないよう』は描く。

すでに国家は滅び、地域ごとに分断された形で人間集団が暮らしている。わずかしか存在しない男に女が選ばれたら、ベッドを共にして子を産む。そのことを娘に教える母。クローン。ＡＩ。植物のように「合成代謝」する緑色の人間。もはや人間とは呼べないのでは、というところまで踏み込んで種の存続を図ろうとしている。地域ごとの分断は、人類存続の可能性を多様化するためでもあった。同作には『侍女の物語』、『わたしを離さないで』、『ブレードランナー』、『リリース』など多くの作品とリンクする要素が含まれているし、『バラカ』における人工楽園ドバイでの赤ん坊売買が行き着く先の未来でもあるだろう。『大きな鳥にさらわれないよう』ではある娘が「人間になりたいなあ」といい、大きな母から「でも、あなたは人間でしょう」と笑われる。だが、娘は反論するのだ。

「ちがうよ。人間って、あたしたちみたいにたった二人なんかじゃなく、数がもっとたくさんで、家族とかつくったり、戦争とかしたり、あと、愛しあったり、そのほかいろんなことするんだよね。あたしは、そういうこと、できないから」

絶滅寸前の種になってしまった人類は、戦争すらできない。戦争できる幸せが夢見られる倒錯したディストピアである。

戦争を題材にするのなら反戦を訴えねばならない。主人公は開戦に暗い表情を浮かべるべきで、大日本帝国に動員されるにしても嫌々でなければならない。国民が強制と監視に囲まれた軍国主義のディストピア。良識派を自認し、そのように書くのが当然だという価値観を持つ人もいる。とはいえ、社会がどのように動いても人々の生活は続くし、戦争自体が幸せではないにせよ、戦時にも幸せはある。行動や物資の制約が増大すればささやかな幸せにしかならないだろうが、たとえ非常時でも楽しさや面白さをみつけてしまう。人間と戦争は、長い歴史を共存してきたのだ。人は戦時という環境にも適応しようとする。

そうした戦争中の生活を語ったのが、こうの史代のマンガ『この世界の片隅に』（二〇〇九年）である。広島から呉へ嫁いだすずは、絵を描くのが好きで想像力が豊かな半面、注意力散漫でぼうっとした性格でもあるが、普通の範疇におさまる女性だ。彼女が太平洋戦争下の日本でどのように生活したか、日常を追っていく。着物を裁断してもんぺに仕立て直す。配給や闇屋だけでなく、自宅で種を蒔いたり野草を摘むなど食材をかき集めて料理する。少量の米を炒ってから炊くことで嵩増しする楠公飯《なんこうめし》など、特に印象的だ。

物資が乏しくなるなかで庶民が、どんな風に工夫したのか、語られるディテールの数々が興味を引く。『サバイバルファミリー』、『東京島』などは文明の利便性を奪われた現代人個々がどう生き延びるかの物語だったが、『この世界の片隅に』は戦時下の窮乏を国家一丸となって乗り切らねばならないとされた頃が舞台だ。いいかえれば国全体の「絆」が当然視された社会であり、仲間意識の盛り上がりもみられる。

物語の舞台となる呉には軍の施設（呉鎮守府）があり、すずの夫も軍法会議録事（書記官）として勤務している。すずが嫁入りした北條家は、軍港を見下ろせる高台に建つ。このため、彼女たちは様々な種類の軍艦の航行を日常的に目にしており、当時の海軍の誇りであった戦艦大和の勇姿も見ていた。

作者のこうのは、同じくマンガ家の西島大介との対談で「つまり、わかりやすい「反戦」とか「平和」みたいなものに対して、戦争の〝面白さ〞もはっきり描こうとしている気がします」と指摘され、こう応じている。

ある種の〝わくわく感〞ですね。やっぱりそこはどうしても避けられないというか、戦争の悲惨さだけを語っていても、そういうものが好きなひとにしか届かないんですよ。ひとが戦争に惹きつけられてしまう理由を説明するには、その魅力も同時に描かないといけない。

（「ユリイカ」二〇一六年十一月号）

広島市出身のこうのは、編集者のすすめで被爆者を主人公にした『夕凪の街　桜の国』（二〇〇四年）が評価された。だが、自身は被爆者でも被爆二世でもなく、原爆というとすぐ平和に結びつけられ、まるで原爆が平和にしてくれたような話になることに違和感を覚えたという（前掲対談）。その思いが『この世界の片隅に』を描かせたのであり、同作単行本のあとがきでは「「誰もかれも」の「死」の数で悲劇の重さを量らねばならぬ「戦災もの」をどうもうまく理解出来ていない」とする一方、こう書いていた。

そこで、この作品では、戦時の生活がだらだら続く様子を描く事にしました。そしてまず、そこにだって幾つも転がっていた筈の「誰か」の「生」の悲しさやきらめきを知ろうとしました。

『この世界の片隅に』の空

『この世界の片隅に』に関しては、クラウドファンディングによって制作資金を集めた片渕須直監督が二〇一六年にアニメ映画化し、異例のロング・ヒットとなった。原作ですずの夫・周作と過去に関係があったことをほのめかされる遊女・白木リンのパートを縮小したほかは、原作におおむねそった内容である。夫や義父が軍に務めるすずは、好戦的なわけではないが反戦や厭戦の姿勢はみせず、戦争も日常として受け入れている。戦局が悪化する前に口にし、映画の予告編にも使われたセリフが、彼女と戦争の距離感を示している。

すぐ目の前にやって来るか思うた戦争じゃけど　今はどこでどうしとるんじゃろう

やがて、彼女は兄が戦死して骨箱で実家に帰ってきても、なかには骨がなく石だけという事態に遭遇する。冗談のような現実で戦争の実感は得られない。だが、軍港がある呉でも当然、空襲の頻度は増す。敵機が通常爆弾とともに落とした時限爆弾は、すずの連れていた義姉の娘・晴美の命、そして晴美とつないでいたすずの右手を奪う。すずは好きだった絵が描けなくなり、世界が左手で描いた絵のように歪んで感じられるようになる。実家のある広島には原爆が落とされて母の消息は絶たれ、父も間もなく原爆症で亡くなる。

この映画に関しても、被害者としての日本人にばかり焦点を当て、加害者としての姿を表現しなかったという批判があった。死の美化や悲劇性の強調に流れがちな日本の戦争映画では、指摘されがちなことだ。ただ、世界の全部を物語に包含することは夢想されても不可能であり、興行を成り立たせるためには上映時間が長すぎるのも困る。テーマを絞り、事態のある側面を語るしかない。

『この世界の片隅に』の場合、十八歳で嫁いだ主婦の視点で戦争を切りとったということだ。したがって、戦時中の彼女の知りえた情報、感じえたことから物語を構築したのであり、それを後の時代の知識、教養から正しくないと断罪するのは、悪しき教条主義でしかない。巨大不明生物出現の非常時に国家としてどう対応するかを主眼にした『シン・ゴジラ』を、庶民が描かれていないと批判するのに似た、ないものねだりの構図が『この世界の片隅に』をめぐってもみられたわけだ。

しかし、反戦平和やポリティカル・コレクトネスなどをめぐってリベラル側が犯しがちな、その種の正義の硬直から逃れ、庶民の「ある種の〝わくわく感〟」や「戦時の生活がだらだらと続く様子」をとらえたからこそ、映画は広く受け入れられた。反戦の主張を大上段に振りかざすのではなく、こういうアングルで切りとることによって、国民が戦争とどうつきあったか、彼らはどう間違ったかが、身近な感覚で浮かび上がりもする。

映画では高台から軍港を見下ろす場面が多い。鎮守府に務める周作や軍艦に詳しい晴美が隣にいて、船のことをすずに説明する場面もある。だが、すずは目の前にある軍港や出航する軍艦が戦争でどのような役割を果たしているか、理解できていない。絵が好きな彼女は、人や風景や食べものと同列の感覚で気軽に軍艦をスケッチする。それを憲兵に間諜行為かと疑われ、家族の前で厳しく問い質される。横暴な憲兵が市民に難癖をつけ暴力をふるうのは、軍国主義を批判する反戦ものではありふれた描写だ。ところがこの映画はそうならない。憲兵が帰ったあと、すずのような周りがすぐ目に入らなくなる人間が間諜などできるわけないと、家族みんなが笑い話にするのだ。彼女は軍港を見下ろす場所に立てても、時代の状況を俯瞰できる知恵者ではない。

映画で特徴的なのは、空の描きかただ。物語の前半から空が映されることが多く、すずの頭上を鳥が飛び、周囲を虫が飛ぶことが繰り返される。軍港を見下ろせる彼女よりさらに上方にあって自由に移動できる視点の存在が、示唆されるのだ。戦局が悪化すると、空を行くものが鳥から敵機へと移り変わる。呉という隣の市にいたすずにとって広島の原爆は、まずは見上げるしかない意味不明のきのこ雲として現れた。それが新型爆弾によるものだったと知るのは、あとのことである。

昭和天皇が国民に敗戦を告げた玉音放送を聞き、すずはとり乱す。この時、彼女は戦争に対する思いを初めて明確に語るが、家から出たあとのセリフが原作と映画では違う。日本による支配の終わりを祝う在日コリアンが掲げたらしい太極旗がひるがえる光景が挿入される場面において、原作ではこういう。

この国から正義が飛び去ってゆく　………ああ　暴力で従えとったいう事か　じゃけえ暴力に屈するいう事かね　それがこの国の正体かね　うちも知らんまま死にたかったなあ……

物語ではそれ以前に在日コリアンのエピソードがあったわけではなく、唐突にも感じられる。映画では、作中でていねいに描いてきた食に引きつけたセリフに変更している。

飛び去ってゆく　うちらのこれまでが　それでいいと思ってきたものが　だから　がまんしようと思ってきたその理由が　海の向こうから来たお米　大豆　そんなもんでできとるんじゃなぁ　うちはじゃけえ暴力にも屈せんとならんのかね　なにも考えんぼーっとしたうちのまま死にたかったなぁ

すずは野菜を育て、野草を摘むなど身の周りで食材を集めるが、配給や闇市にも頼らなければならない。そうすることで戦時に適応しようとした。映画では「海の向こうから来た」台湾米が闇市で売られる場面もある。伊藤計劃『虐殺器官』の未来では、CNNで戦争やテロの報道を見ながらデリバリー・ピザを食べる生活をしていた米軍大尉が戦場へ赴いたが、タグで個別管理される点では兵士も食材も同じシステムで流通していた。それとは状況が違う過去にいるすずの場合も、戦争や商売を成り立たせる国際的なネットワークに組みこまれていた。大日本帝国の臣民であるすずは、地球市民でもあったのだ。

原作でも映画でも「飛び去ってゆく」のセリフの背景では、トンボが空を飛んでいく。この場面から遡ると、片渕監督が「悲しくてやりきれない」をオープニング・テーマにした意味が察せられる。映画で音楽を担当したコトリンゴによるカヴァー・ヴァージョンだが、原曲はザ・フォーク・クルセダーズが一九六八年に発表したものだった。

歴史の再現と『ディレイ・エフェクト』

このバンドはもともと、国境を越えて自由に飛ぶ鳥をモチーフにして朝鮮半島の南北国家分断の悲劇を歌った北朝鮮の曲「イムジン河」のカヴァーをシングル発売する予定だった。ところが、朝鮮総連から日本語詞の内容や作曲者のクレジットなどについてクレームが入り、発売自粛に追いこまれた。代わりにサトウハチローの詞で作られた新曲が「悲しくてやりきれない」であり、そこにも空の輝き、流れる白い雲、風といった「イムジン河」の鳥に通じるイメージがちりばめられ、やはり上方を見て思いを噛みしめる歌になっていた。自分たちの力ではどうにもならない大きな力に対し、空を流れるものに願いを託す。その点で「イムジン河」と「悲しくてやりきれない」は共通する。後に、イスラエルがパレスチナ人を排除するため築いた分離壁に、バンクシーが風船で空を飛ぶ少女を描いたのも同様の発想だろう。

『この世界の片隅に』サントラ盤のライナーノートに寄せた片渕の文章「雲を見上げて地面の片隅に生きる者たちへ」によると、コトリンゴ版「悲しくてやりきれない」をすずの上に流したいと最初から決めていたという。すずの声を担当したのん（以前に触れた『あまちゃん』のアキ役で注目された能年玲奈）に通じる柔らかい歌声と、詞の内容がそう思わせたのだろう。「イムジン河」への言及はないが、片渕は書いている。

『この世界の片隅に』の主人公すずさんは、鳥のように自由に空を飛ぶことができません。彼女が足をつけて立っているのは世界の片隅の小さな地面。そこに生える野の花を摘んでは、夕食のおかずにするのがすずさんです。しかし、いつも遠くに眺める空は、いつの間にか、ごくささやかな人であるすずさんやすずさんが大事に思う人たちに危害を加えるものに変わってゆきます。すずさんの思い出のこもった海までもが、空から来るものに奪われてゆきます。

空への距離感――そうしたものを心の奥底に秘めつつ生きるのがすずさんなのでした。

個人の思惑を超えたものとして広い空はあるわけだが、物語ではそれと対照的な隙間、片隅が重い意味を持つ。人ひとりがいられる居場所の大切さがテーマになる。すずの生きた時代は、憲兵に代表されるように国家の締めつけが厳しかった。男は徴兵され、女も様々な銃後の作業に駆り出された。数として国民を総動員する体制のなかで、一人ひとりがなにをすべきか、国家が目を光らせたのだ。作中では隣組での婦人たちのかかわりがコミカルに描かれるが、相互扶助であると同時に相互監視の意味を持つ組織化だった。村田沙耶香が育ったニュータウンのような「見えない世界」ではなく、つつぬけの近所だ。その監視の時代に兄の遺骨箱にあったのは、骨ではなくただの石だった。敗色が濃くなる国家は、戦死者のことまで確認する余裕がない。兄の死を実感できないすずは、彼が南方で野性的に生きるマンガを描き、あれこれ空想する。

終戦後には人探しする人が街にたくさん現れ、間違えて声をかけることも多発した。そうした状況ですずは夫にいう。

周作さん　ありがとう　この世界の片隅に　うちを見つけてくれてありがとう

それは、リンが「この世界に居場所はそうそう無うなりゃせんよ」といっていたことと呼応するし、自分が連れている時に爆死してしまった晴美についていて自分がその記憶の器になるとすずが思うようになることとも響きあう。また、右腕を失った母に先立たれた幼い原爆孤児が、同じく右腕を欠いたすずに街なかで偶然出会い、なついてしまう。すずと周作が連れ帰ったその娘を、晴美を亡くした義姉を含め北條一家が受け入れる。

孤児が居場所を得て終幕となるが、すずは幼い頃に祖母の家を訪れた際、住みついていたらしい座敷童子の娘に西瓜をあげようとしたことがあった。国民を監視して動員する国家の論理とはべつに、生者も死者も居場所となる隙間がどこかにあるはずで、誰かが見つけ記憶する器になればいいという思いが、この作品にはある。隙間は、現代ほど監視技術が発達しておらず、戦局悪化や敗戦直後の混乱があったからありえたものかもしれないが。

アメリカをはじめ自国第一主義に突き進む国家が増え、日本も国粋傾向を強める一方、戦争や独裁の危機を声高に叫ぶリベラルも硬直が目立つ。そうしたなかで『この世界の片隅に』は、戦時下の暮らしをのほほんとした調子で語り、居場所となる隙間を示した。野党が「戦争法案」と呼んだ平和安全法制を二〇一五年に成立させた安倍首相は、自衛隊の存在を明確化する憲法改正に意欲をみせてきた。また、近年は北朝鮮の核ミサイル開発がエスカレートし、同国と敵対的関係にあるアメリカが武力行使する可能性が報じられるなど、国際的に緊張が高まった。二〇一八年に金正恩朝鮮労働党委員長とトランプ米大統領の会談が実現したことで緊張は小休止状態になったが、尖閣諸島の領有権をめぐる日中のせめぎあいは続いている。「戦争」という言葉、イメージがたびたび流通する政治状況で、映画には一種の癒しの効果があったのだろう。

一方、戦争に関して癒しとは逆のテイストを打ち出した作品もある。ストレートな反戦でもない。『この世界の片隅に』が過去をふり返ったのに対し、現在の日本に過去の戦時下が出現したらという奇想で書かれたのが、宮内悠介の中編小説「ディレイ・エフェクト」(同名書籍二〇一八年所収)だった。二〇二〇年の東京中で七十六年前の同月同日の風景が二重写しになる現象が発生する。現在と戦時下、二つの暮らしが同時進行するのだ。現象は、音が山彦のように遅れて再現される音響効果《エフェクト》を意味するディレイから「ディレイ・エフェクト」と命名された。

主人公の家では、まだ七歳だった祖母が瓶に入れた玄米を精米しようと、とん、とん、と棒で突くのが見聞きできる状態になる。座敷童子のごとく『この世界の片隅に』で描かれた類の戦時下の生活を送る人々が、現代人と同居することになる。ミエヴィル『都市と都市』では、同じ地域に存在する国家同士が互いに見ないふりをしてトラブルを避けたが、「ディレイ・エフェクト」では否応なしに過去が目に入る。だが、過去は物理的には存在せず、現代から呼びかけても伝わらない。

主人公は、音声や画像処理のための技術開発を仕事としていたため、公安調査局の男からディレイ・エフェクト技術に関する説明を求められる。状況が状況なだけに、公安の男から戦中の特高警察を連想してしまう。戦争の未来に生きる現代の彼らは、再現される日々が、昭和二十年(一九四五年)三月十日の下町空襲に近づいていることを知っている。主人公の家では、もうじき曾祖母が焼け死ぬ。そんな光景を八歳の娘に見せたくないと妻は疎開の必要を訴える。だが、主人公のほうは、「自分の意志で物事をしかと考えられる大人になる足がかりとして」戦中の真実を娘に見せたいと思う。そのため夫婦はぎくしゃくするが、二人はもともと反原発デモで出会った仲なのだった。彼らの描写には、リベラルな考えを持つ人々への批評的視線がある。

宮内悠介「ロワーサイドの幽霊たち」（『ヨハネスブルグの天使たち』二〇一三年所収）は、9・11テロ四十周年で旅客機衝突によるツインタワー崩落をロボットに追体験させる話だったし、「ディレイ・エフェクト」は同様の発想で書かれたように思う。

『高い城の男』の歴史改変

七十六年前の風景がくっきり見えるということは、かつての銭湯の女湯を隠すため、路地の一角を暗幕で囲わなければならないコミカルな事態も引き起こす。それ以上に、「居るぞ！　不逞鮮人」のポスターや隣組の女性たちの竹槍訓練など、殺伐とした戦時のあれこれがむき出しになる。戦後の平等主義の建前を押しのけ、昔からあった差別感情の本音が露出したかのごとき状況でもある。

ディレイ・エフェクトの怪現象は当初、東京都民の集団妄想説がいわれたり、海外ではフェイク・ニュースだと決めつけられるなどした。だが、中国の旅行会社が特高警察の拷問見学ツアーを実施して多数の外国人が目撃したため、現実と証明された。ツアーを企画した中国の会社は国際社会から批難されたが、同社を批難した日本の政権与党も「負の歴史を隠す歴史修正主義である」と批難された。中国の会社も与党も「謝罪しているのか喧嘩を売っているのかわからぬ声明」を出したという。ここでは、過去の出来事の真偽をどうとらえるか、右翼が唱える近隣国との「歴史戦」が戯画化されている。

「ディレイ・エフェクト」では、怪現象のため二〇二〇年の東京オリンピックが開催不能となり、一九四〇年に予定されていた東京オリンピックが幻に終わったことと並べて報じられる。そのように社会の混乱に触れつつ、主人公や妻が個人レベルで自分のこれまでや身内の過去を忘れたふり、見ないふりをしたり、逆に直視するといった感情の揺れを追う。過去の歴史、過去の自分や身内をどのように認識する（あるいは否認する）のが正解なのか、読者を悩ませる物語である。

同作では歴史修正主義の風刺が盛りこまれていたが、歴史を改変した物語はこれまで数多く発表されてきた。なかでも、戦争の勝ち負けが逆だったらどうなっていたかのシミュレーションは、定番である。フィリップ・K・ディック『高い城の男』（一九六二年）は、その分野の古典だ。第二次世界大戦が連合国側ではなく枢軸国側の勝利に終わり、ナチス・ドイツと大日本帝国が巨大な力を持った世界。小説の舞台となるアメリカは、西海岸が日本、東海岸がドイツの支配下に置かれ、その間に中立的な緩衝地帯がある分割統治の状況になっている。古美術商のアメリカ人は「いつかはなくなる。身分の差なんてものは。占領国民も被占領国民もなくなり、残るのは人間だけになる」（浅倉久志訳。以下同）と希望を抱く。一方、ユダヤ系アメリカ人で、ナチス・ドイツ迫害から逃れ日本側に暮らす工芸職人は、ラジオを聞いてこう思う。

東京の小さな黄色人種がしゃべっている声。フランクは思った――こともあろうに、おれたちはこの連中をモンキーと呼んでいたんだ。このチビでがにまたの文明人たち、ガス処刑室も作らなければ、自分の妻を融かして封蠟に変えたりすることもない連中を。

差別される立場の彼は、ドイツより日本のほうがましだと考えつつ、黄色人種への差別感情を持っている。また、平等を願っていたはずの古美術商も、日本人相手にみじめな目に何度もあってからこう思う。

　そして、これこそがかけ値なしの真実だ、ここにあるのが。この連中は本当の人間じゃない。服は着ているが、実はサーカスの着飾った猿とおなじだ。利口で物覚えもいいが、ただそれだけのことだ。

　こうして民族同士の複雑な差別感情の綾が描かれると同時に、ドイツによる日本列島への大規模核攻撃計画も語られる。差別と核戦争をモチーフにした点は『猿の惑星』と共通だが、同シリーズが人間化した動物を登場させて寓話的であったのに対し、ディックはパラレル・ワールドの設定で直截に表現している。日本のGNPは一九六六年にフランス、一九六七年にイギリス、一九六八年に西ドイツを抜いて世界第二位になった。敗戦国だったのに高度成長をなし遂げ、西ドイツも国家が分断されたにもかかわらず目覚ましい経済発展をみせた。その結果、日米貿易摩擦が悪化しつつあった一九八二年の映画『ブレードランナー』では、主人公がアジア風屋台で食事をし、街頭の巨大スクリーンに和装の東洋系女性が登場する「強力わかもと」のCMが流れていた。西洋と東洋が混交した世界観は映画独自のものであり、原案となったディック『アンドロイドは電気羊の夢を見るか?』（一九六八年）にはなかった要素である。だが、東西混交のイメージは、日本がアメリカを支配する彼の初期作品『高い城の男』に含まれていたわけだ。二〇一五年には、『ブレードランナー』の監督を務めたリドリー・スコットの製作総指揮により『高い城の男』が、設定を変更しつつAmazonプライム・ビデオでドラマ化された。オープニング・テーマは「エーデルワイス」。同曲は、ミュージカル『サウンド・オブ・ミュージック』で、ナチス・ドイツに併合される祖国オーストリアへの哀惜の念をこめて歌われていた。日独の支配を描いたドラマにふさわしい選曲だ。

工芸品を題材にした原作『高い城の男』では、品物の真贋とともに、それが有名な人や事件で使用されたかどうかといった史実性の有無が話題になる。日本人は西洋人を真似するだけの贋物だという差別感情と工芸品の真贋の議論は照応しあっている。『ブレードランナー』で記憶の真贋、アイデンティティがテーマになったこととも通じる要素だ。

『高い城の男』のアメリカでは、「イナゴ身重く横たわる」と題された、枢軸国ではなく連合国が勝利する発禁小説が密かに流行する。だが、その勝利の歴史は、私たちが現実に生きるこの世界における連合国の勝利とはまた違ったものなのだ。小説では、ディック本人も凝っていた中国の占術「易経」を行動の指針とする人物が複数登場する。記号の膨大な組みあわせで占う「易経」は、歴史に無数の選択肢、分岐点があることの隠喩でもある。

日本合衆国の狂信

第二次世界大戦で勝利した日独がアメリカを分割統治する『高い城の男』の設定を借りて話題を集めたSF小説が、ピーター・トライアス『ユナイテッド・ステイツ・オブ・ジャパン』（二〇一六年）だった（以下の固有名詞や用語の表記、引用は中原尚哉訳）。

一九四八年に大日本帝国がサンノゼに原爆を投下したことでアメリカは降伏を余儀なくされ、国の西側は日本合衆国へと変貌した。その検閲局に勤務する石村紅功《べにこ》大尉は、特高警察の槻野昭子《つきのあきこ》とともに六浦賀《むつらが》将軍の捜査をすることになった。石村の元上司の六浦賀は、大戦で日独のほうが負けたと歴史を改変したゲーム「USA」を開発して流布したうえ、アメリカ人の抵抗組織「ジョージ・ワシントン団」に協力しているらしい。『高い城の男』に登場した連合国の勝利を描いた小説「イナゴ身重く横たわる」に相当するのが、軍事シミュレーション・ゲーム「USA」なわけだ。

石村は、パーソナル・コンピュータやスマートフォンではなく電卓と呼ばれる携帯端末が発達した世界において、情報機器やゲームの知識が豊富だ。だが、女にだらしないなど生活態度はルーズであり、本心でなにを考えているのか、つかみどころがない。一方、槻野は「陛下は現人《うつしびと》ではあらせられない」と天皇を崇拝し、不敬な態度をとる者の処罰を躊躇しない。特高の職務を遂行するためには、惨たらしい拷問もためらわない。「上官は陛下の意思を代弁している」という槻野に石村が「そんな建前を鵜呑みにするほどきみはもの知らずじゃないはずだ」といっても、「そうだとしても、あたしは建前に従う」と返す。捜査上の行動から憲兵に問い詰められることになった槻野は、旧アメリカをどう思うかと問われ、こう答える。

「彼らの唱える〝自由〟は虚構だった。人民は金権政治に支配され、貧者は〝アメリカン・ドリーム〟なる釣り文句によって富者に抑圧されていた。経済をささえていたのは奴隷制であり、その多くは悲惨な労働環境にあった。（略）皇国において万民はひとしく天皇陛下の子であり、忠誠であるかぎり名誉と敬意を持って処遇される。その点はナチスとも明確に異なる」

槐野は、大日本帝国の建前を内面化した、あるいは内面化しようとした人物なのだ。彼女は敵に拘束されて拷問され、両腕をつけ根から失う。だが、ただの義手を装着するだけでなく、片方には大口径砲の光線銃を骨統合増幅処理し、武器と一体化した姿でなお皇国のために六浦賀を追う。作中にはゲーム世界に入り浸るため、両脚を切除して筋肉や神経を電卓に直に接続するマニアも登場する。槐野は、その種の狂気的な執着を皇国に示す。

『ユナイテッド・ステイツ・オブ・ジャパン』における欠損した腕の武器化は、『この世界の片隅に』で身内や近所の婦人たちとともに玉音放送を聞いた直後のすずを思い出させる。周囲の人たちは、広島と長崎への新型爆弾やソ連の参戦があったのでしかたがないという。だが、すずは、敗北による戦闘の終了を告げた天皇の言葉を素直に受け入れられない。

そんなん覚悟のうえじゃないんかね？　最後のひとりまで戦うんじゃなかったんかね？　いまここへまだ五人も居るのに！　まだ左手も両足も残っとるのに!!　うちはこんなん納得出来ん!!!

義姉の娘と自分の右腕を敵に奪われた悔恨が彼女に叫ばせたのだろうが、セリフは日本の戦後の欺瞞を突いている。最後の一人まで敵と戦うという建前で多くの餓死者や特攻を含む戦死者を出し、靖国神社に祀った。だが、この国は、最後まで戦うことなく降伏を受け入れ、戦死者たちを裏切ったのだ。戦後の日本で保守と称する人々の多くは、敵だったアメリカから押しつけられた憲法を改正し、日米同盟をより強固にするため自衛隊の活動範囲を広げるべきだと倒錯した姿勢をみせた。そんな人々が、靖国を集団参拝するのが不思議である。裏切ってすみませんと悔いるようではなく、むしろ得意げであるのが理解できない。

すずの口にした言葉は、お上から教育されたこととして当時の国民が共有していたはずだが、彼女の激高も一時のことで終わる。続いて「この国から正義が飛び去ってゆく／飛び去ってゆく　うちらのこれまでが」と思った後には戦おうという気持ちなど雲散霧消し、すずもまた敗戦後の占領下の生活に適応していく。それに対し、『ユナイテッド・ステイツ・オブ・ジャパン』は枢軸国が勝利した結果、大日本帝国的な価値観がいっそう強化され、それを内面化しようとする人物が誇張して描かれる。槻野は、最後の一人となっても、体のどこかが欠けても動ける限り戦おうとするキャラクターだ。これに対し、石村は、自分の両親を国賊だと届け出た少年時代を持ちながら、特に愛国的なふるまいはなく、ぐうたらにみえる。対照的な槻野と石村は、話が進むにつれていずれもが、国家間の軋みのなかで心に隠していたものを吐露する。

『ミライミライ』における世界地図の変容

『ユナイテッド・ステイツ・オブ・ジャパン』の作者ピーター・トライアスは、韓国ソウルに生まれ幼少期はアメリカで育ったが、八歳からの二年間は韓国で暮らした。その際、ニンテンドーで遊んでいたことを日本製だという理由で怒られたり、日本統治時代のことを聞かされたりしたという。子どもの頃には理解できなかったそれらを、再びアメリカで生活し大人になってあらためてとらえ直すことが、『ユナイテッド・ステイツ・オブ・ジャパン』執筆に結びついた。同作は大日本帝国の残虐性を表現するばかりではない。マンガ、ゲーム、小説、映画、音楽などの日本のカルチャーを浴びたトライアスは、人間が乗りこんで操縦する巨大ロボット、電卓と呼ばれる端末機器、シミュレーション・ゲームなど、この国の影響で発想したガジェットを導入することで小説を成立させている。ここで描かれる日本合衆国は、悪でありつつ魅惑的だ。

過去の戦争の結果を改変した小説は日本でも多く書かれてきたが、近年の収穫として古川日出男『ミライミライ』（二〇一八年）があげられる。第二次世界大戦後、日本はアメリカに占領されるだけでなく、北海道へソ連が進攻し分割統治の状況となる。一九五二年にソ連の北海道占領は終わったとされたものの、サッポロ委員会と呼ばれる自治政府を通して実質的支配は続いた。ソ連が現代化した五稜郭を建造し「赤のペンタゴン」と呼ばれもした。米軍基地が多くを占める南の沖縄と対になるような形だ。だが、大日本帝国がポツダム宣言受諾で降伏しても、北海道には「戦闘ヲ継続スル」と声明を出し、ゲリラ戦を続ける旧日本軍の抗ソ武装組織があったのである。

『ミライミライ』はもう一つの敗戦の形を描き、終戦から現代まで様々な時代を行き来しつつ、この世界とは異なる時間、空間のありかたを幻視させる。設定として大きいのは、天皇制の廃止と印日連合の成立だ。大日本帝国憲法に代わる憲法として、アメリカは天皇を象徴と定めたＧＨＱ案を用意するが、皇帝《ツァーリ》を排除することで誕生したソ連は反対した。その結果、天皇制を組みこまない新憲法が制定される。

同作に「むかしむかし」に相当する「未来、未来」なるフレーズがたびたび出てくるのは、日本の過去から現在、未来へと流れる歴史の一貫性を象徴するとされてきた天皇制がなくなり、時間の往還が可能になったということだろう。作中で、抗ソ武装組織を率いる軍人と娘が「前方を凝視していれば過去は自ずと浮かびあがる」、「前進は必ずしも勝利にはならない。むしろ壊滅に直結する。死だ。過去だ」、「後退は、敗走とは言えない」、「それが次の戦闘につながる」などとやりとりする。前が昔であり、後ろが未来であるという自由な時間認識が、物語のベースとなる。

また、本州、四国、九州のアメリカ軍占領が終わった一九五二年には、「主権を持ちうるニッポンが、インドの州になる」ことを日本政府が提案し、印日連邦（Union of Indianippon）が形成される。北海道がソ連に占領されたことで朝鮮半島の似姿になった日本は、北日本が日本人民共和国、南日本が大日本国となり、南北で内戦になる可能性もあった。また、ソ連は北朝鮮を中心とした連邦国家をアジアに作る構想を持っていた。そうした国際的なパワーゲームに負けずに国を守るためには、インドと連邦を形成するのが得策だと日本政府は判断したのだ。市町村合併が推進された平成には、隣接しない自治体同士が合併して飛地が生じる例が多発したが、それを国家レベルで行ったわけだ。インドと日本が一緒になれば、人口は中国をも超える。

日本をとりまく情勢ということでは、どうしても、アメリカ、ソ連／ロシア、中国、北朝鮮・韓国との距離感で対外関係を俯瞰しようとしがちだが、インドに力点を置くことで世界地図が違った風に見えてくる。空間感覚が変容する。この設定は、安倍政権が、中国への牽制としてインドとの連携強化を模索したことと通じる。だが、安倍が愛国者か地球市民かと二項対立的な姿勢をとりつつ、実際には制度の細部をつめないまま外国人労働者の受け入れ拡大に走る二枚舌の態度だったのとは異なり、『ミライミライ』は多様性の受容を打ち出した物語になっている。

ニップノップの多様性

同作の一九七二年には沖縄がアメリカから日本に返還されるだけでなく、ソ連も北海道の施政権を放棄する。北海道で旧日本軍の対ソ戦闘が継続されて以後、共闘するために本土からの志願兵が増えた時期もあった。だが、ソ連が北海道から引いたことで抗ソ組織へのアメリカの援助も切れ、北方四島などをめぐりなおも戦闘は止まなかったが、人々の抗ソ戦離れは進んだ。一方、北海道へのインド人流入も増し、日本人のための抗ソ運動という大義が空無化する。沖縄が日本州に返還された際、印日連邦のよさについて琉球政府の主席は談話を出していた。

「良さというか、良心は、例の『多様性』の尊重にある。あらゆる人種を、あらゆる言語を、それから宗教を、平等に扱わんとする姿勢にある」

現実のインドにおける差別はともかく、作中のインディアニッポンはそのような理念を掲げる国家とされ、日本とインドのカルチャーが混交していく。例えば、寺院の本尊である帝釈天がもともとインドラであったなど、インドではどの神であったかを示すヒンドゥーIDを掲げることで、ヒンドゥー教徒の参拝客を呼ぶことが広まる。『ミライミライ』発表に伴う後藤正文（ASIAN KUNG-FU GENERATIONのヴォーカル、ギター）との対談で古川日出男は語っていた。

そして、前から思っていたのは、なぜ一つの領土の中には一つの国しか入れられないのかということ。たとえば、エルサレムをイスラエルとパレスチナの両方の首都に、あの地域全体を二つの国にしちゃってもいいんじゃないか。そういうことを実際にやったらどうなるのか。もしインドと日本が一緒になって、どちらの国もあるとしたらどうなるのか。

（「波」二〇一八年三月号）

ミエヴィル『都市と都市』は、同じ場所にある国家同士が互いに見えないふりをすることでその状態を維持していたが、『ミライミライ』は『ブレードランナー』的な複数文化の猥雑な混交を想像している。この小説では動物園が重要な場所として登場する。古川は後藤との対談で「国境を越えて集めてこられて、多民族共生の理想郷の象徴みたいなものだったのが、ソ連の襲撃の時に殺されてしまう」と作中の出来事を表現する。動物たちは人間の勝手な都合で集められたにすぎないが、『ミライミライ』のなかでは、『動物農場』、『カエルの楽園』、『猿の惑星』など動物を擬人化することで対立や差別を描いた作品とは異なり、動物園が共生の象徴となる。

作中において共生のための武器として存在するのが、音楽だ。ロシア語で使うキリル文字のИ（イー）は、英語のNの鏡像になる。このため北海道でヒップホップの突然変異形として生まれた音楽が、「NIPPON」、「HIPHOP」からの連想でニップノップと名づけられる。第二のレゲエ、第二のダブと位置づけられるそれはロンドン、中南米、ロシア、ドイツと地球規模の地歩を固めたとされ、作中で周縁性とともに複数文化の混交がイメージづけられている。

そのトップ・グループである最新〟（サイジン）は、メンバーの一人を誘拐され、日本の核武装を要求する脅迫のための人質とされる。苦難のなかでグループは、ライヴ・ツアーを続行するしかなく、最新はアメリカを代表するロック・スターと共演するだけでなく、彼らを支援するために各国の様々なジャンルのミュージシャンたちが、生の回線の音声と映像を使ってそれぞれ勝手にセッションを繰り広げる。ニップノップは、国境を越える共通語の役割を与えられるわけだ。多和田葉子『地球にちりばめられて』のHirukoは、スカンジナビアの複数国で通用する独自言語「パンスカ」を作ったが、それに相当する越境性がニップノップには付与されている。

ニップノップの場合、同じ詞と同じメロディをみんなで合唱するユニゾンではなく、それぞれがそれぞれの独自言語《スタイル》で共演できる音楽として想像されていることも特徴だ。ニップノップには、地球にちりばめられた多様な人々の共生の夢が託されている。

終章　ポスト真実のなかの言葉

一　データと象徴

左派マンガとしての『R帝国』

　朝、目が覚めると戦争が始まっていた。

　中村文則『R帝国』（二〇一七年）の本文は、そう書き出される。また、冒頭には「人々は、小さな嘘より大きな嘘に騙されやすい」というアドルフ・ヒトラーの言葉が引用されている。右傾化が進む日本の現状をわかりやすく批判した長編小説だ。

　近未来、島国のR帝国が隣国と戦争を始める。R帝国は形式上は民主主義だから、頼りにならないながらも野党は存在する。だが、少部数の本や雑誌なら見逃され、報道・表現の自由があると勘違いさせられているものの、本当の自由はない。防衛大臣は、移民が住む区は壁で囲え、費用は移民が払えと発言した。

移民に冷たいのはR帝国だけではない。密入国業者は「お前らは我が身可愛さに逃げ出すんだろう」と吐き捨て、他国は当事国の海域から出なければ助けられないと突き放す。自己責任論、国家主義、宗教対立、生活保護バッシング、ヘイト・スピーチ、フェイク・ニュース、陰謀論、歴史修正主義、「官僚文学」と呼ばれるわかりにくい法律の文章。絶対的な力で支配する「党」と抵抗する謎の組織「L」の対峙を背景に、近年の国内外の政治状況を風刺するモチーフが次々に現れる。

同作を象徴するのは、登場人物が述べた「委縮は伝播する」という言葉だろう。この一文に、現状に対する作者の危機意識が示されている。同作の後に中村が発表した『その先の道に消える』（二〇一八年）は、緊縛師の死体がアパートの一室で発見されるミステリー小説のスタイルをとりつつ、日本論も含む内容だった。緊縛師をキーパーソンにすえ、神社の注連縄が麻縄で作られたことなど日本人と麻縄の古くからの結びつきが指摘される。日本人が縛ることに執着してきたこと、自由意志を奪われ責任から解放されることで奴隷になる喜びなどが語られる。

東日本大震災直後、復興にむけた助けあいを訴えるために「絆」の一語が盛んに使われ、その同調圧力を批判する声も少なくなかった。作中で神社が重要な位置を占め、「ムスビ」という概念や組紐が救いにつながった『君の名は。』は、「絆」のポジティヴな面をとらえた物語だった。一方、『その先の道に消える』での縛ることへの言及は、「絆」のネガティヴな面に注目する。沼正三『家畜人ヤプー』と同様に、SMにおける支配と隷従の関係を国家論の比喩に使った作品だ。

理想の国家の形は、これだろうと思います。支配する側に従順に、刃向かわず、選択の全てを預ける。これは快楽です。

『その先の道に消える』で語られた縛られることとは、『R帝国』の「委縮は伝播する」という認識と響きあう。誰かに縛られる前に自主規制し、自分を縛って委縮することが広まっている。それを楽だと感じる人が増えているというのが、中村の認識なのだ。

ただ、強権支配、情報統制などディストピア・フィクションの伝統的なモチーフを踏襲し、近年の政治状況を風刺する雑多なエピソードを放りこんだ『R帝国』が、まとまりを欠いた作品になっているのは否めない。それは、中村の同路線の先行作『教団X』（二〇一四年）にもみられた傾向だった。この大作では二つの新興宗教組織が描かれ、一方がテロに走る。自由民主党、新党さきがけとの連立政権で日本社会党の村山富市が首相だった一九九五年に、阪神・淡路大震災とオウム真理教による地下鉄サリン事件が発生した。当時は革新系の首相だから対応が遅れたとの批判があったが、もし今以上に強権化が進んだ保守政権下でカルト教団のテロが起きたらどうなるか。『教団X』は、そんな設定の小説である。

教祖が量子力学などに触れつつ宗教と科学を関連づけて理想を説き、呑気な雰囲気もある教団。それよりも規模が大きくて策士もいる、絵に描いたようなセックス教団。後者でテロが企てられるのだが、作中には靖国問題、海外の民族宗教、右傾化、テロリズムなど様々な話題が組みこまれる。だが、オウムもそうだったように宗教と科学のパッチワークは珍しくないし、カルト、テロなど諸問題の説明、性倒錯や暴力の描写などで既視感を覚えるところがある。エンタテインメント性はあるが散漫だという印象は、『R帝国』と共通する。

知られたことの組みあわせでできあがっており、全体のバランスはいびつだが、楽しめてしまう。『教団X』や『R帝国』にみられる既視感や散漫さは、相変わらず同じ問題を整理も解決もできない私たちの世界の反映であり、作者はなかば意図的にこの作風を選んだはずだ。

中村は「小説トリッパー」二〇一八年冬季号の津田大介との対談「あらゆる対立を超えて——政治、文学、インターネット」において、小林よしのりのマンガ『新ゴーマニズム宣言SPECIAL 戦争論』(一九九八年)が右派を後押しして大きな影響力を持ったことをふり返った。同時に、かつて反原爆の強いメッセージを発した中沢啓治のマンガ『はだしのゲン』(一九七三-一九八五年)のような左派の漫画がもう一度登場すればよかったと話し、小説だがその思いで書いたのが『教団X』だったと明かした。『R帝国』も同様の路線の作品であり、きれいにまとまることを度外視した二作の過剰さは、漫画に匹敵するエンタテインメント性を目指したところから生じている。

『銃』とAI

中村文則のデビュー作は、主人公の大学生・トオルがたまたま拳銃を拾う『銃』(二〇〇三年)だった。夜、雨の降る河原で男の死体のそばにあったそれを拾った彼は、自室に持ち帰る。つかみ心地がよく手になじむ拳銃を磨き、宝物のように大切にする。だが、講義へ出席し、悪友と合コンへ行くなど普通の学生生活を送るなかで、だんだん拳銃のことばかり考えるようになる。彼が人間を撃つ時は来るのか。

『銃』では、アメリカがアフガニスタンに爆弾を落としたという新聞記事を目にしても主人公は興味を持たない。ニュースは彼のそばでただ流れていく。海外の大きな暴力と拾った銃という個人的な暴力が、同作では対比されていた。後にキャリアを積んだ中村は、カルト教団とテロを扱った『教団X』、未来の戦争を描いた『R帝国』で、個人の鬱屈や怒りが大きな暴力にどのように組みこまれるかを書いた。ふり返ると、『銃』からスタートしたからそこまでたどり着いたという印象である。

青年が、なんらかの力や考えを得ることで高揚し、悩み、時には犯罪に走る。この種の物語は昔から作られてきた。例えば、名前を書けば相手が死ぬノートを手に入れた青年が世界を変えようとするヒット・マンガ『デスノート』（二〇〇三―二〇〇六年）がそうだ。また、中村が大きな影響を受けたロシアの文豪ドストエフスキーの『罪と罰』（一八六六年）では、非凡な人間は道徳を外れる権利があるとする選民思想に青年がとり憑かれ、奪った金で善行を施そうと強欲な老婆を斧で殺害する。だが、事件を追及する予審判事に精神的に追いつめられていく。『銃』では、突然訪れた刑事にトオルが動揺を隠し反論する場面などに、『罪と罰』からの影響が感じられる。

ただ『銃』の場合、トオルは事前に誰かを殺したいとか、銀行強盗をするために武器が欲しいとか、犯行の計画や動機を持っていたわけではない。たまたま拾った拳銃が手によくなじんだため、それを自分が使う可能性を考え始めてしまうのだ。ロシアのもう一人の文豪チェーホフは、舞台上に弾をこめたライフルを置いたら、それは必ず発砲されなければならないと述べた。不必要なものは持ちこむなとする創作作法として知られる言葉である。『銃』では当然、いつ撃つのか、なにを、誰を撃つのかが最大の興味となる。それによって緊張が持続し、高まっていく。

ドストエフスキーは『罪と罰』で選民意識に憑かれた青年をロジオン・ロマーヌイチ・ラスコーリニコフと名づけた。そのロシア語の頭文字がＰＰＰであることについて、『新約聖書』の「ヨハネの黙示録」

に「６６６」が獣の数字と書かれていたのを意識したものだと論じたのは、ロシア文学者の江川卓だった（『謎解き『罪と罰』』一九八六年）。世界の終末に現れるアンチ・キリストを指す「６６６」を裏返した文字として「ＰＰＰ」にしたというのだ。その後、ドストエフスキーは『カラマーゾフの兄弟』で特権意識によって人々を支配しキリストを遠ざける「大審問官」というディストピアの寓話を発想した。一青年の犯罪を書いた『銃』から「党」が強権をふるうディストピアを描いた『R帝国』へ至った中村は、ドストエフスキーを追いかけているようなところがある。

『銃』では拳銃の手触りが主人公を変えるが、中村は手先の商売であるスリを主人公にした『掏摸《スリ》』（二〇〇九年）や緊縛師がキーパーソンとなる『その先の道に消える』など、感触をテコにして事態が動く小説をしばしば発表してきた。雑多な要素を盛りこんで多方向に話が散らばる『R帝国』においても、一つの手触りが作品の核になっている。携帯電話の進化形態でありHuman Phoneの略であるＨＰだ。人工知能（ＡＩ）を搭載したＨＰは自身の意志を持ち、会話も可能と設定されている。作中でＨＰには「揺らぎ」があるとされ、そのぶんだけ人間的であることが示唆される。道具を使えばＨＰとの性愛も可能になる点は『ブレードランナー２０４９』のジョイの名を持つＡＩ搭載ホームオートメーションシステムに近い関係であり、ＨＰが所有者と似てくる点は平野啓一郎のいう「分人」的な部分も含む。また、ＨＰ同士で会話できるなど彼らのネットワークがあり、情報の「伝播」も可能だ。中村は小説のあとがきに書いている。

この小説の希望は、読んでいただいた通り、ほとんどサキと、サキのＨＰ、そして矢崎の元ＨＰにしかない。

さようなら』（二〇一八年）にもみられた。

『R帝国』においてHPというガジェットには、登場人物に匹敵する重みが付与されている。そのように学習するAIに人間のその後を託すというモチーフは、社会学者の古市憲寿が発表した小説『平成くん、さようなら』（二〇一八年）にもみられた。

一九九九年に「要請に基づく生命終結および介助自殺に関する法律、通称安楽死法」が成立したパラレル・ワールドの日本が舞台である。平成という元号がスタートした一九八九年一月八日に生まれ、二〇一一年三月十一日が大学の卒業式（東日本大震災で中止）だった平成くん（本名。読みかたは「ひとなり」）は、原発の功罪をとりあげた卒業論文で注目された。彼は、朝のワイドショー「とくダネ！」にコメンテーターとして出演するなど、平成を象徴する若者としてメディアに重宝されている。だが、平成くんは、平成の終わりとともに安楽死したいといい出す。そして、AI搭載のスマートスピーカー、グーグルホームをアップデートした「平成くんホーム」を作る。彼の過去の発言をもとに回答を自動生成できるだけでなく、リアルタイムで応答する機能までつけられたそれが合成音声で話すと、本物の平成くんか人工知能か、聞く人にはわからない仕組みだ。

少子高齢化社会を意識し、寿命短縮が合法化される設定を導入したことは、山田宗樹『百年法』や垣谷美雨『七十歳死亡法案、可決』に共通する。また、平成くんがセックスを嫌い、恋人との行為で相手が裸になっても自分は着衣のままトイを使うだけなのは、村田沙耶香『地球星人』、窪美澄『アカガミ』のセックス嫌悪と同様の感覚である。そうした身体性の忌避が、「分人」というより分身である「平成くんホーム」の発想に結びつく。ただ、『R帝国』ではほかの希望がつぶされていくなかでHPがわずかな希望になるのに対し、『平成くん、さようなら』では平成くんから「平成くんホーム」への移行があっけらかんと語られるのだ。

『平成くん、さようなら』と『ニムロッド』の差

テレビによく出演し、キスは唾液の交換などと話してセックス嫌いを公言する著者の古市は、平成くんを自分と重なるキャラクターに造形した。『平成くん、さようなら』は第百六十回芥川賞の候補作となり受賞を逃したが、芥川賞落選作家の先輩である島田雅彦がかつて『天国が降ってくる』（一九八五年）で、この世を去る主人公が彼の思考に関するデータをコンピュータに移植し、もう一人の自分を残す物語を書いていたことを思い出す。初期の島田は、サヨク、青二才、ヒコクミンなどと自作の登場人物や自身を偽悪的にキャラ化していたし、そのあまのじゃくぶりは炎上する発言を繰り返す古市と近い部分がある。肉体性が希薄なところも二人に共通しており、『天国が降ってくる』と『平成くん、さようなら』の結末の親近性もそれに起因する。

しかし、『天国が降ってくる』が書かれた一九八〇年代には未来を想像したSFでしかなかったこの種の設定も、AI機能付きの家電や自動車の自動運転技術の開発が進む現在では、以前よりも身近でリアリティが感じられるものになっている。『平成くん、さようなら』では、安楽死による「安楽葬」を行った中年女性が、実は娘との折りあいが悪く「売り言葉に買い言葉で死んでやるって言ったら、さっさと娘が葬儀を手配してしまった」例が紹介される。また、平成くんは、高齢の猫が苦しみだした時に安楽死させる。同居する恋人・瀬戸愛とともに飼っていた猫なのに、彼女が不在の間に相談することなく処置し、さ

っさと火葬してしまうのだ。感情のどこかが欠落しているようなその行動に愛は怒る。作中では死をどう扱うべきか、批判的に検討する展開がみられ、必ずしも安楽死を礼賛している小説ではない。

だが、同作発表後に古市がメディア・アーティストで研究者の落合陽一と行った対談「「平成」が終わり、「魔法元年」が始まる」（「文學界」二〇一九年一月号）での死をめぐる発言は、批判を浴びることになった。超高齢化社会の医療費増大を話題にするなかで古市はいう。

財務省の友だちと、社会保障費について細かく検討したことがあるんだけど、別に高齢者の医療費を全部削る必要はないらしい。お金がかかっているのは終末期医療、特に最後の一ヶ月。だから、高齢者に「十年早く死んでくれ」と言うわけじゃなくて、「最後の一ヶ月間の延命治療はやめませんか？」と提案すればいい。

これに対し、落合は「終末期医療の延命治療を保険適用外にするだけで話が終わるような気もするんですけどね」と応じ、トリアージに触れ「災害時に関してはもうご納得いただいているわけだから、国がそう決めてしまえば実現できそうな気もするけれど。今の政権は強そうだし」と語る。官僚とのつながりを口にする古市と強い政権に期待する落合。その発想は、立案能力のある官僚や政権の実行力を肯定的に描いた『百年法』や『七十歳死亡法案、可決』に通じる。だが、高齢者の終末期の医療費が多いとする前提は正しくないと指摘されたほか、医者の見立て通りに病状変化するとは限らず「最後の一ヶ月」とは結果論でしかないこと、人の命をコストで考えることの是非などから大きな反発を受けた。

落合陽一がこの後に刊行した『日本進化論』（二〇一九年）には「超高齢化社会をテクノロジーで解決する」という章があり、ドライバー監視技術や自動運転技術の活用を語っていた。また、古市は『平成くん、さようなら』で安楽死の先に「平成くんホーム」を用意したのだ。データに基づいたよりよき世界という発想を二人は共有している。それは、テイラー、フォード、ディズニー、マクドナルドのような計算可能性に期待する世界観の延長線上にあり、ユートピアのようでありながらすぐにディストピアに転じかねない社会像だ。

また、平成末に公文書の改竄、破棄、隠蔽に加え統計不正まで相次いで明るみになったことで、データや確率に基づく計算可能性からユートピアを構想することが今まで以上に空しく感じられるようになったことは否めない。

一方、『平成くん、さようなら』が落選した回に芥川賞を受賞したうちの一作は上田岳弘『ニムロッド』（二〇一九年）だったが、二作には近似性があった。『ニムロッド』も、データや情報が優位になった現状を意識した作品だったのである。仮想通貨の事業を担当することになったIT企業社員・中本哲史《サトシ》が主人公になるとともに、ニムロッドと名乗る友人の文章が時おり挿入される。ニムロッドは、ネットからネタを得た「駄目な飛行機コレクション」というエッセイ風のシリーズや人類の行く末を描いた小説などを中本に送りつける。技術的な不備や特攻が前提でパイロットが帰還できないなど「駄目な飛行機」について記し続ける彼は、「バベルの塔」を建設する人間同士の言葉を通じないようにした神について「ひどいと思わないか」と書く。ニムロッドには、技術を追求して失敗してしまう人々への共感があるらしい。

一方、ニムロッドによるSF風の小説には、富裕層が「寿命の廃止」技術を施すというモチーフが登場する。その世界では生産性を高めるため、人間たちが個であることをやめ、溶けあってしまう。情報技術で意識を共有し、倫理をアップデートして超越した価値基準に体の形状をあわせようとする。

その結果として実際、全体としての計算能力を飛躍的に向上させた人類はこの世の理のすべてを知り尽くし、自分たちのことを人類ではなくて、別の呼称で呼び始めている。

『新世紀エヴァンゲリオン』の人類補完計画や伊藤計劃『ハーモニー』など、人類全体が一体化するという発想はSFで珍しくない。そのなかで『ニムロッド』は、アップデートされた人間は「駄目な飛行機」を作れなくなるとニムロッドが嘆くのが面白い。データや情報を用いた効率の追求から落ちこぼれる「駄目」への愛惜が吐露されるぶん、『ニムロッド』は「平成くんホーム」に収斂されていく『平成くん、さようなら』よりも複雑なニュアンスをおびている。

また、『ニムロッド』では中本がつきあっている田久保紀子が、かつて結婚していた頃に出生前診断を受けたことが語られる。胎児の遺伝子をチェックした結果、染色体異常が見つかり産まないことにしたのだが、当時の夫は判断をすべて彼女にゆだねた。そのことで夫婦生活は壊れたという。データと確率によって命に関する判断を決定する点で、出生前診断による中絶と終末期の延命治療中止は同質の問題だが、わりきれなさに注目する上田とわりきりに注目する古市の違いが、『ニムロッド』と『平成くん、さようなら』の差にあらわれている。

象徴であり「空」である「箱の中の天皇」

『平成くん、さようなら』で主人公が自分のファーストネームと同じ文字の元号の終わりとともに安楽死することを決めたのは、平成の天皇が二〇一六年に自らの意志で生前退位を決めたと表明したことを踏まえて設定されている。同作では同年八月八日に「象徴としてのお務めについて」語った天皇のヴィデオ・メッセージが公開されたことに触れたくらいしか天皇制に関する言及はない。これに対し、終戦後の「人間宣言」を経て死によって務めを終えた昭和天皇とは異なり、はじめから象徴として即位した天皇が生前退位するという初の事態に焦点をあわせたのが、赤坂真理「箱の中の天皇」（二〇一九年。同名書籍所収）だった。

水俣のチッソ工場で「天子様」と会ったことがあるという老女の傾聴ボランティアをするマリが主人公。老女の名は『苦海浄土』の作者石牟礼道子と同じ道子であり、作中で彼女はマリに対し「みちこ、皇后様と同じ名前だけれど、字は、道路の道、父が道をつくっていたのです」と自己紹介したとされる。「天子様」とは天皇のことであり、マリは道子に導かれるようにしてマッカーサーや平成の天皇と対面するなどの不思議な体験をする。

進駐軍相手の娼婦だったと噂され都市伝説化した、横浜の白塗りの老女メリーさんを踏まえ、同作ではマリが戦後間もなくの一九四六年にタイムスリップし、メアリとなる場面がある。メアリはそこで、日本人の少女がアメリカの海軍士官と結婚したが彼の帰国で捨てられるオペラ「蝶々夫人」のアリアを歌わせられる。そのように幻想的な展開をみせるなかでマッカーサー、昭和天皇、平成の天皇が現れる。島田雅彦『虚人の星』や田中慎弥『宰相A』と同様に「箱の中の天皇」は、アメリカに対する日本の従属的関係を戯画化した小説なのだ。天皇が象徴であることを規定した日本国憲法の文章の英語版「The Emperor shall be the symbol of the State and of the unity of the People.」について、それは英語訳ではなくGHQの民政局（GS）による原案であり原文なのだといわれ、主人公が「あ!!」と驚く場面もある。

昭和天皇の「人間宣言」に対し三島由紀夫が「英霊の聲」（一九六六年）で天皇は神であるべきだったと書いたことを回想し、遠藤周作が論じたことでもあるイエス・キリストの無力さと、戦争や災害で傷ついた人々に寄り添う天皇の無力さを比較するなどして、主人公は象徴という立場を考えていく。

天皇が象徴＝シンボルであるとは、明治維新の立役者が天皇を「錦の御旗」と呼んだことと同じだとGSの人間から示唆され、マリは呆然とする。ヴィデオ・メッセージで平成の天皇は、八十歳を超え「全身全霊をもって象徴の務めを果たしていくことが、難しくなるのではないかと案じています」と吐露していたのだ。

〝天皇は、日本国の旗のようなものであり、日本国と国民の統合の、旗印である〟
もし、こう書かれていたなら、日本人にもおかしさの本質がわかったと思う。

旗印であることに「全身全霊」とは異様な務めである。シンボルならばそれが象徴する「内容」がなければならないのに憲法には書いていないとマリが反発すれば「そこまで、外国の占領軍に書いてほしかったというのですか?」とGSから問い返される。国民に話しかけているという天皇に対しマッカーサーは、日本に民主主義の主たる国民などおらず、「日本の民主主義の直接の利害関係の持ち主は、わたしたちではないか！」と断ずる。「黙ってください！　国民は、今創生されています！」とマリは滑稽だが悲痛な叫びをあげるしかない。

『平成くん、さようなら』では安楽死を決意した平成くんを翻意させようと、恋人の瀬戸愛があれこれ試みた。彼女は亡き父の描いた大ヒット・マンガの著作権管理を主な仕事にしていた。故人よりも長い著作物の寿命とその「自己決定権」を握っているわけで、彼女のその立場が安楽死で自分の寿命を決定しようとする平成くんと対比されていたわけである。一方、「箱の中の天皇」では、昭和天皇から平成の天皇へ引き継がれたのは象徴する「内容」がない「空」であり、空っぽの「箱」だという認識にたどり着く。そのうえで、平成の天皇は象徴の意味を創出しようとしたのだと考える。内容が充塡された著作物の権利を継承しようとするのとは違うし、データや情報の問題ではない。

一九八〇年代の日本では、皇居は東京の空虚な中心だと論じたロラン・バルト『表徴の帝国』（一九七〇年）が注目されたが、「箱の中の天皇」では、天皇の立場自体が「空」であると論じる。だが、その存在の一声で国民は武器を手にとり、武器を置くのだ。中村文則『銃』でたまたま拳銃を手に入れた青年は、撃つか撃たぬか、自己決定するまでじりじりした時間を過ごしたが、その「空」に自分をゆだねれば考えなくてすむ。

「箱の中の天皇」では、ホロコースト犠牲者など第二次世界大戦で傷ついた様々な人々の嘆きと悲しみを忘れないとした一九八五年のヴァイツゼッカー西独大統領の演説が、ドイツの敗戦処理の節目になったことをふり返る。戦争の悪をヒトラーに負わせたドイツと違い、戦勝国によって天皇が免罪された日本は、敗戦処理の難しさを避け、冷戦下でアメリカの優遇に飛びついたと同作は語る。

「箱の中の天皇」を収録した単行本が刊行される直前、韓国国会議長が、戦争犯罪人の息子である今の天皇が謝罪すれば従軍慰安婦問題は解決されると発言し、日本側は強い反発を示した。天皇がどういう立場の存在か、なにを継承しているかという認識が、日本と韓国国会議長ではまったく食い違っている。そして、赤坂真理が描いた通り、天皇が象徴するこの国の「空」を日本人も理解しておらず、中村文則『R帝国』の半ば意図的な散漫さが体現していたように、「空」のなかで歴史をめぐる言葉がひたすら空転しているのだ。

二　子どもの無垢と子どもじみた無軌道

「アメリカの壁」と『アンダー・ザ・ドーム』

メキシコからの移民の流入や密輸を防ぐため、同国に費用負担させて国境に壁を建設すると主張したトランプがアメリカ大統領に就任したことで、小松左京が一九七七年に発表した短編「アメリカの壁」が再注目された。独立記念日を目前にしたアメリカが白い霧の壁に遮られ、外部との接触をすべて絶つというSF小説だ。

「輝かしい《ブライト》アメリカ」、「美しい《ビューティフル》アメリカ」のスローガンを掲げて当選したモンロー大統領は、治政三年目で内政は成功していたものの、対外政策は不明確で投げやりだった。泥沼化した後にようやく終結したベトナム戦争以来、海外問題に関するオーバー・コミットメントがアメリカで問題となり、同国は海外の緊張から遠ざかり内向的な姿勢を強めていた。作中では「輝けるアメリカ」ではなく「隠退する《リタイアリング》アメリカ」だと皮肉るセリフも出てくる。あげくの果てにこの超大国は、壁の向こうに引きこもってしまうという内容だ。「アメリカ第一」、「アメリカを再び偉大に」を声高にいう一方、日本や韓国の防衛費負担増を主張し、もともと移民の国なのにメキシコとの国境に壁を建設し、イスラム教徒の入国も制限しようとするトランプ政権も内向きの姿勢が目立つ。「アメリカの壁」というフレーズは、「アメリカは生きつづけるだろう……。たとえ、外の世界から完全に孤立してしまっても……」という「アメリカの壁」の現在のアメリカにも見え隠れする精神性である。とはいえ、同国自身が進めた経済のグローバル化によって引きこもることはできず、中国との貿易摩擦に代表される通り、難しい局面に立たされている。

「アメリカの壁」は、霧の壁のために外部から切り離される設定によって、一九七〇年代当時のアメリカや同国をとり巻く国際情勢を風刺した。小松左京は同様の政治的シミュレーションを他にも発表しており、『日本沈没』では地殻変動による列島水没でもし日本国民が領土を失うとしたらどうするか、『首都消失』(一九八五年)では東京が特殊な雲に覆われて交通、通信、電波が遮断され、首都機能を失った時に日本という国家をどのように維持するかを描いていた。一連の作品は霧、沈没、雲といった怪異の設定を導入していたが、国家や首都が有している現実の役割を意識したうえで執筆されている。政治や経済について語る登場人物の言葉も理知的だ。

一方、後にアメリカ人であるスティーヴン・キングが『アンダー・ザ・ドーム』(二〇〇九年)で、アメリカにおいてやはり特殊な現象で遮断が起きる設定を用いている。ただ、この大長編でも奇妙な状態におかれた場所での統治が問題となるが、物語を動かすのは理知的な対応であるよりも行き当たりばったりの適当さである。

同作に登場する壁は、国家と外部の間に出現するのではない。アメリカ国内の地方の町を孤立させるのだ。ある日、メイン州の町民人口二千人のチェスターズミルが、ドーム状の透明な障壁に覆われてしまう。あまりにも突然だったため、飛行機や車が壁に激突し、炎上する。だが、炎は壁の内側に入ってこない。上空から地中まで遮断され、通信は可能だが空気や水はほんの少ししか通さず、ミサイルを撃ちこんでも壁を破壊できない。脱出も救出もできない。

ただの中古車販売店店主であるはずなのに第二町政委員であり、傀儡の町政委員長の背後で地域の権力を握ってきたビッグ・ジム・レニーが、理不尽で残虐な独裁者と化す。ドーム現象への対応に乗り出した軍の責任者は、町内にいた元兵士でイラク戦争への従軍経験のあるデイル・バーバラ（バービー）を非常事態に陥った現地のリーダーに任命する。だが、ビッグ・ジムの息子ジュニア・レニーと反目していた彼は、無実の殺人罪を着せられ投獄される。地域のボスの悪行に対抗しようとする人々も一部にはいるが、黒人や女性を差別するビッグ・ジムがまき散らす嘘を町民の多くは信じてしまう。「ぼくたち対やつら（us and them）」の分断が作られ、チェスターズミルの状況はどんどん悪化していく。

『アンダー・ザ・ドーム』は、9・11の同時多発テロ後のアメリカを意識して書かれた小説だが、「同時多発カス事態《クラスターマグ》」、「綿摘み野郎」が口癖の差別主義者で共和党支持のビッグ・ジム・レニーは、今読むと同作発表の約八年後に大統領になったトランプを連想させるキャラクターだ。地球温暖化はリベラルの妄言とする態度など共通するし、敵対する相手を「この連中はデマを流す達人です」（白石朗訳、以下同）と攻撃しつつ、でたらめを並べ支持を得る。本人が、ネガティヴ・キャンペーンとフェイク・ニュースの達人なのである。

中古車販売とは別の闇の事業も営んでいた彼は、ジュニア・レニーをはじめ素行不良の若者多数を臨時警官に採用し、暴力で地元を牛耳る。オーウェル『動物農場』で革命を成功させたブタが、イヌの警察力によって動物全体を支配したようなものだ。また、この地域独裁者は、わざとパニックを起こし、町民を閉じこめるドームの出現は大量殺人者デイル・バーバラのテロであると訴え、陰謀を仕掛けたとして外部への不信感を煽るなど、町民の心を左右する。星野智幸『呪文』では商店街にミニ独裁者が現れたが、『アンダー・ザ・ドーム』は銃社会のアメリカのもう少し広い範囲でより暴力的なディストピアが形成される過程を追う。この小説は、権力欲や差別意識、損得勘定、宗教への狂信、他人への不信感によって生じる、二十一世紀におけるアメリカの壁と分断を描いている。

日常の不安と非日常の恐怖の共振

ホラーを中心にSF、ミステリーなどエンタテインメント小説を多く発表してきたキングは、不安や歪みを抱えた日常が、超常現象や狂気によって壊される内容が多い。日常の不安と非日常の恐怖が、共振するのだ。『アンダー・ザ・ドーム』でも家族の持病、町民同士の緊張関係、犯罪の兆候といった種が、ドームの出現を引き金にして次々に芽吹き、ひどいことになる。

キングは出身地のメイン州を舞台に選ぶことが多い。そこはニューヨークのような大都会ではなく、カリフォルニアのような進取の気風がある場所でもない。ありふれた地方の町であり、保守的でもある土地柄だ。だが、キングは共和党ではなく民主党の支持者なのである。『デッド・ゾーン』では、未来に大統領となり核ミサイルのボタンを押すはずの政治家を、予知能力を持つ主人公が暗殺しようとした。同作はトランプ当選後に再注目された。『アンダー・ザ・ドーム』では、差別意識丸出しの地元のボスが独裁者となる過程を批判的に描いている。その一方で現実のキングは、ツイッターでトランプ批判を繰り返した結果、本人のアカウントからブロックされたことがネットのニュースになった。

キングは、最先端を追いかける尖った感性の持ち主ではなく、むしろ垢ぬけない地方に親和的な作家である。だが、共和党的な保守性が抱える宗教的な偏見、好戦性、差別感情、頑迷さには批判的だ。彼の作品は繰り返し映像化され、一種の定番になっている。それは、キングの小説が変化の激しくない普通の地方を舞台にしつつ、保守性に批判的視線をむけていることと無縁でない。新しさを目指すわけではないが、そこに安住したいわけではないというバランス感覚があったから、彼の小説は長く支持されているのだろう。

『アンダー・ザ・ドーム』では「いまはヒトラーに戦いを挑むのにふさわしい時期ではない」という一九三四年時点のドイツでは正しかったが、後の歴史からふり返れば誤っていた意見が紹介される。若造の臨時警官が急増した状況をヒトラー・ユーゲントに喩えるセリフもある。一方、ドームの外にいて現場を理解していない軍の上官と携帯電話でやりとりしたデイル・バーバラは、イラク戦争の時の繰り返しだと感じる。また、町にさらなる災厄が訪れビッグ・ジムとともに地下へ閉じこめられた彼の一時的な腹心は「逃亡していたころのサダム・クソったれ・フセインになった気分だぞ」と悪態をつく。

チェスターズミルはアメリカの隠喩であると同時にナチス・ドイツやイラクと重ねられ、ビッグ・ジムはアメリカ大統領の戯画であるだけでなくヒトラーや中東の独裁者のイメージがかぶせられ、彼に関する情報のフォルダは『スター・ウォーズ』の敵役ダース・ベイダーから「ベイダー」と名づけられてもいる。

政府や軍が介入できなくなったチェスターズミルでは「憲法が無効になったんだ」とジュニア・レニー

はいい放つ。もともと我がままだったジュニアは脳腫瘍を患っており、狂気を深めていく。その父ビッグ・ジム・レニーは狡猾に立ち回るものの、綿密に計算する知性派というわけではなく、その場の感情で人を殺め、適当につくろったことがたまたまうまくいくといったぐあいだ。息子だけでなく父親もこらえ性がなく、言動が子どもっぽいのである。だが、彼の強引さは人によっては頼もしくみえ、いうことが真実か否かはどうでもよくなってしまう。『アンダー・ザ・ドーム』の独裁者が呼び起こしたような悲喜劇が、大なり小なり今展開されているような国家は、アメリカだけでなく日本も含め案外多いのではないか。

キングの小説をふり返ると、『キャリー』では、ハイスクールでいじめられ家では狂信的な母に抑圧される少女が、自らの超能力を全開にして復讐する。『シャイニング』（一九七七年）では、アルコール依存とDVの過去を持つ男が家族で雪に閉ざされたホテルを管理する仕事に就くが、亡霊と交流するうちに狂い、妻と子どもを襲う。『IT』（一九八六年）では吃音、親からの虐待、人種差別など辛さを抱え、いじめられている子どもたちの前に、悪魔のようなピエロが現れる。そのように少年少女、子どもの存在がポイントとなり、彼らが印象に残る作品が多い。

キングは長大な作品の割合が高く、脇役も含め登場人物の日常を丹念に描くなかで、夫婦や親子、近所づきあい、仕事のつながりなど彼らの関係性も追う。離婚、解雇、喧嘩など意識のズレや反目、不信が浮き彫りとなる一方、恐怖に立ちむかうための友情、連帯が語られる。なかなかわかりあえない人間関係の間に、わけのわからない恐怖が訪れて苦しめられ、わかりあえる同士で連帯して難局に立ちむかおうとする。これが、キング作品の王道パターンであり、『アンダー・ザ・ドーム』にもあてはまる。

なかでも、わかりあえないことで危機が高まるのが、若年者である。親や教師が無理解で、周囲の同年代もわかってくれるとは限らない。大人が味方になってくれなければ維持するのが難しい彼らの日常が、脅かされる。その恐怖は、大きい。『アンダー・ザ・ドーム』でも独裁者に負けずに逆境を生き抜こうとするグループが作られるなか、少年少女のチームが役割を果たす。だが、この作品ではもっと別種の子ども性が物語を動かす。

子どもの悪戯

そもそもなぜドームが出現したのか。人間にできることではなく、やがて、宇宙人の子どものしたことらしいとわかってくる。閉じこめられ、暴力が渦巻く場所となった町の人々にとっては、苦痛に満ちた悲劇だ。「でも、あいつらはただ見物して楽しんでいるだけの子どもの集団だと思う」、「わたしたちは内部に閉じこめられて、おなじ人間仲間にこんなことをしたわけ」という考えに町民はたどり着く。信仰心を失った女性牧師はいう。

あいつらは、わたしが三年前に信じるのをやめた神にほかならない。神なんて、結局は惑星間仕様のＸｂｏｘで遊んでいるだけの意地悪な子どもだとわかったの。笑えると思わない？

ドストエフスキー「大審問官」では、「神ちゃま」と祈る無垢で罪のない子どもに神が不幸を与えることにイワンが憤った。だが、『アンダー・ザ・ドーム』では、神のほうが、無垢というよりは、これといった考えや配慮のない子どもだというのだ。孤島に漂流した子どもたちが、自分たちの民主主義を築こうとして失敗し、仲間同士の争いが悲劇を招く。そんなゴールディング『蠅の王』の愛読者として知られるキングは、ここで子どもの残酷さを書いている。

『アンダー・ザ・ドーム』で逆境に立ち向かうグループのメンバーは、人間も似たことをしていると気づく。子どもの頃、蟻塚の無数の蟻を虫眼鏡で焼き殺したこと。学校時代にあったいじめ。イラクで捕虜の敵兵を拷問する現場にいたこと。蟻が巣をつくりコロニーをつくる社会性をそなえた昆虫で、勤勉に働くことは知っている。だが、そうしたことを知っていても、人間は蟻が知的生物だとは考えない。ドームを出現させた存在と人間の関係もそれに似ているのではないかと、彼らは考える。力に圧倒的な差があって非対称の関係なのである。

伊坂幸太郎は『夜の国のクーパー』で、自分たちを狩らないでくれと頼む鼠と相手のいうことがよく理解できない猫の認識のギャップを描いたが、『アンダー・ザ・ドーム』では、その種のディスコミュニケーションが蟻塚の大虐殺のごとき惨状をチェスターズミルにもたらす。遠い世界の意地悪な子どもは、人間同士が始めた殺しあいを楽しんでいる。一方、町で力を得た子どもっぽい独裁者は、町民を好き勝手に扱う。圧倒的に非対称の関係で優位にあるものは、まともに真実を説明する必要がない。嘘をつくか、ただ笑っていればいいのだ。

三　一貫性のある過去

『帰ってきたヒトラー』を笑う／と笑う

アングロサクソンが支配し、金髪碧眼の白人が「日本人」を名乗るようになった国で、黒髪の「旧日本人」のなかから宰相となったA。田中慎弥『宰相A』では、独裁者的な立場にありながら傀儡にすぎないこの人物を書名にしたわけだが、Aとは安倍晋三でありアドルフ・ヒトラーであると作者は語っていた。金正恩のような典型的な独裁者をはじめ、安倍、トランプ、プーチン、習近平など、排外主義、強権、国粋、独善などの傾向がみられる各国の権力者への否定的評価では、なにかとヒトラーが引きあいに出されがちだ。また、「今の日本の政治に一番必要なものは独裁」と主張した橋下徹、憲法改正についてはナチス・ドイツの「手口を学んだらどうか」と発言した麻生太郎など、独裁やナチスを無造作かつ肯定的に持ち出して批判される政治家もいた。

優生思想を掲げ、ユダヤ人を虐殺したのをはじめ、障碍者や難病患者、同性愛者も多く死に追いやったヒトラーおよびナチスは、各国において未だに絶対的な悪のアイコンであり、ディストピアを夢想する際の源泉であり続けている。ヒトラーやナチスがなんらかの形で蘇る物語は無数に作られてきた。なかでも近年、話題になったのが、ティムール・ヴェルメシュの小説『帰ってきたヒトラー』（二〇一二年）とその映画版（二〇一五年）だ。

一九四五年に自殺したはずのヒトラーが、なぜか二〇一一年に生きたままタイムスリップする。直前の記憶は失っていたものの、容姿や考えかたはヒトラーのままである。時代の激変ぶりに本人はとまどうが、昔と変わらない彼の話術は現代人にはモノマネの芸と勘違いされ、コメディアンとしてテレビ出演することになる。番組でトルコ人を攻撃する演説を行うがそれはジョークと受けとられ、彼の映像がユーチューブにアップされるようになると人気はどんどん高まっていく。

ヒトラーが昔と変わらぬ考えかたで喋ったことに対し、もちろん批判の声もあがるが、風刺やユーモアであるとして擁護する声は多い。民族主義の極右政党本部を突撃取材した彼は党首と意気投合することなく「臆病者だらけだ」と吐き捨て、逆にネオナチからはドイツを侮辱していると襲撃される。人気者になる一方、批判派だけでなく仲良くなれそうなグループとも齟齬をきたす。ヒトラーは教えられて「インターネッツ」に親しむようになり、インターネットをそう呼び続けるが、「ツ」と「ト」の差に、本人の意識と彼に関する周囲の認識とのズレが象徴されている。

小説の作者は、本編前の「本書について」で物語への反応を予想し、こう書いていた。

その快進撃をわくわくしながら読み進めていた読者は、同時にわずかな後ろ暗さを感じるはずだ。それは、最初は**彼を**笑っていたはずなのに、ふと気がつけば**彼と一緒に**笑っているからだ。（森内薫訳。以下同）

よかれ悪しかれ名声の高まったヒトラーには、各党から入党依頼が舞いこむ。政治の世界での復権を夢見る彼が考えたスローガンは、これだ。

悪いことばかりじゃなかった。

彼と一緒に笑おうとする人々が大勢に増え、過去の歴史などについて自己正当化を図ろうとする。この構図は、移民問題で揺れる現代のドイツだけでなく、ネットでの広報戦略に力を入れるようになった自民党だからなしえた安倍晋三の復権、ツイッターでの「口撃」を得意とするトランプなど、他国の政治事情とも通じるところがある。誰かを笑う側に同調しようとする人々の自己正当化は、ネットを介してポピュリズムが高まる各国で観察されることだ。

『帰ってきたヒトラー』は、デヴィット・ヴェント監督・脚本による映画化でさらに大きな注目を集めた。二〇一五年には中東やアフリカからの難民流入の急増が、ヨーロッパで大問題になった。ドイツのアンゲラ・メルケル首相は九月に難民の亡命申請受け入れを発表したが、治安悪化を招いたなどと批判が高まり、後の選挙では与党が議席を減らす原因になった。そもそもメルケル自身が、二〇一〇年時点で「多文化主義は完全に失敗した」と発言し批判されてもいたのである。

移民を包摂する多文化主義を正しい理念として掲げても、実状はすんなりとは収まらない。映画版『帰ってきたヒトラー』は、メルケルの難民受け入れ発表の翌月にドイツで公開された。それだけにインパクトは大きかったのだ。ちなみにフランスにイスラム政権が誕生する設定で話題になったミシェル・ウエルベック『服従』の発売は、同年の二〇一五年一月だった。同作も多文化主義の困難が目立つ時期だったゆえに反響が多かったのである。

『帰ってきたヒトラー』は原作の設定をいくつか変えた形で映画化されたが、特徴的だったのはヒトラーの扮装をした主役が実際にドイツの街へ出ていき、一般人と会話したことだ。贋者だとわかったうえで冗談めかして人々は受け答えしているのだが、ヒトラーと同調したように移民への感情をもらしたり、一緒に笑う光景も映されている。ヒトラーやナチスの礼賛が法律で禁じられ、風刺や批判でしか扱えない国にあって、微妙な形で民衆の本音が透けて見える。

また、映画の脚色で優れていたのは、テレビで人気者になったヒトラーが、一時的に失墜する理由である。自分に嚙みついた犬を即座に射殺してしまった場面がネットにアップされ、世間から強く非難されるのだ。かつて特定民族の大虐殺を命令したキャラクターが排外主義的発言をすることを笑った世間が、一匹の犬を殺しただけで手の平を返す。『新・猿の惑星』でチンパンジーのコーネリアスが「人間は同胞を殺すくせに、犬は殺さない」と皮肉った「人間性」をあらわす展開である。ペットの犬や猫を身近な家族として扱う一方、自分たちの食べない動物を他民族が食べるからといって、文化的背景も考えず野蛮だと蔑む態度は各国でみられる。犬の射殺でいわゆる「炎上」状態となり番組を降板するエピソードには、その種の価値観のグロテスクさがとらえられていた。

バベルの塔からポスト真実へ

ヒトラーを題材にした映画は数多いが、本人が意図しないのにヒトラー自身のパロディになってしまう『帰ってきたヒトラー』と親近性のある現象を引き起こした映画が、『ヒトラー ~最期の12日間~』(二〇〇四年)だった。タイトル通り、死を間近にした独裁者の日々を描いた作品だが、憤りや哀しみなど人間的な側面を描いた点が批判されもした。ホロコーストを主導したアイヒマンの裁判を傍聴したアーレントが、ありふれた小心者による「悪の凡庸さ」を指摘した際に反発を受けたことに似ている。「絶対的な悪」であるからには普通の人間性を持っているはずがないという、「正義」の立場からの決めつけである。人間性の指摘を同情や共感ととらえてしまうのだ。しかし、そうした態度では、どこにでもいる人間が極端な悪を犯すこともある現実をとらえられない。それをとらえようとした映画に、ネットではあさっての方向から反応が現れた。

『ヒトラー　～最期の12日間～』にはヒトラーが会議中に怒り狂うシーンがあるが、本来のドイツ語のセリフとは違う意味の字幕を別言語でつけたパロディ動画が、ユーチューブに複数投稿され盛り上がった。ニコニコ動画でも日本語字幕をつけた「総統閣下シリーズ」が、ネタとして消費されたのだ。それに対し、『帰ってきたヒトラー』では、本人は自分の考えるところを喋っただけなのに、受けとる側がパロディのお笑いだと勝手に解釈する。

人は誰でも勘違いする可能性を持っているが、ＳＮＳのように自分のみたいものだけをみられる仕組みが発達したネットでは、意識のズレは増幅され強化されやすい。その状態が政治の領域にまで広がり、敵対勢力の主張はフェイクだと退け、仲間や味方の主張は根拠がなくとも真実だといい通そうとする。権力を握るものがそうすれば、かなり通ってしまう。トランプが勝利した二〇一六年のアメリカ大統領選挙以後に知られるようになったポスト真実の政治（post-truth politics）とは、そのようなものだ。キング『アンダー・ザ・ドーム』がメイン州の町を舞台に書いた嘘つきの進撃が、国家レベルで現実化している。言葉が軽くなっている。

言葉をめぐるディストピア・イメージの源泉の一つに、『旧約聖書』の「創世記」に記されたバベルの塔の物語がある。人間たちが天まで届くほど高い塔を建設しようとする。神は、自分に挑もうとするかのごとく思いあがった人間たちの行為に怒る。同じ言葉を話していた彼らに対し、それぞれ互いに理解できない別の言葉しか話せなくなるようにしてしまう。その結果、共同作業ができなくなり塔の建設が頓挫しただけでなく、人々は各地に散っていった。地球上に諸言語、諸民族がある理由を説明する神話であるが、人類のディスコミュニケーションの始まりを語ったこの神話は、世界に戦争なる現象が発生した遠因を説明するものにもなっている。また、『メトロポリス』や『ブレードランナー』で高層建築の上階に思いあがった権力者が座しているのも、イメージの源泉はバベルの塔だろう。

不可解な事件の謎を合理的な推理によって解明するというミステリー小説の元祖は、エドガー・アラン・ポー「モルグ街の殺人」とされ、同作でも言語が大きな要素になっていた。出入り不可能だったはずの密室で母娘が殺害されるが、いい争う時の音を聞いた証人が複数いた。「証人のうち、イタリア人、イギリス人、スペイン人、オランダ人、フランス人が、それぞれ外国人の声だったという言い方をしている」、「その声音だけ考えても、ヨーロッパ五大国の人間が、いずれも異質だとみなしている。だったらアジア人ではないか、アフリカ人はどうだ、と言うだろうね。どちらもパリの住民には少ない」（小川高義訳）と探偵役のデュパンは考察を進めていく。

最終的に甲高い声を発した犯人は、身体能力の高さゆえ人間には不可能な通路で出入りしたオランウータンと判明する。声や行動が人間のものと周囲から誤認されたため、捜査が混迷したのだった。これに対し、ヴァルター・ベンヤミンが探偵小説の始原と評したポー「群集の人」は、「モルグ街の殺人」の前年に発表されていた。「群集の人」では奇妙な行動をする老人を語り手が尾行し、彼が街を歩く匿名的な人々のなかに溶けこもうとする「群集の人」であることを発見する。そうして「見えない人」になった犯人を推理によって解き明かす展開にすれば、ミステリー小説となる。「モルグ街の殺人」の場合、音のうえでは被害者といい争う誰かの存在が認識されたが、どの言語を話すどの人種・民族かは不明だった。そうした形で犯人は街の「群集」に溶けこんでいたわけだが、実は人間ではなく獣の仕業だった。

人々がそれぞれの言語を話し、互いの言語を理解できないバベルの塔以後の状態が、事件をいっそう不可思議なものにしたわけだ。これに対し「モルグ街の殺人」の約百二十年後にスタートした『猿の惑星』シリーズは、オランウータンなど類人猿が人語を習得し、人間の諸民族と同レベルになった設定によって、この世界の「群集」における差別を比喩的に表現することが可能になった。

また、多和田葉子『地球にちりばめられて』でＨｉｒｕｋｏがスカンジナビア各国で通じるように考え出した独自言語「パンスカ」や、古川日出男『ミライミライ』で各国ミュージシャンが自由にセッション可能だった独自のヒップホップ「ニップノップ」といった共通言語への夢想は、バベルの塔の出来事で人類が言語をめぐって負った心的外傷《トラウマ》を癒そうとするものにも思える。それらは被災後などに求められる共同体の歌舞音曲が「絆」の同調圧力になりかねないのとは異なり、多様性を前提にしたものだ。伊藤計劃『虐殺器官』の「虐殺の文法」が、言葉の影響力の恐さを書いていたのとも対照的なモチーフである。

ただ、天に届くほど建設を可能にしていた人々の一体感が、それぞれ違う言語を話し始めたゆえに失われたとするバベルの塔の神話とは異なり、同じ言語を使っているはずなのに敵と味方でまったく解釈が異なり、いくらデータや証拠を突きつけても否認してディスコミュニケーションが解消されないのが、ポスト真実の時代だ。バベルの塔の神話以降、社会における言語をめぐる制限や強制が人類に悪夢をもたらす物語は、多く作られてきた。その分野の古典であり今日的なポピュリズムの盛り上がりや真実をめぐる断絶を予見していたように読めるのが、レイ・ブラッドベリ『華氏４５１度』（一九五三年）である。

『華氏451度』とポピュリズム

同作は、書物が禁じられたディストピアを舞台にしたSF小説だ。禁制品の隠匿が発見されれば「fireman」の部隊が出動し、蔵書を燃やす。所有者が抵抗しても容赦なく家ごと焼き払う。例えば、こんな風にいいながら。

どの本もみんな違うことをいって、いがみあってるじゃないか。あんたはご立派なバベルの塔にずっと閉じこもってきたんだ。いいかげんにしなさい！　そういう本のなかの人間は生きちゃいない。

（伊藤典夫訳。以下同）

書名は紙が燃え始める温度を指している。「fireman」とは本来、火に立ちむかう消防士を意味するが、同作では逆に着火する役割を担い、過去の邦訳では「焚書官」、二〇一四年の伊藤の新訳では「昇火士」とされている。作中では、書物の禁止は南北戦争の頃に始まり、ベンジャミン・フランクリンが「fireman」の嚆矢だったと伝えられている。つまりパラレル・ワールドのアメリカが舞台なわけだが、正史におけるフランクリンは印刷業、記者、編集者を経験し、同国初の公共図書館を設立した後に政治家となり、アメリカ独立宣言の起草委員にもなった人物だった。それを考えれば、小説では実に皮肉な扱いだ。

作中世界では巻貝のような超小型ラジオを装着したり、列車内で歯磨きのCMが連呼されるなど視聴覚メディアが発達している。ラウンジの壁のテレビから不特定多数に話しかけるアナウンサーに関しては、その呼びかけの部分だけ聞く人の名前に変換される仕組みが用意されている。「fireman」である主人公モンターグはやがて自身の仕事に疑問を持つようになるが、彼の妻は、ラウンジに現れるメディア越しの相手を家族や親戚だと認識する。キリストまで家族の一員にしてくれる世の中なのだ。妻はモンターグに「本は人じゃないわ。あなたが読みあげて、わたしはあたりを見まわす。でも誰もいないじゃない！」と主張する。

不特定多数にむけた発言が個人むけであるかのごとくカスタマイズされ、親密感が高められる点は、今のＳＮＳに近い。反逆者の逃亡は生中継され、警察はメディアで要望する。

> すべての街路に面したすべての家で、玄関、裏口のドアをあけ、窓から外を見ること。いまから全住民が外を見れば、逃亡者はこれ以上、逃げられない。ただちに、準備せよ！

無数の人々が監視に興じて一種のお祭り状態と化すこの場面は、彼らがスマホさえ持てば現代社会になるだろう。監視カメラと携帯電話に追跡される伊坂幸太郎『ゴールデンスランバー』の逃亡劇の原型だったような展開である。

『華氏４５１度』では、妻が友人たちと大統領候補について背丈や髭、髪型、肥満の度合い、服、名前のかっこよさでどちらが上かと話していたのに対し、モンターグは候補者の「なにを知ってるんですか！」と憤る。彼の上司ベイティーは、写真術、活動写真、ラジオ、テレビなどのメディアが大衆の心をつかんで以降、中身は単純化されスピードアップされたと述べていた。今ならツイッターを連想させる指摘である。『華氏４５１度』の世界で「知識人《インテリ》」は罵り語になっている。「みんな似たもの同士でなきゃいけない」

という人々の思いが、人一倍頭がいい読書家を嫌わせる。「となりの家に本が一冊あれば、それは弾をこめた銃砲があるのとおなじことなんだ」とベイティーは表現した。彼はモンターグにいう。

戦争なんてものがあることは忘れさせておけばいいんだ。たとえ政府が頭でっかちで、税金をふんだくることしか考えていない役立たずでも、国民が思い悩むような政府よりはましだ。平和がいちばんなんだ、モンターグ。

無知こそ幸せ。つまり、一般的な国民感情としても政府としても、読むものを思い悩ませ「知識人」にする本など有害で不要だと主張しているのだ。ベイティーは断言する。「本はなにもいってないぞ！」。ベイティーが語るのは、今日の状況にも通じるポピュリズムであり反知性主義だ。

『華氏451度』は禁制品の蔵書を家ごと焼き払う強権的な社会体制だったが、監視が徹底した独裁国家オセアニアを舞台にしたジョージ・オーウェル『一九八四年』でも、言語は厳しい統制の対象だった。同国では英語を簡素化し使用できる語彙を大幅に制限した「ニュースピーク」を開発することで、言葉が広い意味を持てず政治的表現自体ができなくなるように方向づけた。またオセアニアでは真理省記録局が過去に遡って情報を書き換え、無謬の歴史を捏造していた。交戦相手の敵がどの国かなど重大な情報まで修正してしまうのだ。誤魔化しは、独裁政府が圧倒的な力を持っているから可能になるという風に作中では描かれた。暴力の恐怖による支配だ。

しかし、世界の現状をみるとトランプの発言に誤謬があれば真実が指摘され、批判も出るが、支持派は耳を貸さない。ニュースでの批判が強制的に封じられているわけではないが、真実の指摘が有効な武器にならない。日本でも重要政策にかかわる公文書の改竄や破棄が明らかになっても、責任を負うはずの内閣への支持率がかつてほど落ちないことが、第二次安倍政権の長期化を可能にした。フィクションである『シン・ゴジラ』の官僚は文書主義に徹し、文書の記録と規定を重視してそこから逸脱しないようにしていたが、現実は脱線ばかりだった。

安倍応援団の一人である百田尚樹が書いた右傾的な通史『日本国紀』（二〇一八年）に対しては、ウィキペディアや類書からの文章の無断コピーや事実誤認がネットで多く指摘された。だが、著者や版元は、訂正を公表せず謝罪もしないまま刷を重ねるごとに問題個所の修正を繰り返した。誤りが批判されたにもかかわらず、売れ続けたから刷数が増え修正も可能になったのだ。中村文則『R帝国』の独裁国家では、政府批判のような報道の自由はテレビや新聞など大勢が目にするものでは駄目だが、少部数の本や雑誌では認められ、ガス抜きがされていた。生真面目な批判が少部数にとどまる現実は同作と変わらないが、百田の本の場合、大部数の人気作家であるゆえに問題が多いまままかり通っている。

『日本国紀』は執筆時のウィキペディア無断引用、誤謬指摘をとりこんでの後の修正という形で二重にネットの集合知を利用した。大勢が参加する集合知や真実の指摘が現実を改善する力になるというネットの理想が、カジュアルに裏切られている。また、安倍晋三は同書をめぐる騒動を知らないのか知っているからなのか、二〇一八年末の読書のため、『日本国紀』を含む三冊を購入したと公式ツイッターとフェイスブックへ写真つきで投稿した。

歴史が『愉しみながら死んでいく』

特定の政治的主張を持つ本の販売や著者のイベント開催に際して、書店に脅迫が行われるケースはある。だが、その種の暴力の恐怖で表現や報道が歪められる以前に、支持派と反対派のコミュニケーションがそもそも成り立たない。また、多数派を形成した政権側に遠慮して、あるいは良好な関係を築いて利益を得ようとして批判を控えたり、親和的になったりする傾向も報道機関にみられる。強いられてでなくとも、自らそうすることを選ぶのだ。

オーウェル『一九八四年』は、強権的な管理と監視が徹底した独裁国家に生きる苦痛を描いたが、本当の一九八四年を通過した翌年に教育学者ニール・ポストマンが発表した『愉しみながら死んでいく』では、実際に訪れたのはハクスリー『すばらしい新世界』だと論じていた。人工授精によって誕生した人間が胎児の頃から社会階層ごとに選別されて睡眠学習を施され、たとえ不安を覚えても合法ドラッグが幸福感をもたらしてくれる。家族という重い関係が消えた一方でフリーセックスが推奨され、テレビや感覚映画など娯楽も発達している。不満を覚える余地などありそうにない『すばらしい新世界』。ポストマンはテレビ産業が発達したことで現実世界においても、人間は愉しみによって制御されるようになったと論じた。メディアに関するこの認識には、『華氏451度』でのブラッドベリの認識と共通したところがある。

説明の時代からショー・ビジネスの時代へ。「では……次に」の一言で相互に関連のない話題を並べていくテレビやラジオのニュース番組。「本は一貫性のある過去、われわれと関わりのある過去という感覚をはぐくんだ」のに対し、「連続してはいるが一貫性のない現在」でしかないテレビに「歴史など存在しない」」とポストマンは主張する（引用は今井幹晴訳。以下同）。出版二十周年にあたる二〇〇五年版『愉しみながら死んでいく』のまえがきでは、原著者の息子アンドリュー・ポストマンが、インターネットや携帯電話などが普及しメディア環境がさらに変化して以後、同書の指摘はますます当てはまるようになったと述べていた。その時からさらに十数年が経過した今、各国の自国第一主義や歴史修正主義で情報の断片が適当につぎはぎされ、「連続してはいるが一貫性のない」主張が展開されるのを、私たちはあちこちで目の当たりにしている。

ピンク・フロイドを脱退後のロジャー・ウォーターズはこの『愉しみながら死んでいく Amusing Ourselves to Death』に触発され、一九九二年に『死滅遊戯 Amused to Death』と題したソロ・アルバムを発表した。フロイド時代に彼は、オーウェル『動物農場』から着想を得て、資本家を豚、ホワイトカラーのビジネスマンを犬、平凡な労働者を羊に喩えた『アニマルズ』（一九七七年）の制作を主導していた。また、独裁者的なロック・スターを主人公にすえ、人間は壁（社会システムなどの隠喩）を形作るレンガの一つでしかないというコンセプトで『ザ・ウォール』を生みだしてもいる。ディストピア的なヴィジョンにこだわりのあるアーティストなのだ。

クウェートに侵攻したイラクに対しアメリカが空爆した映像がテレビゲームのようだといわれ、「Nintendo War」とも呼ばれた一九九一年の湾岸戦争の直後に『死滅遊戯』は制作された。父親が一九四四年にイタリアで戦死したウォーターズは、同作でテレビを通して戦争をエンタテインメントとして楽しむようになった状況を風刺していた。収録曲をみると「神話　What God Wants」三部作で神の名のもとに人々が争い血を流す世界に関し神が求めていたものを問うている。また、スタンリー・キューブリック監督の映画『2001年宇宙の旅』（一九六八年）では、猿が手にした骨を武器として使えることに気づいたことが人類の進化の出発点と位置づけていた。それを踏まえ、ウォーターズは「完全真理、パートI Perfect Sense, Part I」で骨をつかんだ猿から始まる人類の殺戮の歴史をふり返っていた。『死滅遊戯』は発表時にはテレビ画面をチンパンジーが間近で見つめる写真がジャケットに使われていたが、リマスターとリミックスを施したリニューアル版を二〇一五年にリリースした際には、赤ん坊がテレビを見る構図へと変更されている。人が猿と入れ替え可能な程度の存在であり、人類はテレビで死を楽しむ感覚を赤ん坊の頃から刷りこまれているというシニカルな認識が、このデザインには示されているように感じる。

イスラエルのパレスチナ政策への批難など政治的な発言の多いウォーターズは、トランプ大統領への批判を繰り返している。二〇一七年には戦争や差別に満ちあふれた世界の現状を憂う『イズ・ディス・ザ・ライフ・ウィ・リアリー・ウォント？』（私たちはこんな人生を本当に求めていたのか？）を発表し、タイトル曲で「いつだって馬鹿者が大統領に就任する」、「私たちはアリみたいに愚かなのか」などと歌っていた。同アルバム発表後のライヴ・ツアーは「アス・アンド・ゼム・ツアー」と題されていたが、フロイドのヒット作『狂気 The Dark Side of the Moon』（一九七三年）の収録曲でもある「Us and Them」とはキング『アンダー・ザ・ドーム』でも使われた「ぼくたち対やつら」の分断を意味するフレーズである。ウォーターズはこのツアーで『アニマルズ』から「ピッグス（三種類のタイプ）」を演奏する際には、ステージ上にトランプの映像を投射していた。わかりやすい揶揄である。

『図書館戦争』と図書館の現実

『イズ・ディス・ザ・ライフ・ウィ・リアリー・ウォント？』のジャケットは、文書の大半が検閲で黒塗りにされており、塗り残されたわずかな言葉からタイトルが浮かび上がるデザインだった。日本でも野党が政府や官庁の不正を追及し文書の公開を求めても、この種の黒塗りで応じられることがしばしばある。そうした検閲との関連で興味深いのは、マンガ化、アニメ化、実写映画化もされた有川浩『図書館戦争』（二〇〇六年）だ。

シリーズ化されたこの人気作品は、本が厳しく検閲され狩られる対象となっている点で『華氏４５１度』の発想を継いだディストピア小説となっている。ただ、ブラッドベリ作品の場合、焚書への抵抗は本という物質を守るよりも、記憶によって頭のなかに図書館を設けた人々のネットワークをいかに生き延びさせるかという形で考えられていた。一方、有川作品の場合、本の排斥に抗うための武装した組織が存在する設定が選ばれている。「目には目を、歯には歯を」式の対決構図だ。

パラレル・ワールドの日本では、昭和最終年度にメディア良化法が成立・施行された。公序良俗を乱し人権を侵害する表現の検閲が合法化されたのである。メディア良化委員会が設けられ、その代執行組織、良化特務機関の拡大解釈で検閲はエスカレートしていった。だが、反対派や世間の拒否感というものもあり、既存の図書館法全三章に第四章を付け加え、恣意的な検閲に対抗しうる法的根拠とされた。「図書館の自由法」が通称となったその第四章は、一九五四年に日本図書館協会が現実に採択した「図書館の自由に関する宣言」の章題を用いて法律化したと作中で説明されている。元の宣言は以下の内容だ。

一、図書館は資料収集の自由を有する

二、図書館は資料提供の自由を有する
三、図書館は利用者の秘密を守る
四、図書館はすべての不当な検閲に反対する。
　図書館の自由が侵される時、我々は団結して、あくまで自由を守る。

条文に基づき、図書館を防衛する図書隊が、広域地方行政機関として設立された。メディア良化委員会は法務省の組織なので図書隊とは、中央と地方の政治的対立を反映した関係になる。いずれも武装化した良化特務機関と図書隊の抗争は激化し、死傷者を出す衝突を繰り返す。良化特務機関は自分たちにとって都合の悪い歴史的な報道資料を廃棄しようとするが、図書隊は必死に抗戦する。「一貫性のある過去」を保存する図書館を彼らは懸命に守ろうとするのだ。

以上のように基本設定だけを記述すると、『図書館戦争』は殺伐とした内容が想像されるだろう。しかし、原作発表時点では未来だった二〇一九年（作中の元号では正化三十一年）、かつて自分を助けてくれた図書隊員を「王子様」と憧れ入隊した笠原郁が、女性としては図書特殊部隊に異例の配属をされるところから物語は動き出す。同作には「王子様」への想いをめぐるラヴ・コメディの要素がある。また、良化特務機関がテロ・グループを裏で操るなど悪辣な手段を用いるのに対し、専守防衛を旨とする図書隊には、自衛隊のイメージが重ねられている。

作者の有川は、『図書館戦争』執筆以前の二〇〇四年から二〇〇五年に自衛隊が災厄に挑む三部作（『塩の街』、『空の中』、『海の底』）を発表していた。また『図書館戦争』シリーズ以後には、『県庁おもてなし課』

（二〇一一年）、航空自衛隊の広報室を舞台にした『空飛ぶ広報室』（二〇一二年）といった仕事小説を書いている。主人公が仕事を通して成長していくこれらの作品の骨法は、『図書館戦争』シリーズにもみられるものだ。

『図書館戦争』は暴力的な監視検閲社会を背景にしているものの、良化特務機関と図書隊の力対力のアクション、「王子様」をめぐるラヴ・コメ、仕事の達成感を得るまでのプロセスといった要素で気楽に読めるエンタテインメントにしあがっている。そのぶん、ディストピアものにありがちな暗さ、重さは、希薄だ。だが、作中の設定を生真面目に考えると、「図書館の自由に関する宣言」が表現の自由、知る自由をめぐって掲げていた本来の理念を、自衛隊的な防衛の論理、仕事の達成にむけた論理へとスライドさせることで物語が成立している。

エンタテインメントを目指すならば図書館に異質な論理が入りこんでもかまわないが、後には現実社会でそれが起きている。二〇一三年に佐賀県武雄市が市民図書館の管理についてTSUTAYAを展開するレンタル大手CCC（カルチュア・コンビニエンス・クラブ）に任せたことが大きな話題になった。以後、自治体が図書館の運営を企業に委託するケースが増えたが、無秩序な古本大量購入、貴重な郷土資料の廃棄など、選書や蔵書の扱いでたびたび問題が発生している。商売の手法や論理が持ちこまれることで、図書館の旧来の理念が揺らいでいるのだ。

しかし、コストダウンや利用者増加などの目標を掲げた図書館運営の民間移行は、なお広まっている。さらに、学問の府である大学をめぐっても、文系学部を廃止し、学術研究より職業教育を優先しようとする専門学校化のような改革論議もにぎやかになっている。大学の経営だけでなく、教える内容までが経済の理屈で変えられようとしているのだ。

公的な文書や調査データの改竄や廃棄など、権力者や官僚の保身、隠蔽体質による不祥事も続発しているが、図書館や大学の変質は行政側の思惑だけとはいえない。崇高な理念よりも目先の経済効率を重視するポピュリズムが、そうした傾向を後押ししている面がある。知識人に対する反発が一般化しているだけでなく、知識や理念に税金を使うことへの嫌悪が拡大しているようにすら感じられる。「一貫性のある過去」を受け継ぐために重要な場であるはずの図書館、大学までが「連続してはいるが一貫性のない」、「歴史など存在しない」状態にさせられようとしているのだ。

『小説禁止令に賛同する』の読者

『図書館戦争』では、検閲にひっかかった本が良化特務機関の手で書店から移動されそうになった際、図書隊員がそれらを図書館に納入予定の扱いとし、没収を拒否する場面がある。「図書館の自由法」を盾にとることができる図書館が、ある種の聖域となっているのだ。だが、そこは本を狩ろうとする側と本を守ろうとする側がせめぎあう最前線であり、しばしば武力衝突が発生する。エンタテインメントである同作では、ほかでは読めないものが読める場であるため、図書館の来訪者は多いとされる。だが、普通に考えれば武力で守られた聖域である一方、周りを囲まれて攻撃されれば逃げ場のない閉域でもある危ない館内に行きたがる人が多いとは想像しにくい。

言葉を守ろうとする行為と暴力に脅かされた閉域。『図書館戦争』にみられたこの構図をまた違ったシチュエーションで展開したのが、いとうせいこう『小説禁止令に賛同する』(二〇一八年)だ。思想犯として十二年間収監されている七十五歳の元小説家が主人公。彼は、「やすらか」という手作りの小冊子に載せる文章を書くため、ペンと紙を与えられた。同作は、その原稿をまとめたものとされているのだが、ところどころ「■」と印刷され伏字になっている。

物語の舞台となる二〇三六年には、この国は「亜細亜連合」の支配下にあり「東端列島」と呼ばれていた。そのためか「日」と「本」の字は黒く塗りつぶされているらしく、また海外の国名は「馬来西亜《まれーしあ》」、キーボードのような外来語は「打鍵器」などと表記され、カタカナは一切使われていない。このことから日本が、中国中心の勢力に征服されたことが示唆される。古川日出男『ミライミライ』の連邦国家インディアニッポンが多様な文化を抱えこみ、「ニップノップ」という音楽の新たな共通語を生んでいたのとは対照的に、『小説禁止令に賛同する』の元小説家は、切り詰められた言葉しか使えない。

主人公はひたすら「小説禁止令」の正しさを語ろうとする。かつて「大きな政治陣営同士がお互いに風説しか流さない」状況になり、電脳利用者の熱が冷め、印刷された出版物の信頼が急激に高まり「文学が力を持ってしまった」ことがあったのだという。ポスト真実にうんざりしたネット民が、時代遅れのはずの本に熱中したそうなのだ。だが、翻訳に関しても「我々の国の言葉だからこそ美しさが輝く」などと国民感情をかきたてられてしまった。主人公は、出版資本主義（作中で「本」は「■」）が「国民」を作るとした『想像の共同体』（一九八三年。ベネディクト・アンダーソン）の過去を扱った分析が、最近の現象として生じたことを指摘する。

けれど紙への渇望がいきなり出現し、互いの国は小説を翻訳禁止にしあい、歴史をご都合主義で書き換え、死をもてあそび、すさまじい売り上げを得てしまったのです。まさに熱に浮かされたように。

時代推移に関する同作の設定は、中韓に対するヘイト本が書店に多く並び、両国の日本批判も盛んに報道されている国内の現状を踏まえたものだろう。そして主人公は、原子力事故の連続発生や亜細亜での紛争を経て「小説禁止令」が敷かれた現状を「不当な弾圧が終わった」自由だと祝う文章を書き綴る。だが、「小説禁止令」への賛同を示すために書き出された彼の文章は、最初は随筆風だったのに、小説に何度も言及するにつれて文芸評論と化し、やがては小説自体へと近づく。一回ごとの末尾には「施設情報露出　軽度処置　軽度処罰」、「軽度処置　処罰待機　薬物直接投与」などと、検閲の結果らしい文言が記されている。

オーウェル『一九八四年』のウィンストン・スミスは、監視をかいくぐって日記を付けていた。言葉が国家に統制されるディストピアでは、個人の言葉を持とうとすること自体が抵抗運動になる。パラレル・ワールドの独裁国家に迷いこんだ田中慎弥『宰相A』の小説家Tも、文章を書くための紙と鉛筆をずっと欲しがっていた。だが、圧倒的な強権の下で抵抗者はやがて国家のいうことをなぞることしかできなくなる。そうしなければ生き延びられない。

『小説禁止令に賛同する』の場合、主人公は権力側に隠れて書いているのではない。収監された彼の文章は、検閲されるのが前提だ。作者のいとうはインタヴューで語っていた。

「『わたし』には明確な読者がいます。それが検閲官です。彼の目を欺かなければならないという意識ははっきりある。

（集英社サイト RENZABURO http://renzaburo.jp/shinkan_list/temaemiso/180202_book01.html）

主人公は「小説禁止令」への賛同を繰り返し書くが、文章に小説への愛を潜ませようとする。ただ、それは冷静に暗号を作成するような作業ではない。検閲官という読者が存在するのはわかっているが、彼以外に読む人がいるのか、「わたし」にはわからない。ただ一人を相手に一所懸命うったえるしかないのだ。誘拐や監禁などの被害者が自分の命を握る犯人に頼るしかなくなり、愛情めいたものまで抱いてしまうストックホルム症候群に似た情動が、「わたし」の文章からは感じられる。

一方、小説を媒介とした国粋的な「想像の共同体」形成を批判的に綴った主人公は、日中戦争から太平洋戦争への過程で小説家の多くが戦時体制に協力し、その後に新たに立ち上がった、戦後文学を読んできた人間でもある。彼がみせる「小説禁止令」への賛同は検閲官を欺くためだけでなく、作者いとうの日本文学史に対する批判的回顧も含んでいるだろう。

すでに触れた通り、東日本大震災および原発事故をテーマにして、いとうは『想像ラジオ』を執筆した。同作は、死者の語る声を生者が聞きとり、共感していく可能性を希求する内容だった。「想像の共同体」を肯定する物語だったといってもよい。一方、同作ほど前面には出していないがやはり原発事故を背景として織りこんだ『小説禁止令に賛同する』は「想像の共同体」が否定されたあとの時代において、「わたし」と一人の検閲官だけの成立しているのかいないのか定かでない結びつきのもとに文章が書かれる作品だ。二作は対ととらえられる。

「絆」の言葉に象徴される震災後の同調圧力には批判や違和感の表明もあったし、それは『想像ラジオ』への賛否がわかれる結果にもつながった。一方、分断された世論が互いのいうことを聞こうとしないポスト真実の時代でも、それをよしとしないのならば相手に語りかけるしかない。通じる可能性が低くても、そこからしか始まらない。分断よりは共調がいいが同調圧力はごめんだという、ないものねだりのループのような回路から出られないまま思考するしかない。いとうが『想像ラジオ』だけでなく『小説禁止令に賛同する』を書いた理由は、そこに見出せる。

『地下室の手記』の水晶宮

『小説禁止令に賛同する』で元小説家の書いた文章には「■」と塗られた部分が散見され、検閲が行われていることが読者にもわかる。彼は拷問も受けているらしい。だが、「日本」という単語のまとまりだけでなく「出版資本主義」の「本」まで伏字にするなど、アプリによる機械翻訳に似た、いかにも適当な検閲になっている。このことについていとうは、先のインタヴューで述べていた。

> しかしここでは、中国を中心とした「亜細亜連合」に、日本は検閲すら必要ないと思われている。検閲すべき対象でもない我々、というものの絶望感。僕にとって、来たる戦後の日本像はこういうものです。

その結果として検閲官を読者として想定した主人公の文章は、自問自答の空回りになりつつ「小説で何が悪い?」と書きつけるまで内圧が高まっていく。いとうはインタヴュアーであった江南亜美子の「喜劇的な明るさより、アイロニーのほうが強い」との指摘に対し、「そうね、なぜか『地下室の手記』みたいになっちゃった。『地下室の手記』と18世紀小説がまじりあった感じかな」と応じていた。『地下室の手記』（一八六四年。あるいは『地下生活者の手記』。二〇一三年の亀山郁夫の新訳では『地下室の記録』）とは、ドストエフスキーの短めの長編小説であり、二部構成の前半では社会とのかかわりを絶ってひきこもった小官吏が、ひたすら独白する内容となっていた。自分の語ったことに対し、相手が応じる前に先回りして自答を書きつけるような自意識過剰の文体は、なるほど『小説禁止令に賛同する』のヒントになっているように感じられる。

語り手である地下室人のそのようなキャラクターは、それ以前にドストエフスキーが書いた『分身』で自意識過剰のあまり自分そっくりの人間が街じゅうにあふれる光景を幻視するゴリャートキン（星野智幸『俺俺』のルーツとみなせる）や、後に『カラマーゾフの兄弟』で「大審問官」の物語詩を披露したイワンなどに通じるものだ。ディストピアの観点からも『地下室の手記』は興味深い内容を持っていた。

地下室人は「第一部　地下室」で世の多くの事象に悪態をつくが、理性万能主義を標的の一つにする。ドストエフスキーの祖国ロシアでは当時、あらゆる行為は利益により説明されると理性主義を説いたニコライ・チェルヌイシェフスキーの小説『何をなすべきか』（一八六三年）が青年たちによく読まれていた。彼は空想的《ユートピア》社会主義の運動家だった。後にロシアの社会主義革命で中心的役割を果たし、ソビエト連邦成立に導いたレーニン（一八七〇年生まれ）も、『何をなすべきか』を読んでいたという（レーニンは、オーウェル『動物農場』で動物の平等と自由を説いた老豚メイジャーのモデルとされる）。ドストエフスキーも過去には空想的社会主義を信奉していたが、『地下室の手記』執筆時にはすでに転向し右派でも左派でもない立場をとろうとしていた。それゆえ、批判する側に回ったのだった。

地下室人は無茶なことに、「二二が四」の公式を否定しようとする。

いやはや、諸君、話が一覧表とか、算数とかいったところにまでおよんで、二二が四だけが幅をきかすようなことになったら、もう、自由意志もへったくれもないではないか？（亀山郁夫訳。以下同じ）

そのうえで彼は、「水晶宮」への反感を露わにする。

きみたちは、永久に壊れることのない水晶宮を、つまり、こっそりとあかんべえしたり、ざまあみろのしぐさをすることもままならない、そんな建物を信じておられる。が、もしかしたら、わたしがこの水晶宮を怖れる理由とは、それが水晶でできていて永久に壊れることがなく、こっそりあかんべえできなくなるからこそなのかもしれない。

『何をなすべきか』に登場した鋼鉄と水晶の宮殿を皮肉ったものであり、一八五一年のロンドン万国博覧会で実際に造られ展示された水晶宮を揶揄するものでもあった。その発想の源は、空想的社会主義の代表的論客シャルル・フーリエが想像した集住施設ファランステールに遡れる。「二二が四」の公式に基づき、「あかんべえ」する余地がないほど立派に造られた水晶宮。地下室人は、その種の合理性、有益性に抗い、苦痛こそ意識の原因であり、「人間は苦痛を愛しており、どんな満足ともそれを引き替えるようなことはしない」と主張する。彼は、合理性の枠にとらわれない自由の象徴として苦痛を賞賛するのだ。

『地下室の手記』で攻撃対象となる合理性と有益性に満ちた水晶宮は、知恵の実を食べたためにエデンの楽園から追放されたアダムとイヴの末裔たちが建造したバベルの塔の未来だろうし、『メトロポリス』や『ブレードランナー』で権力者が住んでいた高層建築もその系譜にある。また、フォード・システム、テイラー・システムからディズニーランド、マクドナルドへと至る効率的な生産・経営管理法も、「二二が四」や水晶宮の延長線上に成立してきたのだ。

オーウェル『一九八四年』のオセアニアでは、二足す二が四であるだけでなく五になったり三になったりもする。あるいは四と五と三に同時になることすらあると、主人公は拷問によって教えこまれる。合理性を追求した先に成立したオセアニアという国家では、すべての計算を権力が左右できる。計算が重視されているわけだが、それを個人としてすることは許されない。二重思考を身につけなければ生きていけないオセアニアのそのような超合理性は、ユートピアがそのままディストピアに反転することを象徴していた『地下室の手記』の「二二が四」の議論の果てに生じている。

また、フォード的な管理が社会の全域に及んだ『すばらしい新世界』では、自分を疑う隙間がないほど人々が快楽に囲まれていた。しかし、苦痛を褒めたたえる地下室人のマゾヒズムは、そうした愉しみにも背をむける。合理的で有益なユートピアは人々に快適さをもたらすだろうが、あまりの完璧さに息苦しさを覚え、ディストピアであるとも感じるだろう。人間はそんな矛盾を抱えた生き物だ。やぶれかぶれにもみえる地下室人の自問自答は、合理性にとり囲まれたなかでせめて内心だけは自由であろうとする、ぎりぎりの抵抗運動である。そうした内面の自由を、『小説禁止令に賛同する』の元小説家は受け継ごうとしていた。

『君たちはどう生きるか』の過去と未来

『小説禁止令に賛同する』には、未来の戦争で敗北した日本の元小説家と、かつての敗戦を通過した戦後文学を重ねあわせる着想があった。それに対し、盧溝橋事件の起きた一九三七年に書かれたものでありながら、最近、マンガ化（羽賀翔一作。二〇一七年）もされ、異例のベストセラーになった吉野源三郎『君たちはどう生きるか』の読まれかたにも、過去と未来の重ねあわせがうかがえる。

同作は、父を亡くした十五歳の主人公から学校でのできごとなどを聞いた叔父が、彼に伝えたいことをノートに書いたという形式をとっている。そこで語られるのはものごとの考えかた、社会の成りたちかたであり、少年むけの哲学書、教養書といえる内容だ。後に叔父のノートを読んだ主人公は、感想を自身のノートに書き始める。

僕は、すべての人がおたがいによい友だちであるような、そういう世の中が来なければいけないと思います。人類は今まで進歩して来たのですから、きっと今にそういう世の中に行きつくだろうと思います。そして僕は、それに役立つような人間になりたいと思います。

そんな理想郷《ユートピア》への想いを綴った彼の言葉が紹介された後、地の文章で「君たちは、どう生きるか」と読者に問いかけ、物語は終わる。だが、盧溝橋事件の後の日本は日中戦争から太平洋戦争へと戦線を拡大し、甚大な被害を出したうえで敗北に至る。「おたがいによい友だちであるような、そういう世の中」は、訪れなかった。

世界的に高名なアニメ映画監督・宮崎駿は引退表明を撤退後、次回作は『君たちはどう生きるか』になると明かした。ストーリーは異なるが、タイトルは吉野源三郎の作品から借用するというのだ。このことをきっかけに過去の少年向け教養書が再注目され、広く読まれることになったわけだが、現在は国内で右傾化の強まりがみられる一方、諸国で自国第一主義の傾向が高まり政治、経済、軍事の各面で摩擦が頻発している。現在を新たな「戦前」ではないかと危惧する論調も散見される。そうした現状における『君たちはどう生きるか』の再発見は、『小説禁止令に賛同する』の着想がそうだったように、過去の戦争と未来にあるかもしれない戦争の両方をどこか意識したものといえるのではないか。

また、『小説禁止令に賛同する』の元小説家の手記が、検閲官を意識するあまり私信めいたものになっていたのに対し、『君たちはどう生きるか』では少年と叔父の間のやりとりが扱われる。前者では国家によって禁じられた小説の批判、後者では社会の成りたちといった大きな問題が考察されるが、どちらも作中の文章は個人的なものとして書かれている。社会で暮らす人々全体が大きな動きに巻きこまれていくなかで、流れへの抵抗は個々人のレベルから始めるしかないという作者の意識が、そうした手記のスタイルを選ばせたように思う。

『君たちはどう生きるか』は、戦時体制の色が濃くなっていく時代に刊行された「日本少国民文庫」の一冊として書かれた。主人公の本田潤一は、七階建てのビルの屋上から下界の人々を眺め、「見ている自分、見られている自分」、「自分で自分を遠く眺めている自分」など様々な自分が心のなかで重なりあうとともに、小さな姿に見える人間たちは分子のようだと思う。自分を客観視すること、人々を俯瞰する視点といったものを意識したのだ。そんな意識の転換を、天動説の時代に地動説を唱えたコペルニクスに喩え、叔父は潤一をコペル君と呼ぶようになる。

コペル君は、粉ミルクを作るだけでも原料となるオーストラリアの牛の乳が搾られ、配送、加工、販売され家に届くまで大勢の人たちがかかわっていることに思い当たり、人間社会のありかたを「人間分子の関係、網目の法則」と名づける。フォードやテイラーがシステムとして効率化し、『虐殺器官』の主人公のようにデリバリー・ピザを食べられる日常を可能にした社会の基本的な仕組みを、少年自身が発見するのだ。そのうえで彼の気づきに関し、叔父がノートで解説していく。

『君たちはどう生きるか』で物語の軸となるのは、校内でのいじめだ。家庭が貧乏なためにいじめられている級友に寄りそうコペル君を叔父は褒める。同時に貧困にあっても「網目」のなかで働き世のなかを支える人々を称える。貧しい人々への蔑視を批判し労働の尊さを説く同作では、著者の理想が語られ、反戦思想も盛りこまれている。英雄と伝えられ憧れられているナポレオンへの言及では、無謀な作戦でいかに多くの戦死者を出したかが指摘される。

『君たちはどう生きるか』はそのようにリベラルな考えを含んでいたため、日本が民主主義へ移行した戦後にも平易な表現にするなど修正のうえで再び刊行され、教養書の古典になった。戦前には日本の教育の指針だった教育勅語は、天皇崇拝を核とした非民主的な内容だったため戦後は否定されたが、親孝行など現在でも教えるべきテーマを含んでいるのだから復活させるべきだと唱える保守派は少なくない。過去にも復活を主張して批判された政治家は多かったが、教育見直しの議論が高まる近年にも教育勅語擁護論は繰り返されている。それに対し、戦前戦後をまたぎ、今でも読まれるべき教養書としてリベラル側が再発見したのが、『君たちはどう生きるか』だったという構図である。沖縄の米軍基地への批判、反原発など保守に反対する立場が目立つ宮崎駿が『君たちはどう生きるか』の認知度向上に貢献したのも象徴的だ。

ただ、同作は、軍国主義が進み言論や出版の統制が強まる時期にも刊行可能だった本であり、ナポレオンのような過去の外国の英雄を批判しても、同時代のこの国を批判したわけではない。また、物語の山場は校内の喧嘩である。上級生グループに級友たちが暴力をふるわれたのに対し、事前には一緒に戦うといっていたコペル君は、飛び出して加勢することができなかった。自分の卑怯さに苦しんだ彼は、級友たちに謝罪の手紙を書き、許される。このエピソードでは暴力に暴力で対抗することは否定されておらず、どんな理由でも暴力は使うべきでないという立場はとっていない。

本当は一緒に戦うべきだったという価値観は、登場人物全員に共有されており、作者もそうであったように読める。相手が理不尽な力を加えてきたのだから、味方が一丸となって対抗するのは当然である。そのような「網目」というよりは「絆」を強いる戦時下の同調圧力を同作は否定していないし、むしろ親和的だと読めなくもない。反戦思想の記述は、ナポレオン関連が精いっぱいだったということかもしれない。表現できる幅に制限がある環境では、読む側がどこまでくみとってくれるかにかけるしかない。

人類の経験

『君たちはどう生きるか』で叔父は、学問や経験を伝える大切さをコペル君に語る。

だから、いろいろな学問は、人類の今までの経験を一まとめにしたものといっていい。そして、そういう経験を前の時代から受けついで、その上で、また新しい経験を積んで来たから、人類は、野獣同様の状態から今日の状態まで、進歩して来ることが出来たのだ。一人一人の人間が、みんな一々、猿同然のところから出直したんでは、人類はいつまでたっても猿同然で、決して今日の文明には達しなかったろう。

一貫性のある過去を保ちたいのであれば、同じテーマを継承するしかない。これまでの長い歴史のなかで多数のディストピア・フィクションが創作され、監視、同調圧力、分断、身体やジェンダーの抑圧、戦争、情報統制といったテーマが、何度もとりあげられてきた。相互に重なりあうモチーフも多かった。それは必ずしもオリジナリティの欠如を示すのではなく、時代が違っても、国が違っても、人間社会の形があるいびつさを共通して持っていることをあらわすものであった。同じテーマを繰り返しているのは、一々出直しているのと変わらないようでもある。だが、その繰り返しをしているからこそ、かろうじて人間なのであり、やめてしまえば人間らしい人間でいられないかもしれない。猿に後戻りしたくなければ、語り伝えるしかないのだ。

あとがき

本書『ディストピア・フィクション論　悪夢の現実と対峙する想像力』は、ディストピアを主題にした小説や映画などの物語、それらに関連した政治性や社会性を含んだ物語を論じたものである。基本的には、二十一世紀に発表された比較的最近の作品をとりあげつつ、この分野の古典を随時参照して考察を進めている。論を展開するため、物語の内容に踏みこんだ部分があることをお断りしておく。

この本では少なくない数の作品を俎上に載せたものの、ディストピアを扱ったフィクションは国内外であまりにも多い。したがって、網羅することは最初から意図していない。ただ、読んだ人が本書に刺激され、ここに登場しないディストピア・フィクションを思い浮かべた場合に、考える手がかりとなるような読解のアングルは提示したつもりだ。

本書を企画してから脱稿するまで二年強。予想外に時間がかかってしまった。この期間に父、母が相次いで入院し、父は亡くなり、母は介護が必要な状態になった。当然、役所などへの届け出、電気、水道などライフラインの名義変更、相続や保険の手続き、介護関連の手配などで多くの時間を費やしたわけである。たとえ本人がこの世から去っても、死亡を届け出なければ年金の送金や各種料金の引き落としは止まらないし、データ上はその人が存在し続ける。また、体調や精神のレベルが決められた手順によって診断、判定されなければ、公的な介護サービスを受けることはできない。当事者である親の代理として動くためには、長男であるという関係の証明も必要になる。

生死、身体、家族といったものが、この国家のシステムでどのように位置づけられ、管理されているのか、数多い書類を読み、署名、捺印しながら体感した。結果的にそうした日々のなか、様々なディストピア・フィクションに描かれた人間の管理について考えることになった。

自分はいつから、ディストピアに興味を持ち始めたのか。遡ると本書にとりあげたものでは、小学生時代に『猿の惑星』シリーズに熱中したのを覚えている。さらにそれ以前では、人間がロボットに支配された星を舞台にした『ウルトラセブン』第四十三話「第四惑星の悪夢」（一九六七年）を再放送で観たのも衝撃的だった。だが、今ふり返ると、そうしたフィクションの享受と並行して、ディストピアに関する思考の回路が、べつの方向からも育っていたのだ。

自分とはなにか、という疑問を持つ時期が誰にでもあるだろう。私にもそれが小学生高学年の頃に訪れ、あれこれ自問自答するなかで思ったのである。今の自分は小学生だ。小学生について書いてある本を読もう。その頃の私が市立図書館から借りてきたのは、なにを考えたのか、朝日新聞社が出していたルポ・シリーズ『いま学校で』（初巻は一九七三年）だった。

通知表、受験、塾、給食、性、ＰＴＡ活動など、教育現場にまつわる様々なトピックが、何巻にもわたってとりあげられていた。自分の学年が上がるとともに、小学校編だけでなく中学校編も熱中して読み進んだ。ませた子どもである。自分がどんな環境で生きているのかが理解できるようで面白かったのだ。

そこでは、子どもへの体罰や管理の是非、教科書の歴史記述をめぐる議論などもとりあげられていた。当時は校則に息苦しさを感じているところがあったし、自分は直接経験しなかったけれど、校内暴力や家庭内暴力といった問題が存在することも知っていた。子どもなりの不満や不安が、自分がどんな場所にいるか理解したいという感情になり、教育現場のルポを手にとらせたのだろう。

そして、自分のいる場所を確かめたいという不満や不安の対象範囲が社会や国家へと拡大された時に興味を抱いたのが、ディストピアを主題にした本や映画だったのだ。そんな道筋だったと感じる。

現状に不満や不安を覚えた人々が世界のあるべき形、あるべきでない形を表現したディストピア・フィクションに触れることを通して、自分自身もこの世界を理解し、少しでもよりよく生きる方法、よりよい世界を作る方法を探したい。そうした願望がこのジャンルに関心を持たせるのだし、この本もその延長線上で書かれている。

本書には、二〇一五年に刊行した『戦後サブカル年代記　日本人が愛した「終末」と「再生」』の姉妹編的なところがある。前著では終末観を主題にしつつ、戦後という長い期間をたどり直した。一方、本書は、二〇一一年三月十一日の東日本大震災および原発事故を経て、各国が自国第一主義に傾きディストピアの現実化が危惧されている「現在」に力点を置いている。ディストピア・フィクションを通して「現在」を理解しようとする試みだ。

『戦後サブカル年代記』に関しては、ピンク・フロイドが一九八三年にリリースしたアルバム『ファイナル・カット』の二つの曲名を借用し、「THE POST WAR DREAM & YOUR POSSIBLE PASTS」と英題をつけた。本書に関しても、同アルバムを最後にフロイドから脱退したロジャー・ウォーターズの二〇一七年ソロ作のタイトルを借り「IS THIS THE LIFE WE REALLY WANT?」と英題を付している。

いつものことだが執筆中は、各章のテーマとどこか関連のある音楽をかわるがわる流していた。なかでも頻繁にBGMに用いたのは、フロイド、ウォーターズ以外にトレント・レズナー&アッティカス・ロスの一連の作品（『地球が壊れる前に　Before The Flood』サントラ他）、デヴィッド・ボウイのインストゥルメンタル（「嘆きの壁　Weeping Wall」他）、『わたしを離さないで』や『ブレードランナー2049』のサントラなど。メガデス『ディストピア』も気分を盛り上げてくれた。

本書の大部分は書下ろしだが、初出として掲げた原稿以外に、雑誌、ブログなどに発表した書評や記事から部分的に抜粋加工して組みこんだ部分があることを記しておく。

青土社刊の『ソーシャル化する音楽　「聴取」から「遊び」へ』、『戦後サブカル年代記』に続き、作品社へ移ってからも本書の編集を担当してくれた渡辺和貴氏に感謝する。長い道のりだった。

父の命日ともなった三月十一日の一周忌を間近にした二〇一九年三月四日、浦安にて。

参考文献

赤川次郎『東京零年』(集英社、二〇一五年)
赤坂真理『箱の中の天皇』(河出書房新社、二〇一九年)
浅田彰ほか編「GS　たのしい知識」Vol.1(冬樹社、一九八四年)
アイザック・アシモフ『鋼鉄都市』(福島正実訳、ハヤカワ文庫、一九七九年)
アイザック・アシモフ『われはロボット』(小尾芙佐訳、ハヤカワ文庫、二〇〇四年)
マーガレット・アトウッド『侍女の物語』(斎藤英治訳、ハヤカワepi文庫、二〇〇一年)
安倍晋三『新しい国へ　美しい国へ　完全版』(文春新書、二〇一三年)
新井明『講座　イギリス文学作品論　第十六巻　オルダス・ハックスリー』(英潮社新社、一九八三年)
有川浩『図書館戦争』(角川文庫、二〇一一年)
庵野秀明企画・責任編集、カラー企画・編集、東宝株式会社監修『ジ・アート・オブ　シン・ゴジラ』(カラー、二〇一六年)
伊坂幸太郎『オーデュボンの祈り』(新潮文庫、二〇〇三年)
伊坂幸太郎『ラッシュライフ』(新潮文庫、二〇〇五年)
伊坂幸太郎『グラスホッパー』(角川文庫、二〇〇七年)
伊坂幸太郎『死神の精度』(文春文庫、二〇〇八年)
伊坂幸太郎『魔王』(講談社文庫、二〇〇八年)
伊坂幸太郎『ゴールデンスランバー』(新潮文庫、二〇一〇年)
伊坂幸太郎『モダンタイムス』上・下(講談社文庫、二〇一一年)
伊坂幸太郎『マリアビートル』(角川文庫、二〇一三年)
伊坂幸太郎『夜の国のクーパー』(創元推理文庫、二〇一五年)
伊坂幸太郎『3652　伊坂幸太郎エッセイ集』(新潮文庫、二〇一五年)
伊坂幸太郎『死神の浮力』(文春文庫、二〇一六年)
伊坂幸太郎『火星に住むつもりかい?』(光文社文庫、二〇

一八年）
石川義正「亡霊の言説」（「ユリイカ」二〇一六年五月号、青土社）
カズオ・イシグロ『わたしを離さないで』（土屋政雄訳、ハヤカワepi文庫、二〇〇八年）
石原慎太郎『生還』（新潮社、一九八八年）
石原慎太郎『天才』（幻冬舎、二〇一六年）
石原慎太郎・盛田昭夫『「NO」と言える日本』（光文社、一九八九年）
石牟礼道子『新装版　苦海浄土　わが水俣病』（講談社文庫、二〇〇四年）
磯崎新『磯崎新建築論集2　記号の海に浮かぶ〈しま〉見えない都市』（岩波書店、二〇一三年）
伊藤計劃『虐殺器官』（ハヤカワ文庫JA、二〇一〇年）
伊藤計劃『ハーモニー』（ハヤカワ文庫JA、二〇一〇年）
伊藤計劃『伊藤計劃記録』（早川書房、二〇一〇年）
伊藤計劃・円城塔『屍者の帝国』（河出書房新社、二〇一二年）
いとうせいこう『想像ラジオ』（河出文庫、二〇一七年）
いとうせいこう『小説禁止令に賛同する』（集英社、二〇一八年）
いとうせいこう・星野智幸「想像すれば絶対に聴こえる」（「文藝」二〇一三年春号、河出書房新社）
伊藤節編著『現代作家ガイド5　マーガレット・アトウッド』（彩流社、二〇〇八年）
伊福部昭『音楽入門』（角川ソフィア文庫、二〇一六年）
L・ヴァン・デル・ポスト『影の獄にて』（由良君美・富山太佳夫訳、思索社、一九八二年）
上田岳弘『ニムロッド』（講談社、二〇一九年）
ミシェル・ウエルベック『服従』（大塚桃訳、河出書房新社、二〇一五年）
ティムール・ヴェルメシュ『帰ってきたヒトラー』（上下。森内薫訳、河出文庫、二〇一六年）
エドガー・ウォーレス、メリアン・C・クーパー、デロス・ラヴレス『キング・コング』（尾之上浩司訳、ハヤカワ文庫NV、二〇〇五年）
宇野常寛『リトル・ピープルの時代』（幻冬舎文庫、二〇一五年）
梅田望夫・平野啓一郎『ウェブ人間論』（新潮新書、二〇〇六年）
江川卓『謎解き『罪と罰』』（新潮選書、一九八六年）
遠藤周作『沈黙』（改版、新潮文庫、二〇〇三年）
遠藤徹『スーパーマンの誕生　KKK・自警主義・優生学』（新評論、二〇一七年）
ジョージ・オーウェル『一九八四年　新訳版』（高橋和久訳、

ハヤカワepi文庫、二〇〇九年）
ジョージ・オーウェル『動物農場　新訳版』（山形浩生訳、ハヤカワ文庫、二〇一七年）
大江健三郎『洪水はわが魂に及び』上・下（新潮文庫、一九八三年）
大江健三郎他『大江健三郎賞8年の軌跡「文学の言葉」を恢復させる』（講談社、二〇一八年）
奥泉光『東京自叙伝』（集英社文庫、二〇一七年）
落合陽一『日本進化論』（SB新書、二〇一九年）
落合陽一・古市憲寿「「平成」が終わり、「魔法元年」が始まる」（「文學界」二〇一九年一月号、文藝春秋）
小野俊太郎『新ゴジラ論　初代ゴジラから『シン・ゴジラ』へ』（彩流社、二〇一七年）
小野俊太郎『太平洋の精神史　ガリヴァーから『パシフィック・リム』へ』（彩流社、二〇一八年）
垣谷美雨『七十歳死亡法案、可決』（幻冬舎文庫、二〇一五年）
加納新太（新海誠原作）『君の名は。Another Side:Earthbound』（角川スニーカー文庫、二〇一六年）
カフカ『訴訟』（丘沢静也訳、光文社古典新訳文庫、二〇〇九年）
木村裕一『きむら式童話のつくり方』（講談社現代新書、二〇〇四年）
きむらゆういち、あべ弘士・絵『あらしのよるにⅠ』（講談社文庫、二〇〇五年）
きむらゆういち、あべ弘士・絵『あらしのよるにⅡ』（講談社文庫、二〇〇七年）
きむらゆういち、あべ弘士・絵『あらしのよるにⅢ』（講談社文庫、二〇〇九年）
桐野夏生『東京島』（新潮文庫、二〇一〇年）
桐野夏生『バラカ』（集英社、二〇一六年）
桐野夏生「震災後の混乱や恐怖や怒りを同時進行的に書く」（「青春と読書」二〇一六年三月号、集英社）
スティーヴン・キング『キャリー』（永井淳訳、新潮文庫、一九八五年）
スティーヴン・キング『アンダー・ザ・ドーム』（1、2、3、4。白石朗訳、文春文庫、二〇一三年）
窪美澄『アカガミ』（河出書房新社、二〇一六年）
エリック・グリーン『《猿の惑星》隠された真実』（尾之上浩司＋本間有訳、扶桑社、二〇〇一年）
こうの史代『この世界の片隅に』（双葉社、上・中は二〇〇八年、下は二〇〇九年）
こうの史代・西島大介「片隅より愛をこめて」（「ユリイカ」二〇一四年十一月号、青土社）
小松左京『アメリカの壁』（文春文庫、二〇一七年）

古谷田奈月『リリース』（光文社、二〇一六年）
ウィリアム・ゴールディング『蠅の王　新訳版』（黒原敏行訳、ハヤカワepi文庫、二〇一七年）
ポール・M・サモン『メイキング・オブ・ブレードランナー　ファイナル・カット』（品川四郎・石川裕人監訳、ソニー・マガジンズ、二〇〇七年）
エヴゲーニイ・ザミャーチン『われら』（川端香男里訳、岩波文庫、一九九二年）
「CNN English Express」編集部編『トランプ就任演説』（朝日出版社、二〇一七年）
ウィリアム・シェイクスピア『尺には尺を　シェイクスピア全集26』（小田島雄志訳、白水Uブックス、一九八三年）
シェリー『フランケンシュタイン』（小林章夫訳、光文社古典新訳文庫、二〇一〇年）
島田雅彦『カタストロフ・マニア』（新潮社、二〇一七年）
島田雅彦『虚人の星』（講談社、二〇一五年）
島田雅彦『島田雅彦芥川賞落選作全集　上』（河出文庫、二〇一三年）
島田雅彦『優しいサヨクの復活』（ＰＨＰ新書、二〇一五年）
島田雅彦「総理もネトウヨも虚人である」（「本」二〇一五年十月号、講談社）
清水真人『平成デモクラシー史』（ちくま新書、二〇一八年）
清水学『思想としての孤独　〈視線〉のパラドクス』（講談社選書メチエ、一九九九年）
周木律『アールダーの方舟』（新潮社、二〇一四年）
杉田俊介『戦争と虚構』（作品社、二〇一七年）
田尻芳樹・三村尚央編『カズオ・イシグロ『わたしを離さないで』を読む　ケアからホロコーストまで』（水声社、二〇一八年）
巽孝之編『サイボーグ・フェミニズム』（トレヴィル、一九九一年）
伊達聖伸『ライシテから読む現代フランス　政治と宗教のいま』（岩波新書、二〇一八年）
田中角栄『日本列島改造論』（日刊工業新聞社、一九七二年）
田中慎弥『宰相Ａ』（新潮文庫、二〇一七年）
田中慎弥『美しい国への旅』（集英社、二〇一七年）
田中慎弥・柴崎友香「「時代」を引きずり込んで書くということ」（「すばる」二〇一七年三月号、集英社）
田中兆子『徴産制』（新潮社、二〇一八年）
多和田葉子『献灯使』（講談社、二〇一四年）
多和田葉子『地球にちりばめられて』（講談社、二〇一八年）
多和田葉子「『献灯使』をめぐって」（「本」二〇一四年十一月号、講談社）
多和田葉子・ロバート・キャンベル「「半他人」たちの都市

と文学」(「新潮」二〇一八年四月号、新潮社)
G・K・チェスタトン『ブラウン神父の童心　新版』(中村保男訳、創元推理文庫、二〇一七年)
カレル・チャペック『カレル・チャペック戯曲集I　ロボット／虫の生活より』(栗栖茜訳、海山社、二〇一二年)
津田大介・中村文則「あらゆる対立を超えて　政治、文学、インターネット」(「小説トリッパー」二〇一八年冬季号、朝日新聞出版)
辻田真佐憲「ゆず新曲に「靖国・君が代」がいきなり登場、どう受け止めるべきか　政治と流行歌の密接な関係」(「現代ビジネス」https://gendai.ismedia.jp/articles/-/55216)
フィリップ・K・ディック『アンドロイドは電気羊の夢を見るか?』(浅倉久志訳、ハヤカワ文庫、一九七七年)
フィリップ・K・ディック『高い城の男』(浅倉久志訳、ハヤカワ文庫、一九八四年)
トーマス・M・ディッシュ『プリズナー』(永井淳訳、ハヤカワ文庫、一九七七年)
ドストエフスキー『二重人格』(小沼文彦訳、岩波文庫、一九八一年)
ドストエフスキー『カラマーゾフの兄弟』全五巻(亀山郁夫訳、光文社古典新訳文庫、二〇〇六－二〇〇七年)
ドストエフスキー『新訳　地下室の記録』(亀山郁夫訳、集英社、二〇一三年)
エマニュエル・トッド『シャルリとは誰か?　人種差別と没落する西欧』(堀茂樹訳、文春新書、二〇一六年)
ピーター・トライアス『ユナイテッド・ステイツ・オブ・ジャパン』(上下。中原尚哉訳、ハヤカワ文庫、二〇一六年)
中沢忠之「村田沙耶香の「物語」と「私」脱(二十世紀日本)文学史試論　第一回」(凡庸の会「文学+」1号、二〇一八年)
中村文則『R帝国』(中央公論新社、二〇一七年)
中村文則『銃』(河出文庫、二〇一二年)
中村文則『教団X』(集英社、二〇一四年)
中村文則『その先の道に消える』(朝日新聞出版、二〇一八年)
中村文則・田中慎弥「AとXの対話」(「新潮」二〇一五年五月号、新潮社)
西田亮介・塚越健司編著『「統治《ガバナンス》」を創造する　新しい公共／オープンガバメント／リーク社会』(春秋社、二〇一一年)
アレクサンドラ・ノヴォスロフ、フランク・ネス『フォト・ドキュメント　世界を分断する「壁」』(児玉しおり訳、原書房、二〇一七年)
オルダス・ハクスリー『すばらしい新世界　新訳版』(大森望訳、ハヤカワepi文庫、二〇一七年)

アントニイ・バージェス『時計じかけのオレンジ　完全版』（乾信一郎訳、ハヤカワepi文庫、二〇〇八年）
濱野智史「初音ミクに出馬させてみた　「共有党宣言」のための覚え書き」（「新文学」二〇〇八年）
速水健朗『フード左翼とフード右翼　食で分断される日本人』（朝日新書、二〇一三年）
ダナ・ハラウェイ『猿と女とサイボーグ　自然の再発明』（高橋さきの訳、青土社、二〇〇〇年）
BANKSY『Wall and Piece』（廣渡太郎翻訳、財徳薫子翻訳補、パルコ、二〇一一年）
百田尚樹『カエルの楽園』（新潮社、二〇一六年）
百田尚樹『日本国紀』（幻冬舎、二〇一八年）
百田尚樹「『カエルの楽園』刊行記念インタビュー　現代を俯瞰する物語」（「波」二〇一六年三月号、新潮社）
百田尚樹「『カエルの楽園』は「悪魔の書」ではない」（「Hanada」二〇一六年六月号、飛鳥新社）
百田尚樹・井沢元彦「「ゆでガエル楽園国家」日本が植民地にされる日」（「歴史通」二〇一七年四月号、ワック）
平野啓一郎『ドーン』（講談社、二〇〇九年）
広瀬隆『東京に原発を！』（集英社文庫、一九八六年）
藤田直哉『新世紀ゾンビ論　ゾンビとは、あなたであり、わたしである』（筑摩書房、二〇一七年）
藤田直哉『娯楽としての炎上　ポスト・トゥルース時代のミステリ』（南雲堂、二〇一八年）
アラン・ブライマン『ディズニー化する社会　文化・消費・労働とグローバリゼーション』（能登路雅子監訳、明石書店、二〇〇八年）
レイ・ブラッドベリ『華氏451度　新訳版』（伊藤典夫訳、ハヤカワ文庫、二〇一四年）
ピエール・ブール『猿の惑星』（大久保輝臣訳、創元SF文庫、一九六七年）
ピエール・ブール『戦場にかける橋』（関口英男訳、ハヤカワ文庫、一九七五年）
古市憲寿『平成くん、さようなら』（文藝春秋、二〇一八年）
古川日出男『あるいは修羅の十億年』（集英社、二〇一六年）
古川日出男『ミライミライ』（新潮社、二〇一八年）
古川日出男・後藤正文「文学にしかできないこと」（「波」二〇一八年三月号、新潮社）
ハワード・ヘイクラフト『娯楽としての殺人　探偵小説・成長とその時代』（林峻一郎訳、国書刊行会、一九九二年）
ヴァルター・ベンヤミン『パリ論／ボードレール論集成』浅井健二郎編訳、久保哲司・土合文夫訳、ちくま学芸文庫、二〇一五年）
ポー『黒猫／モルグ街の殺人』（小川高義訳、光文社古典新

訳文庫、二〇〇六年）
ポー『アッシャー家の崩壊／黄金虫』（小川高義訳、光文社古典新訳文庫、二〇一六年）
星野智幸『俺俺』（新潮社、二〇一〇年）
星野智幸『呪文』（河出書房新社、二〇一五年）
ニール・ポストマン『愉しみながら死んでいく　思考停止をもたらすテレビの恐怖』（今井幹晴訳、三一書房、二〇一五年）
柾悟郎『ヴィーナス・シティ』（ハヤカワ文庫、一九九五年）
チャイナ・ミエヴィル『都市と都市』（日暮雅通訳、ハヤカワ文庫、二〇一一年）
三島由紀夫『美しい星』（一九六七年、新潮文庫）
宮内悠介『ディレイ・エフェクト』（文藝春秋、二〇一八年）
宮内悠介『ヨハネスブルグの天使たち』（早川書房、二〇一三年）
村田沙耶香『消滅世界』（河出書房新社、二〇一五年）
村田沙耶香『地球星人』（新潮社、二〇一八年）
村田沙耶香「見えない世界」の外へ」（「新潮」二〇一八年十二月号、新潮社）
村田基『フェミニズムの帝国』（早川書房、一九八八年）
矢野利裕「天皇不在の小説として」（「群像」二〇一五年六月号、講談社）
山田宗樹『百年法　上・下』（角川文庫、二〇一五年）
吉野源三郎『君たちはどう生きるか』（岩波文庫、一九八二年）
ジョージ・リッツァ『マクドナルド化する社会』（正岡寛司監訳、早稲田大学出版部、一九九九年）
「朝日新聞」二〇一一年五月十日夕刊
「シナリオ」二〇一七年三月号（日本シナリオ作家協会）
「シナリオ」二〇一七年六月号（日本シナリオ作家協会）
「小説現代」二〇一六年五月号（講談社）
「ＴＶ Ｂｒｏｓ」二〇一六年八月十三日号（東京ニュース通信社）
「文藝春秋」二〇一三年九月号（文藝春秋）
「クロワッサン　ONLINE」二〇一六年八月二十七日 https://croissant-online.jp/culture/47372
「集英社サイト　RENZABURO」　http://renzaburo.jp/shinkan_list/temaemiso/180202_book01.htm
「新刊ＪＰ」　https://www.sinkan.jp/special/interview/bestsellers67.html
「日刊ゲンダイDIGITAL」二〇一六年五月十六日付 https://www.nikkan-gendai.com/articles/view/news/181176

索　　引

あ行

アイヒマン、アドルフ　054, 278, 378
『アカガミ』 279-280, 282-283, 287, 293, 319, 359
赤川次郎　009-013
赤坂真理　364, 367
秋葉原無差別殺傷事件　222-223
浅田彰　030
アシモフ、アイザック　199, 248-251, 264
アトウッド、マーガレット　272-274, 277, 298
アパルトヘイト　031, 133, 135-136, 214
安倍晋三　012-013, 016, 057, 063, 065, 076-078, 080-081, 083-084, 087-090, 091, 092, 106, 141, 226-227, 240, 327-329, 339, 349, 375, 377, 385
『あまちゃん』 117-122, 128, 148, 156, 159, 337
アメリカ　017, 023, 026, 035-038, 045, 047, 065, 069, 071, 074-077, 079, 082-084, 086-087, 090, 094-095, 109-113, 154, 170-173, 177, 179, 185-186, 190-191, 196, 232, 245, 272, 277-278, 298, 300, 308, 339, 342-350, 364, 366, 367-372, 382
アメリカ同時多発テロ事件(9.11)　017, 036-037, 039, 048, 058, 173, 213, 341, 369
「アメリカの壁」 367-368
『あらしのよるに』 209-211, 223
有川浩　389-390
『あるいは修羅の十億年』 322-323
『アールダーの方舟』 215-216
アーレント、ハンナ　278, 378
『アンダー・ザ・ドーム』 058, 368-374, 379, 388
『アンドロイドは電気羊の夢を見るか？』 256, 260, 343
庵野秀明　096, 098-099, 102-107, 109, 113, 123
イエロー・マジック・オーケストラ　→　YMO
イギリス　131, 137, 168-169, 180, 182, 185-186
伊坂幸太郎　047-048, 050, 052-053, 055-062, 082, 092, 198, 301, 374, 383
石川義正　225
イシグロ、カズオ　265, 270, 322
石原慎太郎　092-095, 225-227, 315
石牟礼道子　161-162, 323, 364
『イズ・ディス・ザ・ライフ・ウィ・リアリー・ウォント？』 388-389
イスラエル　045, 133-136, 204, 208, 247, 337, 351, 388
磯崎新　308-309, 312

伊藤計劃　017, 028-029, 039-043, 047, 205, 249, 251, 336, 363, 381
いとうせいこう　148-151, 155, 159-160, 392, 394-396
伊福部昭　096-099, 108-109, 113-114, 143
「イマジン」　053-054, 133, 136-137
移民　036, 073-074, 191, 213, 233, 242, 249, 251, 260, 265, 281, 300, 323, 325, 329, 353-354, 367-368, 377
「イムジン河」　207, 337
イラク戦争　140, 369, 371
インド　349-351
「院内」　093-095
ヴァン・デル・ポスト、ローレンス　182-183
「ウィ・アー・ザ・ワールド」　031-032
ウィキペディア　037, 385
ウィキリークス　015, 020, 038
『ヴィーナス・シティ』　283
上田岳弘　362
ウェルズ、H・G　194, 202, 204
ウエルベック、ミシェル　213-214, 278, 377
ヴェルメシュ、ティムール　375
「上を向いて歩こう」　144-146
ヴェント、デヴィット　377
『ウォーキング・デッド』　241, 308
ウォーターズ、ロジャー　134-135, 387-388
右傾化　353, 355, 401
『美しい国へ』　327-328
『美しい国への旅』　089-090
『美しい星』(1962年の小説)　302
『美しい星』(2017年の映画)　302, 305-307, 326
宇野常寛　029
江川卓　358
エドワーズ、ギャレス　097, 109-111
円城塔　249, 251
遠藤周作　327-328, 365
遠藤徹　245, 300
オアシス　131-133, 137
オーウェル、ジョージ　016-018, 030-031, 046-047, 056-057, 067, 069-073, 079, 091, 169, 249, 273, 370, 384, 386-387, 394, 397, 399
オウム真理教　255, 355
大江健三郎　153-154
『大きな鳥にさらわれないよう』　329-330
大島渚　182, 185

岡本喜八　103
小川榮太郎　285, 311
奥泉光　221-223, 225, 232, 319
落合陽一　361-362
『オーデュボンの祈り』　059-060
小野俊太郎　129, 178
オバマ、バラク　035-036, 112, 277
『俺俺』　202, 222-224, 227, 242, 291, 397
親子　021, 229, 234, 236, 266, 274, 292-293

か行

「ガイコクジンノトモダチ」　165-166
『帰ってきたヒトラー』(2012年の小説)　375
『帰ってきたヒトラー』(2015年の映画)　375, 377-379
『カエルの楽園』　063-070, 072-075, 078, 084, 087-088, 091-092, 176, 286, 314, 351
垣谷美雨　234, 359
核戦争　154, 168, 172, 187-190, 343
『華氏451度』　381-384, 386, 389
『火星に住むつもりかい？』　056-057
『風の谷のナウシカ』　321, 323
家族　021, 193-194, 229, 233-234, 236-237, 266, 273-274, 277-280, 283, 285, 289-290, 292, 302, 307, 310, 312, 383, 386
『カタストロフ・マニア』　089
片渕須直　333, 336-337
『家畜人ヤプー』　090, 215, 354
「悲しくてやりきれない」　336-337
カフカ、フランツ　027, 055, 082, 262
壁　023-024, 036, 041, 044-046, 047, 134-135, 191, 204-205, 247, 367-370, 387
『カラマーゾフの兄弟』　252-253, 259, 271, 284, 297, 305, 328, 358, 397
川上弘美　155, 329
韓国　073, 076, 165, 204-205, 207, 233, 347, 349, 367
監視社会　036-037, 039, 043, 048, 051, 082, 274, 321
岸信介　076, 106
北朝鮮　073, 204-205, 337, 339, 349
君が代　012, 053, 162-163, 164-166
『君たちはどう生きるか』　400-403
『君の名は。』　124-130, 154, 156, 166, 219, 354
きむらゆういち　209
『虐殺器官』　017, 039-043, 047, 205, 336, 381, 402
ギャラガー、ノエル　131-132
ギャラガー、リアム　131-132

『キャリー』 295-298, 372
『九十八歳になった私』 238, 240
『旧約聖書』 151, 192, 216, 219, 247, 269, 272, 296, 379
キューバ危機 302
キューブリック、スタンリー 286, 387
『教団X』 355-357
『虚人の星』 074-078, 080-081, 083-085, 087, 089, 091-092, 094-096, 111, 364
桐野夏生 312, 314, 317, 319
キング、スティーヴン 057-058, 295-297, 368, 370-372, 374, 379, 388
『キングコング』(1933年) 170, 245
『キングコング』(1976年) 171-173
クイーン 135-137
『苦海浄土』 161-162, 323, 364
宮藤官九郎 117, 122
窪美澄 279, 319, 359
『グラスホッパー』 061
クラフトワーク 142, 153
グランデ、アリアナ 131, 133
クリントン、ヒラリー 112, 277
クリントン、ビル 304
「群集の人」 199, 201-202, 209, 380
『決壊』 037
結婚 021, 247, 267, 273, 279, 301, 312
ゲルドフ、ボブ 031, 034, 038
検閲 069, 345, 389-392, 394-396
言語・言葉 020, 022-023, 025, 091, 247, 325, 329, 352, 379-381, 384, 392-394
「献灯使」 323-325, 326
原爆 064, 096, 108-111, 113, 122, 143, 153, 157, 174, 188, 226, 229, 332-335, 344
『原爆の子』 108
原発 012, 016, 074, 093, 099, 105, 112-113, 115, 117-120, 124-126, 139-143, 152-153, 156-157, 160, 163, 225, 318, 320-325, 359, 395
ゴア、アル 304, 306
小泉純一郎 032, 057, 231
「恋するフォーチュンクッキー」 148, 158
『洪水はわが魂に及び』 153-154
『鋼鉄都市』 199, 249
こうの史代 331-332
高齢化 232, 234-235, 240, 282, 359, 361
ゴールディング、ウィリアム 187-188, 313, 374
「呼吸」 058-059
『ゴジラ』(1954年) 096, 102-103, 105, 107-110, 122-123, 138

『ゴジラ』(1984年)　103
コッポラ、フランシス・フォード　179
『この世界の片隅に』(2009年のマンガ)　331-333, 339-340, 346
『この世界の片隅に』(2016年の映画)　333-334, 337, 339-340, 346
小松左京　106, 327, 367-368
古谷田奈月　287
『ゴールデンスランバー』　048-050, 052-056, 383
『コンビニ人間』　301
コンラッド、ジョゼフ　178-179

さ行

『最後の猿の惑星』　175, 178, 188, 191
『宰相A』　081, 083, 085-089, 091-092, 094-096, 364, 375, 394
サイボーグ　284, 308
『ザ・ウォール』　045-046, 134-135, 387
相模原障害者施設殺傷事件　236, 242
坂本九　144-146
坂本龍一　141-142, 184
鷺巣詩郎　096, 098-099, 101, 107, 109, 113-114
『サバイバルファミリー』　307-310, 312, 316, 332
ザ・フォーク・クルセダーズ　337
差別　134-136, 177-178, 196-198, 204, 214, 224-225, 236, 245, 249, 251, 277, 281-282, 288-289, 311-312, 321-322, 341, 343-344, 350-351, 369-372, 381
ザミャーチン、エヴゲーニイ　017-018, 040, 044, 273
佐村河内守　108, 143
猿　169-170, 172-178, 181-184, 187-194, 225, 243, 245, 284, 343, 381, 388, 404
『猿と本質』　194
『猿の惑星』(1963年の小説)　168-169, 179-181, 186, 191, 195
『猿の惑星』(1968年の映画)　167, 169, 172-178, 182, 184, 187, 190, 245, 259, 343, 351
『猿の惑星:聖戦記』　191-192
『猿の惑星:創世記』　168, 189, 243
『猿の惑星・征服』　175, 178
『猿の惑星:新世紀』　190, 243
椹木野衣　117-119
椎名林檎　164, 166
シェイクスピア、ウィリアム　194, 210
シェリー、メアリ　243-245, 248, 267
『地獄の黙示録』　172, 179, 186, 188, 191, 195, 231, 252
『屍者の帝国』　249-255
『侍女の物語』　272, 274, 276-278, 285, 287, 293, 298, 330
島田雅彦　074-078, 080-081, 087-089, 091-092, 094, 111, 155, 360, 364

清水真人　226-227, 240
清水学　202
『死滅遊戯』　387-388
ジャーング、マーク　271
「シャルリ・エブド」　213, 227
『銃』　356-358, 366
周木律　215
集合知　038, 385
自由民主党　012-013, 015-016, 063, 065, 077-078, 080-081, 087, 093, 111, 232, 285, 377
出産　020, 193, 247, 262, 267-268, 273-274, 280-281, 283, 289, 295-296, 298, 318-319
『首都消失』　368
『呪文』　216-217, 219, 221, 224, 370
少子化　042, 230, 232, 247, 279, 281-283, 359
『小説禁止令に賛同する』　392-397, 400-401
『消滅世界』　289-293, 295, 298, 300, 319
『勝利』　179
昭和天皇　085, 103, 139, 233, 235, 328, 335, 364-366
新海誠　124, 126-127
『進撃の巨人 ATTACK ON TITAN』　096, 098-099, 107
『シン・ゴジラ』　096, 098-103, 105-114, 115-117, 119-130, 138, 150, 156, 166, 385
『新・猿の惑星』　175, 177, 192, 378
人種　133-136, 202, 206, 214-215, 242, 245, 249, 277, 281, 284, 300, 342-343
『新世紀エヴァンゲリオン』　096, 098-100, 107, 363
新藤兼人　108
『新約聖書』　174, 357
水爆　096, 108, 122, 143
杉田俊介　115
杉田水脈　285, 311
スコセッシ、マーティン　328
スコット、リドリー　258, 343
鈴木健　033
『ズートピア』　196-198, 204, 208, 211, 225
『すばらしい新世界』　017-024, 037, 043-044, 047, 053, 082, 193-194, 260, 271, 273-274, 291-292, 300, 386, 399
スプリングスティーン、ブルース　032, 136
セックス　020-022, 193, 261-263, 273-274, 279-280, 282, 290-292, 295, 299, 319, 359
尖閣諸島　064, 066, 074, 079, 207, 314-315, 340
『一九八四年』　016-025, 028, 030, 033, 037-038, 044, 046-048, 056, 067, 071, 091, 273-274, 291, 384, 386, 394, 399
『戦場にかける橋』　168-169, 179-180, 182, 184-186, 191
『戦場のメリークリスマス』　182-185, 259

「前前前世」　166
全体主義　018, 024, 030, 274, 288-289
『想像ラジオ』　148-150, 152-155, 157, 219, 395-396
『続・猿の惑星』　174, 176-177
『その先の道に消える』　354-355, 358
ソ連　017-018, 023-024, 067, 069, 071, 140, 154, 302, 348-351
ゾンビ　190, 241-245, 247, 250, 253-254, 280, 308
『ゾンビ』(1978年の映画)　190, 241, 243

た行

第五福竜丸　096, 108, 110, 113
『第五福竜丸』(1959年の映画)　108
「大審問官」(『カラマーゾフの兄弟』)　252, 259, 271, 305, 358, 373, 397
第二次世界大戦　168, 182, 184, 221, 342, 344, 348, 366
大日本帝国　281, 336, 342, 344, 346-348
太平洋戦争　123, 225, 331, 395, 401
『高い城の男』(1962年の小説)　342-345
『高い城の男』(2015年のドラマ)　343-344
『ターザン』　169-170, 245
伊達聖伸　212
田中角栄　077, 093-096, 126, 225
田中慎弥　081-082, 085, 087-092, 094, 364, 375, 394
田中兆子　280, 319
谷甲州　327
『愉しみながら死んでいく』　386-387
多和田葉子　323-326, 327, 329, 352, 381
チェスタトン、G・K　201-202
チェルヌイシェフスキー、ニコライ　397
チェルノブイリ　140, 142
『知覚の扉』　195
『地下室の手記』　397-399
地球温暖化　303-304, 306, 369
地球市民　327, 329, 336, 349
『地球星人』　298, 300-302, 306-307, 312-313, 316, 326, 330, 359
『地球にちりばめられて』　325, 327, 329, 352, 381
チャペック、カレル　246, 248, 250, 261, 267-268, 286, 293
中国　064, 066, 073-076, 078-079, 165, 181, 184, 203, 233, 312-314, 324, 341, 349, 393, 396
『徴産制』　280-284, 287, 291, 319
『沈黙』　327-328
『沈黙―サイレンス―』(2016年の映画)　328

津波　116-119, 121, 125, 128, 151-152, 219
『罪と罰』　061, 357
ディズニー　025, 028-029, 034, 044, 139, 196-197, 362, 399
ディストピア　013-014, 015-020, 022-024, 036-037, 039, 041, 043, 047, 052-053, 055-056, 061-062, 063, 066, 091-092, 093, 156, 176, 186, 204, 216, 223, 238-240, 272-274, 285-287, 291-293, 300, 307, 331, 355, 358, 362, 370, 375, 379, 382, 387, 389, 391, 394, 397, 399, 404
ディック、フィリップ・K　256, 342-344
ディッシュ、トーマス・M　027
テイラー・システム　025, 029, 044, 300-301, 362, 399, 402
「ディレイ・エフェクト」　340-342
手塚治虫　264-265
『デッド・ゾーン』　058, 370
『鉄腕アトム』　264, 322
テロ　036, 039-041, 173, 213, 231, 243, 355
『天国が降ってくる』　360
『天才』　092-096, 225
天皇制　084-087, 233, 348, 364
ドアーズ　195
ドイツ　045, 204, 324, 366, 377
東京　101, 107-108, 110-111, 119-120, 123, 221-222, 225, 227, 239, 313, 315-316, 320, 322-323, 325, 340-341, 366, 368
東京オリンピック(1940年)　342
東京オリンピック(1964年)　144, 222, 319
東京オリンピック(2020年)　221, 235, 319, 342
『東京自叙伝』　221-223, 225-227, 232, 240, 319
『東京島』　312-314, 316-321, 332
『東京零年』　009-011, 013-014
東京大空襲　096, 153
動物　043-044, 063-064, 067-069, 071-072, 169, 196-198, 204, 210-211, 225, 249, 351
『動物農場』　047, 067-069, 071-073, 169, 176, 249, 351, 370, 387, 397
透明人間　202-203, 224
独裁　012-013, 016, 018, 024, 054, 056-059, 067, 230-231, 233, 272, 369-374, 375, 384-385
『時計じかけのオレンジ』　091, 286-287
『都市と都市』　204-208, 340, 351
『図書館戦争』　389-392
ドストエフスキー、フョードル　061, 202, 252, 305, 328, 357-358, 373, 397
トッド、エマニュエル　213-214
豊﨑由美　070
トライアス、ピーター　344, 347-348
トランプ、ドナルド　016, 035-036, 045, 046-047, 058, 112, 191, 196, 203, 247, 277, 304,

306, 339, 367-369, 371, 375, 377, 379, 384, 388
『ドーン』 017, 032-033, 035-039, 041, 043-044, 076, 079, 224, 309
「ドント・ルック・バック・イン・アンガー」 131-133, 136, 138

な行

『ナイト・オブ・ザ・リビングデッド』 241
長崎 096, 108, 110, 113, 153, 226, 346
中沢忠之 290
中村文則 085-086, 353-358, 366-367, 385
ナチス・ドイツ 017, 054, 342, 344, 371, 375
『七十歳死亡法案、可決』 234-238, 240-241, 359, 361
『何をなすべきか』 397-398
新垣隆 108, 143
『日本国紀』 385
日本国憲法 013, 064-065, 069, 072, 074, 078-079, 084, 087, 232, 339, 346, 365, 375
『日本沈没』(1973年の小説) 327, 368
『日本沈没』(2006年の映画) 096, 106-107
『日本沈没　第二部』 327
『日本のいちばん長い日』 103
『ニムロッド』 362-363
沼正三 090, 215, 354
ノア 216, 219-220, 269, 297

は行

排外主義 036, 047, 057, 073, 242, 375, 378
パイク、ナム・ジュン 030
『蠅の王』 187-190, 313-314, 374
ハクスリー、オルダス 017-018, 047, 053, 082, 193-195, 260, 273, 386
「箱の中の天皇」 364-366
バージェス、アントニイ 091, 286
橋本治 238
橋下徹 012-013, 016, 231, 375
バベルの塔 247, 362, 379-382, 399
濱野智史 034
『ハーモニー』 018, 042-044, 047, 250, 363
速水健朗 219
ハラウェイ、ダナ 284
『バラカ』 317-323, 330
パラレル・ワールド 029, 082, 086, 229, 250, 343, 359, 382, 389, 394
パレスチナ 045, 133-136, 204, 208, 247, 337, 351, 388
バンクシー 134, 337

反原発　085, 120, 140-141, 321, 341, 403
阪神・淡路大震災　138, 355
反知性主義　384
パンデミック　189-190
東日本大震災(3.11)　016, 074, 096, 099, 105, 113, 115-122, 124-125, 128, 130, 132, 138-139, 140-141, 143-150, 152-156, 158-159, 221, 223, 225, 310, 317, 319, 321-324, 326, 354, 359, 395
樋口真嗣　096, 098, 106-107
ヒップホップ　149, 351, 381
ヒトラー、アドルフ　081, 353, 366, 371, 375-379
『ヒトラー　～最期の12日間～』　378-379
ビートルズ　027, 050, 053, 132
ピープルズ、デイヴィッド　257-258
百田尚樹　063, 065-067, 069-071, 073-074, 078, 081, 087-088, 090-092, 286, 314, 385
『百年法』　229-234, 236-241, 260, 269-270, 359, 361
ヒューマニズム　155-156
日吉信貴　268
平野啓一郎　017, 032-033, 037-038, 041, 076, 224, 243, 299, 309, 358
広島　064, 096, 108-109, 113, 143-144, 153, 157, 226, 331-332, 334-335, 346
広瀬隆　120
ピンク・フロイド　045-046, 134, 387-388
ファシズム　017, 052, 057, 156
ファンチャー、ハンプトン　260
風評被害　117-119, 223
フェイク・ニュース　304, 341, 354, 369
フーコー、ミシェル　042, 207
フェミニズム　073, 267, 276-277, 282, 284, 287, 318
『フェミニズムの帝国』　282-283, 289-291
フォード・システム　024-025, 029, 044, 053, 300-301, 362, 399, 402
福島　012, 093, 118-119, 139, 142-144, 153, 156-157, 318, 323-325
福島第一原発　016, 074, 093, 099, 105, 112-113, 115, 117-120, 124-126, 139-143, 152-153, 156-157, 160, 163, 225, 323-325, 395
『服従』　213-216, 278, 377
藤田直哉　242, 253
『不都合な真実』　304
『不都合な真実2』　304-305
ブッシュ、ジョージ・W　032, 058, 304
ブラジル　164, 319-320
ブラッドベリ、レイ　381, 386, 389
『フランケンシュタイン』(1818年の小説)　243, 248, 259, 262, 267
『フランケンシュタイン』(1931年の映画)　244-245

フランス　112, 168, 211-213, 215, 278, 377
『プリズナー』 027-028
『プリズナーNo. 6』 026
ブール、ピエール　168-169, 179-181, 183, 191, 195
古市憲寿　359-363
古川日出男　322, 348, 350-351, 381, 393
『ブレードランナー』 256-260, 261, 263, 265, 267, 270, 293, 330, 343-344, 351, 380, 399
『ブレードランナー2049』 262-263, 265, 267, 358
プロパガンダ　018, 020, 030, 071, 091, 286
分身　202, 224
分人（主義） 032-038, 041, 076, 079, 224, 243, 299, 358-359
ヘイクラフト、ハワード　201
『平成くん、さようなら』 359-360, 362-364, 366
平成の天皇　085, 087, 234-235, 364-366
ヘイト・スピーチ　218, 310, 354
平和安全法制　057, 065, 078, 083, 087, 339
ベトナム戦争　133, 172, 177, 179, 367
ベルリンの壁　023, 045, 134, 204
ベンヤミン、ヴァルター　199-201, 206, 380
ポー、エドガー・アラン　169-170, 199-200, 202, 206, 209, 380
ボウイ、デヴィッド　056, 184
星野智幸　150, 202, 216, 222-224, 242, 291, 370, 397
保守　063, 066, 069-070, 074, 080-081, 085-086, 091-092, 264-265, 277, 285-286, 314, 346, 355, 370-371, 402-403
ポスト真実　046, 304, 379, 381, 393, 396
ポストマン、ニール　386
ポピュリズム　377, 381, 384, 392
『ボラード病』 156-162, 323

ま行

「魔王」 052, 057-059
マーキュリー、フレディ　135-137
マクドナルド　025-026, 028-029, 040, 044, 362, 399
柾悟郎　283
マッカートニー、ポール　050-051, 053
丸山眞男　226
マンチェスター・アリーナのテロ事件　131, 133, 136-137
ミエヴィル、チャイナ　204-206, 208, 340, 351
「見えない人」 201-202
「見えない都市」 308-309, 312
三島由紀夫　220, 302, 305, 365

水俣病　157, 161-163, 323
南アフリカ　031, 135-137
宮内悠介　340-341
宮崎駿　321, 401, 403
『ミライミライ』 348-351, 381, 393
民主党(日本)　012-013, 015-016, 018, 078, 088
村上春樹　029, 045-046, 064, 286
村田沙耶香　289-290, 295, 298-299, 301, 311-313, 319, 338, 359
村田基　282
メキシコ　036, 045, 047, 079, 218, 247, 367-368
『メトロポリス』 204, 211, 255, 259, 261, 380, 399
メルケル、アンゲラ　377
『モダンタイムス』 052-056
「モルグ街の殺人」 169, 199, 380-381

や行

ヤーキーズ、ロバート・マーンズ　245, 284
矢口史靖　307-308, 310
靖国神社　165-166, 220, 283, 346-347, 355
矢野利裕　083, 085-086
山田宗樹　229, 269, 359
『闇の奥』 178-179, 188, 231, 252
優生学(思想)　197, 236, 245, 284, 300-301, 375
『夕凪の街　桜の国』 332
ゆず　165-166
ユートピア　016-017, 043, 053, 093, 133, 136, 147, 151, 204, 225, 292, 362, 399-400
『ユナイテッド・ステイツ・オブ・ジャパン』 344, 346-347
ヨーク、トム　133, 135-136
吉田大八　302-303
吉野源三郎　400-401
吉村萬壱　156, 323
『夜の国のクーパー』 055, 198, 374

ら行

ライヴ8　031-032, 034
ライヴ・エイド　031, 137
ライシテ　211-212, 214-215, 224
『ラッシュライフ』 060
リベラル　066, 070, 074, 077, 080-081, 085, 091-092, 264-265, 277, 285, 287-289, 314, 334, 339, 341, 369, 402-403
『リリース』 287, 289, 330

冷戦　023, 027, 045, 080, 103, 134, 154, 302, 366
歴史修正主義　341-342, 354, 387
レディオヘッド　133-136
レーニン、ウラジーミル　025, 067, 397
レノン、ジョン　051, 053-054, 132-133
恋愛　021, 257, 261, 263, 267-268, 274, 279, 290-292, 295, 301
『ロボット』(1920年の戯曲)　246-248, 259, 261-263, 267-268, 286
『ロボットと帝国』　249
ロボット工学三原則　199, 248-249, 264
ロボット工学第零原則　249
ロメロ、ジョージ・A　190, 241-243, 250, 253-254
「ロワーサイドの幽霊たち」　341
ロンドン同時多発テロ　137

わ行

『わたしを離さないで』(2005年の小説)　265, 267-268, 270-271, 276, 286-287, 293, 322, 330
『わたしを離さないで』(2010年の映画)　269
『わたしを離さないで』(2016年のドラマ)　270
『われはロボット』　199, 248
『われら』　017-025, 037, 040, 044, 273-274, 291, 300
湾岸戦争　387

英数字

AKB48　139, 148
CCC(カルチュア・コンビニエンス・クラブ)　391
『GODZILLA』(1998年)　097, 110
『GODZILLA ゴジラ』(2014年)　097, 109-111, 113
「HINOMARU」　163-164, 166
LGBT　282, 285, 311
「NIPPON」　164
『R帝国』　353-359, 367, 385
「RADIO-ACTIVITY」　142, 153
RADWIMPS　163, 166
SEALDs　064, 141, 149, 286
YMO(イエロー・マジック・オーケストラ)　141-142, 184, 204
『1Q84』　029
『2001年宇宙の旅』　387
3.11　→　東日本大震災
『3652』　058
9.11　→　アメリカ同時多発テロ事件

初出　本書収録にあたり、加筆・修正を行って再構成しました。

序章、第一章二
「それぞれのディストピアの形　赤川次郎と伊坂幸太郎」『CRITICA』第十二号、探偵小説研究会、二〇一七年

第一章一
「第9章　悪しき統治を想像する　ディストピア小説の系譜をめぐって」『「統治《ガバナンス》」を創造する　新しい公共／オープンガバメント／リーク社会』（西田亮介・塚越健司編著）、春秋社、二〇一一年

第二章二
「『シン・ゴジラ』の音楽　伊福部昭のモノラル音源と鷺巣詩郎の合唱曲」『ユリイカ』二〇一六年十二月臨時増刊号（総特集Ω『シン・ゴジラ』とはなにか）、青土社

第三章二
「今歌いたい〝ドント・ルック・バック・イン・アンガー〟　マンチェスターのテロ後、この曲が求められた理由」『rockin'on』二〇一七年十月号、ロッキング・オン（遠藤利明名義）

第三章三
「3・11後の音楽」『現代思想』二〇一六年四月臨時増刊号（総特集＝imago〈こころ〉は復興したのか）、青土社

【著者略歴】

円堂都司昭（えんどう・としあき）

1963年生まれ。文芸・音楽評論家。1999年、「シングル・ルームとテーマパーク　綾辻行人『館』論」で第6回創元推理評論賞を受賞。2009年、『「謎」の解像度　ウェブ時代の本格ミステリ』（光文社）で第62回日本推理作家協会賞と第9回本格ミステリ大賞を受賞。ほかの著書に『YMOコンプレックス』（平凡社）、『ゼロ年代の論点　ウェブ・郊外・カルチャー』（ソフトバンク新書）、『エンタメ小説進化論　“今”が読める作品案内』（講談社）、『ディズニーの隣の風景　オンステージ化する日本』（原書房）、『ソーシャル化する音楽　「聴取」から「遊び」へ』『戦後サブカル年代記　日本人が愛した「終末」と「再生」』（以上、青土社）。共著に『バンド臨終図巻　ビートルズからSMAPまで』（文春文庫）など。

ディストピア・フィクション論　悪夢の現実と対峙する想像力

2019年4月25日　第1刷印刷
2019年4月30日　第1刷発行

著　者　円堂都司昭
発行者　和田　肇
発行所　株式会社　作品社
〒102-0072 東京都千代田区飯田橋 2-7-4
電　話　03-3262-9753
ＦＡＸ　03-3292-9757
http://www.sakuhinsha.com
振　替　00160-3-27183

装　幀　コバヤシタケシ
本文組版　(有)一企画
印刷・製本　シナノ印刷(株)

ISBN978-4-86182-725-9 C0030